铁路运输知识读本

《铁路运输知识读本》编委会　编

中国铁道出版社有限公司

2019年·北京

内 容 简 介

本书为铁路新职人员运输知识读本。全书共分为九章，内容包括：铁路线路、铁路信号与通信、铁路车站、铁路机车车辆、铁路供电和给水、动车组、铁路行车组织、铁路客运组织和铁路货运组织等铁路基本知识。

本书可作为新职人员入路教育的培训教材，也可作为职工日常教育培训的参考资料。

图书在版编目(CIP)数据

铁路运输知识读本/《铁路运输知识读本》编委会编.—北京：中国铁道出版社有限公司，2019.7
ISBN 978-7-113-26049-1

Ⅰ.①铁… Ⅱ.①铁… Ⅲ.①铁路运输—基础知识 Ⅳ.①U2

中国版本图书馆 CIP 数据核字(2019)第 147088 号

书　　名：铁路运输知识读本
作　　者：《铁路运输知识读本》编委会

责任编辑：朱敏洁　薛丽娜　张　婕　**编辑部电话：**010-51873134　**电子信箱：**zhuminjie1105@163.com
封面设计：刘　莎
责任校对：焦桂荣
责任印制：高春晓

出版发行：中国铁道出版社有限公司(100054，北京市西城区右安门西街 8 号)
网　　址：http://www.tdpress.com
印　　刷：中国铁道出版社印刷厂
版　　次：2019 年 7 月第 1 版　2019 年 7 月第 1 次印刷
开　　本：787 mm×1 092 mm　1/16　**印张：**21　**字数：**514 千
书　　号：ISBN 978-7-113-26049-1
定　　价：72.00 元

编 委 会

前言

为了让铁路新职人员了解各系统的专业常识，扩展其专业理论知识面，为新职人员岗前培训打下良好基础，编者组织了集团公司各系统的专业主管、运输单位的专业培训师资和现场技术业务骨干，紧密围绕新职人员的自身特点和培训需求，本着“通俗、易懂、精炼”的原则编写了此书。书中避免了过于专业和复杂的理论描述，大量引用现场图片并配以简要说明，适合铁路新职人员在入路教育阶段的学习和掌握。

全书共分为九章，包括铁路线路、铁路信号与通信、铁路车站、铁路机车车辆、铁路供电和给水、动车组、铁路行车组织、铁路客运组织和铁路货运组织等内容。本书可作为铁路新职人员入路教育的培训教材，也可作为职工日常教育培训的参考资料。

本书由中国铁路北京局集团有限公司职工培训部组织编写。孙强、李云红、万千担任主编，郭志明、乌峥、冯军华、高彦嵩、刘明科、白冰、冉雄英、李立军、张历、王健、王朔、刘崇、刘国强、蒋纲、李辰利、李春霞、解丽霞、宋怀锋、孙珲、田光、周雨杰、杨为波、门智堃、李学东、付博龙、陈茜、康健、王欢、蒋勇强、李卫东、王秀江、代增辉、安亮、张春栋、任娜、朱冬青、薛峰参加编写，陈铮、白发纪、许承业、刘松梅、滑志勇、范露端、张利、王永辉、宋金瑛、廉政武、王令璇、田立中、刘斌、刘业新、王永忠集体审定。

由于时间仓促，书中的不妥之处，恳请读者批评指正。

编　者

2019 年 6 月

目　录

第一章　铁路线路

铁路线路是机车车辆和列车运行的基础。它直接承受机车车辆轮对传来的压力，为了保证列车能按规定的最高速度安全、平稳和不间断地运行，使铁路运输部门能够质量良好地完成客货运输任务，铁路线路必须经常保持完好状态。

铁路线路是由路基、桥隧建筑物和轨道组成的一个整体工程结构。

第一节　概　　述

一、铁路等级

我国铁路根据运输性质的不同，将铁路分为客运专线铁路、客货共线铁路和货运专线铁路三类，根据其在路网中的作用、性质、主要运输任务、旅客列车设计行车速度和近期客货运量划分为七级，并为每一级铁路规定了旅客列车最高设计速度和货物列车最高设计速度。

1. 客运专线铁路

铁路网中专门(或主要)用于旅客运输、列车在主要区间能以 200 km/h 及以上速度运行的标准轨距铁路，称之为客运专线铁路。新建客运专线铁路的等级，根据其在铁路网中的作用、性质、旅客列车设计行车速度分为高速铁路和快速铁路两级。

(1)高速铁路

新建铁路最高运行速度达到 250 km/h 及以上，或既有线改造最高运行速度达到 200 km/h 及以上的铁路。

(2)快速铁路

在客运专线网中起联络、辅助作用，为区域或地区服务且最高设计行车速度不高于 250 km/h 的客运专线铁路。

2. 客货共线铁路

铁路网中客货列车共线运行、旅客列车设计行车速度等于或小于 160 km/h、货物列车设计行车速度等于或小于 120 km/h 的标准轨距铁路。

新建和改建铁路(或区段)的等级，我国铁路建设标准共划分为 4 个等级，即Ⅰ级、Ⅱ级、Ⅲ级、Ⅳ级，应根据其在铁路网中的作用、性质、旅客列车设计行车速度和客货运量按表 1-1 所列规定确定。

表 1-1　铁路等级

等　　级	在路网中的意义	近期年客货运量
Ⅰ级铁路	铁路网中起骨干作用的铁路	大于或等于 20 Mt
Ⅱ级铁路	铁路网中起联络、辅助作用的铁路	小于 20 Mt 且大于或等于 10 Mt

续上表

等　　级	在路网中的意义	近期年客货运量
Ⅲ级铁路	为某一地区或企业服务的铁路	小于 10 Mt 且大于或等于 5 Mt
Ⅳ级铁路	为某一地区或企业服务的铁路	小于 5 Mt

注:(1)年客货运量为重车方向的货运量与由客车对数折算的货运量之和。1 对/d 旅客列车按 1.0 Mt(百万吨)年货运量折算。

(2)近期指交付运营后第 10 年;远期指交付运营后第 20 年。

3. 货运专线铁路

铁路网中专门(或主要)用于货物运输,轴重 25 t 及以上、列车牵引质量 10 000 t 及以上、年输送能力 1 亿 t 及以上的标准轨距铁路,称之为货运专线铁路。

二、铁路主要技术标准

各级铁路的技术标准,应根据远期运量或国家要求的年输送能力、客车对数和确定的铁路等级在设计中经综合比选确定。

铁路技术标准主要包括:正线数目、牵引种类、机车类型、牵引质量、限制坡度、最小曲线半径、机车交路、到发线有效长度和闭塞类型等。

三、铁路线路的分类

铁路线路分为正线、站线、段管线、岔线、安全线及避难线。

1. 正线

正线是指连接车站并贯穿或直股伸入车站的线路。

正线可分为区间正线及站内正线。连接车站的正线为区间正线,贯穿或直股伸入车站的部分为站内正线。但新建线路直股伸入站内正线外的其他股道时,如股道未按正线设计(改造),不作为正线管理。

2. 站线

车站内除设有正线外,还根据业务性质、运量大小及技术作业的需要,分别铺设其他配线,这些配线统称为站线,如到发线、调车线、牵出线、货物线及指定用途的其他线路等。

到发线是指供列车到达、出发使用的线路。

调车线是指进行列车编组与解体作业使用的线路。

牵出线是指设在调车场的一端,并与到发线连接,专供车列解体、编组及转线等牵出使用的线路。

货物线是指专供办理货物装卸车使用的线路。

站内指定用途的其他线路,是指站内救援列车停留线、机车走行线、机车等待线、车辆站修线、轨道衡线、加冰线、换装线、货车洗刷线、驼峰迂回线等。

3. 段管线

段管线是指由机务、车辆、工务、电务、供电等段专用,以及动车段(所)专用,并由其管理的线路。

4. 岔线

岔线是指在区间或站内接轨,通向路内外单位(厂矿企业、砂石场、港湾、码头及货物仓库)

的专用线路。

5. 安全线

安全线是为防止列车或机车车辆从一进路进入另一列车或机车车辆占用的进路而发生冲突的一种安全隔开设备，为特殊用途线。

岔线、段管线与正线、到发线接轨时，为了保证正线、到发线列车通行或调车作业通行不致与岔线相关作业的机车车辆发生冲突，应在接轨处铺设安全线。

如岔线与正线或到发线接轨，当站内有平行进路及隔开道岔，并有联锁装置时，可不设安全线。

在进站信号机外制动距离内进站方向为超过6‰下坡道的车站，应在正线或到发线接车方向末端设置安全线，以保证下坡进站的列车不致闯入前方区间，与正线上对向进站的列车或站内发出的列车发生冲突。

合资铁路、地方铁路及专用铁路与国家铁路车站接轨时，为预防行车事故，其接轨处或接车线末端应设隔开设备。当有平行进路并有联锁时，可不设。

隔开设备主要指安全线、避难线、有联锁装置的平行进路及隔开道岔。

安全线的有效长度一般不小于50 m，约为1台机车加2辆货车的长度，并要求向车挡方向不应采用下坡道。

6. 避难线

避难线是在长大下坡道上能使失控列车安全进入的线路，为特殊用途线。避难线是为防止长大下坡道上失去控制的列车发生冲突或颠覆而设置的。

避难线的设置只考虑长大下坡道上列车失控情况，因我国车辆都装有自动制动装置，如发生断钩，列车风管拉断，能自动抱闸停车，所以断钩溜车的情况可不予考虑。

避难线的设置位置，应根据车站作业性质、当地的地形条件、区间通过能力以及失控列车进入避难线的最大速度等综合考虑。避难线宜设在车站出站端；困难条件下可设在进站端，应避免设在区间，如图1-1所示。

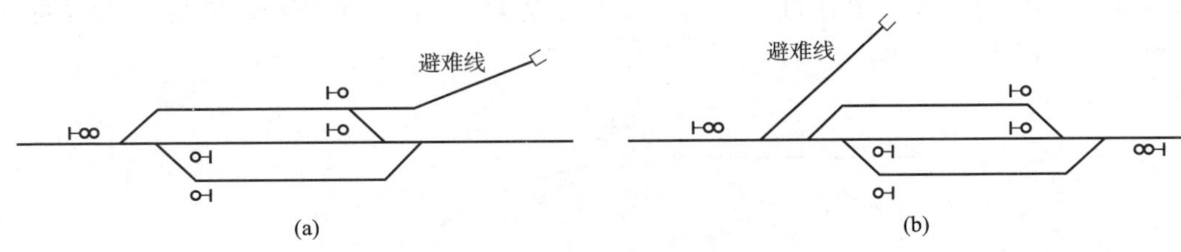

图1-1　避难线设置示意

四、铁路线路的平面和纵断面

铁路线路在空间的位置是用它的线路中心线表示的。

线路中心线在水平面上的投影，称作铁路线路的平面，它表示线路的直、曲变化状态。线路中心线纵向展直后在垂直面上的投影，称为铁路线路的纵断面，它表明线路的起伏变化情况，其高程为路肩高程。

(一)铁路线路的平面

由于受地形和其他各种因素的限制，整条铁路线路不可能是一条直线，其方向需要不断改变，当线路在平面上由一个方向转向另一个方向时，在两条直线之间必须用曲线来连接，这种曲线称为平面曲线。因此，铁路线路平面由直线、圆曲线以及连接直线与圆曲线的缓和曲线组成。

1. 圆曲线半径的选择

曲线半径的选择与铁路等级、地形条件、列车最高运行速度等因素有关。曲线半径越大，列车的运行阻力越小，列车的运行条件就越好，不仅有利于提高列车的运行速度，而且运营维护费用也较少，但半径太大，会难以保持正确的位置。因此，对最大曲线半径也应加以限制。反之，曲线半径越小，曲线阻力就越大，列车的运营条件就越差，但采用小半径曲线容易适应较困难的地形，对工程条件有利。

因此，线路平面的圆曲线半径应结合工程条件、路段设计速度以及减少维修等因素，因地制宜，由大到小合理选用。曲线半径一般应取 50 m、100 m 的整数倍。

2. 最小圆曲线半径

线路平面的最小曲线半径应根据路段设计速度、工程条件以及运输性质和运输需求比选确定，Ⅰ、Ⅱ级铁路区间线路最小曲线半径不得小于表 1-2 规定的数值。

表 1-2 Ⅰ、Ⅱ级铁路区间线路最小曲线半径(m)

铁路等级	Ⅰ级			Ⅱ级	
路段设计行车速度(km/h)	200	160	120	120	80
一般	3 500	2 000	1 200	1 200	600
困难	2 800	1 600	800	800	500

3. 缓和曲线

为保证列车安全，使列车平顺地由直线过渡到圆曲线或由圆曲线过渡到直线，以避免离心力的突然产生和消除，常需要在直线与圆曲线之间设置一条曲率半径变化的曲线，这个曲线称为缓和曲线，如图 1-2 所示。

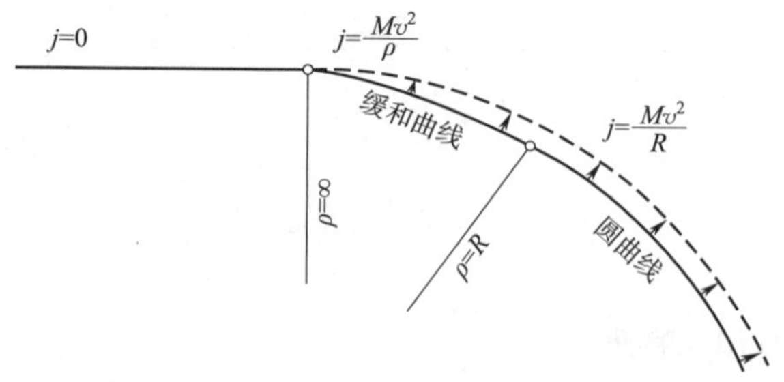

图 1-2 缓和曲线示意

缓和曲线的作用：

(1)从缓和曲线所衔接的直线一端起，它的曲率半径ρ 由无穷大逐渐减小到它所衔接的圆曲线半径 R，它可以使离心力逐渐增加或减小，不致于造成列车强烈横向摇摆，有利于行车平稳。

(2)在缓和曲线范围内,外轨超高由零递增到需要的超高量(或相反),使向心力与离心力相配合。

(3)当曲线半径小于 295 m,轨距需要加宽时,在缓和曲线范围内,可由标准轨距逐步加宽到圆曲线需要的加宽量(或相反)。

(二)线路的纵断面

为适应地形的起伏,减少建筑工程费用,铁路的纵断面是因地势不同而由不同坡度的连续直线段连接而成的。平道与坡道、坡道与坡道的交点,称作变坡点。线路在垂面上形成了的上凸或下凹的形状。

如果两相邻坡段的坡度代数差很大,列车经过变坡点附近,当两车厢分别处于上凸的相邻坡段时,车钩承受巨大的拉应力,当拉应力超过车钩的承受能力,车钩将会被拉断,造成断钩;当两车厢连接处处于下凹的相邻坡段时,车钩将上下错动,当错动量超过允许值时将会引起脱钩,如图 1-3 所示。

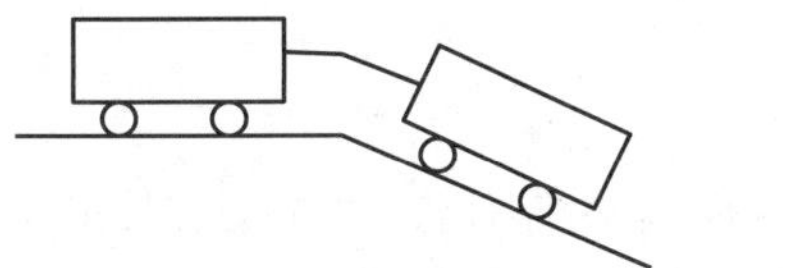

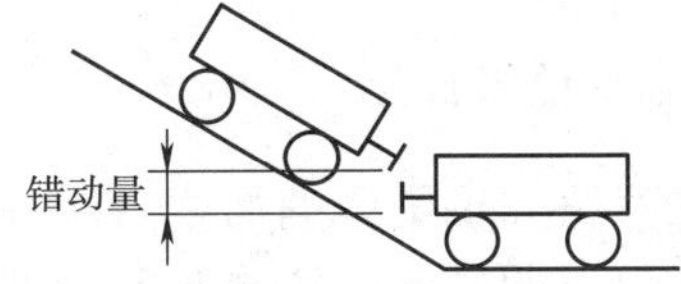

图 1-3 列车经过变坡点附近车钩状况

因此,铁路线路在纵断面上由一个坡度转向另一个坡度,或由平坡与坡道连接时,当两相邻坡度的代数差达到一定的数值时,就应在相邻坡段间用一圆顺的曲线来连接,这种曲线称为竖曲线,如图 1-4 所示。竖曲线有圆曲线形和抛物线形两种。

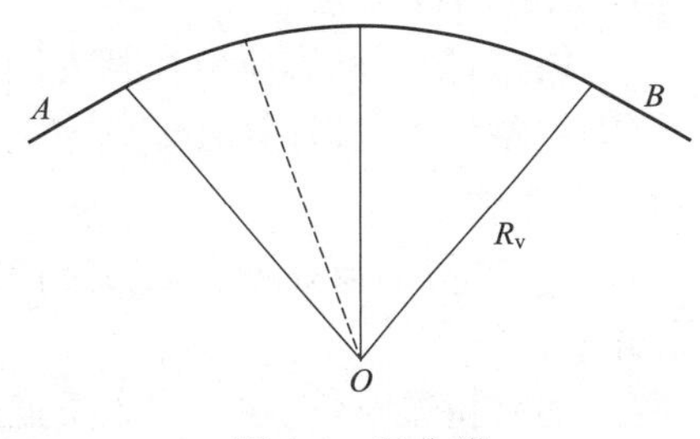

图 1-4 竖曲线

平道、坡道和竖曲线就成了线路纵断面的组成要素。

1. 坡道的坡度

坡道的陡与缓常用坡度来表示。坡度是指坡道线路中心线与水平夹角的正切值,即一段坡道两端点的高差与水平距离之比。坡道坡度的大小通常是用千分率来表示,用符号“+、−、0”依次表示上坡、下坡和平坡。

2. 限制坡度

每一铁路区段都是由许多平道和不同坡度的坡道组成的。坡道的坡度不同,它们对列车牵引重量的影响也就不同。

在一个区段上,决定一台某一类型机车所能牵引的货物列车重量(最大值)的坡度,叫作限制坡度(i‰)。在一般情况下,限制坡度的数值往往和区段内陡长上坡道的最大坡度值相当。

Ⅰ、Ⅱ级铁路区间线路最大限制坡度见表 1-3。

表 1-3 铁路区间线路最大限制坡度(‰)

铁路等级		Ⅰ级		Ⅱ级	
		一般	困难	一般	困难
牵引种类	电 力	6.0	15.0	6.0	20.0
	内 燃	6.0	12.0	6.0	15.0

3. 竖曲线

为了保证列车的运行平稳和安全,避免发生断钩、脱钩等事故,相邻坡段采用竖曲线连接时,为抛物线形或圆曲线形竖曲线。

(1)允许速度不大于 160 km/h 的线路,采用抛物线形竖曲线时,若相邻坡段的坡度代数差大于 2‰,应设置竖曲线。20 m 范围内竖曲线的变坡率,凸形不应大于 1‰,凹形不应大于 0.5‰。采用圆曲线形竖曲线时,若相邻坡段的坡度代数差大于 3‰,应设置竖曲线。

(2)允许速度大于 160 km/h 的线路,坡度代数差不小于 1‰时,应设置圆曲线形竖曲线,竖曲线半径不应小于 15 000 m,且长度不应小于 25 m。

竖曲线不得与竖曲线、缓和曲线重叠,不得侵入道岔、调节器及明桥面。

五、线路标志及信号标志

根据行车和线路养护维修的需要,在铁路线路上设置有各种线路标志和信号标志。

线路标志用以表明铁路线路里程及铁路建筑物的设备状态和位置,以及各级管理机构管界等。信号标志是对机车车辆操作人员起指示作用的标志。

1. 设置的位置

(1)线路、信号标志应设在其内侧距线路中心不小于 3.1 m 处(警冲标除外)。

(2)线路标志,按计算公里方向设在线路左侧。双线区段须另设线路标志时,应设在列车运行方向左侧。

(3)信号标志,设在列车运行方向左侧(警冲标除外)。双线区段的轨道电路调谐区标志设在线路外侧。

(4)遇有桥梁时,应在维修人员通道的护栏上安装铁质线路标志。

2. 线路标志

(1)公里标、半公里标,设在一条线路自起点计算每一整公里、半公里处,如图 1-5 所示。

(2)曲线标,设在曲线中点处,标明曲线中心里程、半径大小、曲线和缓和曲线长度,如图 1-6 所示。

图 1-5 公里标、半公里标

图 1-6 曲线标

（3）圆曲线和缓和曲线的始终点标，设在直缓、缓圆、圆缓、缓直各点处，标明所向方向为直线、圆曲线或缓和曲线，如图 1-7 所示。

图 1-7　圆曲线和缓和曲线的始终点标

（4）桥梁标，设在桥梁两端桥头处，标明桥梁编号、中心里程和长度，如图 1-8 所示。

（5）隧道（明洞）标，直接标注在隧道（明洞）两端洞门端墙上，标明隧道号或名称，中心里程和长度，如图 1-9 所示。

（6）坡度标，设在线路坡度的变坡点处，两侧各标明其所向方向的上、下坡度值及其长度，如图 1-10 所示。

图 1-8　桥梁标

图 1-9　隧道（明洞）标

图 1-10　坡度标

（7）铁路局集团公司、工务段、线路车间、线路工区和供电段的界标，设在各该单位管辖地段的分界点处，两侧标明所向的单位名称，如图 1-11 所示。

图 1-11　界标

3. 信号标志

（1）警冲标，设在两会合线路线间距离为 4 m 的中间。线间距离不足 4 m 时，设在两线路中心线最大间距的起点处，如图 1-12 所示。在线路曲线部分所设道岔附近的警冲标与线路中心线间的距离应按限界的加宽增加。

（2）站界标，设在双线区间列车运行方向左侧最外方顺向道岔（对向出站道岔的警冲标）外不小于 50 m 处，或邻线进站信号机相对处，如图 1-13 所示。

图 1-12 警冲标

图 1-13 站界标

(3)预告标,设在进站信号机及线路所通过信号机外方 900 m、1 000 m 及 1 100 m 处,如图 1-14 所示,但在设有预告或接近信号机及自动闭塞的区段,均不设预告标。

在双线区间,退行的列车看不见邻线的预告标时,在距站界外 1 100 m 处特设一个预告标,如图 1-15 所示。

图 1-14 预告标(单位:m)

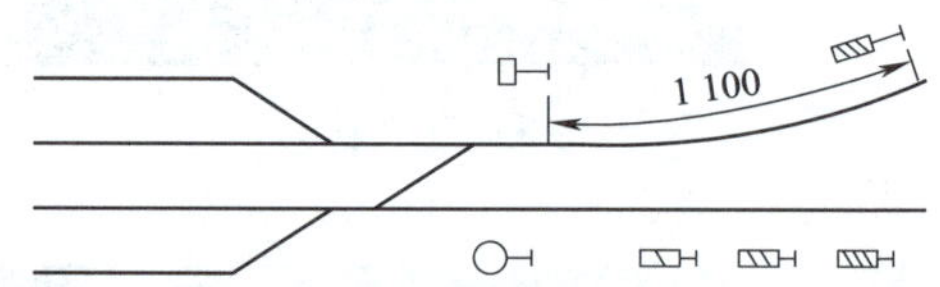

图 1-15 站界外特设预告标(单位:m)

(4)引导员接车地点标,列车在距站界 200 m 以外,不能看见引导人员在进站信号机或站界标处显示的手信号时,须在列车距站界 200 m 外能清晰地看见引导人员手信号的地点设置,如图 1-16 所示。

(5)司机鸣笛标,设在道口、大桥、隧道及视线不良地点的前方 500～1 000 m 处,如图 1-17 所示。在非限鸣区域,司机见此标志须长声鸣笛;在限鸣区域内,司机见此标志应开启灯显示警设备,除遇危及行车安全等情况外,限制鸣笛。

(6)电力机车禁停标,设在站场、区间接触网锚段关节式电分段两端,电力机车(动车组)在该标志提示的禁停区域内不得停留,如图 1-18 所示。

图 1-16 引导员接车地点标

图 1-17 司机鸣笛标

图 1-18 电力机车禁停标

(7)在电气化区段接触网电分相前方,分别设断电标[图 1-19(a)]、禁止双弓标(图 1-20)。对于最高运行速度大于 120 km/h 的旅客列车、特快货物班列及最高运行速度为 120 km/h 的货物列车、快速货物班列运行的线路，在断电标的前方增设特殊断电标［图 1-19(b)］。在接触网电分相后方设合电标(图 1-21)，设置位置如图 1-22 所示。在双线电气化区段，在“合”、“断”电标背面，可分别加装“断”、“合”字标，作为反方向行车的“断”、“合”电标使用。

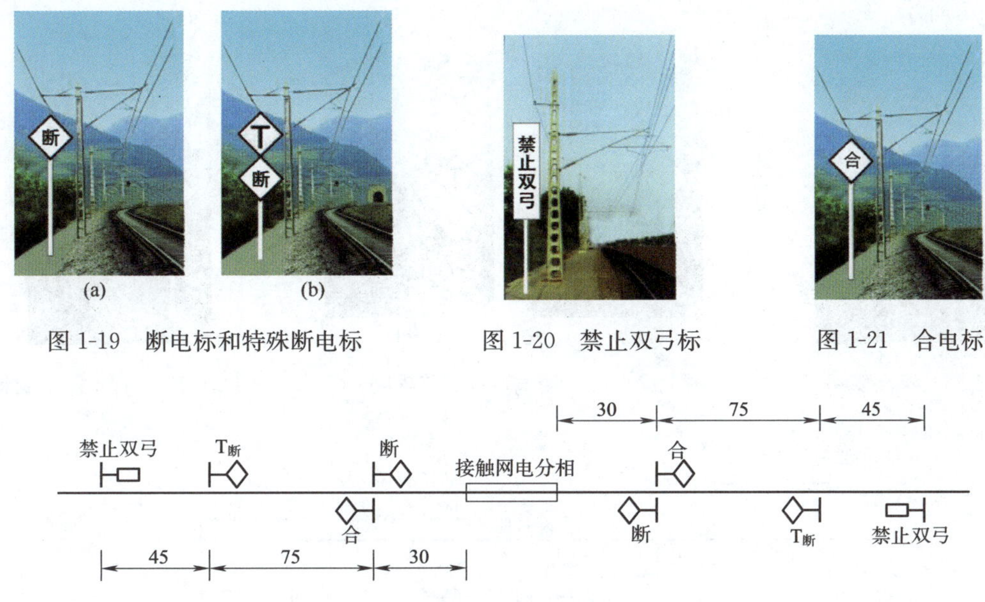

图 1-19　断电标和特殊断电标

图 1-20　禁止双弓标

图 1-21　合电标

图 1-22　合电标设置位置(单位：m)

断电标预告司机前方是接触网电分相，机车应断电运行；合电标通知司机已越过接触网电分相，可合电运行；禁止双弓标预告司机在前方接触网电分相断电处所，不准升起双弓。

列车通过电气化区段接触网电分相时必须断电，而且不得升起双弓，以保障电气化铁路列车的安全。为提示司机操作，在接触网电分相前方分别设有断电标和禁止双弓标，但列车断电时间不能太长，通过接触网电分相后应及时合电，避免列车降速过多造成意外停车，所以合电标设置位置距接触网电分相较近。对于最高运行速度大于 120 km/h 的旅客列车、行邮列车及最高运行速度为 120 km/h 的货物列车、行包列车，因为列车运行速度较高，应按特殊断电标操作。考虑到司机操作的安全时间，特殊断电标设在断电标的前方 75 m 处。

(8)接触网终点标，设在接触网边界，如图 1-23 所示。

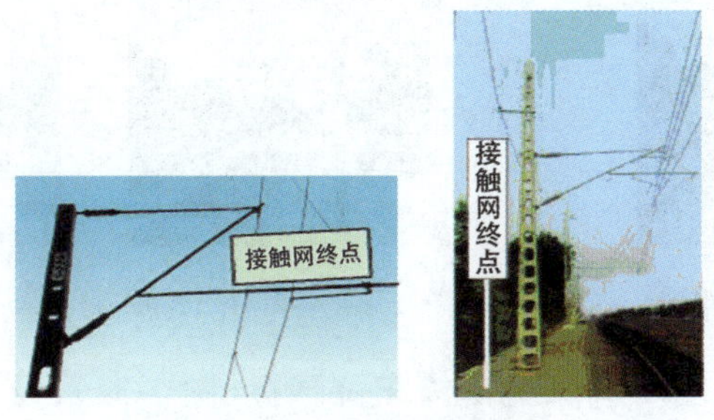

图 1-23　接触网终点标

(9)在电气化线路接触网故障降弓地段前方,分别设准备降下受电弓标(图 1-24)、降下受电弓标,如图 1-25(a)所示;对于最高运行速度大于 120 km/h 的旅客列车、特快货物班列及最高运行速度为 120 km/h 的货物列车、快速货物班列运行的线路,在降下受电弓标的前方增设特殊降弓标,如图 1-25(b)所示。在降弓地段后方,设升起受电弓标,如图 1-26 所示,设置位置如图 1-27 所示。

图 1-24 准备降弓标

(a) (b)

图 1-25 降下受电弓标和特殊降弓标

图 1-26 升起受电弓标

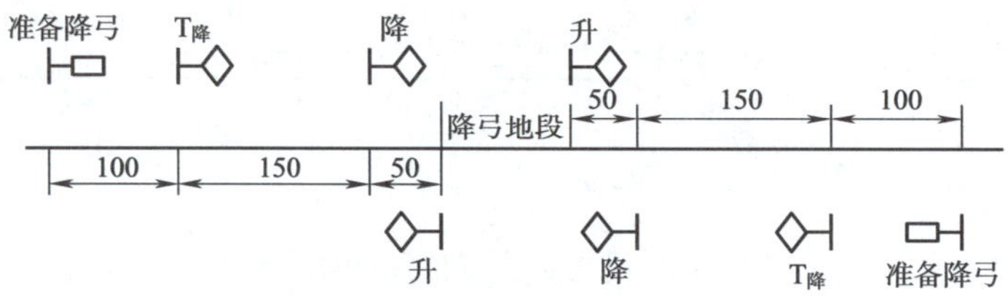

图 1-27 升起受电弓标设置位置(单位:m)

(10)作业标,设在施工线路及其邻线距施工地点两端 500~1 000 m 处,如图 1-28 所示。司机见此标志须长声鸣笛,注意瞭望。

(11)减速地点标,设在需要减速地点的两端各 20 m 处。正面表示列车应按规定限速通过地段的始点,背面表示列车应按规定限速通过地段的终点,如图 1-29 所示。

图 1-28 作业标

图 1-29 减速地点标

(12)补机终止推进标(图 1-30)、机车停车位置标(图 1-31),设置位置由铁路局集团公司规定。

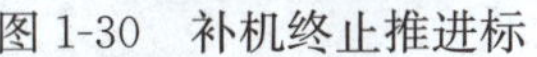

图 1-30　补机终止推进标

图 1-31　机车停车位置标

(13)四显示机车信号接通标(机车信号接通标):涂有白底色、黑竖线、黑框的反光菱形板及黑白相间的立柱标志,如图 1-32 所示。

(14)四显示机车信号断开标:涂有白底色、中间断开的黑横线、黑框的反光菱形板及黑白相间的立柱标志,如图 1-33 所示。

图 1-32　四显示机车信号接通标

图 1-33　四显示机车信号断开标

(15)轨道电路调谐区标志:

Ⅰ型为反方向区间停车位置标,涂有白底色、黑框、黑“停”字、斜红道,标明调谐区长度的反光菱形板标志,如图 1-34 所示。

Ⅱ型为反方向行车困难区段的容许信号标,涂有黄底色、黑框、黑“停”字、斜红道,标明调谐区长度的反光菱形板标志,如图 1-35 所示。

Ⅲ型用于反方向运行合并轨道区段之间的调谐区或因轨道电路超过允许长度而设立分隔点的调谐区,为涂有蓝底色、白“停”字、斜红道,标明调谐区长度的反光菱形板标志,如图 1-36 所示。

以上三种调谐区标志均使用黑白相间的立柱。

图 1-34　Ⅰ型

图 1-35　Ⅱ型

图 1-36　Ⅲ型

(16)级间转换标:在CTCS-0/CTCS-2级转换边界一定距离前方的级间转换应答器组对应的线路左侧设级间转换标志。该标志采用涂有白底色、黑框、写有黑“C0”、“C2”标记的反光菱形板及黑白相间的立柱,如图1-37所示。

(17)通信模式转换标:在始发站列车停车标内方或需要转换通信模式的相应地点设机车综合无线通信设备通信模式转换提示标志,标志牌顶边距轨面2.5 m。该标志标面采用涂有白底色、黑框、写有黑色“通信转换”字样的方形板,如图1-38所示。

(a)

(b)

图1-37 级间转换标

(a)

(b)

图1-38 通信模式转换标

第二节 路基和桥隧建筑物

路基和桥隧建筑物都是轨道的基础。它们直接承受轨道的重量,以及机车车辆及其载荷的压力。因此,路基和桥隧建筑物的状态与线路质量的关系极为密切。

一、路　　基

铁路路基是为满足轨道铺设和运营条件而修建的土工构筑物。路基必须保证轨顶设计标高,并与桥梁隧道连接组成完整贯通的铁路线路。路基工程主要由路基本体、路基防护和加固建筑物、路基排水设备三部分建筑物组成。

(一)路基横断面基本形式

在铁路线路工程中,路基常见的两种基本形式是路堤和路堑。

1. 路堤

当路肩设计标高高于天然地面时,路基以填筑方式构成,这种路基称为路堤。路堤的组成包括路基面、边坡、护道、取土坑或纵向排水沟等,如图1-39所示。

路基面是指路基顶面,包括铺设轨道的部分。从路基面边缘向中间拱起的部分称为路拱,路拱大部分或全部被道砟覆盖。

2. 路堑

当路肩设计标高低于天然地面时,路基以开挖方式构成,这种路基称为路堑。路堑的组成包括路基面、边坡、侧沟、弃土堆和截水沟等,如图1-40所示。

3. 其他形式的路基

其他形式的路基还有半路堤、半路堑或不填不挖路基,如图1-41所示。

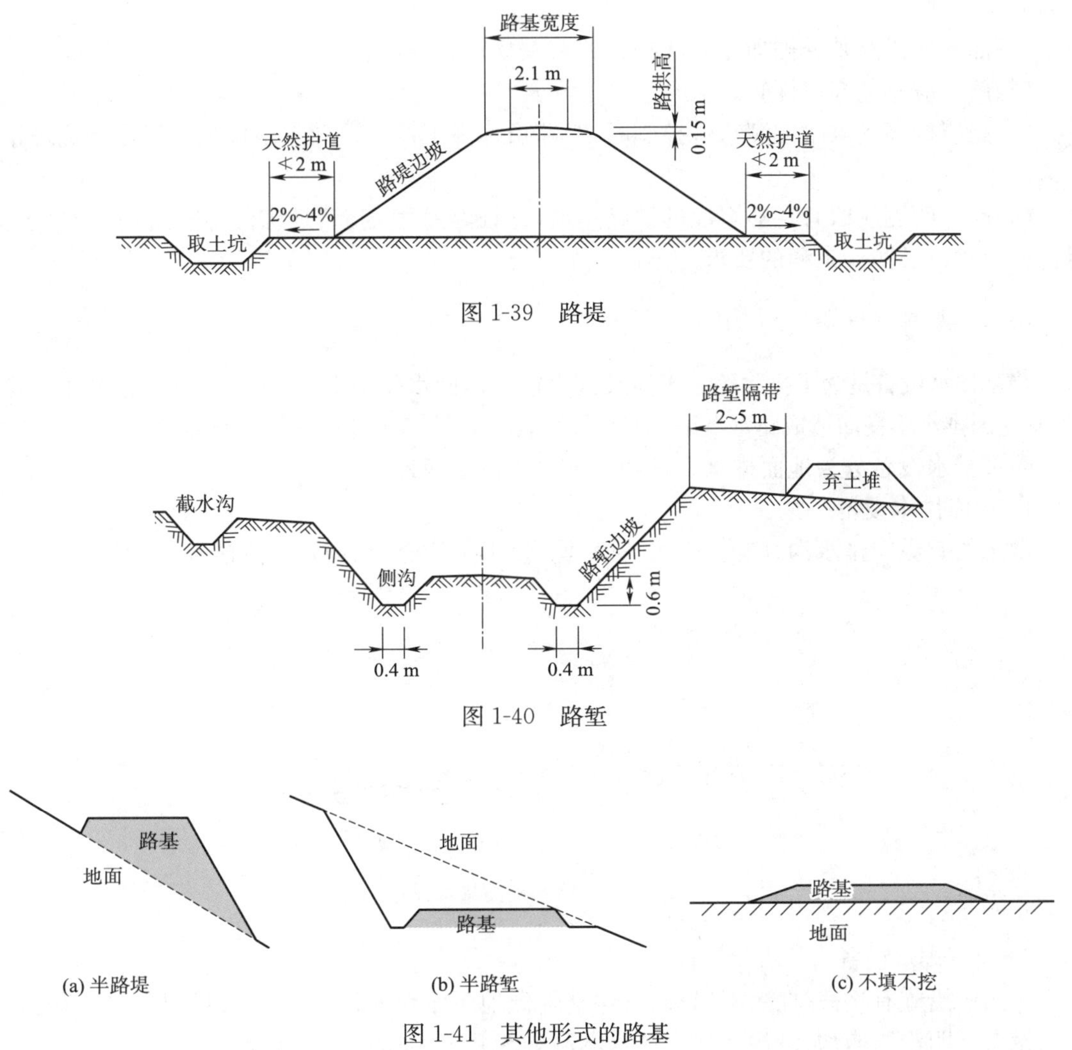

图 1-39 路堤

图 1-40 路堑

图 1-41 其他形式的路基

(二)路基要求

1. 路基面宽度要求

路基面宽度是指路基面两侧边缘间的距离。路基面的宽度应考虑远期发展的铁路等级、维修和机械化作业,并根据路拱断面、轨道类型、道床标准形式及尺寸、线间距、电缆槽、接触网支柱、路肩宽度等计算确定。

2. 路肩宽度要求

路基面两侧未被道砟覆盖的部分为路肩。路肩的作用是防止土体在荷载作用下向两侧挤动,并加强路基的稳固性;防止道砟散落于路基下,保持道床的完整;供铁路员工行走、避车;存放线路上部材料、作业机具,便于进行养护修作用;在路肩上设置必要的线路标志和信号标志。

有砟轨道路肩宽度:线路设计速度为 200 km/h 区段的路肩宽度不应小于 1.0 m;线路设计速度为 160 km/h 及以下的铁路,位于路堤上的路肩宽度不应小于 0.8 m,位于路堑上的路肩宽度不应小于 0.6 m。牵出线的中心线至路肩边缘的宽度不得小于 3.5 m。

3. 其他要求

(1)曲线地段路基外侧加宽办法按铁路有关规定、规范执行。

(2)路基应避免高堤深堑。

(3)路肩标高受洪水或潮水位控制时,其路肩标高不低于设计洪水位加波浪侵袭高加壅水高再加 0.5 m。

(4)路基两侧应留有足够宽度的铁路用地,保证路基稳定,满足维修检查通道、栅栏设置、绿色通道建设及防沙工程的要求。

(三)路基排水设备

路基排水设备是为了排除路基本体及其附近的地面水和地下水,保证路基经常处于干燥状态,避免因排水不良而造成路基沉陷、边坡滑坍、翻浆冒泥和寒冷地区的路基冻害等病害的设备。

路基排水设备分为地面排水设备和地下排水设备两种。

1. 地面排水设备

常用的有纵向排水沟、侧沟、天沟、截水沟、矩形水槽、跌水沟和急流槽等,如图 1-42 所示。

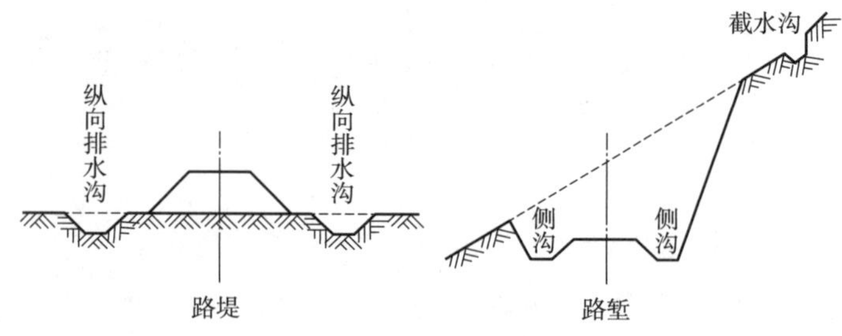

图 1-42 路基地面排水设备

2. 地下排水设备

常用的措施有拦截排除、引出排除(包括降低地下水位和疏干土体)、封闭隔水三种类型,主要设备有明沟与槽沟、渗沟、渗管、渗水隧洞和渗井等,如图 1-43 所示。

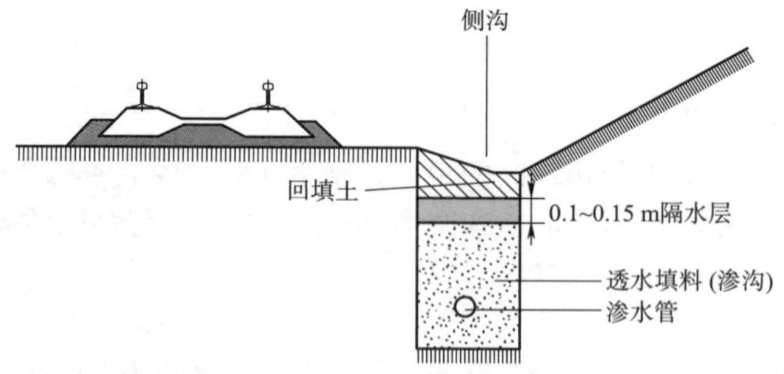

图 1-43 渗沟和渗管

(四)路基防护

路基坡面防护的方法很多,主要有铺草皮、单层干砌片石护坡、浆砌片石护坡和浆砌片石护墙等常用的防护方法。

路基冲刷防护措施主要有草皮护坡、干砌片石护坡、浆砌片石护坡、抛石护坡及柔性混凝土板等防护措施。

路基宜优先采用有利于环保的植物(以灌木为主)保护,并结合混凝土、土工合成材料等其他防护措施进行防护,但不得影响列车司机瞭望,倒树不应侵入限界和接触网的安全距离。

(五)在路基内埋设电缆时,必须遵守的规定

1. 电缆应从路堤外或路堑顶外通过。如遇过渡短经路从路肩或路堤边坡上通过时,应进行结构设计,并不得损坏原有排水、防护和加固设备。

2. 电缆沿路堑顶部埋设时,应在堑顶天沟边 2 m 以外。如无天沟,应在堑顶边 5 m 以外。沿路堤坡脚埋设时,应在路堤坡脚 1 m 以外,有护道时应在护道 1 m 以外。横穿线路时,应用钢管或混凝土管防护,埋入的管顶应低于路基面 0.4 m。

3. 埋设电缆前,施工单位必须与工务段联系,明确安全措施和责任,并签订协议后方可施工。

4. 电缆埋设后,必须及时将电缆沟填满、夯实、整平,恢复路基完好状态,并设置明显标志,竣工资料应交工务段备案。

二、桥隧建筑物

当铁路线路要通过江河、溪沟、谷地以及山岭等天然障碍,或要跨越公路、铁路时,需要修建桥隧建筑物,以使铁路线路得以继续向前延伸。桥隧建筑物包括桥梁、涵洞、明渠、隧道等。

(一)总体要求

1. 桥上和隧道内有砟轨道应满足大型养路机械清筛作业的要求。

2. 桥涵建(构)筑物应确保通过的线路具有良好的稳定性和平顺性,结构构造应便于检查和养护,并设置检查设施。

3. 全长 500 m 以上的钢桥、全长 3 000 m 以上的隧道设置通信设备,必要时设置固定照明、安全警报装置;非全封闭运营时,应进行巡守,必要时进行监视。

4. 桥梁、隧道应按规定设置作业通道、避车台(洞)、电缆沟(槽)、电气化预埋件及必要的检查和消防设备等。铁路桥梁作业通道和隧道内安全空间、救援通道、应急照明和通信以及其他相关设施的设置等应符合有关设计规范规定。隧道内空气标准达不到规定要求时,应设置机械通风,瓦斯隧道还应设置必要的瓦斯监测设备。

(二)桥　　梁

1. 桥梁的组成

桥梁主要由桥面、桥跨结构、墩台及基础三部分组成,如图 1-44 所示。

桥跨结构是桥梁承受载荷、跨越障碍的部分。桥跨结构又称为上部结构,指梁桥支座以上或拱桥起拱线以上跨越桥孔的结构。

桥跨结构与桥墩或桥台的支承处所设置的传力装置称为支座。它不仅要传递很大的作用力,并且要满足桥跨结构的变位需要。

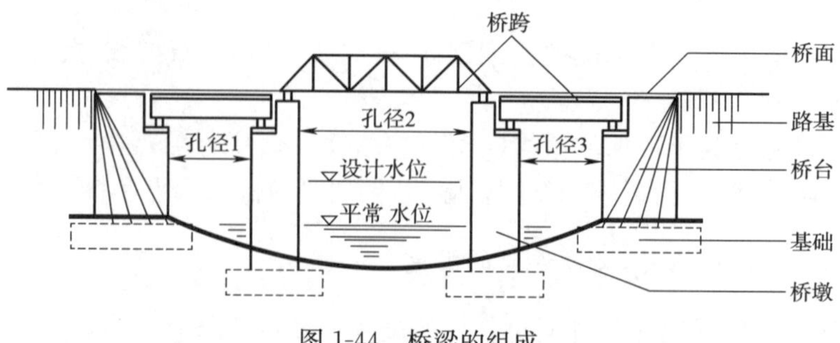

图 1-44 桥梁的组成

桥墩、桥台和基础统称为下部结构，墩台是支承桥跨结构并将结构重力和车辆荷载等作用传至地基土层的建筑物。设在桥梁两端与路堤相衔接的结构称为桥台，桥台除具有上述作用外，还有抵御路堤填土的侧压力，防止路堤填土滑坡和坍落的作用。地基的奠基部分称为基础，它是确保桥梁能安全使用的关键，由于基础多深埋于土层之中，一般在水下施工，故是桥梁施工中比较困难的部分。

桥跨结构的上部设置桥面结构。此外，桥梁还常常需要建造一些附属结构物，如椎体防护、导流堤、检查设备、台阶扶梯等。

2. 桥梁相关术语名称

(1)桥梁全长：两桥台纵向边缘最外端的距离。

(2)桥梁长度：两桥台挡砟墙胸墙之间的距离。

(3)梁的跨度：梁两端支座中心之间的距离。

(4)计算跨度：桥跨两端相邻支座中心之间的距离，对拱式桥是指拱轴线两端点之间的距离。铁路桥梁常以计算跨度作为标准跨度。

(5)净跨度：指设计洪水位线以上相邻两个桥墩(台)之间的水平净距，对拱式桥是指每孔拱跨拱脚截面内边缘之间的距离。各孔净跨度之和，称为桥梁的孔径。

(6)桥下净空：是指以梁底至设计水位为高，相邻桥墩之间的净距为宽所围成的面积。桥下净孔是指在设计水位时，相邻墩台边缘间的距离，表示桥下排水的净宽度，各净孔的和即为桥梁孔径。桥下净空高度是指设计洪水位或设计通航水位至桥跨结构下边缘之间的距离。

(7)桥梁建筑高度：指轨顶与桥跨结构下缘之间的高度。

(8)桥梁高度：指低水位至桥面的高差，对于跨线桥是指桥下道路路面至桥面的高差。

3. 桥梁的分类

桥梁的种类很多、形式也多样，一般可按照桥梁的长度、梁拱材质、受力体系及桥面位置等加以区分。

(1)按桥梁长度分，特大桥(桥长 500 m 以上)、大桥(桥长 100 m 以上至 500 m)、中桥(桥长 20 m 以上至 100 m)、小桥(桥长 20 m 及以下)。

桥长：梁桥为桥台挡砟前墙之间的长度；拱桥为拱上侧墙与桥台侧墙间两伸缩缝外端之间的长度；刚架桥(或框构桥)为刚架(或框构)顺跨度方向外侧间的长度。

(2)按梁拱材质分，有钢桥、钢筋混凝土桥、石桥等。

(3)按桥面位于桥跨结构上部的桥分，有梁桥、拱桥、框构桥、斜拉桥等形式。

(4)按桥面所在位置分,也可根据桥面与主拱相对位置的不同分为上承式桥、中承式桥和下承式桥。

①上承式桥:桥面位于桥跨结构上部的桥。

②中承式桥:桥面位于桥跨结构中部的桥。

③下承式桥:桥面位于桥跨结构下部的桥。

4. 作业通道、栏杆及避车台

(1)明桥面应在轨道中心铺设步行板,并设置单侧或双侧作业通道;道砟桥面应设置双侧作业通道。作业通道板应安全、稳固、防滑。

(2)直线桥梁自线路中心至作业通道栏杆内侧的净距:钢梁明桥面应不小于 2.45 m,混凝土梁桥面应不小于 3.00 m,线路允许速度 160 km/h 以上桥梁桥面应不小于 3.25 m。作业通道宽度应不小于 0.8 m。线路中心至作业通道栏杆内侧净距小于 3.25 m 时,单线桥应在作业通道上按照间隔 30 m 左右交错设置避车台,双线及多线桥应在每一侧各相距 30 m 左右设避车台。曲线桥梁线路中心线至作业通道栏杆内侧的净距应考虑曲线加宽的影响。

(3)作业通道、栏杆在梁的活动端处均应断开,不得影响梁的伸缩。

(三)涵　　洞

涵洞设在路堤下部的填土中,是用以通过水流、行人和小型车辆的一种建筑物。

1. 组成

涵洞主要由洞身(由若干管节所组成)、基础、进出口建筑物(即端墙或翼墙等)以及导流堤、截水墙、缓流井、上下游吊沟等调节河流建筑物组成,如图 1-45 所示。管节埋在路基之中,它具有一定的纵向坡度(从进口向出口),以便排水。端墙和翼墙的作用是便于水流进出涵洞,同时还可以保护路堤边坡,使它不受水流的冲刷。

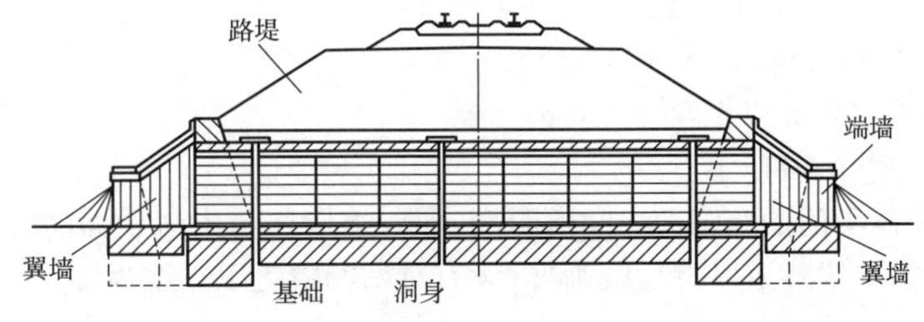

图 1-45　涵洞

2. 分类

按照用途可分为排洪涵、灌溉涵和交通涵。

按照水力特征分为无压涵洞、有压涵洞、半有压涵洞。

按照结构形式分为圆涵、拱涵、盖板涵、框构涵。

(四)隧　　道

铁路隧道是线路跨越山岭时,为避免开挖很深的路堑或修建很长的迂回线,而修建的穿越山岭的建筑物。此外,还有建筑在河床、海峡或湖底下的水底隧道和建筑在大城市地下的地下铁道。

1. 隧道的组成

铁路隧道结构由主体建筑物和附属构筑物两部分组成。

主体建筑物有洞身衬砌和洞门。衬砌是用来加固隧道洞身，防止洞身周围地层发生风化剥落或坍塌的结构物；洞门则用来加固隧道的出入口，阻拦落石。两者共同保证列车在隧道中的行车安全。

铁路隧道的衬砌常采用由拱圈和边墙组成的拱形结构，在地质条件较差的情况下则常设置仰拱而形成封闭式衬砌。

隧道的附属建筑物主要包括大、小避车洞及防排水设施。在隧道较长、通风不良时，还要修建通风建筑物。此外，在隧道内还可能由于铁路电气化或通信信号等方面的需要而修建相应的附属建筑物。

(1)洞身

洞身是列车通过的通道，为保证行车安全，洞身必须按建筑限界标准修建。

(2)衬砌

为防止围岩变形或坍塌，沿隧道洞身周边用钢筋混凝土等材料修建的永久性支护结构。

(3)洞门

为保持洞口上方及两侧路堑边坡的稳定，在隧道洞口修建的墙式构造物，并通过洞门位置的排水系统将仰坡流下的雨水引离隧道，以防止水流冲刷洞门。

(4)避人洞和避车洞

为使工作人员、行人及运料小车避让列车，在隧道两侧互相交错修建避人洞和避车洞，它们是隧道的附属建筑物。

2. 隧道的分类

(1)按长度分

特长隧道：隧长 10 000 m 以上；

长隧道：隧长 3 000 m 以上至 10 000 m；

中长隧道：隧长 500 m 以上至 3 000 m；

短隧道：隧长 500 m 及以下。

隧长是指进出口洞门端墙墙面之间的距离，即以端墙面与内轨顶面的交线同线路中线的交点计算。计算时，双线隧道以下行线为准；设有车站的隧道以正线为准。

(2)按洞内行车线路的多少分

可分为单线隧道、双线隧道及多线隧道。

第三节 轨　　道

轨道是指处于路基面以上、车辆车轮以下部分的铁路线路建筑物，其功能是引导机车车辆运行，直接承受由车轮传来的巨大压力，并把它传给路基或桥隧建筑物。

一、轨道的组成

国内普速铁路轨道结构主要为有砟轨道，由钢轨、扣件、轨枕、道床及道岔等组成，如图 1-46 所示。有砟轨道弹性好，在一定维修质量条件下具有较好的轮轨接触关系；减振、降噪效果较好，维修较方便；造价相对较低。

图 1-46　轨道的组成

1—钢轨；2—扣件；3—轨枕；4—道床；5—道岔

二、钢　　轨

钢轨的主要功能是支持并引导机车车辆按规定的方向运行，将来自车轮的荷载和冲击传布于轨枕和扣件之上；在自动闭塞区段，钢轨又成为轨道电路中的一部分，起到信号电流的传输作用；在电气化区段，钢轨还作为电力机车牵引电流的回流导线作用。

1. 钢轨的分类

(1)按每米钢轨大致质量的千克整数(kg/m)分，可分为 75 kg/m(P75)、60 kg/m(P60)、50 kg/m(P50)、43 kg/m(P43)、38 kg/m(P38)五种。

(2)按钢轨含有的化学成分，可分为普通碳素轨(俗称素轨)、合金轨两大类。

(3)按力学性能划分，可分为普通轨、耐磨轨和高强度轨。

(4)按金相组织划分，可分为珠光体轨、贝氏体轨、马氏体轨三大类。

2. 钢轨牌号的命名

钢轨牌号的命名：第一个字母 U，代表钢轨(“轨”字汉语拼音 GUI 的第二个字母)，后面的数字代表此轨种的平均含碳量，再后面的字母代表合金化的元素，如 U75V 代表平均含碳量为 0.75%、采用钒合金化的钢轨。

我国铁路线路上使用的钢轨钢种主要有 880 MPa 级的 U71Mn、980 MPa 级的 U75V(原 PG3)和 1 180～1 280 MPa 级的重载铁路用 U77MnCr、U78CrV(原 PG4)等高强耐磨钢轨。

3. 钢轨的长度

钢轨按照长度一般分为 100 m、75 m、25 m 及 12.5 m 四种，称为标准轨。

此外，还有专供曲线地段铺设内轨用的标准缩短轨若干种。曲线缩短轨长度有比 12.5 m 标准轨短 40 mm、80 mm、120 mm 的三种，有比 25.0 m 标准轨短 40 mm、80 mm、160 mm 的三种。

4. 钢轨断面形状

在直线地段，钢轨所受的力主要是竖直力，其结果是使钢轨产生挠曲。由于钢轨被视为支承在连续弹性基础上的无限长梁，而梁抵抗挠曲的最佳断面形式为工字形。因此，钢轨采用工字形断面，由轨头、轨腰和轨底三部分组成，如图 1-47 所示。

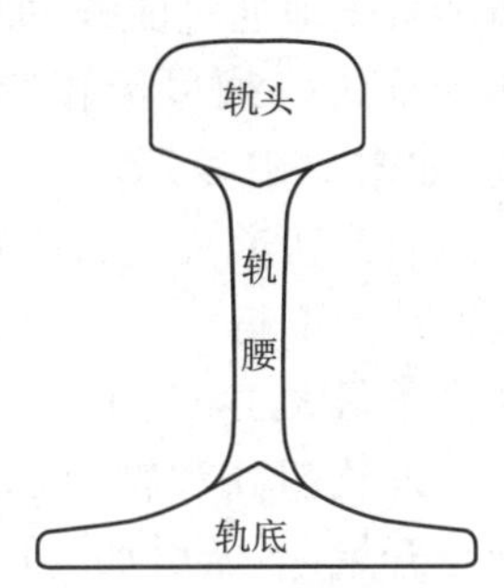

图 1-47　钢轨断面

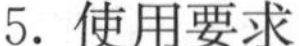

5. 使用要求

新建、改建铁路正线采用 60 kg/m 钢轨的跨区间无缝线路，重载铁路正线宜采用 60 kg/m 及以上类型钢轨的无缝线路。为减少铁路线路钢轨焊接接头数量，提高线路平顺性，60 kg/m 钢轨应优先采用 100 m 长定尺轨，75 kg/m 钢轨应优先采用 75 m 长定尺轨。

6. 线路两股钢轨的相互位置

为了确保行车安全，轨道应保持两股钢轨的规定距离和钢轨顶面的相对水平位置。

(1)轨距

轨距是钢轨头部踏面下 16 mm 范围内两股钢轨工作边之间的最小距离。

直线轨距标准为 1 435 mm。

曲线轨距需要加宽，这是因为机车车辆走行部分是由两轴或多轴组成的转向架，有一定的固定轴距。转向架进入曲线后，转向架中心线不再与线路中心线平行，使轮轨之间形成一定的冲角。转向架固定轴距愈大，曲线半径愈小，冲角愈大，在转向架前轴外轮轮缘与钢轨接触的条件下，后轴外轮轮缘与钢轨之间的空隙(轮轨游间)愈小。为了保证转向架顺利通过曲线，减小轮轨磨耗，减小轮轨间的横向作用力，需对小半径曲线轨距进行加宽。曲线轨距加宽值加在里股，即将里股钢轨向曲线内侧横移。曲线轨距按表 1-4 规定的标准加宽。

表 1-4　曲线轨距加宽值

曲线半径 R(m)	加 宽 值(mm)
$R \geqslant 295$	0
$295 > R \geqslant 245$	5
$245 > R \geqslant 195$	10
$R < 195$	15

注：曲线轨距加宽值不符合上述规定时，应有计划地进行改造。

(2)水平

在直线地段，为了使机车车辆传来的荷载由两股钢轨均匀地承担，保证车辆运行平稳，要求两股钢轨顶面应保持同一水平。

(3)外轨超高

曲线地段与直线地段不同，当列车在曲线上运行时，会产生离心力。离心力把列车推向外倾，使外轨承受的荷载增加，造成外轨和车轮加速磨耗，并降低了列车运行平稳性和旅客舒适度。为了抵消和平衡离心力的影响，使机车车辆能安全地通过曲线，曲线外轨需要设置超高度，使内外轨所受垂向荷载尽量相等。外轨比内轨高出的部分称为超高，如图 1-48 所示。

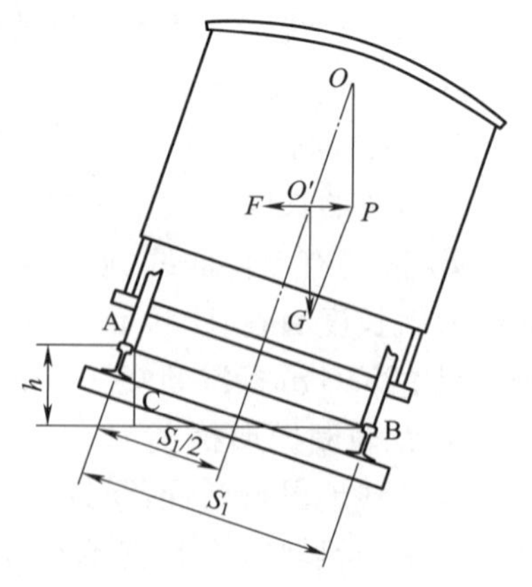

图 1-48　外轨超高

有砟轨道实设最大超高，在单线上不得大于 125 mm，在双线上不得大于 150 mm。普速铁路无砟轨道实设最大超高不得大于 150 mm。

外轨超高和轨距加宽的设置办法，都是从缓和曲线的起点开始，逐渐增加，到圆曲线起点时，超高和加宽都应达到规定的数值。

三、轨　　枕

轨枕的功用是保持钢轨的位置、方向和轨距，并将它承受的来自钢轨各种作用力均匀地分布到道床上。

轨枕按其材质分为木枕、混凝土枕和钢枕。

（一）木　　枕

木枕根据其在线路上使用部位的不同，分为普通木枕、道岔木枕（岔枕）和桥梁木枕（桥枕）三种，如图 1-49 所示。

木枕具有弹性好、可缓和列车的动力冲击作用、易加工、重量轻、运输、铺设及养护维修方便等优点，但也有易腐蚀、使用寿命短、在列车动力作用下容易产生轨向不良和轨距扩大等缺点，而且由于消耗大量的木材，因此逐渐被混凝土枕替代。

图 1-49　木枕

（二）混凝土枕

混凝土枕的主要优点是纵、横向阻力较大，提高了线路的稳定性，可以满足铁路高速度、大运量的要求；使用寿命长，可以降低铁路轨道每年的平均修理费用；铺设高弹性垫层可以保证线路有比较均匀的弹性；扣件易于更换，能保证均匀的几何尺寸。缺点是弹性差、绝缘性能低，更换较困难等。

线路上的轨枕类型及配置根数，应根据运量、线路允许速度及线路设备条件等确定。到目前为止，铁路行业标准轨枕类型有Ⅰ型、Ⅱ型、Ⅲ型三种，分别与不同轨道类型配套使用。允许速度大于 120 km/h 正线铺设Ⅲ型混凝土枕，允许速度不大于 120 km/h 正线宜铺设Ⅲ型混凝土枕。

1. Ⅰ型混凝土枕

Ⅰ型混凝土枕设计轴重是 21 t，列车的设计速度为 85 km/h，轨枕配置 1 840 根/km。轨枕全长未设箍筋，预留孔周围也未设螺旋筋，轨枕在使用中出现较严重的纵向贯通劈裂，承轨槽预留孔纵裂较多，失效率高。轨枕铺设时枕中 600 mm 范围内道砟要掏空，以免产生过大的负弯矩。但由此减少了轨枕与道床的支撑接触面，使道床阻力也随之减少，轨枕的支撑状态不均匀，对钢轨波磨的产生和轨道几何平顺性不利。目前，Ⅰ型混凝土轨枕主要存在于站专线上，正线上已基本全面淘汰。

2. Ⅱ型混凝土枕

Ⅱ型混凝土枕设计轴重为 25 t，列车最高速度为 120 km/h，轨枕配置 1 840 根/km。Ⅱ型枕基本适用于次重型及以下的轨道，分Ⅱ型枕和新Ⅱ型枕（图 1-50）。针对有砟桥，设计了ⅡZQ-C 型桥枕。

3. Ⅲ型混凝土枕

国内普速铁路正线混凝土轨枕主要为Ⅱ型、Ⅲ型，Ⅲ型混凝土枕设计轴重为 25 t，轨枕配置 1 667 根/km。Ⅲ型轨枕与Ⅱ型轨枕相比，其轨下承载能力提高了 43%，枕中断面负弯矩承

图 1-50 新Ⅱ型混凝土枕

载能力提高了 65%。提高轨枕承载能力是确保轨道强度、保持轨道几何状态、减少维修工作量的有效方式。设计速度 120 km/h 以上铁路正线有砟轨道应采用Ⅲ型轨枕。Ⅲ型轨枕分为有挡肩Ⅲa 型混凝土枕和无挡肩Ⅲb 型混凝土枕，如图 1-51 所示。有挡肩轨枕配套使用Ⅱ型弹条扣件；弹条Ⅲ型扣件是一种无螺栓扣件，与Ⅲ型无挡肩枕配套使用。

(a) Ⅲa型枕

(a) Ⅲb型枕

图 1-51 Ⅲ型混凝土枕

4. 特种混凝土枕

(1)混凝土岔枕。预应力混凝土岔枕(图 1-52)提高了道岔的稳定性，易于保持轨道几何形位，并消除了导曲线反超高及道岔爬行等病害，可减少维修工作量约 1/3。它对强化道岔结构，保证行车安全起到了积极的作用。

图 1-52 混凝土岔枕

(2)有砟桥面混凝土桥枕，如图 1-53 所示。需要设置护轮轨的有砟桥，应铺设混凝土桥枕。混凝土桥枕比混凝土枕受力状况更复杂，道床支撑状态对混凝土桥枕的使用效果影响很大。因此，混凝土桥枕中部道床应保持浮砟，既不能掏空，也不能进行捣固。桥上铺设无缝线路时，扣件按规定扭矩拧紧。

(3)混凝土宽枕

由于混凝土宽枕薄而宽，如图 1-54 所示，在使用时连续密排铺设，它与普通混凝土枕比较，具有下列优点。

①支承面积比普通枕增加一倍，因而有效降低了道床应力和变形，使线路更加稳定，行车平稳。

②因为连续密排（1 760 根/km）铺设，且在宽枕间用沥青之类的材料封闭以能持久、有效地保持道床清洁，延长了道床清筛周期。

③减少了维修工作量（为普通混凝土枕的 1/4～1/2），在长大隧道内铺设混凝土宽枕，可以大大减少隧道内的养护维修时间。

④外观整洁美观。混凝土宽枕铺设时，必须要有正确的铺设施工方法并保证质量，必须做到路基坚实、稳定、排水畅通，无翻浆冒泥等病害，道床应材质坚硬、耐磨，密实而平整。

图 1-53　混凝土桥枕

图 1-54　混凝土宽枕

四、联结零件

在铁路线路上，钢轨与钢轨之间、钢轨与轨枕之间要依靠联结零件连成一个整体铺在道床上。钢轨联结分中间联结和接头联结两类。钢轨与钢轨之间的联结零件称为接头联结零件，钢轨与轨枕之间的联结零件称为中间联结零件。

（一）接头联结零件

1. 接头联结零件的组成

接头联结零件包括夹板、螺栓、螺母、垫圈等。

（1）夹板的作用是夹紧钢轨，使钢轨轨端不能横向及上下单独移动。

（2）螺栓是用来将夹板与钢轨夹紧。按抗拉强度划分为 10.9 级和 8.8 级两种。10.9 级有纹部分直径分为 24 mm，8.8 级有纹部分直径分为 24 mm 和 22 mm 两种。

（3）螺母采用 10 级高强度螺母。

（4）垫圈的作用是防止螺栓松动。

2. 钢轨接头

（1）普通接头

标准钢轨或非标准钢轨铺设时两根钢轨的联结接头，使用夹板和螺栓进行联结。

（2）异型接头

由于铁路等级的不同，以及同一级别线路的正线、到发线和站线从技术经济方面考虑，通常采用不同类型的钢轨，因此就会产生不同类型钢轨的联结问题。为使不同钢轨顶面及头部内侧相吻合，采用相应的异型夹板和异型垫板，也可采用变截面的异型轨，正线及客车径路钢轨异型接头必须采用异型钢轨。

①异型夹板联结

采用异型夹板联结两种不同类型的钢轨时，异型夹板的一半应与一端同型钢轨断面相吻合，另一半则与另一端钢轨断面相吻合。联结时应使两轨工作面轨距线与轨顶最高点水平线都相吻合，如图 1-55 所示。

②异型钢轨联结

异型钢轨两端使用各自标准的接头夹板，联结不同型号的钢轨，如图 1-56 所示。一般要求其过渡段不短于 150 mm。异型钢轨按制造方法可分为焊接式异型钢轨与整体锻造式异型钢轨。焊接式异型钢轨由于焊缝的存在，其综合性能常低于母材，容易产生过烧、灰斑、焊不透等缺陷。整体锻造式异型钢轨采用千吨以上的压力机，在 800℃～1 200℃高温状态下直接将重型钢轨一端全部加热锻压为轻一型钢轨的尺寸，比焊接式异型钢轨综合性能有提高。但由于锻压需高温，钢轨金相组织有较大改变，同时还需要千吨以上的压机，一次性投资较大。

图 1-55 异型夹板联结

图 1-56 异型钢轨联结

(3)绝缘接头

在自动闭塞区段，绝缘接头是轨道电路的重要组成部分，设于闭塞分区两端的钢轨接头处，其作用是保证轨道电路在闭塞分区之间的互相隔断。目前采用的绝缘接头主要有普通绝缘接头和胶接绝缘接头，如图 1-57 所示。

(a) 普通绝缘接头

(b) 胶接绝缘接头

图 1-57 绝缘接头

(4)导电接头

在自动闭塞及电力牵引区段，信号电流和牵引电流都要依靠钢轨传导，所以在钢轨接头处，必须设置两轨间的导电装置。导电连接装置目前有塞钉式和焊接式两种。

塞钉式连接装置，一般称为塞钉式轨端接续线，如图 1-58 所示。它是由两条直径 5 mm 左右的镀锌铁线组成，铁线两端插入截头锥型的插销中，插销则插入于钻在轨腰上的圆孔中，孔径为 10～11 mm。

焊接式轨端接续线由一条横截面积 100 mm^2左右的钢丝索组成，如图 1-59 所示，其两端焊接于轨道外侧头部的钢套中，两钢套之间的距离为 150 mm，钢丝索的拉直长度为 200 mm，以免钢轨在严寒季节冷缩时将其拉断，并防止个别钢丝因车轮通过时所发生的振动而折断。焊接式轨端接续线最好设于电力牵引区段上，以保证牵引电流由钢轨通过，并使其电阻为最小。

图 1-58　塞钉式导电接头

图 1-59　焊接式导电接头

(5)伸缩接头

伸缩接头即温度调节器，用以连接轨端伸缩量相当大的轨道及用于温度跨度大于 100 m 的桥上无缝线路的钢轨接头。伸缩接头由基本轨与尖轨相贴组成，基本轨及尖轨安装在共同的长垫板上，并用特制的轨撑及扣板将基本轨与尖轨保持在正确的位置上。当钢轨伸缩时，尖轨沿基本轨移动。

(6)冻结接头

冻结接头系指采用夹板与高强螺栓联结钢轨，使轨端密贴或预留小轨缝，将钢轨锁定阻止其伸缩的一种接头形式，如图 1-60 所示。在钢轨接头联结中运用冻结接头技术，可以有效地冻结钢轨接头，减少接头病害，冻结后的线路可以比照普通无缝线路进行管理，但条件适宜时应及时焊复。

(7)减振接头

减振接头，又称承越式接头，是指在钢轨接头处线路外侧夹板中间部分加高至与轮对通过时相对和钢轨顶面同时受力的高度，当车轮通过轨缝时，减振夹板的顶面与钢轨顶面同时接触车轮，减振夹板的刚度大，可减小车轮通过轨缝的折角和台阶，减缓车轮的冲击振动，使车轮能平顺过渡，达到减振的效果，如图 1-61 所示。

(8)加强接头

当线路钢轨出现重伤时，临时加固所采用的钢轨急救保护器和臌包夹板，以及绝缘处的加强夹板等接头，统称为加强接头。

图 1-60 冻结接头

图 1-61 减振接头

(9)焊接接头

焊接接头(图 1-62)是用电阻焊、小型气压焊或铝热焊的方法将钢轨焊接形成的接头，多用于无缝线路，目前多采用铝热焊工艺进行现场焊接。

(10)温度伸缩调节器

温度伸缩调节器系用于连接轨端伸缩量很大的普通轨道或温度跨度大于 100 m 的明桥面活动端轨道的钢轨接头，如图 1-63 所示。

图 1-62 焊接接头

图 1-63 温度伸缩调节器

(二)中间联结零件

中间联结零件(又称扣件)的作用是将钢轨紧扣在轨枕上，以固定钢轨的正确位置，阻止钢轨的纵向爬行和横向位移，防止钢轨倾翻，同时还能提供必要的弹性、绝缘性能等。

中间联结零件因轨枕的不同，有钢筋混凝土枕用扣件和木枕用扣件两类。

1. 木枕扣件

木枕用扣件包括普通道钉和垫板。

2. 混凝土枕扣件

我国铁路扣件经历过扣板式扣件(图 1-64)、拱形弹片式扣件、Ⅰ型弹条扣件、Ⅱ型弹条扣件和Ⅲ型弹条扣件的发展阶段。实践证明，扣板式扣件和拱形弹片式扣件不能满足使用要求，已被逐渐淘汰。扣件类型应与钢轨、轨枕类型相匹配。60 kg/m 钢轨地段，混凝土枕扣件采用弹条Ⅱ型或弹条Ⅲ型扣件，Ⅰ型弹条应逐步更换为Ⅱ型弹条。70 型扣板式及 67 型弹片式扣件应更换为弹条扣件。使用扣板扣件时，正线半径在 800 m 及以下和站线半径在 450 m 及以下的曲线地段，钢轨外侧应使用加宽铁座。

(1)弹条Ⅰ型扣件

弹条Ⅰ型扣件(图 1-65)在使用中明显地表现出优于扣板式扣件和拱形弹片式扣件的性能，但对于铺设 60 kg/m 钢轨的重型、特重型轨道，Ⅰ型弹条扣件逐步显出不适应，突出表现为强度安全储备小、扣压力相对不足、弹条损坏等。在一些重载运输线路上由于强度储备不足，如丰沙线、京秦线等铺设Ⅰ型弹条扣件的曲线地段增加了轨撑或轨距杆等轨道加强设备。

图 1-64　扣板式扣件

图 1-65　弹条Ⅰ型扣件

(2)弹条Ⅱ型扣件

弹条Ⅱ型扣件(图 1-66)是针对Ⅰ型弹条扣件的不足而研制的，除弹条采用新材料重新设计外，其余部分与弹条Ⅰ型扣件通用，仍为带挡肩、有螺栓扣件。该型扣件扣压力大于或等于 10 kN，比Ⅰ型扣件提高了 30%；弹性变形量为 10 mm，比Ⅰ型扣件提高约 30%，具有扣压力大、强度安全储备大、残余变形小等优点。在使用性能方面，Ⅱ型扣件具有一定的调高能力，且调轨距量也相对较大。

(3)弹条Ⅲ型扣件

弹条Ⅲ型扣件(图 1-67)是无螺栓、无挡肩扣件。这种扣件具有扣压力大(不小于 11 kN)、弹性好(弹性变形不小于 12 mm)等优点，特别是由于取消了混凝土挡肩，从而消除了轨底在横向力作用下发生横移导致轨距扩大的可能性，因此保持轨距的能力很强。另外取消了螺栓联结的方式，减小了扣件养护工作量，特别适合重载大运量、高密度的运输条件。

图 1-66　弹条Ⅱ型扣件

图 1-67　弹条Ⅲ型扣件

五、道　床

道床是铺设在路基面上的石砟(道砟)垫层。有砟桥上应设挡砟墙(块),如图 1-68 所示,无缝线路地段应满足砟肩堆高的要求。

图 1-68　有砟桥上挡砟墙(块)

1. 道床的作用

主要作用是支承轨枕,把轨枕上部的压力均匀地传递给路基,并固定轨枕的位置,阻止轨枕纵向或横向移动,增加轨道的弹性,缓和机车车辆轮对对钢轨的冲击,此外还起到排水的作用。

2. 道床的类型

道床分为有砟道床(图 1-69)和无砟道床(图 1-70)两种类型。普速铁路大多采用有砟道床,无砟道床主要应用在高速铁路上。

图 1-69　有砟道床

图 1-70　无砟道床

3. 道床的材料

道床材料以质地坚韧、不易风化的碎石为最好。目前我国多采用碎石、砂子为主要道床材料,道床材料要求质地坚固,吸水度低,排水性能强,不易风化。

铁路道砟分为特级、一级两个等级。高速铁路采用特级道砟,如图 1-71 所示,普速铁路采用一级碎石道砟。一级道砟分为两种级配,为新建铁路用一级道砟粒径级配、既有线大修维修用一级道砟粒径级配。新建铁路用道砟级配,考虑线路的工后沉降,规定了粒径小于 25 mm 以下的细颗粒含量,有利于提高道床的纵横向阻力与密实稳定性。

设计速度 120 km/h 以上铁路正线有砟轨道应采用一级碎石道砟。线路修理补充的道砟应采用一级道砟,既有线二级道砟应结合线路大、中修逐步更换为一级道砟。

图 1-71　特级道砟

4. 道床的组成

一般土质筑成的路基面上道床可分为砂垫层和普通道砟两层。砂垫层采用粗砂和中砂，厚度为 20 cm，它可使道砟不至于压入路基面，有利于排水，并可阻止路基翻浆冒泥。

5. 轨底处道床要求

轨底处道床顶面应低于轨枕顶面 20～30 mm。Ⅰ型混凝土枕中部道床应掏空，其顶面低于枕底不得小于 20 mm，长度应为 200～400 mm；Ⅱ型和Ⅲ型混凝土枕中部道床应填平，并不高于轨枕顶面。

6. 道床的横断面形式

道床的横断面呈梯形，包括道床厚度、顶面宽度及道床边坡坡度，如图 1-72 所示。

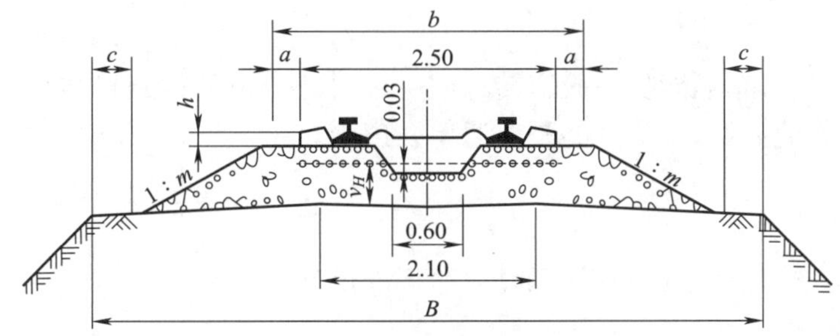

图 1-72　直线地段道床横断面（单位：m）

b—道床顶面宽度；a—砟肩宽度；c—路肩宽度；h—砟肩堆高；B—路基顶面宽度；H—道床厚度；1 : m—道床边坡坡度

六、轨道加强设备

因列车运行时纵向力的作用，使钢轨产生纵向移动，有时甚至带动轨枕一起移动，这种现象叫轨道爬行。轨道爬行经常出现在单线铁路的重车方向（运量大的方向）、双线铁路的行车方向、长大下坡道上及进站前的制动距离内。

1. 防止线路爬行的措施

防止线路爬行的措施是加强轨道中间扣件的扣压力和接头夹板的夹紧力，同时采用以防爬器和防爬支撑组成的防爬设备来共同抵抗钢轨爬行，曲线地段受列车横向力作用，钢轨会发生横移式向外倾斜，导致轨距扩大。为保证曲线轨道稳定，可以安装一定数量的轨距杆和轨撑。

我国目前广泛使用的是穿销式防爬器，防爬器是由带挡板的轨卡和穿销组成，如图 1-73 所示。为了充分发挥防爬器的作用，在线路上使用时，在 3～5 根轨枕之间安装防爬支撑，如

图 1-74 所示，形成一个整体，组成一组防爬设备，共同抵抗线路爬行力。

除采用上述防爬措施外，现场有时也采用地锚拉杆的方法来加强线路防爬。

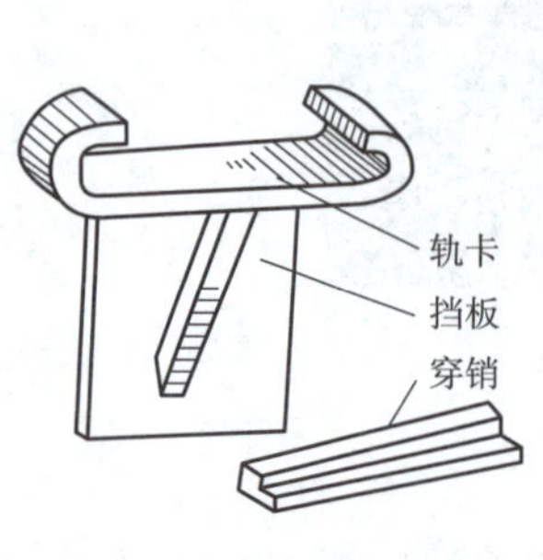

图 1-73 穿销式防爬器

图 1-74 防爬支撑

2. 曲线地段安装轨距杆或轨撑的条件

(1)铺设木枕线路，正线半径在 800 m 及以下，站线半径在 450 m 及以下的曲线，按规定安装轨距杆或轨撑。半径为 350 m 及以下的曲线和道岔导曲线，可根据需要同时安装轨距杆和轨撑。

(2)铺设混凝土枕线路，采用弹条扣件时，不安装轨距杆或轨撑；采用其他扣件时，行驶电力机车区段半径为 600 m 及以下的曲线、其他区段半径为 350 m 及以下的曲线，可根据需要安装。

(3)设有轨道电路的线路，安装轨距杆时，应使用绝缘轨距杆。

七、道　岔

道岔是一种使机车车辆能从一股道转入或越过另一股道的线路连接设备，大量铺设在车站内，以满足各种作业需要，最常见的是普通单开道岔。

(一)道岔的分类

根据道岔的构造特点、用途和平面的形状，标准道岔主要有：

1. 普通单开道岔

普通单开道岔保持主线为直线，侧线在主线的左侧或右侧岔出(面对道岔尖端而言)。侧线向右侧岔出的，称为右向单开道岔，简称“右开道岔”，如图 1-75 所示。侧线向左侧岔出的，称为左向单开道岔，简称“左开道岔”，如图 1-76 所示。

在各种类型道岔中，普通单开道岔使用最广泛，大约占总数的 90%以上。

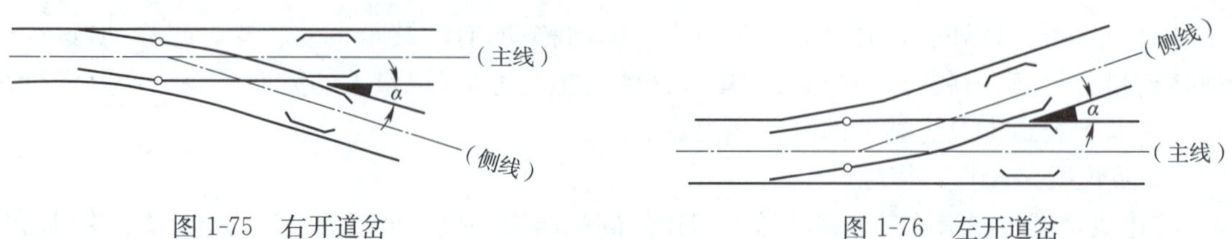

图 1-75 右开道岔　　图 1-76 左开道岔

2. 对称双开道岔

指自主线向左右两侧对称岔出两条线路的道岔，两辙叉角相等。

3. 对称三开道岔

指主线为直线，可以同时衔接三条线路，所以具有两套尖轨分别用两组转辙机械操纵。

4. 菱形交叉

由两组锐角辙叉和两组钝角辙叉组成。菱形交叉没有转辙器部分，机车车辆通过交叉设备时，只能沿着原来线路继续运行而不能转线。

5. 复式交分道岔

指两条线路相互交叉，列车不仅能够沿着直线方向运行，而且能够由一直线转入另一直线的道岔。相当于四组单开道岔和一副菱形交叉设备的结合体，但它需要占用的地面却小得多。

6. 交叉渡线

指在两条相邻线路上互相交叉过渡的道岔设备。交叉渡线由四组单开道岔、一组菱形交叉及连接轨道组成。不仅可以开较多的方向，而且可以节省用地，是车站内使用较多的一种连接设备。

各种道岔均以钢轨类型和辙叉号数区分其规格及标准类型，如 60 kg/m 钢轨 12 号单开道岔。

(二)普通单开道岔构造

一组普通单开道岔(简称单开道岔)，由转辙器、辙叉及护轨、连接部分组成，如图 1-77 所示。我国目前道岔主要分为固定辙叉道岔和可动心轨辙叉道岔。

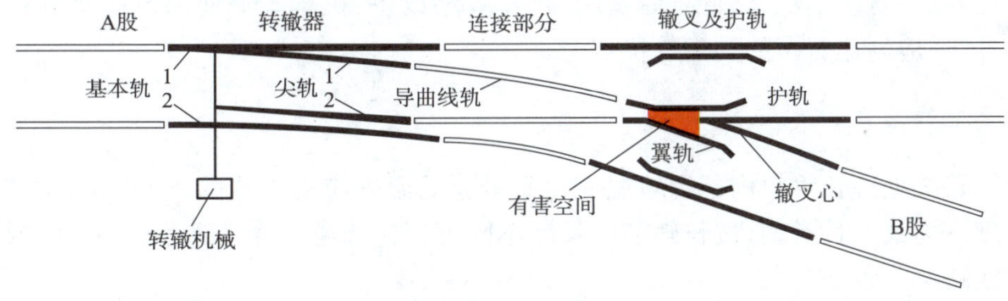

图 1-77 普通单开道岔构造

1. 转辙部分

转辙部分由两根尖轨、两根基本轨和转辙机械组成。尖轨是转辙部分的主要部件，通过连接杆与转辙机械相连，所以操纵转辙机械可以改变尖轨的位置，以确定道岔的开通方向。

2. 连接部分

道岔的连接部分是用不同长度的钢轨，将前端转辙器与后端辙叉及护轨部分连接起来，以组成整组道岔。在单开道岔中，主线为直线，侧线为曲股(曲股称导曲线)。它包括两根直轨和两根导曲线轨。在导曲线上一般不设缓和曲线和超高，所以列车在侧向过岔时，速度要受到限制。

3. 辙叉及护轨

辙叉及护轨包括辙叉心、翼轨及护轨，其作用是保证车轮安全通过两股轨线的相互交叉处。

固定型辙叉从两翼轨最窄处到辙叉心实际尖端之间，存在着一段轨线中断的空隙，称为辙叉的有害空间，如图 1-77 所示。当机车车辆通过辙叉有害空间时，轮缘有走错辙叉槽而引起脱轨的可能，因此必须设置护轨，对车轮的运行方向实行强制性的引导，防止车轮进入异线或撞击叉尖，以引导车轮顺利通过辙叉。

道岔上的有害空间是限制列车过岔速度的一个重要因素。为了消灭有害空间，减轻车轮对翼轨和心轨的冲击，适应列车高速运行的要求，国内外都发展了各种可动心轨道岔。一般来说，辙叉心轨和尖轨是同时被扳动的，当尖轨开通某一方向时，可动心轨的辙叉心轨就与开通方向一致的翼轨密贴，与另一翼轨分开，从而消灭了有害空间，这样不仅避免了车轮对心轨和翼轨冲击，而且提高了列车直向过岔速度，广泛用于高速行车的线路上。

（三）道岔号数及道岔定反位

1. 道岔号数

目前，我国铁路的主要线路上大多使用 9 号、12 号、18 号、30 号道岔，它们所允许的侧向通过速度分别为 30 km/h、45 km/h、80 km/h、140 km/h。

2. 道岔定、反位

每组道岔有定位和反位两个位置。道岔定位是指道岔经常开通的位置，而反位则是排列进路、道岔维修及道岔清扫时临时改变的位置。

八、无缝线路

无缝线路是由许多根标准长度的钢轨焊接成为不小于 200 m 的长钢轨线路。

与普通线路相比较，无缝线路在相当长一段线路上消灭了钢轨接头，具有行车平稳，提高旅客舒适度，减少材料消耗，降低维修费用，延长线路设备、机车车辆使用寿命及维修周期，改善行车条件，适应高速行车的要求等优点。

（一）无缝线路分类

无缝线路按处理长钢轨内部因轨温变化而引起的温度应力方式的不同，分为温度应力式和放散温度应力式两种类型；按长轨节的长度不同可分为普通无缝线路、全区间无缝线路和跨区间无缝线路等三种。

1. 温度应力式无缝线路

温度应力式无缝线路一般由固定区、伸缩区、缓冲区三部分构成，如图 1-78 所示。固定区长度不得短于 50 m；伸缩区长度应根据年轨温差幅值、道床纵向阻力、钢轨接头阻力等参数计算确定，一般为 50～100 m；缓冲区一般由 2～4 节标准轨（含厂制缩短轨）组成，普通绝缘接头时为 4 节，采用胶接绝缘接头时，可将胶接绝缘钢轨插在 2 节或 4 节标准轨中间。缓冲区钢轨接头必须使用不低于 10.9 级的螺栓，螺栓扭矩应保持在 700～1 100 N·m。绝缘接头轨缝不得小于 6 mm。

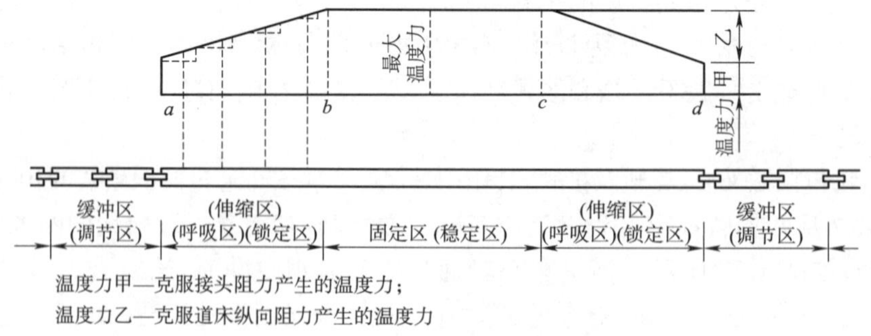

图 1-78　温度应力式无缝线路

2. 普通无缝线路

普通无缝线路是指长轨节的长度为 1 000～2 000 m 的无缝线路。

3. 全区间无缝线路

全区间无缝线路是指不跨越车站只跨越闭塞分区，整个区间用一根长钢轨联结的无缝线路。

4. 跨区间无缝线路

跨区间无缝线路指轨条长度跨越两个或多个区间，且车站正线上采用无缝道岔的无缝线路。跨区间无缝线路减少了钢轨接头数量，其轨面平顺，结构连续，沿线路纵向弹性均匀，行车舒适平稳，养护维修工作量少，在国内已广泛推广应用。

(二)无缝线路相关规定

1. 正线钢轨大修应采用60 kg/m及以上钢轨无缝线路。正线允许速度160 km/h及以上的线路应铺设跨区间无缝线路，正线允许速度160 km/h以下的线路宜铺设跨区间无缝线路；不满足铺设无缝线路的地段，可铺设标准长度钢轨。

2. 普通无缝线路轨条长度应考虑线路平纵断面条件及道岔、道口、桥梁、隧道所处的位置。总长度不足1 km的桥梁、隧道，轨条应连续布置。但在小半径曲线、列车制动、停车、起动、钢轨顶面擦伤严重等地段，应单独布置轨条。跨区间或区间无缝线路轨条长度应根据线路条件、工点情况、施工工艺及养护维修等因素综合研究。单元轨节长度宜为1 000～2 000 m，不应短于200 m。

3. 钢轨焊接。工厂焊接采用固定式闪光焊接；工地焊接主要采用移动式闪光焊接或数控气压焊接；道岔内钢轨焊接、道岔与相邻两端钢轨的焊联、伤损钢轨的焊接修复、应力放散等可采用铝热焊接。

4. 跨区间和区间无缝线路和无缝道岔上的绝缘接头必须采用胶接绝缘，其质量应符合钢轨胶接绝缘接头标准要求，钢轨端面与绝缘端板之间应密贴，间隙不应大于1 mm，左右两股钢轨绝缘接头应相对铺设，且绝缘接头轨缝绝缘端板距轨枕边不宜小于100 mm。不同轨型的钢轨应采用异型钢轨联结，所用异型钢轨应符合《异型钢轨技术条件》(TB/T 3066)的要求。

第四节　限　　界

为了确保机车车辆在铁路线路上运行的安全，防止机车车辆撞击邻近线路的建筑物和设备而对机车车辆和接近线路的建筑物、设备所规定的不允许超越的轮廓尺寸线，称为限界。

铁路限界是一个与线路中心线垂直的横断面，其横向尺寸系指水平宽度，由线路中心线起算；其高度尺寸为垂直高度，自钢轨面起算，单位均为毫米。

铁路规定了各种专门的限界，如机车车辆限界、基本建筑限界、隧道建筑限界、桥梁建筑限界等。其中，最基本的是机车车辆限界和基本建筑限界两类。

一、机车车辆限界

机车车辆限界是一个与平直线路中心线垂直，在线路中心线所在垂直平面两侧尺寸对称的横断面极限轮廓。

机车车辆限界为静态限界轮廓，规定了机车车辆不同部位的宽度、高度的最大尺寸和其零部件至轨面的最小距离。机车车辆无论是空车或重车，无论是具有最大标准公差的新车，或是具有最大标准公差和磨耗限度的旧车，停放在水平直线上，无侧向倾斜与偏移，除使用中需要探出的部分(如受电弓、后视镜、塞拉门等)需符合其他相关规定外，任何部分都应容纳在限界轮廓内，不得超越。机车车辆在新造、技术改造、加装附属品或日常运用中，都须严格注意各部尺寸，不得超出限界规定的要求。

如图 1-79 所示，为客货共线及客运专线铁路机车车辆限界。

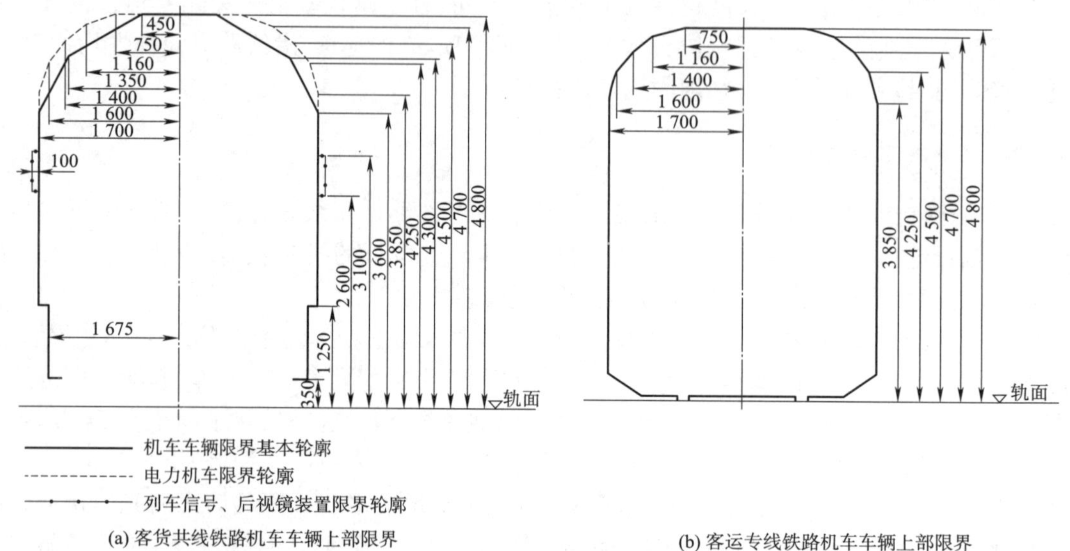

(a) 客货共线铁路机车车辆上部限界

(b) 客运专线铁路机车车辆上部限界

图 1-79　机车车辆上部限界(单位：mm)

机车车辆的中心最大高度为 4 800 mm。因此，机车车辆顶部的任何装置，如加高烟囱或天窗的开度等均应在 4 800 mm 之内，以防机车车辆顶部与桥梁、隧道上部相撞。

客货共线铁路机车车辆在钢轨水平面上部 1 250～3 600 mm 范围内其宽度为 3 400 mm，但为悬挂列车尾部的侧灯，在 2 600～3 100 mm 范围内允许两侧各加宽 100 mm。

二、建筑限界

建筑限界是一个和线路中心线垂直的极限横断面轮廓。建筑限界是确保机车车辆和装载货物在运行时不与线路上的设备和建(构)筑物发生刮蹭、碰撞，能够安全通过的空间。为确保列车运行安全，规定除与机车车辆有直接相互作用的设备(如车辆减速器、接触线等)外，一切建(构)筑物、设备，均不得侵入铁路建筑限界。建筑限界分为基本建筑限界、隧道建筑限界、桥梁建筑限界等，都是按水平直线线路制定的。

建筑限界与机车车辆限界之间的空间为安全空间。留有安全空间的目的：一是为组织超限货物列车运行；二是为适应运行中的列车横向晃动偏移和竖向上下振动，防止与邻近的建筑物或设备发生碰撞，如图 1-80 所示。

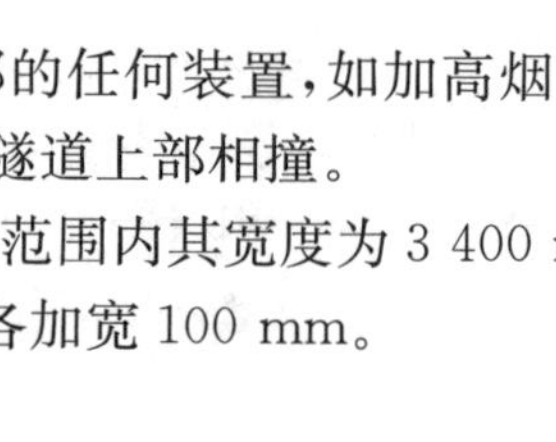

机车车辆限界在装载货物时作为货物的装载限界。当货物装车后，车辆停留在水平直线上，车辆纵中心线与线路中心线处于同一垂直平面上(简称处于理想状态)时，货物的任何部位超出机车车辆限界基本轮廓时，称为超限货物。随着经济的发展，经由铁路运输的长大货物不断增加。超限货物运输条件复杂，运输组织难度高，对铁路运输组织与管理工作有更高的要求，是铁路运输工作中不可忽视的一部分。

建筑限界
机车车辆限界
安全空间

图 1-80　铁路限界和安全空间

1. 基本建筑限界

(1)$v\leqslant160$ km/h 客货共线铁路建筑限界

$v\leqslant160$ km/h 客货共线铁路建筑限界如图 1-81 所示。

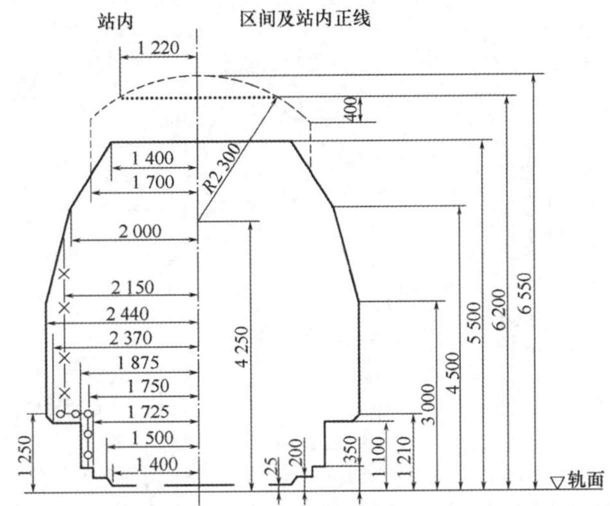

—×—×—×— 信号机、高架候车室结构柱和接触网、跨线桥、天桥、电力照明、雨棚等杆柱的建筑限界(正线不适用)。

—o—o—o— 站台建筑限界(正线不适用)。

———— 各种建(构)筑物的基本限界。

- - - - - - - - - - 适用于电力牵引区段的跨线桥、天桥及雨棚等建(构)筑物。

·················· 电力牵引区段的跨线桥在困难条件下的最小高度。

图 1-81　$v\leqslant160$ km/h 客货共线铁路基本建筑限界(单位:mm)

旅客站台上柱类建(构)筑物距站台边缘不小于 1 500 mm,建(构)筑物距站台边缘不小于 2 000 mm。旅客站台分为低站台、高站台,低站台高度为 300 mm、500 mm,高站台高度为 1 250 mm。货物站台的高度为 900～1 100 mm。在非电气化区段的车站上,车辆调动频繁的站场内,天桥的高度不小于 5 800 mm。

货物高站台边缘(只适用于线路的一侧)在高出轨面的 1 100～4 800 mm 范围,距线路中心线距离可按 1 850 mm 设计。

(2)客运专线铁路建筑限界

客运专线铁路建筑限界如图 1-82 所示。

2. 隧道、桥梁建筑限界

隧道、桥梁建筑限界均比基本建筑限界大。这是由于隧道及桥梁的结构、施工特点以及线路的维修、养护、巡查等要求决定的。也就是说,隧道、桥梁建筑限界不应该小于基本建筑限界。在基本建筑限界与隧道、桥梁建筑限界之间,可以安装照明、通信、警告信号等设备,而这些设备不应侵入基本建筑限界之内。但在 1959 年正式实施建筑限界的国家标准之后,新建或改建的线路的个别地段实际限界也有小于国家标准的,这种情况要求我们在确定超限车的运行条件时,一定要考虑具体限界尺寸。

适用于内燃牵引区段和电力牵引区段的隧道建筑限界分别如图 1-83 及图 1-84 所示。适用于内燃牵引区段和电力牵引区段的桥梁建筑限界分别如图 1-85 及图 1-86 所示。

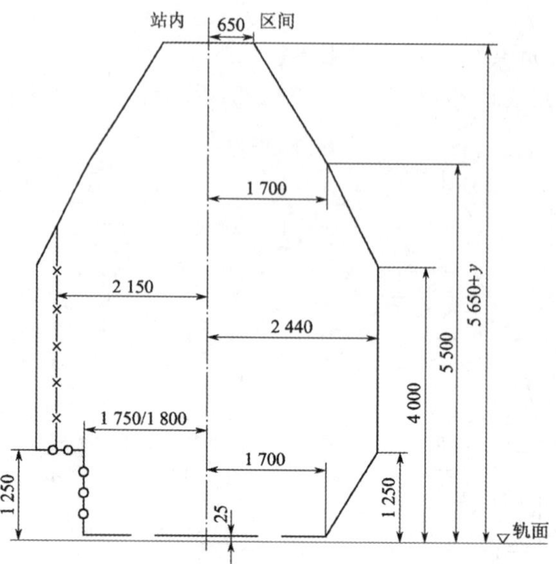

—×—×—×— 信号机、高架候车室结构柱和接触网、跨线桥、天桥、电力照明、雨棚等杆柱的建筑限界(正线不适用)。

—o—o—o— ①站台建筑限界(侧线站台为1 750 mm;正线站台,无列车通过或列车通过速度不大于80 km/h时为1 750 mm,列车通过速度大于80 km/h时为1 800 mm)。

②站内反方向运行矮型出站信号机的限界为1 800mm。

———— 各种建(构)筑物的基本限界,也适用于桥梁和隧道。

y为接触网结构高度。

图1-82 客运专线铁路建筑限界(单位:mm)

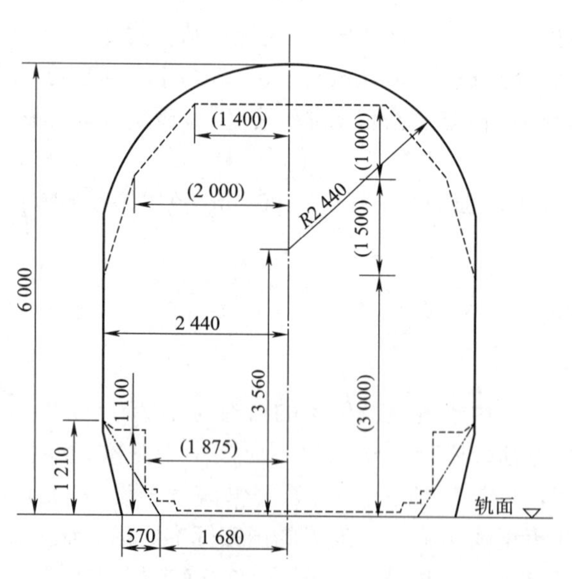

- - - - - - 基本建筑限界。

—·—·—· 适用于新建隧道。

图1-83 隧道建筑限界(内燃牵引区段,单位:mm)

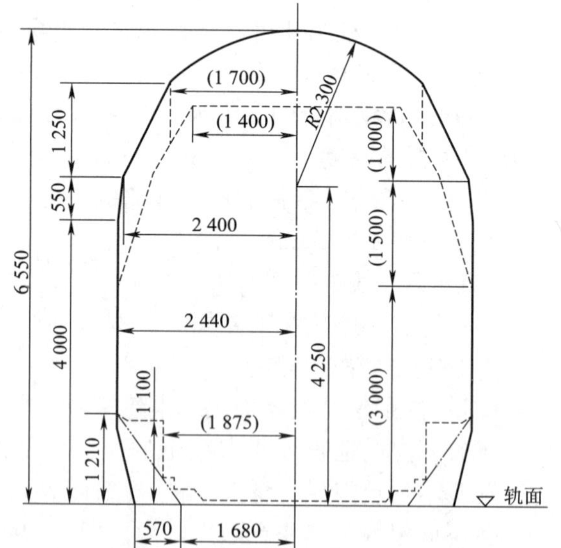

- - - - - - 基本建筑限界。

—·—·—· 适用于新建隧道。

图1-84 隧道建筑限界(电力牵引区段:单位:mm)

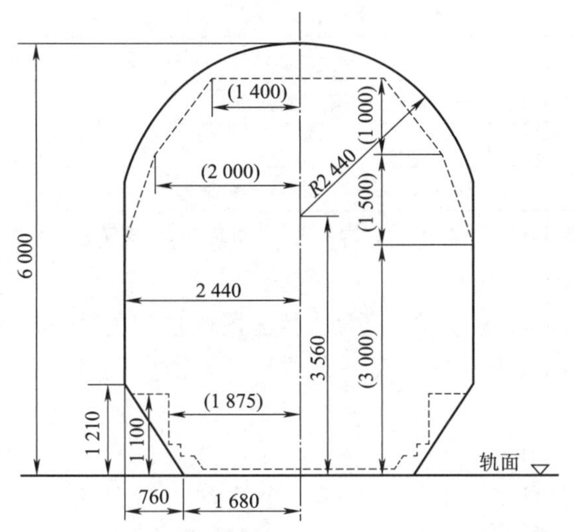

图 1-85 桥梁建筑限界(内燃牵引区段,单位:mm)

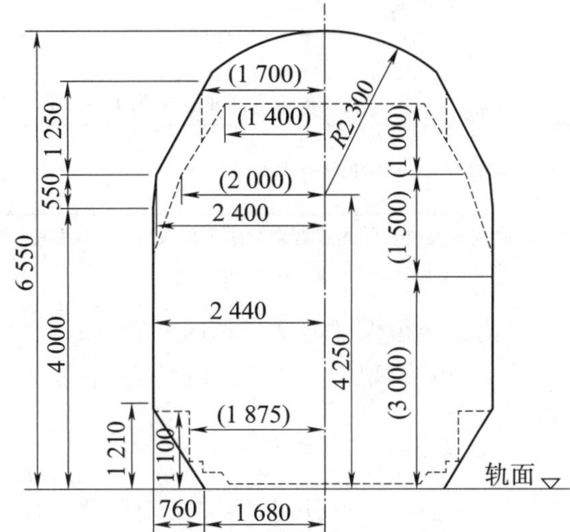

图 1-86 桥梁建筑限界(电力牵引区段,单位:mm)

三、线 间 距

线间距为区间及站内两相邻线路中心线间的最小距离。

(一)普速铁路线间距

1. 直线部分

直线部分铁路线间距见表 1-5。

表 1-5 铁路线间距

<table>
<tr><th>序 号</th><th colspan="4">名 称</th><th>线间最小距离(mm)</th></tr>
<tr><td rowspan="3">1</td><td rowspan="3">区间双线</td><td colspan="3">$v \leqslant 120$ km/h</td><td>4 000</td></tr>
<tr><td colspan="3">120 km/h$< v \leqslant$160 km/h</td><td>4 200</td></tr>
<tr><td colspan="3">160 km/h$< v \leqslant$200 km/h</td><td>4 400</td></tr>
<tr><td>2</td><td colspan="4">三线及四线区间的第二线与第三线</td><td>5 300</td></tr>
<tr><td>3</td><td colspan="4">站内正线</td><td>5 000</td></tr>
<tr><td rowspan="7">4</td><td rowspan="7">站内正线与相邻到发线</td><td colspan="3">无列检作业</td><td>5 000</td></tr>
<tr><td rowspan="6">有列检作业或上水作业</td><td rowspan="2">$v \leqslant 120$ km/h</td><td>一 般</td><td>5 500</td></tr>
<tr><td>改建特别困难</td><td>5 000</td></tr>
<tr><td rowspan="2">120 km/h$< v \leqslant$160 km/h</td><td>一 般</td><td>6 000</td></tr>
<tr><td>改建特别困难</td><td>5 500</td></tr>
<tr><td rowspan="2">160 km/h$< v \leqslant$200 km/h</td><td>一 般</td><td>6 500</td></tr>
<tr><td>改建特别困难</td><td>5 500</td></tr>
<tr><td>5</td><td colspan="4">到发线间或到发线与其他线</td><td>5 000</td></tr>
<tr><td>6</td><td colspan="4">站内线间设有高柱信号机时,相邻两线(含正线)均需通行超限货物列车</td><td>5 300</td></tr>
</table>

续上表

序　号	名　称		线间最小距离(mm)
7	站内线间设有高柱信号机时,相邻两线(含正线)只有一条通行超限货物列车		5 000
8	牵出线与其相邻线	调车作业繁忙车站	6 500
		改建困难或仅办理摘挂取送作业	5 000

注:线间有建(构)筑物或有影响限界的设施,最小线间距按建筑限界计算确定。既有线列车最高运行速度提速到140～160 km/h时,可保持4 m线间距。

站内正线须保证能通过超限货物列车。此外,在编组站、区段站及区段内选定的3～5个中间站上,单线铁路应另有一条线路,双线铁路上、下行各另有一条线路,须能通行超限货物列车。

2. 曲线部分

列车在曲线上行驶时,转向架随线路的曲度可以转动,但车身是一个整体,不能随之弯曲,所以车体两端突出于曲线外侧,而中部向曲线内侧偏移,因而相邻两曲线上的两车辆之间净空减少。当相邻两曲线的外轨超高度不同时,车体倾斜度不同,也影响净空。为保持相邻曲线上车体有一定净空以及线路上的车辆与邻近的建筑物保持一定净空,所以曲线地段的中心线间的水平距离和线间设施(含站台边缘)至线路中心线的最小距离需要加宽。

(二) 高速铁路线间距

高速铁路区间线间距标准,主要受列车交会运行时的空气动力作用控制。

1. 直线部分

直线部分铁路线间距见表1-6。

表1-6　铁路线间距

序　号	名　称		线间最小距离(mm)
1	区间双线	v=160 km/h	4 200
		160 km/h<v≤200 km/h	4 400
		200 km/h<v≤250 km/h	4 600
		250 km/h<v≤300 km/h	4 800
		300 km/h<v≤350 km/h	5 000
2	三线及四线区间的第二线与第三线		5 300
3	站内正线	v≤250 km/h	4 600
		250 km/h<v≤300 km/h	4 800
		300 km/h<v≤350 km/h	5 000
4	站内正线与相邻到发线		5 000
5	到发线与相邻到发线		5 000
6	安全线与其他线路		5 000

注:线间有建(构)筑物或有影响限界的设施,最小线间距按建筑限界计算确定。

进出枢纽或大型车站两端的加减速地段的线间距根据列车运行速度确定;区间正线与站内正线线间距不同时,宜利用邻近曲线完成过渡。

2. 曲线部分

曲线地段线路中心线间水平距离可不加宽。

第五节　高速铁路线路

高速铁路与普速铁路相比有很大的不同，最大的特点为高速度、高舒适性、高安全性、节能环保和高密度。

一、线路平纵断面

高速铁路线路平、纵断面的设计应采用较大的线路平面圆曲线半径、较长的纵断面坡段、较大的竖曲线半径和较长的夹直线长度，提高线路空间曲线的平顺性，尽可能降低列车的横向和竖向加速度，降低列车各种震动叠加的可能性，从而提高旅客乘坐的舒适度。

(一)最小曲线半径

最小曲线半径的选定主要应考虑行车速度、地形条件和机车牵引种类等因素，其中行车速度是选定最小曲线半径的主要因素。

铁路区间线路最小曲线半径规定见表 1-7。

表 1-7　铁路区间线路最小曲线半径

路段设计行车速度(km/h)		最小曲线半径(m)	
200	客运专线	一　般	2 200
		困　难	2 000
250	有砟轨道	一　般	3 500
		困　难	3 000
	无砟轨道	一　般	3 200
		困　难	2 800
300	有砟轨道	一　般	5 000
		困　难	4 500
	无砟轨道	一　般	5 000
		困　难	4 000
350	有砟轨道	一　般	7 000
		困　难	6 000
	无砟轨道	一　般	7 000
		困　难	5 500

限速地段曲线半径应符合有关设计规范的规定。

(二)最大曲线半径

最大曲线半径通常是在小偏角情况下为保证圆曲线长度而采用的半径。最大曲线半径主要受线路的铺设、养护能达到的精度控制。当曲线半径达到一定程度后，管理波长范围内矢距值将很小，现有的检测精度难以保证其准确性，可能反而成为轨道不平顺的因素。综合考虑以上因素，我国高速铁路规定最大曲线半径不宜大于 12 000 m。

(三)缓和曲线

我国高速铁路缓和曲线的线形为三次抛物线。

(四)曲线超高

无砟轨道曲线超高最大值不得超过 175 mm。

有砟轨道曲线超高最大值一般不得超过 150 mm，在困难条件下仅运行客车的线路不得超过 170 mm。

(五)限制坡度

高速列车质量较小，牵引功率较大，可在较大线路坡度上高速运行。因此，与传统铁路相比，高速铁路比较突出的特点是允许采用较大的坡度值，可以适应地形，减少建设线路的工程量。高速铁路区间正线的最大坡度不宜大于 20‰，困难条件下经技术经济比较后不应大于 30‰。动车组走行线的最大坡度不宜大于 30‰，困难条件下不应大于 35‰。当动车组走行线的最大坡度大于 30‰时，宜铺设无砟轨道。

(六)竖 曲 线

1. 正线相邻坡段的坡度差大于或等于 1‰时，应采用圆曲线形竖曲线连接，最小竖曲线半径应根据所处区段设计行车速度按规定选用，最大竖曲线半径不应大于 30 000 m。最小竖曲线长度不得小于 25 m。

2. 竖曲线(或变坡点)与缓和曲线、道岔及钢轨伸缩调节器均不得重叠设置。

3. 竖曲线与平面圆曲线不宜重叠设置，困难条件下，应符合规定。

4. 正线两线并行时，两线轨面高程宜按等高(曲线地段为内轨面等高)设置。

二、钢　　轨

(一)高速铁路钢轨技术特点

目前，我国从事钢轨生产的有攀钢、包钢、鞍钢和武钢。

高速铁路要求钢轨安全使用性能好，外形尺寸精度高、平直度好。高速铁路钢轨的生产技术通常可概括为“精炼”、“精轧”、“精整”、“长尺化生产”和“集中质量检测”等五大技术。采用炉外精炼、真空脱气、大方坯连铸等先进技术进行冶炼，保证钢轨的纯净性；采用万能法轧制技术，保证钢轨的外形尺寸精度；采用热预弯、平立复合矫直、四面液压补矫等技术精整钢轨，使之具有高的平直度；采用长尺化生产，钢轨定尺长度达到 100 m，保证钢轨端部的内部和外观质量，同时可以减少钢轨焊接接头；通过集中检测中心对钢轨的内部和表面质量进行检测，保证出厂钢轨的质量。因此，高速铁路钢轨具有高纯净、高平直、高精度、长定尺四大技术特点。

（二）钢轨的使用

我国高速铁路相关标准规定，200 km/h 及以上高速客运铁路应选用 U71MnG 钢轨，200～250 km/h 高速客货混运铁路应选用 U75VG 钢轨。其中，U 代表钢轨钢；75 代表化学成分中碳平均含量为 0.75%；V 代表钒元素；Mn 代表锰元素；G 代表高速铁路（2011 年前为 K，代表客运专线）。

三、轨　　道

有砟轨道和无砟轨道是铁路轨道结构的两种基本形式。和普通轨道结构一样，高速铁路轨道结构也是由钢轨、轨枕、扣件、道床、道岔等部分组成。

（一）有砟轨道

有砟轨道弹性好，在一定维修质量条件下具有较好的轮轨接触关系；减振、降噪效果较好，维修较方便；造价相对较低。但有砟轨道的线路状态保持能力差，养护维修工作量较大。

高速铁路有砟轨道正线应采用特级碎石道砟。

有砟轨道的修理以大型养路机械作业为主，小型养路机械作业为辅。区段性修理应采用大型养路机械，个别处所的修理可采用大型与小型养路机械结合或使用小型养路机械。

（二）无砟轨道

高速铁路无砟轨道是以混凝土或沥青混合料等取粒道砟道床而组成的轨道结构形式。无砟轨道分为上部结构和下部结构两部分：上部结构由钢轨、扣件、预制结构或混凝土/沥青道床板以及支承层/底座等组成，即常说的轨道结构，其中钢轨、扣件和预制结构的组合称为轨排，而道床板、支承层及底座称为上部结构层；下部结构包括桥梁、隧道和路基，即常说的基础工程。

无砟轨道具有稳定性好、平顺性高、维修工作量显著减小等优点。

新建 300 km/h 及以上铁路、长度超过 1 km 的隧道及隧道群地段，可采用无砟轨道。正线及到发线轨道应采用一次铺设跨区间无缝线路。为减少高速铁路钢轨焊接接头数量，提高线路平顺性，我国高速铁路正线钢轨应采用 100 m 长定尺的 60 kg/m 钢轨。绝缘接头应采用胶接绝缘接头。

我国高速铁路无砟轨道结构总体上分为两大类，即预制板式无砟轨道和现浇混凝土式无砟轨道，其中预制板式无砟轨道分为 CRTSⅠ、CRTSⅡ、CRTSⅢ型和道岔区板式四种；现浇混凝土式无砟轨道分为 CRTSⅠ、CRTSⅡ型双块式和道岔区轨枕埋入式三种。

1. CRTSⅠ型板式无砟轨道

(1)结构组成

CRTSⅠ型板式无砟轨道是在现浇的钢筋混凝土底座上铺装预制轨道板，通过砂浆充填层进行调整，通过凸形挡台进行限位，并适应 ZPW-2000 轨道电路的单元板式无砟轨道结构形式。主要由钢轨、扣件、预制混凝土轨道板、水泥乳化沥青砂浆、凸型挡台等组成，如图 1-87(a)所示。在我国主要应用于遂渝试验段、石太客专、沪宁城际等线路。

(2)结构型式

CRTSⅠ型板式无砟轨道主要包括预应力平板式和普通混凝土框架式两种。平板式轨道板中央铺设预应力钢筋，可有效防止轨道板裂缝的产生，适用于寒冷、严寒地区；框架式适用于温暖地区。

CRTSⅠ型板式无砟轨道由平板式发展到框架式结构，可更好的克服因温度变化引起的板翘曲，防止CA砂浆损坏，减少了板的体积和重量、CA砂浆用量和维修量，并能使板下CA砂浆充填质量更加均匀，但框架式在施工中需布置好排水通道，以防雨水进入砂浆层中，如图1-87(b)所示。

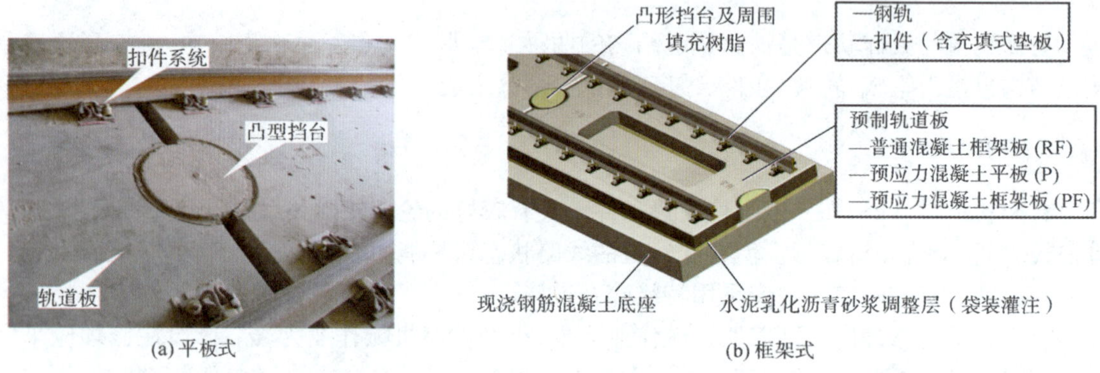

(a) 平板式　　(b) 框架式

图1-87　CRTSⅠ型板式无砟轨道结构组成

2. CRTSⅡ型板式无砟轨道

(1)结构组成

预制CRTSⅡ型轨道板通过水泥沥青砂浆调整层，铺设在现场摊铺的混凝土支承层(路基、隧道)或现场浇筑的钢筋混凝土底座(桥梁)上，并适应ZPW-2000轨道电路的纵连板式无砟轨道结构形式。主要由钢轨、扣件、轨道板、水泥沥青砂浆层、支撑层/底座板、侧向挡块等结构组成。在我国主要应用于京津城际、京沪高铁、京广高铁、沪杭城际等线路。

(2)结构型式

CRTSⅡ型板式无砟轨道主要包括路基、隧道地段和桥梁地段两种结构型式。

路基及隧道地段CRTSⅡ型板式无砟轨道结构由钢轨、弹性不分开式扣件、轨道板、水泥沥青砂浆调整层、支承层等部分组成，如图1-88(a)所示。

桥梁地段CRTSⅡ型板式无砟轨道结构由钢轨、弹性不分开式扣件、轨道板、水泥沥青砂浆充填层、底座板、滑动层、高强度挤塑板、侧向挡块及弹性限位板等部分组成，如图1-88(b)所示。台后路基设置锚固结构(包括摩擦板、土工布、端刺)及过渡板。

3. CRTSⅢ型板式无砟轨道

(1)结构组成

CRTSⅢ型板式无砟轨道是在现浇的钢筋混凝土底座或混凝土支承层上铺装预留连接钢筋的预制混凝土轨道板，中间设置自密实混凝土层，并适应ZPW-2000轨道电路的无砟轨道结构形式，是我国自主研发的无砟轨道结构。主要由钢轨、扣件、轨道板、自密实混凝土层、隔离层和带限位结构的底座等部分组成，如图1-89所示。

(2)结构特点

CRTSⅢ型板式无砟轨道以轨道板与充填层自密实混凝土形成复合整体结构共同承受列

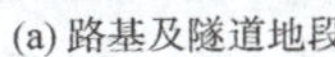
(a) 路基及隧道地段

(b) 桥梁地段

图 1-88 CRTSⅡ型板式无砟轨道结构组成

车荷载。轨道板与充填层自密实混凝土以“门型筋”进行强化连接，充填层自密实混凝土与底座板间设中间隔离层，通过底座板上限位凹槽进行限位。其中，影响 CRTSⅢ型板式无砟轨道整体性能的关键就是充填层自密实混凝土。

图 1-89 CRTSⅢ型板式无砟轨道结构组成

4. 双块式无砟轨道

(1)结构型式

双块式无砟轨道结构属于轨枕埋入式无砟轨道，主要分为 CRTSⅠ型埋入式和 CRTSⅡ型振动压入式。

CRTS Ⅰ型双块式无砟轨道是指将预制双块式轨枕组装成轨排，以现浇混凝土的方式将轨枕埋入道床板中。CRTSⅡ型双块式无砟轨道是指将预制双块式轨枕组装成轨排，以机械振动方式将轨排压入混凝土中，均能适应 ZPW-2000 轨道电路。

CRTS Ⅰ型双块式无砟轨道主要应用于合武客运专线、武广客运专线等，CRTSⅡ型双块式无砟轨道在我国应用于郑西客运专线等。

(2)结构组成

两种类型双块式无砟轨道差异仅在施工工艺上，均由钢轨、扣件、双块式轨枕、道床板、支承层/底座组成，故统称为双块式无砟轨道结构，如图 1-90 所示。

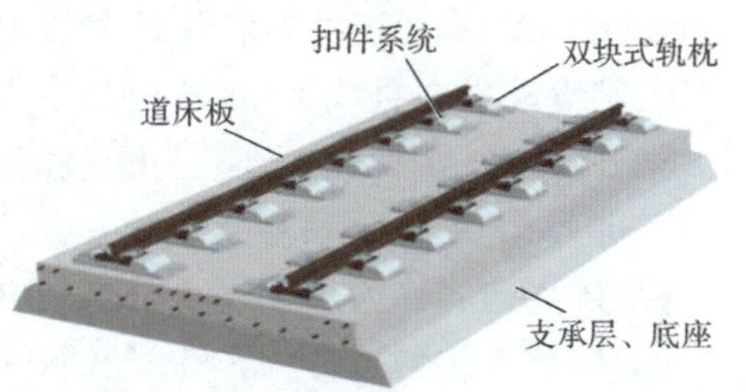

图 1-90 双块式无砟轨道结构组成

双块式无砟轨道结构以预制轨枕与现浇混凝土的高度整体性为目标，其关键技术是减少预制轨枕与现浇混凝土的结合面面积，控制裂纹的产生与扩展。

5. 岔区轨枕埋入式无砟轨道

路基上岔区轨枕埋入式无砟轨道由道岔钢轨件、扣件、岔枕、道床板及混凝土支承层(下部基础)组成，如图 1-91 所示。混凝土支承层直接铺设在路基基床表层上。当在桥上使用时，道床板与梁面上铺设的底座板连接。

6. 道岔用板式无砟轨道

道岔用板式无砟轨道是满足道岔区列车运营安全性、平顺性、稳定性，美观经济要求的新型轨道结构形式。该轨道结构在桥上和路基上都可应用，岔区板式无砟轨道结构组成(以路基上结构为例)，自上而下依次为道岔钢轨件、扣件系统、预制混凝土道岔板、底座、垫层等，如图 1-92 所示。

路基上应用时，在做好的垫层上，精调道岔板状态，在道岔板和垫层之间灌注自密实混凝土，道岔板底面预留的门形桁架钢筋与底座相连，通过道岔板底面和底座混凝土的黏结力、摩擦力以及门形桁架钢筋的抗剪作用实现轨道结构纵、横向限位。

在桥上使用时，在混凝土底座上进行道岔板状态精调，在道岔板和底座之间灌注充填层，在道岔板和底座钻孔植入销钉，通过销钉的抗剪作用实现轨道结构的纵、横向位移。

图 1-91 岔区轨枕埋入式无砟轨道

图 1-92 道岔用板式无砟轨道

四、道岔及钢轨伸缩调节器

(一)道　　岔

高速道岔的特点是具有高安全性、高平顺性、高稳定性和较高容许通过速度，保证列车平稳、舒适的运行，因此，高速道岔均采用 18 号以上的单开道岔、可动心轨辙叉，适用于跨区间无缝线路。

道岔应铺设在直线上，正线道岔不得与竖曲线重叠。车站正线及到发进路上的道岔宜采用可动心轨道岔，道岔轨型应与正线和到发线的轨型相同。

1. 道岔分类

(1)按直向容许通过速度可分为 250 km/h 道岔和 350 km/h 道岔两类。

(2)按技术类型可分为客专线、CN、CZ 三个系列，其中客专系列有 18 号、42 号和 62 号三种号码道岔，对应侧向容许通过速度分别为 80 km/h、160 km/h 和 220 km/h；CN 系列有 18 号、39.113 号、42 号和 50 号四种号码道岔，对应侧向容许通过度分别为 80 km/h、160 km/h、

160 km/h 和 220 km/h；CZ 系列有 18 号、41 号两种号码道岔，对应侧向容许通过速度分别为 80 km/h 和 160 km/h。

(3)按轨下基础类型可分为有砟道岔和无砟道岔。有砟道岔的轨下基础与传统道岔相同，采用碎石道床结构。

无砟道岔的轨下基础结构形式分为轨枕埋入式和道岔板式两种。轨枕埋入式道岔的轨下基础结构自下而上由混凝土支承层、现浇混凝土道床、预制混凝土岔枕(带钢筋桁架的预应力结构)组成；板式道岔的轨下基础结构自下而上由混凝土底座、自流平混凝土填充层和预制道岔板组成。这两种道岔的上部结构则完全相同。

2. 道岔结构组成

高速铁路道岔由转辙器、辙叉和导曲线三部分组成。尖轨和心轨使用特种矮型钢轨(60D40 钢轨或 Zu160)制造，客专线系列的高速道岔翼轨使用特种断面轧制翼轨制造，心轨为拼装结构，扣件系统垫板采用硫化设计；CZ 系列的高速道岔翼轨采用锰钢铸造结构，心轨为拼装结构；CN 系列的高速道岔翼轨采用 60 kg/m 钢轨制造，心轨前端为合金钢整体锻造结构，扣件系统垫饭采用硫化设计。

转辙器、辙叉组成分别如图 1-93、图 1-94 所示。

图 1-93　转辙器组成

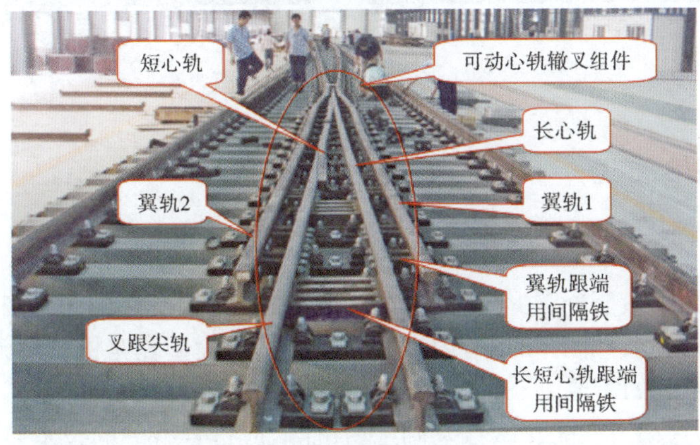

图 1-94　辙叉组成

（二）钢轨伸缩调节器

钢轨伸缩调节器（简称调节器）是高速铁路重要的轨道部件之一。高速铁路长大连续梁上铺设无缝线路，通常需要设置调节器。调节器的功能是协调因温度引起的长大桥梁梁端伸缩位移和长钢轨伸缩位移之间的位移差，使桥上长钢轨自动调整温度力，从而减小轨道及桥梁所承受的荷载。

钢轨伸缩调节器应铺设在直线上，避免与竖曲线重叠。

高速铁路钢轨伸缩调节器左右股对称，按伸缩方向分成单向调节器和双向调节器两种类型，如图 1-95 所示，按轨下基础类型可分为无砟轨道用和有砟轨道用两种类型。

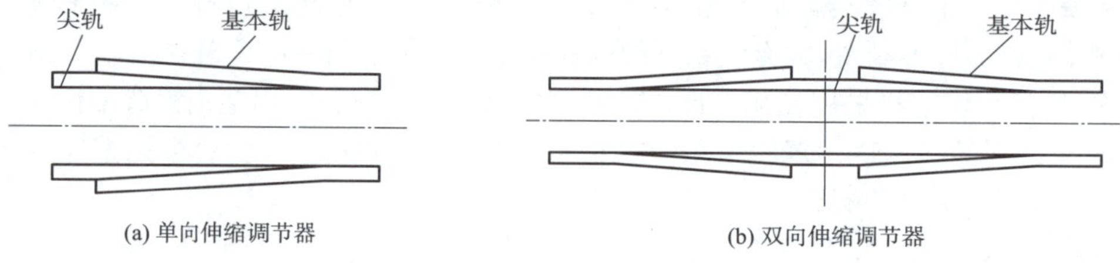

(a) 单向伸缩调节器　　(b) 双向伸缩调节器

图 1-95　钢轨伸缩调节器

我国高速铁路钢轨伸缩调节器包括时速 250 km 客运专线有砟轨道（兼顾货运）钢轨伸缩调节器、时速 350 km 高速铁路无砟轨道钢轨伸缩调节器两种类型，如图 1-96 所示。

(a) 秦沈线连续梁桥双向钢轨伸缩调节器

(b) 武广高铁350 km/h无砟轨道基础钢轨伸缩调节器

图 1-96　钢轨伸缩调节器

五、高速铁路桥梁、隧道

（一）一般要求

1. 铁路桥梁、涵洞及隧道，均应修建为永久性结构，具有良好的耐久性，符合工程结构抗震和相应的技术规范要求，桥上和隧道内有砟轨道应满足大型养路机械清筛作业的要求，其限界应根据规划考虑发展的需要。

桥涵的承载能力、动力性能和墩台基础工后沉降，应符合有关的技术要求。桥涵建（构）筑物应确保通过的线路具有良好的稳定性和平顺性，结构构造应便于检查和养护，并设置检查设施。对墩台顶面距地面高度 6 m 以上或水中墩、道路范围内桥墩，设置沿桥墩周长、与桥台胸墙闭合的吊篮。对边坡较高的路堤、路堑，以及隧道边仰坡，设置检查维修台阶；钢桁梁设置检查维修车。桥上通过重型铁路救援起重机前，应进行承载性能检算。

隧道断面面积应满足旅客舒适性要求，衬砌、洞门结构、洞口仰坡、轨下基础应安全稳定，并具备良好的防排水系统。

2. 桥梁、涵洞孔径及净空，应满足国家防洪设防标准，能保证设计的最大洪水正常通过，并保证流冰、泥石流、漂浮物和通航等必要高度。

桥梁墩台基础应有足够的埋置深度，满足抗冲刷要求。

桥梁、涵洞应考虑排洪和灌溉等综合利用。

3. 桥梁、隧道应按规定设置作业通道、专用洞室、电缆沟(槽)、电气化预埋件及必要的检查和消防设备等，应预留轨旁设备安装条件。铁路桥梁作业通道和隧道内安全空间、救援通道、应急照明和通信以及其他相关设施的设置等应符合有关设计规范规定。隧道内空气标准达不到规定要求时，应设置机械通风，瓦斯隧道还应设置必要的瓦斯监测设备。

直线桥梁自线路中心至作业通道栏杆内侧的净距：200 km/h 以上铁路无砟轨道桥面应不小于 3.45 m，有砟轨道桥面应不小于 3.75 m；200 km/h 及以下铁路应不小于 3.25 m。作业通道宽度应不小于 0.8 m。

桥长超过 3 km 时，应每隔约 3 km(单侧约 6 km)在线路两侧交错设置 1 处可上下桥的救援疏散通道，并设置防护门。长度 3～20 km 的隧道，应按相应规定设置紧急出口或避难所；长度超过 20 km 的隧道或隧道群，应设置紧急救援站。

(二)桥梁结构构造

桥涵主体结构的设计使用年限为 100 年。

高速铁路桥梁主要形式有梁桥、拱桥、连续刚构桥、刚构连续梁桥、梁拱组合桥和斜拉桥等。桥梁主型为顶应力混凝土简支箱梁。以京沪高速铁路为例，预应力混凝土简支箱梁占全线桥梁总长度 94%，其中跨度 32 m 预应混凝土简支箱梁占桥梁总长度 88.5%。

桥面总体布置如图 1-97 所示。

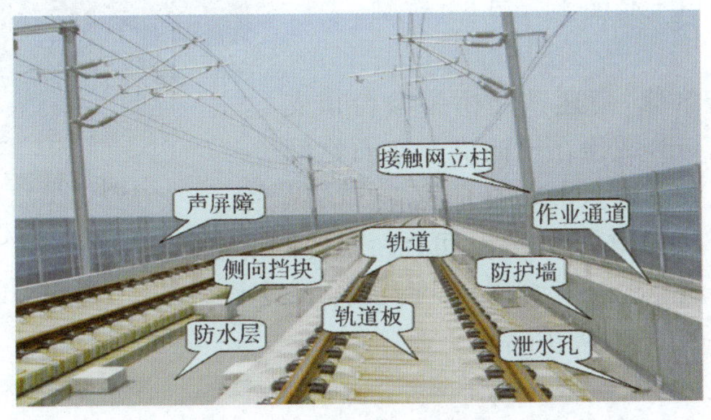

图 1-97　桥面总体布置

预应力混凝土简支梁桥和桥上 CRTSⅡ型板式组成，如图 1-98 所示。

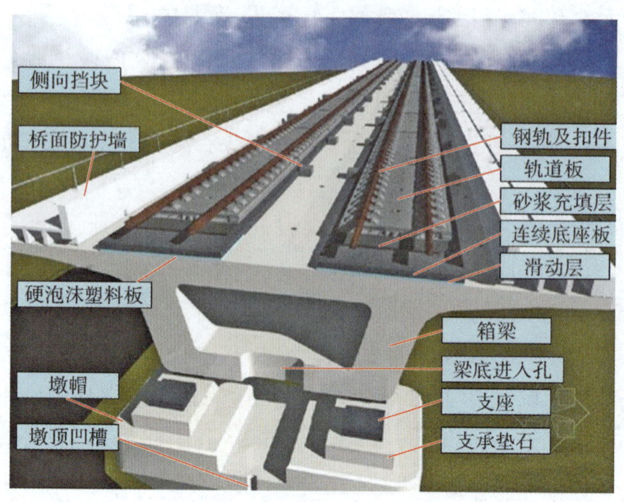

图 1-98 预应力混凝土简支梁桥和桥上 CRTSⅡ型板式组成

（三）桥涵技术特点

1. 墩台基础以桩基础为主

为确保高速铁路正常行车和减少维修量，墩台大量采用桩基础，以严格控制墩台基础工后沉降。常用跨度简支梁，根据墩高及地质条件采用直径 1.0 m 或 1.25 m 桩基础；大跨度连续梁及其他特殊形式的桥梁采用直径 1.5～3.4 m 桩基础。

2. 新型桥台

ZK 活载较中—活载小很多，高速铁路路基一般填土高度较低。在结构受力上，桥台力学指标不控制桥台设计，无需采用大体积重力式桥台，而大量采用一字形、空心新型桥台。一字形桥台（图 1-99）较好地适用于台后路基填土高度 10 m 以下桥梁；空心桥台适用于台后路基填土高度 14 m 以下桥梁。

图 1-99 一字形桥台

3. 墩台帽构造

为方便日常检查维修，高速铁路桥梁墩台顶支承垫石高度一般为 35cm，墩顶在横向支承垫石之间对应于梁底进人孔位置设深 0.5 m、横向宽 1.5 m 纵向与顶帽等宽的凹槽，如图 1-100 所示，可在桥墩两侧设吊篮，以便支座检查、维修或更换。墩台顶设排水坡。为了避免地震落梁，在 6 度及以上地震设防区段，梁底与墩台顶之间的支座内侧，设置防落梁装置，如图 1-101 所示。

4. 桥梁支座

高速铁路桥梁支座多采用盆式橡胶支座，也可采用球型钢支座。高速铁路桥梁主要采用双线整孔箱梁，因横向宽度大，故桥梁支座分为固定支座、横向活动支座、纵向活动支座和多向活动支座，以解决纵、横向受力变位和温度位移、转动。预应力混凝土双线整孔简支箱梁支座布置，如图 1-102 所示。

图 1-100 墩台帽构造　　图 1-101 梁底与墩台顶之间的防落梁装置

5. 整体箱梁

高速铁路梁跨以 32 m 预应力混凝土整孔简支箱梁为主，如图 1-103 所示。跨越较宽道路或小斜交角跨越时，采用常用跨度预应力混凝土连续箱梁；跨越高速公路、高等级城市道路、大型河流、宽大山谷的主桥采用特殊结构。

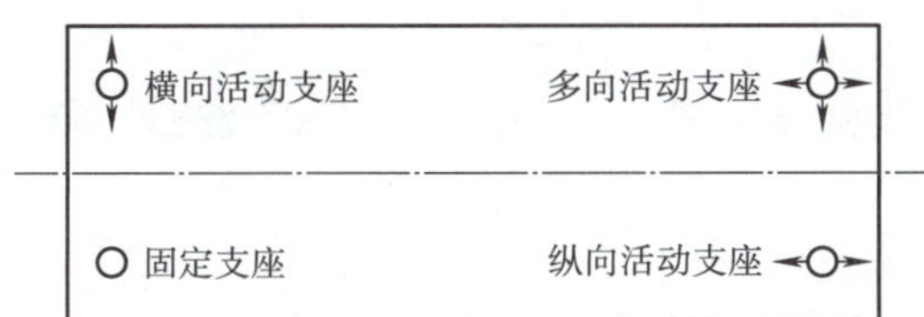

图 1-102 简支箱梁桥墩顶支座布置

图 1-103 预应力混凝土整孔简支箱梁

6. 长桥大跨

受河网、软土、既有地面交通控制，以及桥梁、桥涵、涵洞之间最小路基长度的制约，与既有线相比桥长超过 500 m 的特大桥比例大幅提高。如：南京大胜关长江大桥为主桥六跨连续钢桁拱桥，主跨 336 m，六线铁路，是目前世界上载荷最重、跨度最大、速度最高的高速铁路桥梁，如图 1-104 所示；武汉天兴洲大桥为主跨 504 m 斜拉桥，公铁两用，下层为四线铁路，在国内外已建的大跨度公铁两用斜拉桥之中跨度位列世界第一，如图 1-105 所示。

图 1-104 南京大胜关长江大桥

图 1-105 武汉天兴洲大桥

7. 组合结构

为提高大跨度桥梁刚度或降低梁部的建筑高度，高速铁路大跨度桥梁大量采用梁—拱组合结构。如：京沪高速铁路镇江跨京杭运河桥为主跨 180 m 预应力混凝土连续梁—钢管拱。

8. 桥面防水层及排水系统

高速铁路根据轨道形式的要求及桥面特点选用桥面防水层。无砟桥面、轨道底座板与桥面有隔离层时，全桥面设防水层；轨道底座板与桥面直接连接，底座板范围以外的桥面铺设防水层和保护层。对于有砟轨道，全桥铺设防水层和保护层。

9. 梁端止水带

为了防止雨水从梁缝漫流到梁体端面、墩台顶面、支座、箱梁内，引起梁端混凝土、封端混凝土、支座、墩台顶面的病害，在梁端设置止水带，如图 1-106 所示。梁端止水带沿梁缝全长设置。

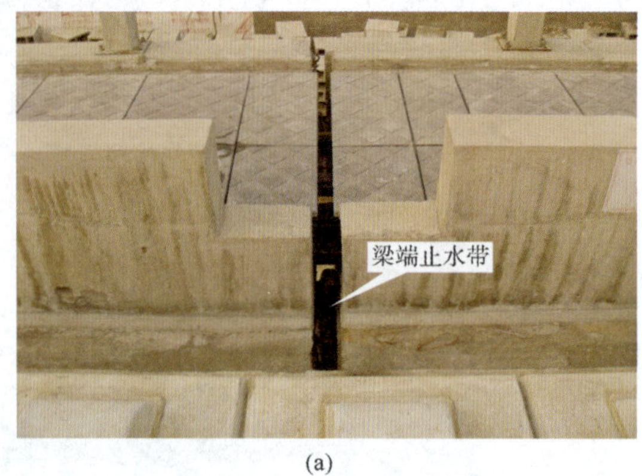

(a)

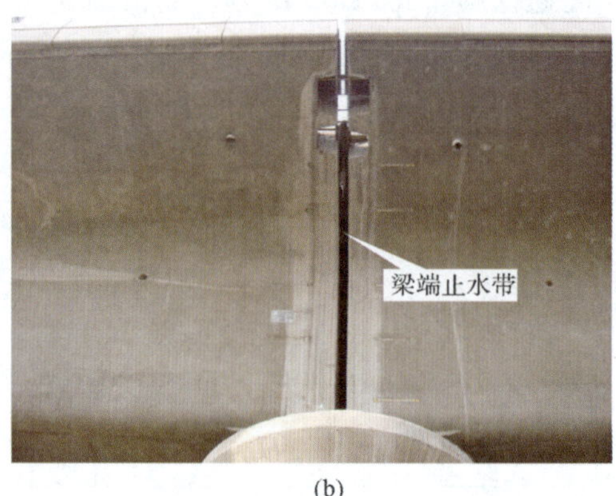

(b)

图 1-106　无砟轨道桥面梁端止水带

10. 紧急疏散通道

运营中，为应对列车在桥上可能发生的诸如火险、电力中断、设备故障等突发事件，安全、快速疏散乘客，以及方便桥上固定设备养护维修，桥长超过 3 km 时，应每隔约 3 km（单侧约 6 km）在线路两侧交错设置 1 处可上下桥的救援疏散通道，并设置防护门。为快速疏散，救援疏散通道由早期的旋转式改为顺坡式和折向式，如图 1-107 所示。折向式仅适用于桥下无地面维修通道一侧。

图 1-107　顺坡式救援疏散通道

11. 框架箱涵

高速铁路涵洞以整体性好的钢筋混凝土框架箱涵为主，主要形式有单孔或双孔钢筋混凝土框架箱涵，孔径一般在 2～6 m 之间，为降低路基刚度突变，涵洞顶至轨底填土厚度一般不小于 1.5 m。

12. 景观设计

高速铁路桥梁不仅是一条高速列车运行的轨道交通走廊，而且需要呈现出桥梁的整体景观效果。力求主体结构的造型新颖、美观，富有时代气息，体现与当地规划结合，与周围环境协调，成为一条靓丽的风景线。

（四）隧　　道

高速铁路隧道与普速铁路隧道最大的区别，在于列车高速通过隧道时产生的空气动力学效应，对运行、旅客舒适度、车体变形和密封性、洞口环境的不利影响十分明显。同时对于防排水标准、防灾救援和耐久性等方面也有较高的要求。

1. 总体要求

高速铁路隧道的总体要求是：洞口“早进晚出”且美观，洞内空间满足建筑限界和救援疏散要求，洞内空气动力学效应满足旅舒适度要求，洞口满足环保和防护要求。衬砌结构满足受力和沉降要求，防水符合国家一级防水标准要求，排水满足当地环保要求，便于施工和养护维修。

隧道设计使用年限规定为 100 年。

2. 主要技术特点

高速铁路隧道的主要技术特点可概括为：无仰坡进出洞、大净空隧道断面、新型洞门、洞口缓冲结构、长大隧道、强化防水排水、提高隧道防灾救援能力。

（1）改变隧道入口形式

与我国铁路传统的端墙、翼墙挡土式洞门结构相比，高速铁路隧道洞口结构设计，本着简洁大方、美观实用、保护环境的原则，以不刷坡或少刷坡施工的突出山体的切削式洞口为主要建筑形式，大量采用了斜切式和帽檐式新型洞门结构，体现了生态保护理念和自然美，如图 1-108 所示。

高速列车通过隧道时，在隧道出口产生微气压波，发出强烈爆破音，产生噪声污染，引起附近房屋门窗的振动，影响洞口环境以及人员身体健康。为减缓高速列车通过隧道产生的空气动力学效应，在洞口设置缓冲结构，并在其顶部或侧面开设通气孔，降低列车进入时产生的空气压力峰值，以缓解隧道出口端的冲击压力波强度，如图 1-109 所示。

图 1-108　新型洞门

图 1-109　洞口缓冲结构

(2)扩大隧道断面面积和减小阻塞比

为减缓高速列车通过隧道时产生的空气动力学效应对旅客舒适度和车厢变形的影响，增大隧道断面积，减小阻塞比是降低瞬变压力的有效途径。350 km/h 双线隧道(图 1-110)和单线隧道有效净空面积分别达到了 100 m^2和 70 m^2，250 km/h 双线和单线隧道分别达到了 90 m^2和 58 m^2。

图 1-110　时速 350 km 单洞双线隧道断面示例

(3)防、排水

高速铁路提高了隧道防水等级，加强了排水措施，采用耐久性好、可靠性高的防排水材料，提高防排水系统的使用功能。隧道防水等级采用我国现行《地下工程防水技术规范》(GB 50108)中规定的一级防水标准，即不允许渗水，结构表面无湿渍。单线隧道隧底布置每侧一沟一槽，双线隧道每侧一沟两槽加中心水沟，衬砌设置纵、环向盲管。

(4)防灾救援疏散

高速铁路隧道内设置救援通道和安全空间。救援通道贯通设置，单线隧道单侧设置，双线隧道双侧设置，尺寸为 1.2 m×2.2 m(宽度×高度)，距线路中线距离不小于 2.3 m；安全空间设在距线路中线 3.0 m 以外，单线隧道单侧设置，双线隧道双侧设置，尺寸为 0.8 m × 2.2 m(宽度×高度)。救援通道和安全空间在宽度上重叠 0.5 m。

长度 3～20 km 的隧道，应按相应规定设置紧急出口或避难所；长度超过 20 km 的隧道或隧道群，应设置紧急救援站。

隧道内紧急救援站设置防灾通风和消防设施，避难所和有紧急出口的隧道应设置应急通风设施。

隧道内紧急救援站、避难所设置应急照明、应急通信、疏散引导标识；救援通道、紧急出口、横通道也设置应急照明和疏散引导标识。

六、防护栅栏

高速铁路应实行全线封闭。路基、涵洞地段线路两侧和隧道进出口应设置线路防护栅栏；桥梁地段(水中桥梁及山区沟壑峡谷桥梁除外)桥下应设置防护栅栏：当旱桥墩高小于3 m时应设置与路基地段相同的线路防护栅栏，当旱桥墩高大于等于 3 m 时应设置桥下防护栅栏。

防护栅栏的设备管理由工务部门负责，治安管理由铁路公安部门负责。铁路局集团公司工务部是防护栅栏设备管理部门，负责制定防护栅栏管理制度，编制年度修理计划，提出新建及更新改造建议。工务(桥工)段是防护栅栏的设备管理单位，负责防护栅栏的日常维护工作。

铁路公安部门负责防护栅栏的治安管理，依法打击破坏防护栅栏等的违法犯罪行为，督促整改防护栅栏设备隐患，指导巡防工作。

高速铁路应设置防护栅栏门和桥梁救援疏散通道门（统称为作业门），以满足施工作业和故障应急处理需要。作业门应加锁并由铁路局集团公司统一编号，在外侧设置“非铁路作业人员禁止进入”警示标志及信息牌。铁路工务、电务、车务、供电等部门因作业需要设置作业门时，按照“谁使用，谁申请，谁管理”的原则，由使用单位提出申请报铁路局集团公司栅栏设备管理部门批准，站区内还应经车务部门批准，与栅栏设备管理单位和属地铁路公安部门办理书面手续后方可设置。站区内是指车站两端进站信号机范围内，站区内是车站办理列车、调车、旅客乘降、货物装卸等作业的场所，若因作业需要设置作业门时，应当报经直属站或车务段批准。

作业门以关闭加锁为定位。作业过程中，作业门应保持锁闭状态，否则必须安排专人看守。各行车设备管理单位施工作业或遇设备故障、救援抢修等需进入作业门时，作业负责人必须与驻调度所（驻站）联络员联系确认（有看守人员的还应办理相关手续）后，作业人员方准进入作业门。作业人员进入作业门前应由作业负责人（或经作业负责人指定的人员）在作业门外登记上道人数、工机具和材料数量。作业结束后，作业负责人（或经作业负责人指定的人员）应核对人员、工机具和材料，确认完全撤出作业门并销记。作业门有看守人员时还应经看守人员确认。非行车设备管理单位需进入作业门作业的，应与相关专业的行车设备管理单位签订安全协议，明确各自的职责，由行车设备管理单位办理相关手续，并在其带领下进出作业门。

七、精密测量控制网

（一）一般要求

高速铁路应建立统一的精测网，作为勘察设计、工程施工和运营维护统一的测量基准。精测网分平面控制网和高程控制网。

应加强精测网控制点日常检查和维护，定期对精测网进行复测，为线路运营养护提供稳定可靠的控制基准。

精测网各项技术要求应执行《高速铁路工程测量规范》（TB 10601）有关技术标准。

（二）精测网构成

平面控制网在框架平面控制网（CP 0）的基础上分三级布设，第一级为基础平面控制网（CP Ⅰ），主要为勘测、施工和运营维护提供坐标基准；第二级为线路平面控制网（CP Ⅱ），主要为勘测和施工提供控制基准；第三级为轨道控制网（CP Ⅲ），主要为轨道铺设和运营维护提供控制基准。

第六节 工务其他相关知识

一、养路机械

（一）小型养路机械

1. 小型液压捣固机

小型液压捣固机采用振动和夹实联合进行捣固作业，捣固的质量较高，传动部分采用液压传动，结构简单，重量较轻。在作业时不需要扒砟和回填，简化了工序，既节省了人力，又减轻了劳动强度，工作效率高，在线路的维修、中修和大修中得到了普遍的应用。下面以 XYD-2 型系列小型液压捣固机为例介绍小型液压捣固机的工作原理，如图 1-111 所示。

图 1-111 中，石砟的捣固工作是由捣固机的工作部件 3(捣镐)的动作来实现的。作业时，原动机(电动机、柴油机或汽油机)通过皮带传动驱动振动轴高速旋转，使捣镐产生振动。原动机通过另一皮带传动驱动油泵产生压力油，压力油进入升降油缸带动捣镐向下移动，捣镐下端的镐头部分就会伸入道床石砟的内部，并可到达轨枕底面以下的位置，这就是捣固机的下插过程。这时，操作人员扳动多路换向阀的手柄，压力油进入夹实油缸，在夹实油缸作用下使两镐头向内靠拢(见图中箭头)，道砟因受到振动，原来静止状态被改变为"流动状态"，加上捣镐夹实力作用，两镐头就会将石砟送入轨枕下部，并夹实，起到捣固的作用。捣固完成后再操作换向阀手柄将两镐头张开。重复上面的动作可进行第二次夹实，能够增强捣固的效果。夹实结束后操作换向阀手柄将捣镐提升，当镐头底部提升至超过轨枕的顶面或高出轨面时，捣固机才能通过走行装置移动至下一个捣固地点或是通过下道装置横移至线路两侧的下道架上以便避车。

2. 内燃手提振捣镐

内燃手提振捣镐以 ZCD-300 型直动冲击手提式捣固镐为例，用于铁道线路道砟捣固作业的专用机具，适用于铁路正线的日常补修，道岔、桥梁护轨的日常维护及抢险过程中的道砟捣固作业，其结构紧凑，操作简单，上、下道方便，设计符合人性化要求。

ZCD-300 型直动冲击捣固镐由捣固装置、减振装置、传动装置、发动机及支架部分组成。捣固装置分振动型和振动冲击型两种模式，如图 1-112 所示。

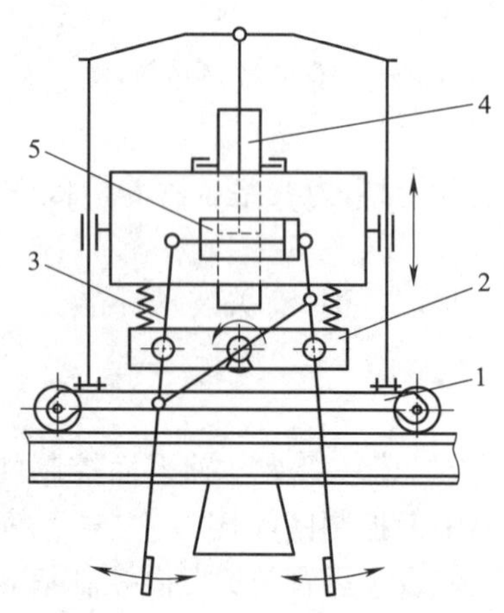

图 1-111　液压捣固机原理

1—底架；2—振动装置；3—捣镐；4—升降油缸；5—夹实油缸

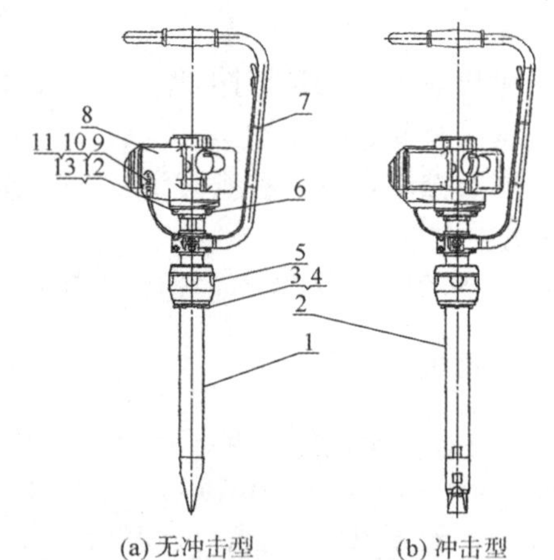

图 1-112　ZCD-300 型直动冲击捣固镐

1—捣固装置(无冲击型专用)；2—捣固装置(冲击型专用)；3(12)—弹簧垫圈；4(13)—内六角圆头螺钉；5—减震器组件；6—传动装置组成；7—支架总成；8—汽油机总成；9—平垫圈；10—六角螺母；11—GX35 油门控制线座

振动型捣固装置(图 1-113)由镐体、偏心振动体、镐头组成，其中偏心振动体置于镐体内，镐头与镐体下端联结；传动装置由离合器、传动轴组成；支架部分由减振装置及扶手组成。支架部分与连接管通过减振装置弹性联结；发动机通过连接管、减振器与捣固装置弹性联结，其油门操作手柄安装在扶手上。发动机输出功率通过离合器和置于连接管内的传动轴驱动镐体内的偏心振动体转动，振动装置产生高频激振，导致道砟间的摩擦阻力减小或被克服，呈现“流动状态”，再在外力作用下，使道砟在相对运动中重新排列，达到使轨枕下道砟捣固密实的目的。

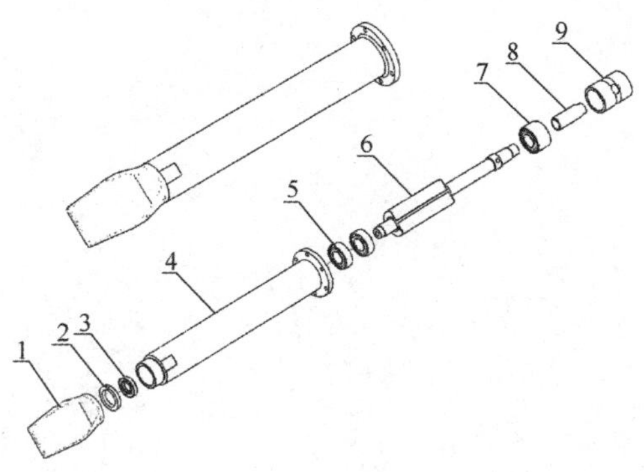

图 1-113　捣固装置(无冲击型专用)示意图

1—镐头；2—防松弹簧垫圈；3—唇形密封圈；4—镐体组焊件；5—轴承；6—偏心铁；7—组合轴承；8—接头体；9—尼龙轴

振动冲击型捣固装置(图 1-114)由镐体、偏心振动体、凸轮体组件、外套管及冲击镐头组件组成。外套管连接于镐体下端，凸轮体与偏心振动体下端连接，并和冲击镐头组件置于外套管内，冲击镐头组件在外套管方孔的限制下只沿轴线滑动。作业过程中，在偏心振动体转动产生高频激振的同时，凸轮体组件随之转动，其斜面以固有频率对冲击镐头组件形成冲击，从而在镐头部位既产生高频激振又形成冲击。

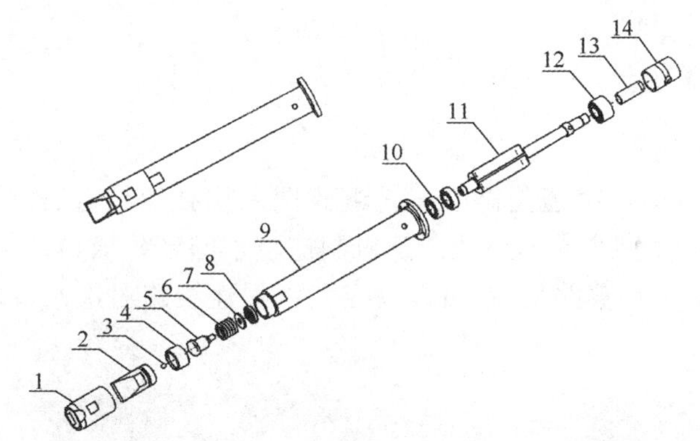

图 1-114　捣固装置(冲击型专用)

1—外套管；2—冲击镐头；3—钢球；4—衬套；5—凸轮体总成；6—弹簧；7—弹簧挡板；8—唇形密封圈；9—镐体；10—轴承；11—偏心铁；12—组合轴承；13—接头体；14—连接螺杆

3. 锯轨机

以 DQG-Ⅳ型电动双向摆动切轨机为例，是一种高效切轨机，切轨时不但速度快、砂轮片消耗少，而且切轨质量高、卡具简单、操作方便、重量轻、便于移动、安全节能。它适用于工务工程及焊轨厂等部门对 43～75 kg/m 有缝及无缝线路各型钢轨的切割作业。

(1)主要结构

切轨机主要由卡轨器、摆动机构、机架体、电动机、切割部分、带传动装置及移动机构组成，如图 1-115 所示。在切割部分中，主要部件是砂轮切割锯片，依靠锯片与钢轨的接触摩擦将钢轨锯断。卡轨器是切轨机的定位装置。在卡轨器的作用下，机器可在钢轨的垂直平面内进行摆动而对钢轨进行切割，但不能沿着钢轨方向错位，防止损坏锯片。

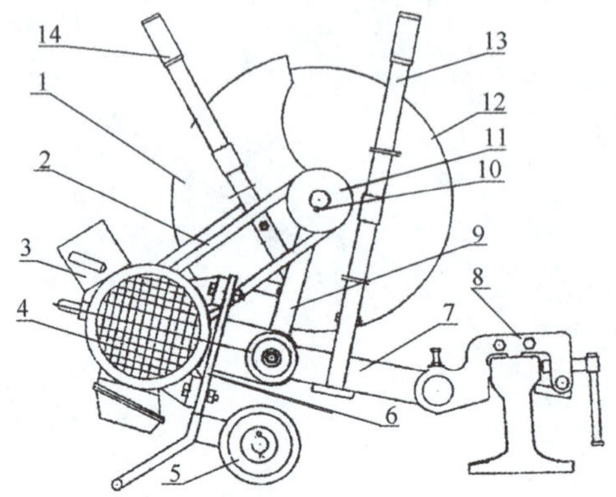

图 1-115 DQG-Ⅳ型电动双向摆动切轨机的主要结构

1—砂轮护罩；2—皮带；3—开关；4—电机；5—胶轮；6—电机架；7—主机架；8—卡轨器
9—砂轮支架；10—键；11—皮带轮；12—砂轮片；13—扳杆；14—操作杆

(2)切轨原理

DQG-Ⅳ型电动双向摆动切轨机是利用摆动机构，使砂轮片在进给的垂直方向上往复移动，这样砂轮片与钢轨的切割长度始终很短，以较小的动力消耗实现了快速高效的切割。从结构上它可以从轨顶及轨侧三个方向切割，从而提高了砂轮片的利用率。因此在使用时，左手要不停顿地往复摇动扳杆。

(二)大型养路机械

1. CDC-16 型道岔捣固车

CDC-16(曾用名 08-475)型道岔捣固车是继我国采用技贸结合方式引进 08-32 型自动抄平起拨道捣固车和 RM80 型全断面道砟清筛机制造技术国产化取得成功后，又一次引进制造技术进行国产化生产的大型养路机械，可以满足我国提速线路对道岔的养护要求，如图 1-116 所示。

图 1-116 CDC-16 型道岔捣固车

CDC-16 型道岔捣固车在封锁线路条件下，能够对单线、复线、多线及复线转辙、道岔和交叉区间进行轨道拨道、起道抄平、钢轨两侧枕下道砟捣固和枕端道砟夯实作业。该车利用车上测量系统，可以对作业前、后道岔的几何参数进行测量及记录，并可通过控制系统，实现按设定的道岔几何参数进行作业，使轨道方向、左右水平和前后高低均达到线路设计标准或线路维修规则的要求，提高道床石砟的密实度，增加轨道的稳定性，保证列车安全运行。

2. DWL-48 连续式捣固稳定捣固车

捣固车用在铁道线路的新线建设、旧线大修清筛和运营线路维修作业中，对轨道进行起道、拨道、抄平、石砟捣固及道床肩部石砟的夯实作业，使轨道方向、左右水平和前后高低均达到线路设计标准或《普速铁路线路修理规则》的要求，提高道床石砟的密实度，增加轨道的稳定性，保证列车安全运行。

捣固车可以单独进行起拨道抄平作业或是捣固作业，但是为了提高作业质量，一般情况都是拨道、起道抄平、捣固作业同时进行，即综合作业。

动力稳定车主要用于大、中修后的铁道线路，通过对线路进行动力稳定作业能够迅速地提高线路的横向阻力和道床的整体稳定性，从而为取消线路作业后列车慢行创造了条件。

DWL-48 连续走行捣固稳定车(图 1-117)将以上两种车型综合在一起，能以连续作业方式、同时捣固三根轨枕；能在捣固作业的同时，对线路进行动力稳定，是目前较为高效的捣固、稳定综合作业车，填补了国内捣固稳定综合作业车的空白，成为国内作业效率最高的捣固车。该机型可满足我国繁忙干线的高精度快速维修保养的需求，广泛运用于时速 200 km 以上的客运专线及既有提速线路，大大地提高线路的维修速度和维修质量。

图 1-117　DWL-48 连续式捣固稳定捣固车

二、超声波探伤设备

超声波探伤是利用超声波入射被检钢轨，当声束遇有缺陷时产生反射回波，或者穿透波被衰减来判断钢轨内部缺陷的有无、位置和大小。超声波探伤设备是对钢轨进行无损检测的设备。

1. 钢轨超声波探伤仪

目前国内使用的是 A、B 同显数字式钢轨探伤仪，具有伤损识别和探伤数据记录、回放、打印、输出等功能。该探伤仪抗电磁干扰性能较强，在电气化铁路和电台附近能正常工作；通过轨型选择开关，可实现 43 ～75 kg/m 任一种钢轨的探测；不同通道回波发出不同报警音响，有利于探伤人员对各个通道报警声音的分辨。

为适应钢轨探伤流动作业的特点，钢轨探伤仪由仪器和手推小车两大部分组成。钢轨探伤仪手推小车外形如图 1-118 所示，各种型号钢轨探伤仪的手推车结构与此大同小异。

2. 双轨式钢轨超声波探伤仪

双轨式钢轨超声波探伤仪是指在天窗时间内能同时对线路上两股钢轨进行检测的超声波探伤仪(图 1-119)，适用于普速和高速线路。双轨式钢轨超声波探伤仪走行操控与检测系统分别操控，可双向行驶；最高走行速度不小于 20 km/h；最高持续检测速度不小于 15 km/h；定位里程精度误差不大于 5‰；适用于 43 kg/m～75 kg/m 铁道线路钢轨的超声波探伤作业。

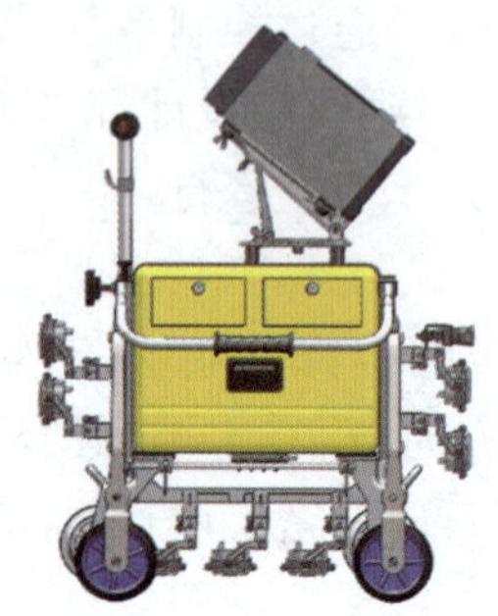

图 1-118 数字式钢轨探伤仪

图 1-119 双轨式钢轨超声波探伤仪

3. 钢轨探伤车

钢轨探伤车属自带动力，能同时对两股钢轨进行探测，并能分析、处理和记录探测结果的大型探伤设备，其结构复杂，功能齐全，集超声、电子、微机信息处理于一体。在检测过程中利用超声波探伤设备和微机处理系统对钢轨伤损的类型、位置、程度，进行自动检测、分析、记录、显示和打印，是铁路工务部门的重要检测设备。

GTC 钢轨探伤车自 1993 年第一组生产至今已先后生产各型号钢轨探伤车 28 组(在役)。按设计型号分 GTC-1、GTC-2(未投产)、GTC-3、GTC-4、GTC-5D(北京地铁)、GTC-6(图 1-120)。按新的车辆编号方式(按探伤检测速度)分 GTC-40、GTC-60、GTC-80。

图 1-120 GTC-6 型钢轨探伤车

三、轨 道 车

轨道车是用于铁路修理、检查和抢险等工作的重要运输设备，包括重型轨道车(含起重轨道车等)、轨道平车(含起重轨道平车、收轨平车等)及轻型轨道车(含轻型轨道平车)。

在普速铁路使用轨道车，应遵守《普速铁路工务安全规则》等相关规定；轨道车在高速铁路运行及作业时，应遵守《高速铁路工务安全规则(试行)》等相关规定。

图 1-121 GCY-450 型重型轨道车

GCY-450 型重型轨道车(图 2-121)具有小运转和调车两种工况，采用液力传动装置，无级变速，采用原装进口美国 Caterpillar 公司 C18 型电喷柴油发动机为动力，走行部为两轴转向架形式，运行平稳，曲线通过性能良好，设有独立的机器间，维修方便。本车为轨道车外形，内走道形式，安装了具有自动保压性能的 JZ-7 型空气制动机，车体两端设有 13 号车钩和 ST 型缓冲器。

GCY-450 型重型轨道车标准配置最高运行速度为 100 km/h，可根据用户要求将最高运行速度调整为 80 km/h；可安装小型发电机组、空调和电取暖器，以改善司乘环境。采用进口美国卡特彼勒公司的电喷发动机，发动机排放好、燃油消耗低、噪声低、可靠性高。采用液力传动箱具有液力换挡、液力换向功能，在牵引运行时，可实现不停车换向，并具有液力制动功能，特别适用于需进行频繁换向的工况和在坡道较多的区段运行；该车具有功率大，牵引能力强，能够进行液力换向、运行稳定性和平稳性好，操作维修方便，制动性能可靠等特点；适用于铁路运营、维修部门、工程部门和工矿企业专用线的物料运输及调车作业。

GCY-450 型重型轨道车控制系统具有智能化、网络化，车辆操纵简便、可靠性高、故障判断及维修直观、简单，能够实现发动机的调速、数据显示、车辆的自动换挡功能、走行数据记录功能、发动机自动保护、故障诊断和报警等功能。

GCY-450 型重型轨道车可根据用户要求设置双机重联功能。

四、钢轨焊接

钢轨焊接应符合《钢轨焊接》(TB/T 1632.1～TB/T 1632.4)的要求。工厂焊接采用固定式闪光焊接；现场焊接主要采用移动式闪光焊接或数控气压焊接；道岔内钢轨焊接、道岔与相邻两端钢轨的焊联、伤损钢轨的焊接修复、应力放散等可采用铝热焊接。

1. 固定式闪光焊接

固定式闪光焊接(又称固定式接触焊)：用闪光焊机在基地或车间焊轨作业线的焊接工位焊接钢轨，焊接电源由电力网经配电变压器供电，如图 1-122 所示。

2. 移动式闪光焊接

移动式闪光焊接(又称移动式接触焊)：用闪光焊机在工地焊接钢轨，焊机及其配套设备的电源由独立的车载式发电机组供电，如图 1-123 所示。

图 1-122 固定式闪光焊接

图 1-123 移动式闪光焊接

3. 铝热焊接

铝热焊接：以氧化铁为氧化剂，以铝粉为还原剂的一种热剂焊，如图 1-124 所示。

图 1-124 铝热焊接

五、道 口

道路与铁路的平面交叉分为道口、人行过道和平过道。

道口指铁路上铺面宽度在 2.5 m 及以上，直接与道路贯通的平面交叉。按看守情况分为有人看守道口和无人看守道口。

人行过道指铁路上铺面宽度在 2.5 m 以下(城市一般为 0.75～1.5 m，乡村一般为 0.4～1.2 m)，与道路贯通的平面交叉。人行过道只准通过行人、自行车(较宽的人行过道可通过人力车)，不准畜力车及机动车辆通过。

平过道指在车站、货场、专用线内，专为内部作业使用，不直接贯通道路的平面交叉。

第二章　铁路信号与通信

铁路信号设备是指挥列车运行、保证行车安全、提高运输效率、改善行车组织方式、实现行车指挥现代化的关键设施。铁路通信网是铁路的重要基础设施，是保证铁路运输正常、安全运行的重要工具，是支撑铁路信息化的重要载体。

第一节　铁路信号、通信基础设备

一、信号基础设备

1. 信号机

在信号系统中，信号机常指的是设于车站或区间固定地点的地面信号机（图 2-1），用来防护站内进路或区间闭塞分区以及道口。常见的信号机类型主要有进站、出站、通过、进路、预告、接近、遮断、驼峰、驼峰辅助、复示、调车信号机。

图 2-1　信号机

2. 轨道电路

轨道电路是以铁路线路的两根钢轨作为导体，两端加以机械绝缘或电气绝缘，接上送电和受电设备构成的电路（图 2-2）。轨道电路的第一个作用是监督列车占用，通过轨道电路反映该段线路是否空闲，为建立进路、开放信号或构成闭塞提供条件，还利用列车与车列占用轨道电路关闭信号，把信号显示与列车或车列运行联系起来；轨道电路的第二个作用是传递行车信息，为列车运行自动控制系统提供列车位置、运行前方信号状态和线路占用情况等有关信息。常见的轨道电路有 JZXC-480 型交流连续式轨道电路、25 Hz 相敏轨道电路和 ZPW-2000 移频轨道电路。

3. 道岔转辙装置

道岔转辙装置是带动道岔尖轨转换位置并能将尖轨固定在定位或反位的设备（图 2-3）。常用的道岔转辙装置有电动转辙机（ZD6、ZDJ9）、电空转辙机（ZK4）、电液转辙机（ZYJ7、S700K）、转换锁闭器（SH5、SH6）、牵纵拐和带柄道岔表示器等。

4. 继电器

继电器是一种当控制参数变化时，能引起被控制参数突然变化的电器元件（图 2-4）。

图 2-2 轨道电路

图 2-3 道岔转辙装置

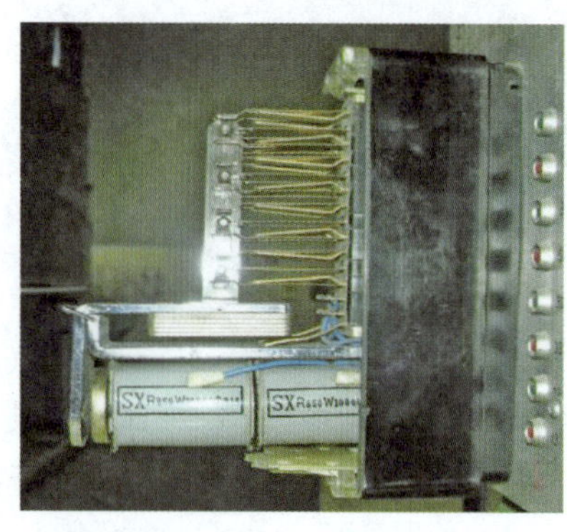

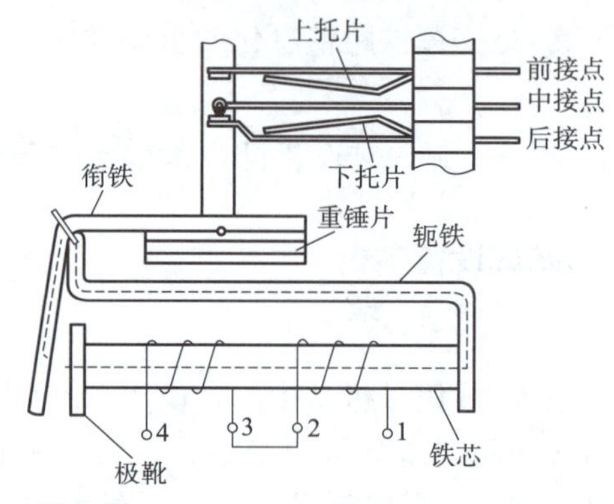

图 2-4 继电器

继电器的工作原理：

线圈通电→产生磁通(衔铁、铁芯)→产生吸引力→克服衔铁阻力→衔铁吸向铁芯→衔铁带动动接点动作→前接点闭合、后接点断开；

电流减少→吸引力下降→衔铁依靠重力落下→动接点与前接点断开，后接点闭合。

可见，继电器具有开关特性，利用其接点的通、断电路，从而构成各种控制表示电路。在以继电技术构成的电气集中联锁系统中，继电器被大量使用；在以电子元件和计算机构成的计算机联锁系统中，继电器作为接口部件，将系统主机与信号机、轨道电路、转辙机等执行部件结合起来。

5. 计算机联锁系统(CBI)

计算机联锁系统是以信号机、转辙机、轨道电路作为室外三大基础设备，以电气设备和电子设备(计算机)实现联锁功能以及采用集中控制方式对信号机和道岔进行控制的系统(图 2-5)。常见的计算机联锁系统有 JD-ⅠA 计算机联锁系统、EI32-JD 计算机联锁系统、DS6-K5B 计算机联锁系统等。

6. 列控中心(TCC)

车站列车控制中心简称列控中心(图 2-6)，设置于高速铁路各车站，列控中心根据来自地面系统其他设备或其他地面系统的信息，包括轨道占用信息、联锁进路信息、线路限速信息等，产生列车行车许可命令，并通过轨道电路和有源应答器传输给列控车载系统，保证其管辖内的所有列车的运行安全。

7. 地面电子单元(LEU)

地面电子单元通过串行通信接口与列控中心设备连接，将来自列控中心的报文连续向有源应答器发送，从而实现向车载设备发送可变信息(图 2-7)。

图 2-5 计算机联锁

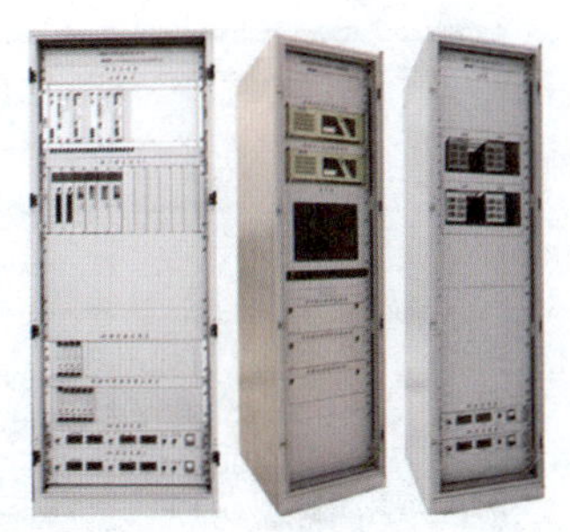

图 2-6 列控中心

8. 应答器

随着列车运行速度的不断提高，仅依靠由轨道电路将闭塞信息送至车载设备的方式，在信息量方面已经不能满足列车安全高速行驶的需求，需要增加应答器设备向车载设备提供大量固定信息和临时信息。从 CTCS-1 级到 CTCS-4 级系统中都要运用应答器设备。

应答器是一种高速数据传输设备，向车载设备提供线路数据、临时限速等点式信息(图 2-8)。

应答器分为无源和有源两种。

无源应答器用于发送固定不变的数据，如设置在区间，发送线路坡度、最大允许运行速度、轨道电路参数、列控等级转换等信息。

有源应答器通过电缆与 LEU 连接，用于发送来自于 LEU 的实时变化的信息，其信息对应于车站联锁排列的进路、临时限速服务器或 CTC/TDCS 下达的临时限速命令。

图 2-7 地面电子单元

图 2-8 应答器

9. 信号电源屏

信号电源屏是电气集中联锁、自动闭塞、驼峰信号设备等的供电装置(图 2-9)。它将变压器、稳压器、整流器等组合起来，将外电网提供的电压转换为信号设备所需要的电压。电源屏必须保证不间断的供电，并且不受电网电压波动和负载变化的影响，还要保证供电安全。常用的信号电源屏有继电联锁信号电源屏、计算机联锁信号电源屏、驼峰信号电源屏、区间信号电源屏、25 Hz 信号电源屏、三相交流转辙机电源屏等。

10. 信号集中监测系统(CSM)

信号集中检测系统是对各种信号设备工作状态进行实时监测并记录、发现信号设备状态不良及时给出报警提示的监测设备的统称，监测方式上具备采集、表示、储存、回放以及远程测试、监测等功能(图 2-10)。

图 2-9 信号电源屏

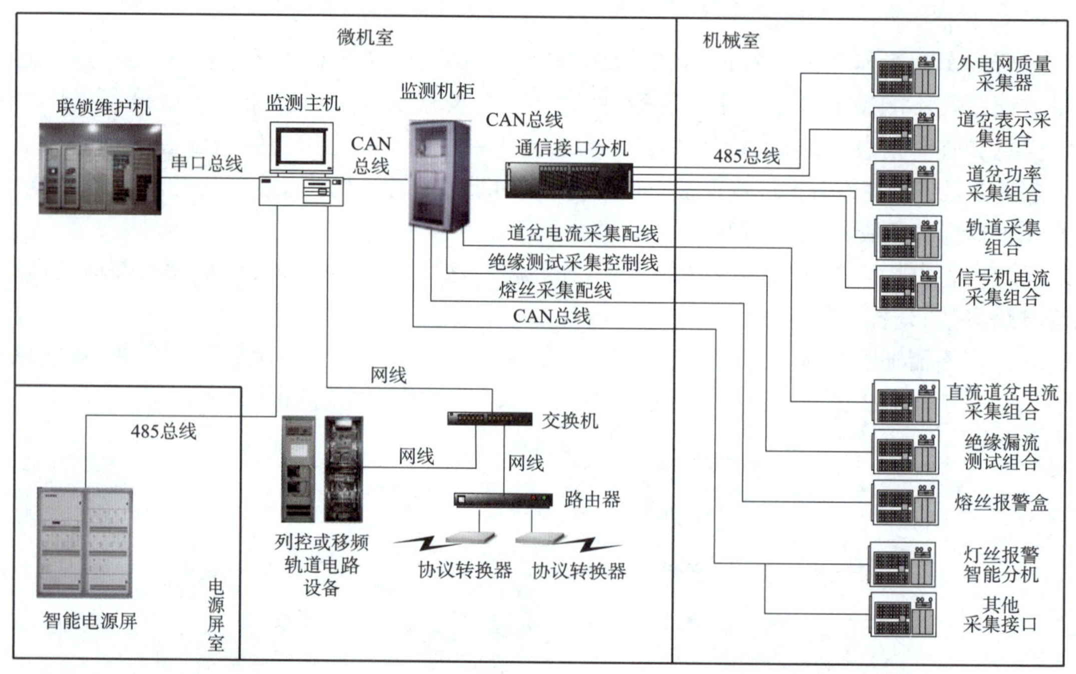

图 2-10 信号集中监测系统

11. 调度集中系统(CTC)

调度集中系统是调度中心(调度员)对某一调度区段的信号设备进行集中控制、对列车运行直接指挥、管理的技术装备。

调度集中系统控制中心一般设在铁路局集团公司调度所,负责控制整个调度区段列车的运行。控制中心主要由数据库服务器、应用服务器、通信前置服务器、接口服务器、大屏幕显示系统、行调工作站、助理调度员工作站、综合维修工作站、CTC 维护工作站、网管工作站、打印设备以及网络传输等设备组成。

调度集中车站系统在正常情况下根据控制中心下达的列车运行调整计划或调车作业计划,自主地变换成列车进路指令和调车进路指令,并协调地、实时地传送到联锁系统予以执行;在非正常情况发生时,控制模式转为在联锁操作台上通过操作按钮办理进路的控制方式。调度集中系统主要由车站自律机、车务终端、打印机、综合维修终端、电务维护终端、网络设备、电源设备、防雷设备、联锁系统接口等设备组成。

分散自律调度集中系统如图 2-11 所示。

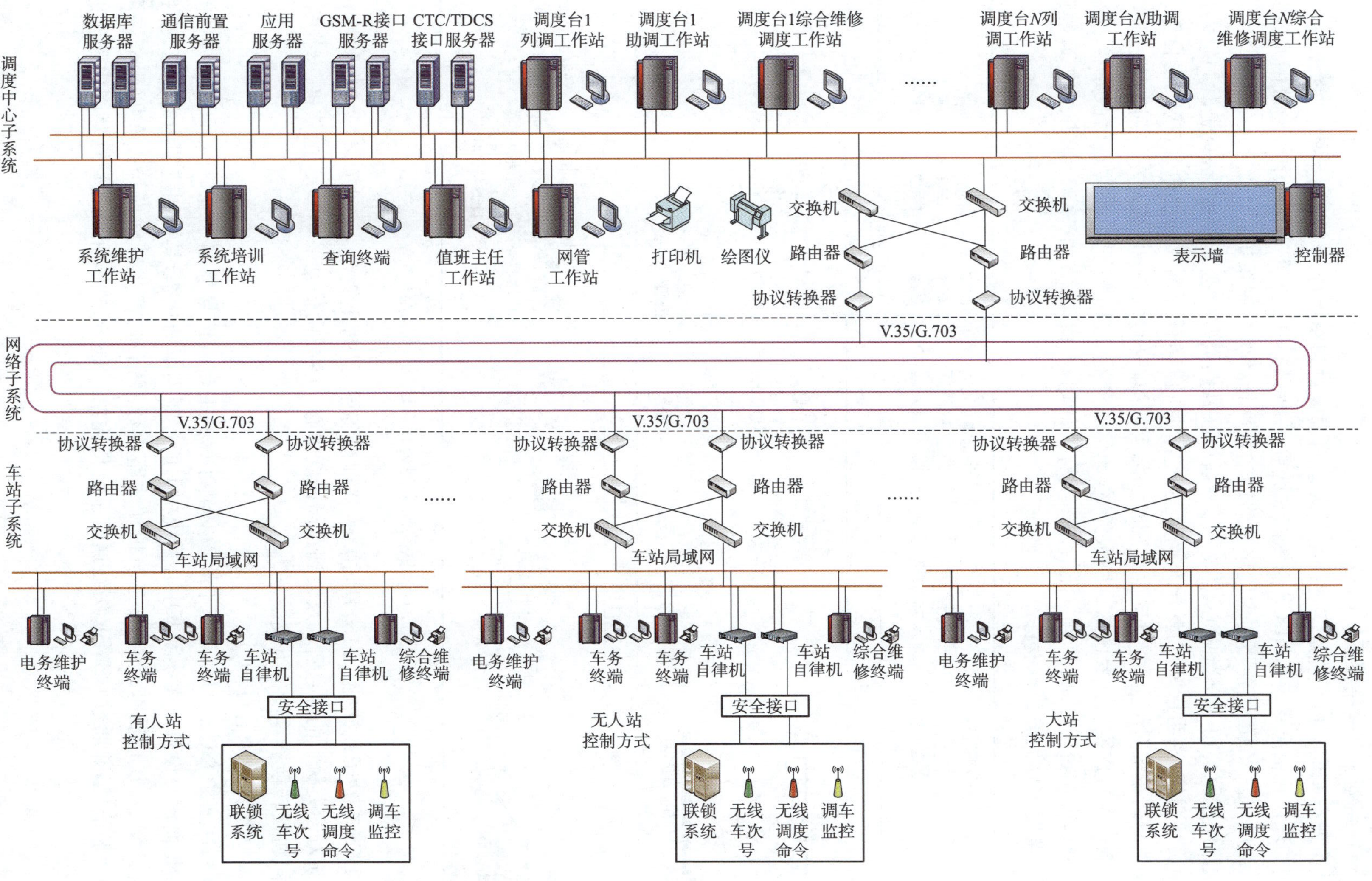

图2-11　分散自律调度集中系统

12. 铁路列车调度指挥系统(TDCS)

铁路列车调度指挥系统是实现铁路各级运输调度对列车运行实行透明指挥、实时调整、集中控制的现代化信息系统。TDCS 由铁路总公司、铁路局集团公司 TDCS 中心局域网及车站基层网组成,是一个覆盖全路的现代化铁路运输调度指挥和控制系统。

铁路局集团公司 TDCS 中心(图 2-12)一般设在铁路局集团公司调度所,负责对局管内运输组织实时调整、透明指挥;对基层车站下达三小时阶段运行计划及调度命令,接收来自车站自动反馈的列车实时信息,并自动生成列车实际运行图;对 CTCS-2 区段动车组列车下达临时限速控制命令等内容。主要由数据库服务器、通信服务器、应用服务器、前置通信服务器、路由器、交换机、列调台工作站、值班主任工作站及有关计划调、机调、客调、军调、电调、施工调等调度员台,调度大厅大屏幕等设备。

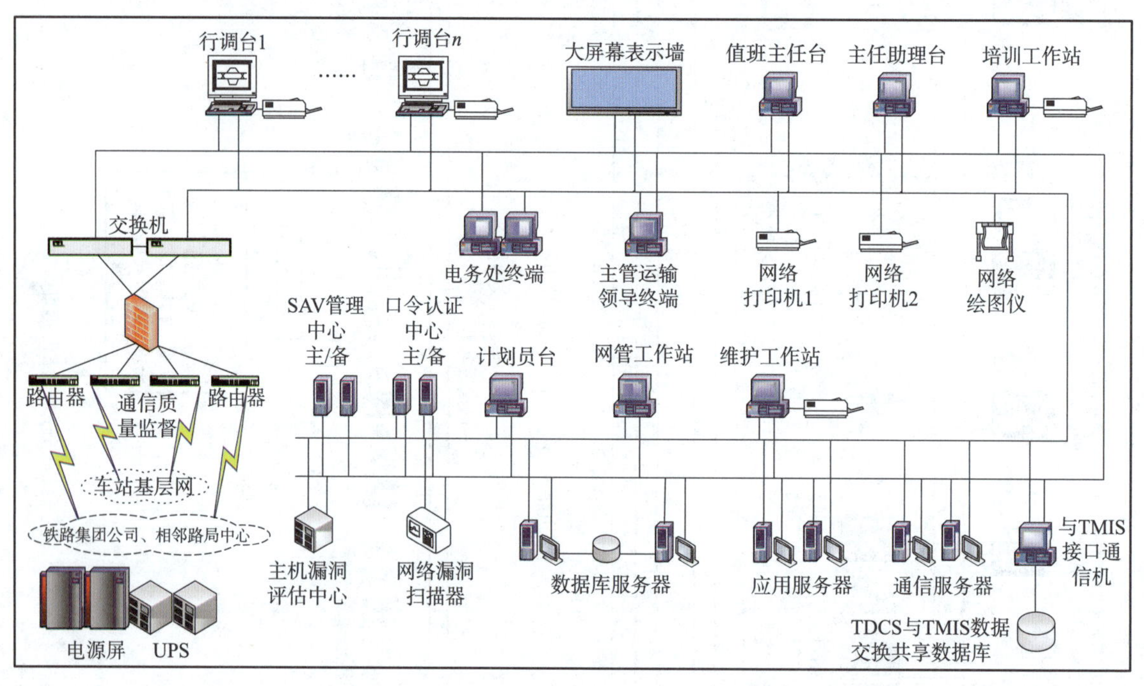

图 2-12 铁路局集团公司 TDCS 中心系统

TDCS 车站子系统(图 2-13)是重要的基础设备层,是对上级命令、列车运行控制的执行者;系统对各类执行的信息自动反馈到路局调度中心。主要由信息采集单元、通信机、交换机、路由器、协议转换器等设备组成。

13. 无线闭塞中心(RBC)

无线闭塞中心(图 2-14)是基于故障安全计算机平台的信号控制系统,是 CTCS-3 级列控系统的地面核心设备。无线闭塞中心系统根据所控制列车的状态,其控制范围内的轨道占用、列车进路状态、临时限速命令、灾害防护和线路参数等信息,产生针对所控列车的行车许可(MA)控制信息,并通过 GSM-R 无线通信系统传输给车载子系统,保证其管辖范围内列车的运行安全。

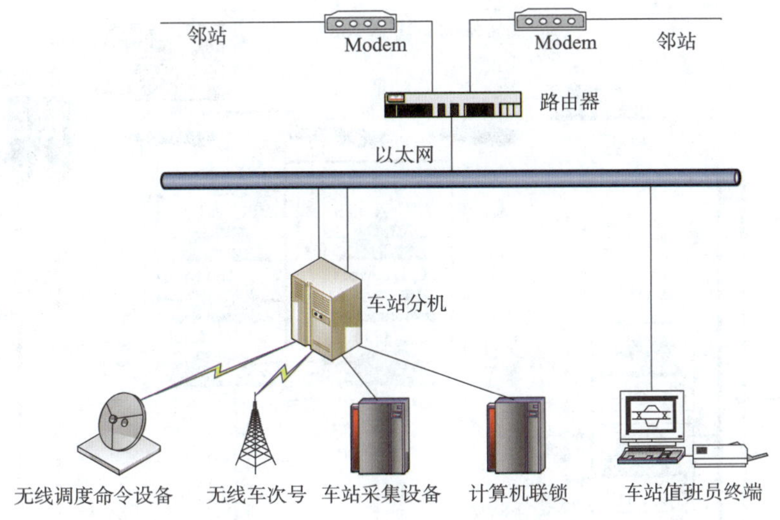

图 2-13 TDCS 车站子系统

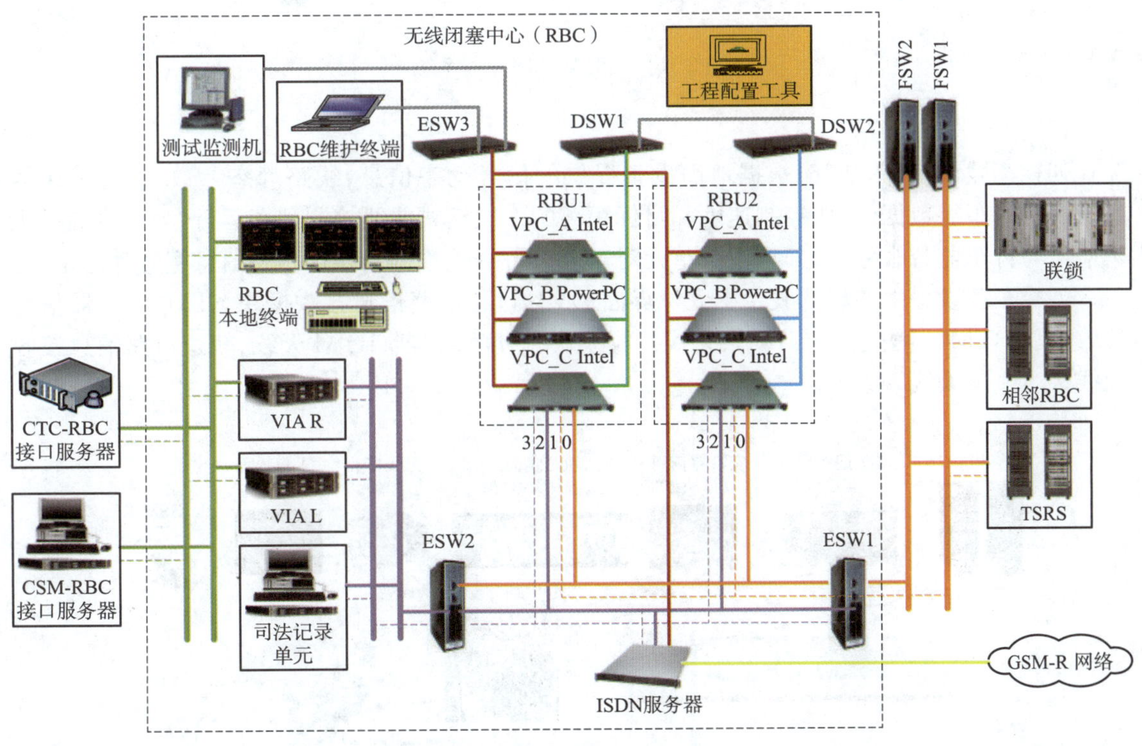

图 2-14 无线闭塞中心系统

14. 临时限速服务器系统(TSRS)

临时限速服务器系统是基于信号故障安全计算机的控制系统(图 2-15),它根据调度员的临时限速操作命令,实现对各列控中心、无线闭塞中心分配和集中管理临时限速指令,保证临时限速计划的顺利实施。临时限速服务器系统适用于 CTCS-2 级和 CTCS-3 级列控系统。

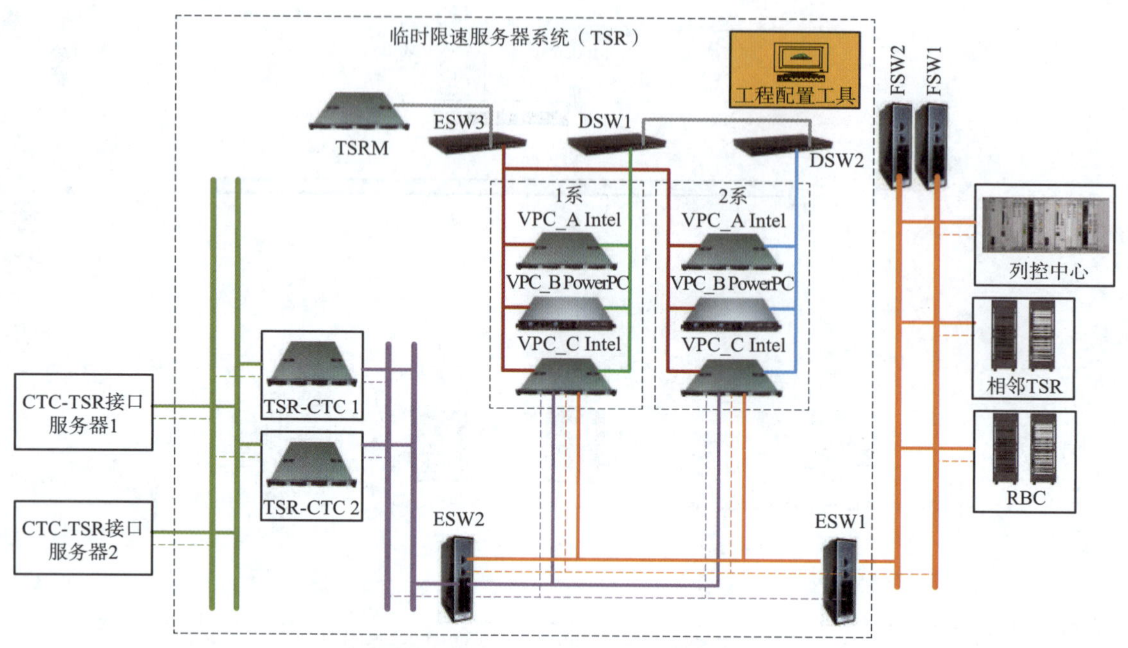

图 2-15 临时限速服务器系统

15. 列控车载设备

列控车载设备(图 2-16)根据地面设备提供的信号动态信息、线路静态参数、临时限速信息及有关动车组数据,生成控制速度和目标距离的一次模式曲线控制列车运行,为司机提供机车信号与行车监督服务。同时,记录单元对车载设备有关数据及操作状态信息实时动态记录。

列控车载设备由司机驾驶台上人机界面 DMI、轨道电路信息接收模块 STM、应答器信息接收模块 BTM、司法记录仪 JRU、无线接收模块、速度传感器、BTM 天线、轨道电路信息接收天线、GSM-R 天线等组成。

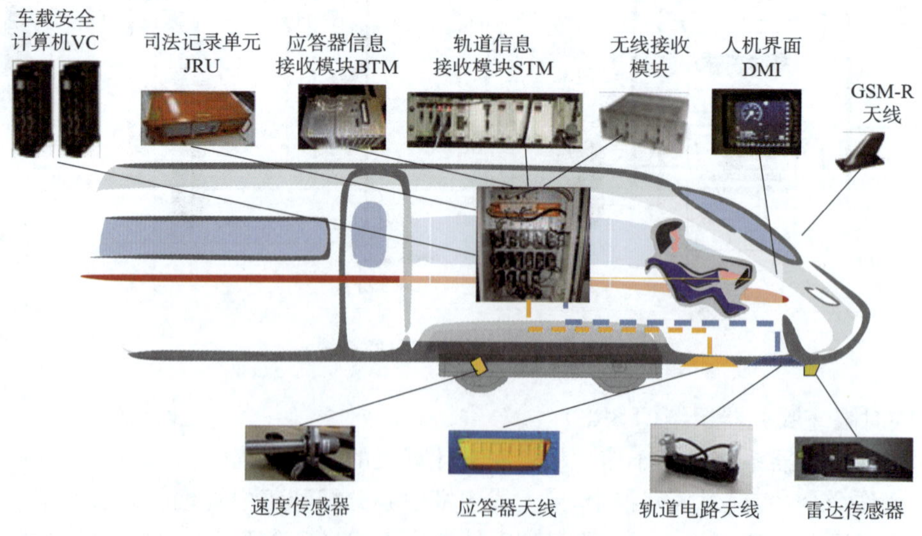

图 2-16 列控车载设备

16. 列控设备动态监测系统(DMS)

列控设备动态监测系统(图 2-17)由车载信息采集装置(DMS-T)、地面数据中心及数据查询终端三部分组成。

车载信息采集装置安装在动车组相应机柜内,在运行中完成 ATP 列控系统运用状态、应答器位置及报文、轨道电路传输特性等信息的采集,其数据通过 GPRS 网传回地面数据中心,经处理、分析、统计后,通过互联网或铁路办公网传给各数据查询终端,配以地面网络传输管理分析设备,从而达到动车组运用过程中对涉及行车安全的信号设备 ATP、应答器、轨道电路等内容的监测,实现列控设备和地面设备的检测、分析。

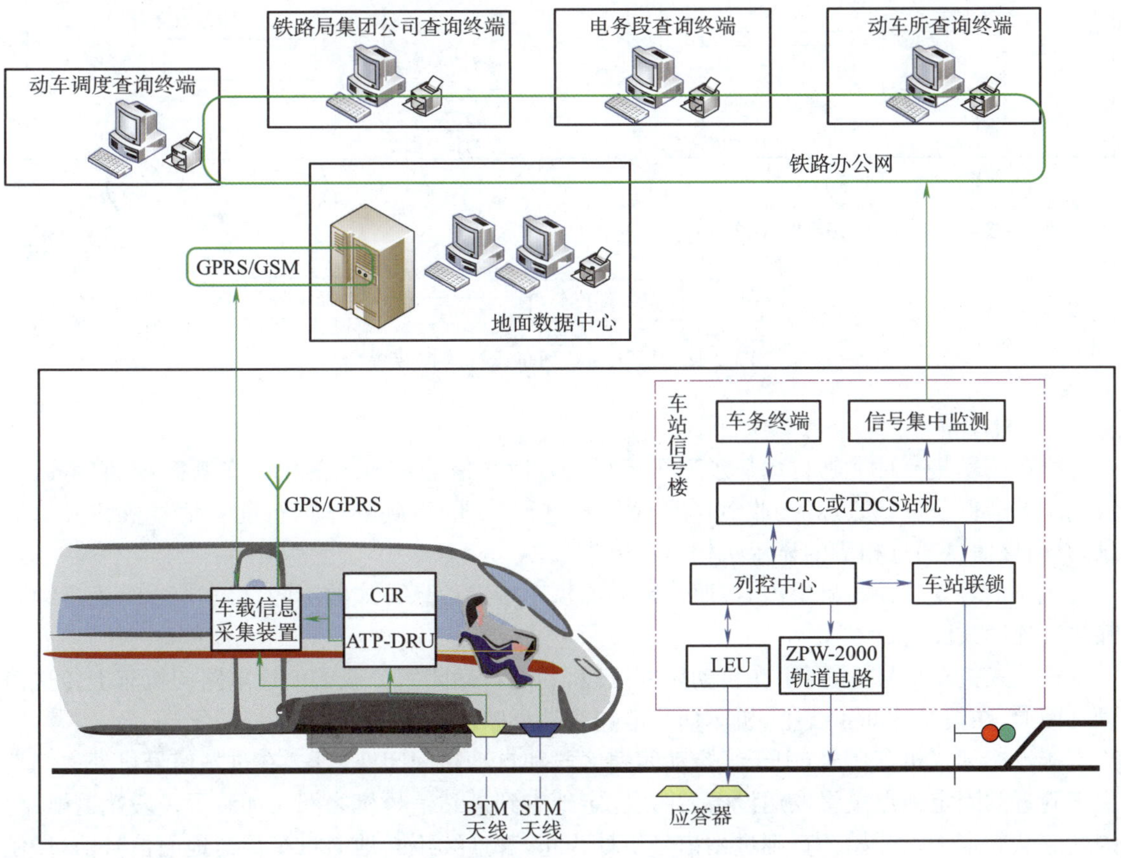

图 2-17　列控设备动态监测系统

17. 列车运行监控装置(LKJ)

列车运行监控记录装置是机车、动车组的组成部分,用于防止列车冒进信号、运行超速事故和辅助机车司机(含动车组司机,下同)提高操纵能力的重要行车设备。该装置在实现安全速度控制的同时,采集记录与列车安全运行有关的各种机车运行状态信息,促进了机车运行管理的自动化。

LKJ 系统包括装设于机车、动车组上的主机、显示器以及与之配套的速度和压力传感器、信息输入、信息输出和连接设备等。

LKJ 系统的相关设备包括装设于机车、动车组上的机车安全信息综合监测装置(TAX 装置)、地面信息接收处理单元(机车信号)、机车语音记录装置、列车运行状态信息系统车载设备(LAIS 车载设备)、铁路车号自动识别系统(ATIS)、机车车号自动识别设备等。LKJ2000 系统结构图如图 2-18 所示。

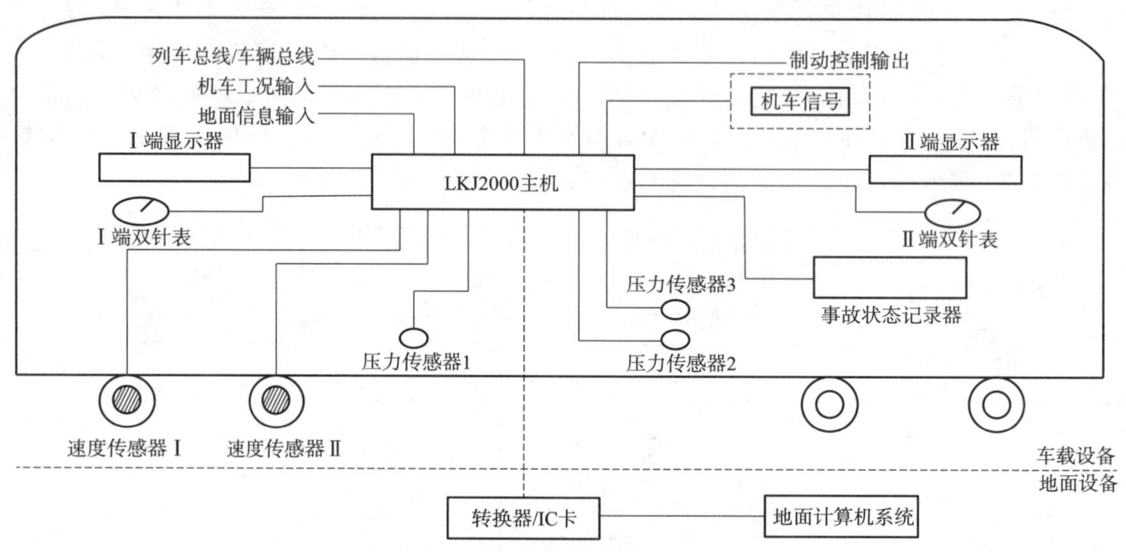

图 2-18 LKJ2000 列车运行监控装置

18. 机车信号

机车信号是一种能够自动显示列车运行前方地面信号机显示的机车车载系统,它可以反映列车的运行条件,通过对接收到的地面信号进行处理,得到列车运行前方信号机的显示信息,并将该信息通过相应的显示机构显示出来。

机车信号安装在司机室内,按照从地面向机车传递信息方式的不同,机车信号分为连续式和接近连续式两类。

连续式机车信号:主要用在自动闭塞区段,利用自动闭塞分区的轨道电路向机车上传送信息。因此,在整个区间正线上,机车信号能连续地反映前方地面信号机的显示。

接近连续式机车信号:用于半自动闭塞区段和自动站间闭塞区段,在进站信号机外方制动距离附近的固定地点设置发送设备,并在固定地点到进站信号机之间又加装了一段轨道电路。因此它从固定地点开始一直到进站信号机处为止,都连续不断地向机车传送地面信号信息,使机车信号机连续复式进站信号机的显示。这对于瞭望条件困难和运输繁忙的非自动闭塞区段是非常有益的。

机车信号车载系统包括车载设备和辅助设备。

车载设备有机车信号主机(含机车信号记录板)、八灯信号机(带制式和上下行控制盒)和接收线圈。

辅助设备有便携式机车信号测试仪、机车信号测试台、存储记录分析设备(计算机)。

JT-C(2000)型机车信号车载系统设备组成框图如图 2-19 所示。

19. 驼峰信号

驼峰场的主要任务是进行货物列车的解体和编组作业,解体作业一般是在驼峰调车场头部进行,而编组作业一般是在编组线和驼峰调车场尾部进行。

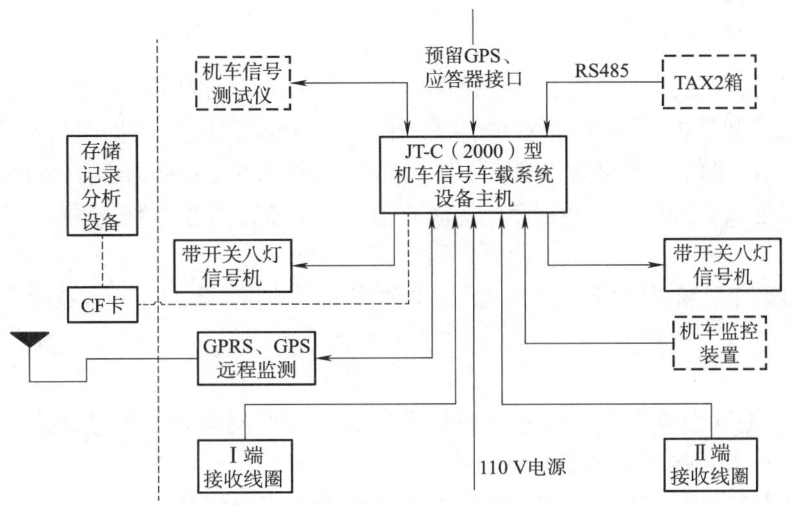

图 2-19　JT-C(2000)型机车信号车载系统

驼峰信号设备主要包括驼峰进路控制和驼峰速度控制两大部分。

驼峰进路控制包括驼峰推进进路控制、驼峰溜放进路控制和驼峰调车进路控制。驼峰速度控制包括驼峰钩车溜放速度控制、驼峰推送机车信号和驼峰机车遥控。

主要信号设备有驼峰电气集中、道岔电气集中、控制台、信号机、驼峰道岔、轨道电路、驼峰动力站(空压站)、风(液)管路、测速雷达、测长设备、测重设备、半自动控制机、半自动控制台、车轮传感器(踏板)、气象仪、计算机控制系统和部分信息采集设备、机车遥控(信号)、设备间隔(目的)车辆减速器设备等。

二、通信基础设备

(一)铁路通信发展简介

1. 1876—1970 年架空明线。

2. 1970—1990 年电缆模拟通信。

20 世纪 60 年代后期至 20 世纪 70 年代开始建设高屏蔽、高低频混合对称长途电缆、小同轴综合电缆、300 路(12＋3)路电缆载波系统、纵横制长途、地区交换机。

3. 20 世纪 80 年代中期以后光缆数字通信

1983 年北京局—北京站 12 km(0. 85)多模光缆,8M 光传输。

1987 年京秦铁路引入北京枢纽东南环线建成单模长波长(1. 3)60 km 光缆、140 M/34 M 光数字复用设备、PCM D/I 设备和程控交换机。

1988 年大秦一期单模长波长(1. 3)410 km 8 芯光缆、长途 34M、区段 8M 光数字复用设备、全线引入程控交换机。

1995 年以后同步数字系列(SDH)大容量光数字通信建设阶段。

目前,大容量的光数字通信(密集波分复用系统)和 OTN 技术已广泛运用于传输系统中,服务于铁路专用通信的各专业,为铁路信息化建设、管理提供了有力支撑。

(二)铁路通信设备简介

铁路通信按传输方式可分为有线通信和无线通信两大类;按服务区域可分为长途通信、地区通信、区段通信和站内通信等;按业务性质不同可分为话音通信、数据通信及图像通信等。

铁路有线通信系统主要包括:通信线路、传输网与接入网、数据通信网、调度通信、会议通信、广播与站场通信、电报及电话通信、应急通信、综合视频监控系统、通信电源及机房环境监控。

铁路无线通信系统主要包括:铁路无线列车调度通信系统、铁路数字移动通信系统GSM-R。

1. 铁路传输网

铁路通信传输网建立在数字信号处理技术和数字交换网络技术的基础之上,主要承载话音业务、数据业务以及视频业务的传送任务。

铁路传输网覆盖全路路网,按骨干层、中继层和接入层三级结构建设。

铁路传输网骨干层负责铁路总公司到铁路局集团公司和各铁路局集团公司之间的通信信息传送;中继层负责铁路局集团公司内较大通信站点之间的通信信息传送;接入层负责各铁路车站以及区间等站点通信信息的接入和传送。

铁路传输网骨干层和中继层传输系统目前主要采用 DWDM+SDH/MSTP 制式,接入层传输系统目前主要采用 SDH/MSTP 制式。

(1)OTN

OTN 技术是在 SDH/MSTP 技术和 DWDM 技术的基础上发展起来的,兼有两种技术的优点。OTN 解决了 DWDM 网络无波长/子波长业务调度能力、无保护能力、组网能力弱等问题。

(2)DWDM

波分复用传送系统(DWDM)主要采用 40 波或 32 波为主,速率为 10 Gbit/s 和 2.5 Gbit/s,目前波分复用系统已沿铁路干线形成 1 至 6 号环。这些重要的基础骨干光传送网系统,为全国铁路通信提供了充足的基础条件。

(3)SDH

同步数字体系(SDH),是同时适应于光纤、微波、卫星传送的通用技术体制。铁路光传送系统目前主要采用同步数字体系(SDH)技术制式,传送能力包括 STM-1、STM-4、STM-16、STM-64 等。

(4)MSTP

多业务传送平台(MSTP)是 SDH 在多业务接入应用方面的发展。MSTP 对所支持的以太网、ATM 等多种业务经过处理后,按一定的格式(或协议)封装在一个或多个 SDH VC 中进行传输。

铁路传输网主要为以下各业务系统组网提供通道:

①通信系统各子系统组网[电话交换(电路交换)、数据网系统、调度通信系统、专用移动通信系统、应急救援指挥通信系统、综合视频监控系统、动力环境监控系统]。

②信号专业系统(CTC/TDCS 系统、信号集中监测系统等)。

③路局综合信息网(TMIS、OA)。

④供电专业系统(牵引、电力供电 SCADA 监测系统、管理系统等)。

⑤信息专业系统(客票系统、旅服信息系统等,其由数据网系统承载)。

2. 铁路通信接入网

铁路通信接入网是指为铁路通信业务提供服务的业务接入和承载网络部分,主要承载于铁路传输网接入层上,通过铁路通信接入网,可以将用户信息接入到相应的通信业务网络节点,并在传输网的支撑下,实现铁路通信的相应功能。

铁路通信接入网包括接入网的中继层传输系统、接入层传输系统和接入系统。

(1)中继层传输系统

中继层传输系统是铁路通信接入网用于业务疏导的承载层网络,也是一个为铁路接入网接入层传输系统提供保护的承载层网络,主要由各铁路沿线通信站或大站节点经光缆连接构成。

(2)接入层传输系统

接入层传输系统是铁路接入网业务组网和接入的基础承载网络,主要由各铁路沿线车站节点和光缆构成。

(3)接入系统

接入系统是铁路接入网业务接入的基础网络,也是一个为铁路沿线各类通信业务提供各种接入接口的网络,由各铁路沿线车站节点构成的 OLT-ONU 系统。

(4)接入网的主要业务

目前铁路接入网已经承载的业务主要包括固定电话、数字调度、会议电视、环境监测、应急救援指挥、无线列调、运输管理信息系统(TMIS)、客票系统(PMIS)、红外轴温、调度指挥管理系统(TDCS)、信号集中监测、牵引供电远动、电力远动、编组场视频监控、综合视频监控系统、专用移动通信系统(GSM-R)、调度集中系统(CTC)、防灾安全控制系统、公安信息系统等。

3. 数据通信网

数据通信网是由分布在各地的数据终端设备、数据交换设备和数据传输链路构成的网络,其功能是在网络协议的支持下,实现数据终端间的数据传输和交换。

铁路专用数据通信网利用 TCP/IP 技术为铁路信息化建设提供通道承载服务,为各专业信息应用系统提供一个综合接入平台,利于设备的管理和维护,降低运营成本。铁路专用数据通信网和国际互联网物理隔离。

目前铁路专用数据通信网承载多种信息系统,主要分为三类:

(1)对实时性、安全性要求较高的服务。主要包括信号集中监测系统、红外线探测系统、电力远动系统、各种调度指挥系统等,要求保证高度可靠的实时传送。对于这类业务主要以 MPLS VPN+VLAN 的方式实现,同时根据业务不同设置不同级别的 QoS 优先级。

(2)基于 TCP/IP 协议、以计算机网络互联为主的,对实时性要求不高的业务。主要包括综合办公系统等不影响行车安全的业务系统,对于这类业务主要以 MPLS VPN 的方式实现。

(3)基于流媒体的实时服务。主要集中在视频监控系统、视频会议系统中。这一类系统业务要求相对于前两类业务具有业务容量大、实时性高、时延和丢包灵敏度高的特点,对于这类业务主要以 VLAN 的方式实现,同时设置固定的带宽。

北京铁路局集团公司专用数据网由区域核心层、区域汇聚层、区域接入层三部分组成。接入层主要为终端用户提供物理通道接入服务,汇聚层和核心层主要为各种业务提供交换和传输服务。

4. 调度通信系统

铁路调度通信系统是直接为铁路运输生产服务的重要通信设施，可实现干调通信、区段调度通信、站场通信、站间通信、区间通信、专用通信等与运输指挥相关的通信业务。

铁路调度通信系统由干线调度与区段调度通信系统组成。干调通信系统由铁路总公司干调交换机与各铁路局集团公司干调交换机组成。采用复合星形网络结构，并设置迂回路由确保总公司与各铁路局集团公司间可靠的调度通信。区段调度通信系统由各铁路局集团公司调度交换机(主系统)与沿线各车站调度交换机(分系统)组成。采用环状网络结构，以闭合环路(由主用通道与保护环路构成)的形式确保铁路局集团公司管内调度通信的畅通。

干调通信系统主要由西门子交换机设备、调度台、网管及传真机等构成。

区段调度通信系统目前主要采用中软网络技术股份有限公司生产的CTT 2000L/M专用数字通信系统，北京佳讯飞鸿电气有限责任公司生产的FH98、FH98-G和MDS3400铁路数字专用通信系统，以及济南铁路天龙高新技术开发有限公司生产的ZST-48铁路数字专用通信系统。

调度电话包括列车调度电话、客运调度电话、货运调度电话、牵引供电(电力)调度电话及其他调度电话。

(1)列车调度电话

列车调度电话的主要用户包括列车调度员、车站(场)值班员、助理值班员、机车(动车、大型养路机械及轨道车)司机、运转车长(含不设运转车长的乘检，下同)、机务段(折返段、动车段)调度员、救援列车主任以及其他相关人员。

(2)客运调度电话

客运调度电话的用户有客运调度员、车站客运值班员、客运段(列车段)值班员、车上客运人员以及其他相关人员。

(3)货运调度电话

货运调度电话的用户有货运调度员、中间站(区段站、编组站、货运站)货运室值班员、货运员以及其他相关人员。

(4)牵引供电(电力)调度电话

牵引供电(电力)调度电话的用户有牵引供电(电力)调度员、牵引(电力)配变电所值班员、车站值班员、电力机务段(折返段)值班员、接触网(电力)工区(开闭所、分区所、AT所)值班员、供电段调度员、接触网(电力)工区流动作业人员以及其他相关人员。

(5)其他调度电话

其他调度电话指除列车、客运、货运、牵引供电(电力)以外的各工种调度通信。

5. 铁路无线列车调度通信系统

铁路无线列车调度通信系统是铁路运输指挥的重要基础设施，对铁路运输与安全起着至关重要的作用。铁路无线列车调度通信系统包括用于列车调度通信的车站无线电台、机车无线电台、调度总机及附属设施(含无线车次号校核系统、调度命令无线传送系统)，以下简称无线列调。有些铁路业务也部分利用了无线通信技术，如：列车尾部风压检测系统、道口预警监控系统等。

无线列车调度系统在铁路沿线设置无线电台进行链状无线覆盖，主要用于铁路列车调度相关人员语音通信及数据传输，是铁路专用无线模拟通信系统，系统示意如图 2-20 所示。

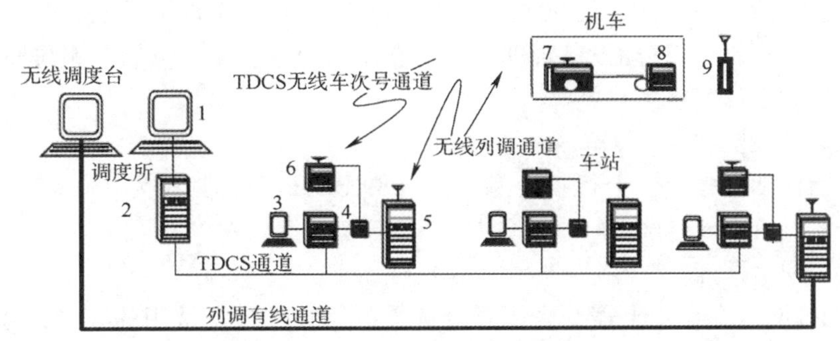

图 2-20　列车无线调度通信系统构成示意

1—行车调度台；2—TDCS 总机；3—TDCS 车站设备；4—车站转接器；5—无线列调车站电台；

6—车次号解码器；7—机车电台；8—监控装置；9—便携台

无线列调系统的功能按照通信业务形式分为语音功能和数据功能两类。

语音业务主要满足机车司机、运转车长、车站值班员之间(小三角)以及调度员、机车司机、车站值班员之间(大三角)的语音通信。数据传输业务分为调度命令传送、无线车次号校核信息传送及列车尾部风压数据传送。

无线列调系统包括：机车设备(机车电台、车次号机车编码器、适配器、调度命令传送机车装置、操作显示终端、打印机等)、车站设备(车站电台、车次号车站接收解码器、调度命令传送车站转接器等)、便携电台、区间设备(区间中继器、直放站等)、无线调度总机、有线/无线转接器、射频漏泄同轴电缆及其他附属设备等。

6. 铁路数字移动通信系统 GSM-R

铁路数字移动通信 GSM-R(Global System for Mobile Communication for Railways)是专门为铁路通信设计的专用通信系统。它是在数字蜂窝移动通信系统 GSM 的基础上增加了调度通信功能和适合高速环境下使用的要素，能够满足铁路运输通信的要求。

(1)GSM-R 的组成

GSM-R 系统主要包括网络子系统(NSS)、基站子系统(BSS)、操作和维护子系统(OSS)和终端设备等四大部分。其中，网络子系统又包括移动交换子系统(SSS)、移动智能网子系统(IN)和通用分组无线业务子系统(GPRS)。

终端设备是供 GSM-R 系统用户直接操作、使用，用来接入 GSM-R 网络的设备，包括移动台和无线固定台。移动台由移动设备和 SIM 卡组成，无线固定台为非移动状态下使用的无线终端，具备与移动台相同的业务功能。

基站子系统由基站控制器(BSC)、编译码和速率适配单元(TRAU)、基站收发信机(BTS)等功能实体构成，负责无线信号发送接收和无线资源管理，实现移动用户之间或移动用户与固定网络用户之间的通信连接。

网络子系统包括移动交换子系统(SSS)、移动智能网子系统(IN)和通用分组无线业务子系统(GPRS)。其中，移动交换子系统(SSS)主要完成用户的业务交换功能以及用户数据与移动性管理、安全性管理所需的数据库功能，移动智能网子系统(IN)将网络交换功能和业务控制功能相分离，实现对呼叫的智能控制，通用分组无线业务子系统(GPRS)主要负责为无线用户提供分组数据承载业务。

操作和维护子系统是操作人员与系统设备之间的中介，它实现了系统的集中操作与维护，完成了包括移动用户管理、移动设备管理及网络操作维护等功能。它的一侧与设备相连，另一侧是作为人机接口的计算机工作站。

(2)GSM-R 频段资源

GSM-R 设有 19 个频点。上行频段为 885～889 MHz，下行频段为 930～934 MHz。频率间隔为 45 MHz，上下行双向合计 8 M(单向 4 M)频率资源。

(3)GSM-R 网络覆盖

GSM-R 无线网络在覆盖上需要采用冗余重叠覆盖的方式。常用的冗余覆盖方式有单网交织、同站址双网、双网交织等。

7. 综合视频监控系统

综合视频监控作为一种传统视频技术与现代通信技术相结合的产物，近年来在铁路领域得到了广泛的应用和发展。铁路综合视频监控系统是铁路行车设备的重要组成部分，主要监控区域包括车站、重要机房(含通信、信号、信息、牵引供电及电力)内外、重点线路、桥、隧、分界口等，为铁路运输生产、抢险救灾等提供实时图像信息，是铁路运输指挥、生产作业及公安保卫的重要手段。

铁路综合视频监控系统采用网络化、数字化视频监控技术和 IP 传输方式构建，提供铁路各业务部门和信息系统所需的视频信息，实现网络和视频信息资源共享。铁路视频监控系统采用分布式监控架构，一般分为三层，即前端监控点层、监控数据服务器层和监控工作站层。

8. 应急通信系统

铁路应急通信系统(以下简称应急通信)是当发生自然灾害或突发事件等紧急情况时，为确保铁路运输实时救援指挥的需要，在突发事件现场与救援指挥中心之间、各相关救援中心之间以及现场内部建立的语音、图像等通信系统。应急通信系统平时为铁路抢险救灾、应对突发事件提供通信保障，战时为铁路的抢修(建)提供指挥联络，是铁路战备通信系统的重要组成部分。

铁路应急通信系统主要由以下几部分组成：救援中心设备，现场的语音、图像等应急通信设备，传输通道。

铁路应急通信系统应按铁路总公司、铁路局集团公司两级建立救援中心，在救援中心配备相应的应急通信设备，救援中心之间应建立可靠的传输通道。

9. 通信线路

通信线路是构成铁路通信网的重要组成部分。

通信线路包括光缆线路和电缆线路和明线线路。光缆线路有长途、地区、站场线路，线路附属设备和光纤监测系统；电缆线路有长途、地区、站场线路，线路附属设备和电缆充气、气压监测设备；明线线路有地区线路，引入线和线路附属设备等。

10. 会议系统

铁路电视电话会议系统(以下简称会议系统)由视频会议系统和音频会议系统组成。

视频会议系统是利用视频会议设备和数字传输电路(数据网)传送活动图像、语音、应用数据(电子白板、计算机屏幕)等信息，为参加会议的各方提供交互式的会议业务。视频会议设备包括：多点控制设备(MCU)、视频会议终端设备、摄像机、图像显示设备、视频矩阵、调音台、话筒、会场扩音及外围设备等。

音频会议系统由多级电话会议总机、分机，经音频电路连接组成，其汇接方式应满足铁路总公司、铁路局集团公司、办事处、站段及相关单位分别或同时召开会议的需要。音频会议设备包括：会议总机、会议分机、会议汇接架、调音台、话筒、会场扩音等。

11. 通信电源及机房环境监控

通信电源为通信设备提供不间断、质量良好的供电。通信电源应接入两路交流电源，并能实现自动不间断切换。

电源设备包括交直流配电设备、高频开关电源、UPS 电源、逆变器、蓄电池组、发电机组、供电线路、接地装置等。

电源设备采用具有阻燃绝缘层的铜芯软电缆。馈电线应按以下规定颜色配置。

交流电缆(线)：A 相：黄色；B 相：绿色；C 相：红色；零线：天蓝色或黑色；保护地线：黄绿双色。

直流电缆(线)：正极：红色；负极：蓝色。

电源及环境监控系统能够实时反映被监控机房的烟雾、湿度、温度、水浸、门禁、空调等的状况，实时反映电源设备的运行情况、故障报警等情况，并具备必要的遥控功能(如环境温度调节等)。

第二节 铁路信号

铁路信号设备通过信号的显示对行车或调车人员发出指示运行条件的命令，通过音响、颜色、形状、位置、灯光等来表示。为保证信号设备的质量，应设电务段电务维修机构。

一、信号的意义

信号一般包括两种意义：一是指铁路上信号、联锁、闭塞设备的总称，一般叫作铁路信号或信号设备；二是指行车工作中对列车乘务人员及其他有关行车人员指示运行条件，包括固定信号、移动信号及手信号，信号表示器及信号标志，听觉信号等。

二、信号装置

信号装置一般分为信号机和信号表示器两类。

1. 信号机的分类

(1)按类型分类

信号机按类型分为色灯信号机、臂板信号机和机车信号机。

①色灯信号机，是以灯光颜色和数目的变化显示信号的装置。

②臂板信号机，昼间是以臂板的不同位置、形状、颜色及数目等特征显示信号；夜间装有照明灯具，以不同颜色和数目的灯光显示信号的装置。

③机车信号(机)，也是一种固定信号，安装在司机室内，用以反映地面信号信息显示的装置。

按照从地面向机车传递信息方式的不同，机车信号分为连续式和接近连续式。目前绝大多数区段都采用连续式机车信号，少数非自动闭塞区段采用接近连续式机车信号。

(2)按用途分类

信号机按用途分为进站、出站、通过、进路、预告、接近、遮断、驼峰、驼峰辅助、复示、调车信号机。

2. 信号表示器分类

信号表示器是表示行车设备位置或状态的信号机具,通过它的表示对列车运行或调车作业发出指示。信号表示器有道岔表示器、脱轨表示器、进路表示器、发车表示器、发车线路表示器、调车表示器和车挡表示器。

三、信号显示

(一)铁路信号的种类

铁路信号包括视觉信号和听觉信号两大类。

用信号机、信号旗、信号灯、信号牌、信号表示器、信号标志及火炬等显示的信号均属视觉信号。

号角、口笛、响墩发出的音响和机车、自轮运转特种设备的鸣笛声等发出的信号均属听觉信号。

1. 视觉信号

(1)视觉信号的基本颜色

视觉信号的基本颜色规定为红、黄、绿三种:

红色——停车;

黄色——注意或减低速度;

绿色——按规定速度运行。

光的可见光谱有红、橙、黄、绿、青、蓝、紫七种颜色。其中红色光的波长最长,紫色光的波长最短。光的波长越长,穿透周围介质(如空气、水等)的能力也越大。在光强度相同的条件下,红色比蓝色显示要远得多,同时人对红色的感觉最敏感,所以采用红色作为停车信号。

黄色光的波长略小于红光,黄色玻璃透过光线的能力最大,显示距离也较远,所以采用黄色作为注意或减低速度的信号。

绿色和红色区别最大,容易分辨。除红、橙、黄以外,绿光的波长比较长,也可得到较远的显示距离,所以采用绿色作为按规定速度运行的信号。

视觉信号除基本颜色外,还可以包含图形、文字、闪动等特征。

色灯信号机使用电灯作为光源,以红、黄、绿作为信号的基本颜色,以月白色和蓝色作为调车信号和辅助信号的颜色。为使信号显示能区分列车进入进路时的始端速度和终端速度,除使用三种基本颜色外,还使用灯光的其他特征,以满足信号显示的要求,如数目、位置、闪光特征等。

由于闪光易与断续遮挡的信号混淆,因此闪光信号应严格控制使用。

为易于辨认信号,信号机上同时点亮的基本颜色灯光不应超过两个(附加灯光除外,如进路表示器)。

(2)视觉信号的分类

视觉信号分为昼间、夜间及昼夜通用信号。

在昼间遇降雾、暴风雨雪及其他情况,致使停车信号显示距离不足 1 000 m,注意或减速信号显示距离不足 400 m,调车信号及调车手信号显示距离不足 200 m 时,应使用夜间信号。

隧道内只采用夜间或昼夜通用信号。

铁路沿线及站内禁止设置妨碍确认信号的红、黄、绿色的装饰彩布、标语或灯光。如已装有妨碍确认信号灯光的设备时，应拆除或采取遮光措施。

在规定的信号显示距离内，不得种植影响信号显示的树木。对影响信号显示的树木，其处理办法由集团公司规定。

2. 听觉信号的作用

听觉信号有两种作用：一种是以有一定规律的长短声音响，反映行车的作业要求；另外一种听觉信号起警报作用，提醒有关人员注意，如司机鸣笛示警，提醒有关人员注意人身安全。

听觉信号音源中的“号角”和“口笛”，目前现场通常使用喇叭和口哨。

（二）进站色灯信号机显示

1. 三显示自动闭塞、半自动闭塞、自动站间闭塞区段进站色灯信号机

（1）一个绿色灯光——准许列车按规定速度经正线通过车站，表示出站及进路信号机在开放状态，进路上的道岔均开通直向位置（图 2-21）；

（2）一个绿色灯光和一个黄色灯光——准许列车经道岔直向位置，进入站内越过次一架已经开放的信号机准备停车（图 2-22）；

（3）一个黄色灯光——准许列车经道岔直向位置，进入站内正线准备停车（图 2-23）；

（4）一个黄色闪光和一个黄色灯光——准许列车经 18 号及以上道岔侧向位置，进入站内越过次一架已经开放的信号机且该信号机防护的进路经道岔直向位置或 18 号及以上道岔侧向位置（图 2-24）；

图2-21　一个绿色灯光

图 2-22　一个绿色灯光和一个黄色灯光

图2-23　一个黄色灯光

图 2-24　一个黄色闪光和一个黄色灯光

（5）两个黄色灯光——准许列车经道岔侧向位置[但不满足上述第（4）项条件]进入站内准备停车（图 2-25）；

（6）一个红色灯光——不准列车越过该信号机（图 2-26）。

图 2-25　两个黄色灯光

图 2-26　一个红色灯光

2. 四显示自动闭塞区段进站色灯信号机

(1)一个绿色灯光——准许列车按规定速度经道岔直向位置进入或通过车站，表示运行前方至少有三个闭塞分区空闲(图 2-21)；

(2)一个绿色灯光和一个黄色灯光——准许列车按规定速度经道岔直向位置进入站内，表示次一架信号机经道岔直向位置开放一个黄灯(图 2-22)；

(3)一个黄色灯光——准许列车按限速要求经道岔直向位置进入站内正线准备停车(图 2-23)；

(4)一个黄色闪光和一个黄色灯光——准许列车经 18 号及以上道岔侧向位置，进入站内越过次一架已经开放的信号机且该信号机防护的进路经道岔直向位置或 18 号及以上道岔侧向位置(图 2-24)；

(5)两个黄色灯光——准许列车按限速要求越过该信号机，经道岔侧向位置[但不满足上述第(4)项条件]进入站内准备停车(图 2-25)；

(6)一个红色灯光——不准列车越过该信号机(图 2-26)。

(三)出站色灯信号机显示

1. 半自动闭塞或自动站间闭塞区段

(1)一个绿色灯光——准许列车由车站出发(图 2-27)；

(2)两个绿色灯光——准许列车由车站出发，开往次要线路(图 2-28)；

(3)一个红色灯光——不准列车越过该信号机(图 2-29)；

(4)在兼作调车信号机时，一个月白色灯光——准许越过该信号机调车(图 2-30)。

图 2-27　一个绿色灯光

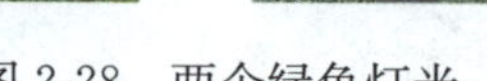

图 2-28　两个绿色灯光

图 2-29　一个红色灯光

图 2-30　在兼作调车信号机时，一个月白色灯光

2. 三显示自动闭塞区段

(1)一个绿色灯光——准许列车由车站出发，表示运行前方至少有两个闭塞分区空闲(图 2-31)；

(2)一个黄色灯光——准许列车由车站出发，表示运行前方有一个闭塞分区空闲(图 2-32)；

(3)两个绿色灯光——准许列车由车站出发,开往半自动闭塞或自动站间闭塞区间(图 2-33);

(4)一个红色灯光——不准列车越过该信号机(图 2-34);

(5)在兼作调车信号机时,一个月白灯光——准许越过该信号机调车(图 2-35)。

图 2-31　一个绿色灯光

图 2-32　一个黄色灯光

图 2-33　两个绿色灯光

图 2-34　一个红色灯光

图 2-35　在兼作调车信号机时,一个月白灯光

3. 四显示自动闭塞区段

(1)一个绿色灯光——准许列车由车站出发,表示运行前方至少有三个闭塞分区空闲(图 2-36);

(2)一个绿色灯光和一个黄色灯光——准许列车由车站出发,表示运行前方有两个闭塞分区空闲(图 2-37);

(3)一个黄色灯光——准许列车由车站出发,表示运行前方有一个闭塞分区空闲(图 2-38);

(4)两个绿色灯光——准许列车由车站出发,开往半自动闭塞或自动站间闭塞区间(图 2-39);

(5)一个红色灯光——不准列车越过该信号机(图 2-40);

(6)在兼作调车信号机时,一个月白色灯光——准许越过该信号机调车(图 2-41)。

图 2-36　一个绿色灯光

图 2-37　一个绿色灯光和一个黄色灯光

图 2-38　一个黄色灯光

图 2-39　两个绿色灯光

图 2-40　一个红色灯光

图 2-41　在兼作调车信号机时，一个月白灯

(四)通过色灯信号机显示

1. 半自动闭塞及自动站间闭塞区段

(1)一个绿色灯光——准许列车按规定速度运行(显示方式参照图 2-42，但机构为二显示)；

(2)一个红色灯光——不准列车越过该信号机(显示方式参照图 2-44，但机构为二显示)。

2. 三显示自动闭塞区段

(1)一个绿色灯光——准许列车按规定速度运行，表示运行前方至少有两个闭塞分区空闲(图 2-42)；

(2)一个黄色灯光——要求列车注意运行，表示运行前方有一个闭塞分区空闲(图 2-43)；

(3)一个红色灯光——列车应在该信号机前停车(图 2-44)。

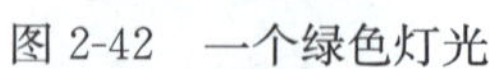

图 2-42　一个绿色灯光

图 2-43　一个黄色灯光

图 2-44　一个红色灯光

3. 四显示自动闭塞区段

(1)一个绿色灯光——准许列车按规定速度运行，表示运行前方至少有三个闭塞分区空闲(图 2-45)；

(2)一个绿色灯光和一个黄色灯光——准许列车按规定速度运行，要求注意准备减速，表示运行前方有两个闭塞分区空闲(图 2-46)；

(3)一个黄色灯光——要求列车减速运行，按规定限速要求越过该信号机，表示运行前方有一个闭塞分区空闲(图 2-47)；

(4)一个红色灯光——列车应在该信号机前停车(图 2-48)。

图 2-45 一个绿色灯光

图 2-46 一个绿色灯光和一个黄色灯光

图 2-47 一个黄色灯光

图 2-48 一个红色灯光

(五)调车色灯信号机显示

1. 一个月白色灯光——准许越过该信号机调车(图 2-49)；

2. 一个月白色闪光灯光——装有平面溜放调车区集中联锁设备时，准许溜放调车(图 2-50)；

3. 一个蓝色灯光——不准越过该信号机调车(图 2-51)。

不办理闭塞的站内岔线，在岔线入口处设置的调车信号机，可用红色灯光代替蓝色灯光(图 2-52A)。

阻挡列车运行的调车信号机，应采用矮型三显示机构，增加红色灯光或用红色灯光代替蓝色灯光(图 2-52B、图 2-52C)。当该信号机的红色灯光熄灭、显示不明或显示不正确时，应视为列车的停车信号。

图 2-49 一个月白色灯光

图 2-50 一个月白色闪光灯光

图 2-51 一个蓝色灯光

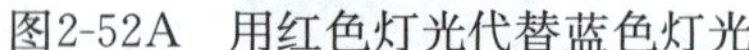
图2-52A 用红色灯光代替蓝色灯光

图 2-52B 红色灯光

图 2-52C 红色灯光代替蓝色灯光

第三节 联 锁

联锁设备是保证车站内列车和调车作业的安全、提高车站通过能力的一种车站信号设备。车站联锁设备应能及时、迅速地排列进路，并实现信号机和道岔之间的相互制约关系，同时还应能迅速及时地使进路解锁。只有加速建立和解锁进路的过程才能提高车站的通过能力。

一、进路的概念

1. 列车进路

在车站上，为列车进站、出站所准备的通路，称为列车进路。

2. 调车进路

在车站上，为各种调车作业准备的通路，则称为调车进路。

3. 敌对进路和敌对信号机

站内联锁设备中，每一个进路都设有信号机防护，有可能造成列车(或车列)冲突的进路称为敌对进路，防护敌对进路的信号机称为敌对信号机。

除引导接车外，敌对进路必须相互照查，不得同时开通。下列进路规定为敌对进路：

(1)同一到发线上对向的列车进路与列车进路；

(2)同一到发线上对向的列车进路与调车进路；

(3)同一咽喉区内对向重叠的列车进路；

(4)同一咽喉区内对向重叠的调车进路；

(5)同一咽喉区对向重叠或顺向重叠的列车进路与调车进路；

(6)进站信号机外方，列车制动距离内接车方向为超过 6‰的下坡道，而在该下坡道方向的接车线末端未设线路隔开设备时，该下坡道方向的接车进路与对方咽喉的接车进路、非同一到发线顺向的发车进路以及对方咽喉的调车进路；

(7)防护进路的信号机设在侵入限界的轨道绝缘节处，禁止同时开通的进路；

(8)向驼峰推送车列占用的股道与另一端向该股道的接车进路或调车进路；

(9)咽喉区内无岔区段上对向的调车进路(到发线上无岔区段应根据具体情况及运营要求另作规定)。

二、联锁的基本概念和意义

(一)联锁的基本概念

联锁是指通过技术方法，使信号、道岔和进路必须按照一定程序并满足一定条件，才能动作或建立起来的相互关系。

联锁使用的设备主要有信号机、电动(液)转辙机、轨道电路、联锁机构、控制台等。

电动转辙机:是以电机带动的转辙装置。可以实现正转和反转,从而使道岔具有两种不同的开通状态。

轨道电路:利用铁路的两条钢轨作为导体,两端加以绝缘,接上送电和受电设备构成的电气回路,具有检测股道占用情况、检测钢轨完整情况、传递行车信息等作用。

联锁机构:联锁机构将信号机与转辙机连接起来,通过一定的逻辑运算,将信号设备的控制权集中到控制台上。

控制台:设置在车站值班员室内,继电联锁控制台面上有全站股道平面图及各种进路按钮、道岔按钮和其他按钮;计算机联锁控制台的显示屏上可以显示同样内容。值班员通过操作控制台办理进路。

(二)联锁的意义

每一个列车、调车进路都应设立信号机进行防护,以保证行车安全,而站内正线及到发线上的道岔开通方向又是构成进路的必要条件。因此信号机与其所控制进路上的有关道岔之间必须互相联锁。区间内正线上有分歧道岔时,该道岔应与两端站出站信号机联锁,以保证区间行车安全。

三、联锁设备分类

联锁设备分为集中联锁(计算机联锁和继电联锁)和非集中联锁(色灯电锁器联锁和臂板电锁器联锁)。

编组站、区段站和电源可靠的其他车站,采用集中联锁。列车调度指挥系统(TDCS)和调度集中系统(CTC)区段,车站应采用集中联锁。

集中联锁宜采用计算机联锁,在繁忙干线上应采用计算机联锁,枢纽及具备条件的地区宜采用区域计算机联锁,采用一套联锁设备完成多个车站的联锁逻辑运算和集中控制。

无可靠交流电源的车站,可采用非集中联锁。非集中联锁(电锁器联锁)道岔靠人力通过机械扳动,信号机由有关人员通过电气或机械操纵,以电锁器完成联锁关系。

四、联锁设备应满足的条件

站内正线及到发线上的道岔,均须与有关信号机联锁。区间内正线上的道岔,须与有关信号机或闭塞设备联锁。各种联锁设备(驼峰除外)应满足下列条件:

1. 进路上有关道岔在规定位置时才能开放信号机。当进路上的有关道岔开通位置不对或敌对信号机未关闭时,防护该进路的信号机不能开放;信号机开放后,该进路上的有关道岔不能扳动,其敌对信号机不能开放。

进路上的有关道岔位置不正确而能开放信号机将失去联锁作用,会使列车(或车列)挤坏道岔进入异线或敌对进路,造成严重后果,危及行车安全。

信号机开放后敌对信号机绝对不能开放,否则就有可能与对面开来的列车造成冲突。当防护进路的信号机已经开放,则表示进路已经正确开通,这时进路上的有关道岔必须锁闭在规定的位置,不能转换,其敌对信号机也必须锁闭在关闭的位置,不能开放。

2. 半自动闭塞、自动站间闭塞及三显示自动闭塞区段，正线上的出站信号机未开放时，进站信号机不能开放通过信号；主体信号机未开放时，预告信号机不能开放。

3. 装有转换锁闭器，电动、电液转辙机的道岔，在静止状态必须保证道岔的一个尖轨与基本轨密贴，并加以锁闭（指转辙设备本身锁闭）。当第一连接杆处（分动外锁闭道岔为锁闭杆处）的尖轨与基本轨间、心轨与翼轨间有 4 mm 及以上水平间隙时，不能锁闭或开放信号机。

电空转辙机只用于转换驼峰分路道岔，由于快速的特点，不能用在电气集中的联锁道岔，4 mm 锁闭检查指标不包含电空转辙机。

4. 区间辅助所内正线上的道岔，未开通正线时，两端站不能开放有关信号机。设在辅助所的闭塞设备与有关站闭塞设备应联锁。

五、集中联锁

1. 集中联锁总体要求

集中联锁设备应保证当进路建立后，该进路上的道岔不能转换；当道岔区段有车占用时，该区段的道岔不能转换；列车进路向占用线路上开通时，有关信号机不能开放（引导信号除外）；能监督是否挤岔，发生挤岔时，使防护该进路的信号机自动关闭，被挤道岔未恢复前，有关信号机不能开放。

集中联锁设备，在控制台（或操纵、表示分列式的表示盘及监视器）上应能监督线路与道岔区段是否占用、进路开通及锁闭，复示有关信号机的显示。

2. 电气集中联锁的主要功能及技术要求

（1）集中联锁道岔及转辙机应满足下列要求

①道岔区段有车时，道岔不应转换；

②进路在锁闭状态时，进路上的道岔都不应再转换；

③道岔一经启动，不论其所在区段轨道电路故障或有车进入轨道区段，均应能继续转换到规定位置；

④道岔因故被阻不能转换到规定位置时，对非调度集中操纵的道岔，应保证经操纵后转换到原来位置，对调度集中操纵的道岔，应自动切断供电电源，停止转换；

⑤道岔转换完毕，应自动切断启动电路。

（2）集中联锁的车站应满足下列要求

①开放信号时，必须检查进路在空闲状态；检查敌对进路在未建立状态，并且确实被锁在未建立状态下；检查进路上的道岔（包括防护道岔，以下同）位置正确，并且确实被锁在规定位置上；应先检查红灯灯丝完整，即红灯确实在亮灯状态，在红灯灯丝断丝时，不准许再开放允许灯光。

②车站信号应在值班人员的操纵下才能开放，信号关闭以后应能防止自动重复开放，但在通过列车多的车站上，允许正线上的列车信号在值班人员的操纵下改为自动重复开放方式。

③列车信号应在列车进入进路后立即自动关闭；调车信号应在车列全部越过调车信号后自动关闭（因有时机车在后面推送）；但不论列车信号还是调车信号都应在值班人员的操纵下能随时关闭。

④取消进路或人工解锁进路时，信号应随之关闭。

（3）集中联锁道岔的电动转辙机，应具有挤岔的表示功能。当发生挤岔时，应切断表示电路，点亮挤岔表示灯，关闭防护该进路的信号机，同时发出挤岔报警。在被挤道岔和转辙机的功能未恢复前，应不能构通表示电路和接通控制电路，有关信号应不能开放。

(4)集中联锁设备，在控制台上应设有站场示意图和各种表示灯、信号复示器、挤岔电铃及信号、道岔等按钮。控制台应满足下列监督作用：

①线路及道岔区段是否占用；

②信号复示；

③挤岔表示等。

继电集中联锁设备除满足上述集中联锁的主要功能及技术要求外，还应满足《继电式电气集中联锁技术条件》(TB/T 1774—1986)的规定。

计算机联锁设备除满足上述集中联锁的主要功能及技术要求外，还应满足《铁路车站计算机联锁技术条件》(TB/T 3027—2015)的规定。

3. 计算机联锁

(1)计算机联锁的含义

计算机联锁是一种运用计算机对车站值班员的操作命令及现场表示信息进行逻辑运算，从而实现对信号机及道岔等进行集中控制的车站联锁设备。

(2)计算机联锁的优点

① 设备体积小，重量轻；

② 容易实现信号系统的自动控制和远程控制；

③ 动作速度快，信息量大；

④ 采用了积木式的软件和硬件，通用性强，能适应站场的改建与扩建；

⑤ 减少了有关行车人员之间的联络，防止误操作，提高了作业的安全和效率；

⑥ 计算机可以向旅客服务系统和列车运行监护系统等提供信息，并对设备工作情况及时做出记录显示并打印；

⑦ 采用了软件和硬件的冗余技术，便于实现故障导向安全的要求。

(3)计算机联锁设备的使用及功能

在高速铁路装备CTCS-2级和CTCS-3级列车运行控制系统区段，车站、线路所、动车段(所)应采用计算机联锁设备。

在CTCS-2级区段，计算机联锁系统应具备与列控中心(TCC)、信号集中监测(CSM)、调度集中(CTC)或列车调度指挥系统(TDCS)的接口功能，在CTCS-3级区段还应具有与无线闭塞中心(RBC)、临时限速服务器系统(TSRS)等设备的接口能力，安全信息传输采用冗余配置的专用信息通道。

第四节 闭　塞

闭塞设备是用来保证列车在区间内运行安全，并提高区间通过能力的区间信号设备。

在单线铁路上，为防止一个区间内同时进入两列对向运行的列车而发生正面冲突，以及避免两列同向运行的列车(包括双线区间)发生追尾事故，铁路上规定区间两端车站值班员在向区间发车前必须办理的行车联络手续，叫作行车闭塞(简称闭塞)手续。用来办理行车闭塞的设备叫闭塞设备。

一、闭塞设备的分类

闭塞设备分为自动闭塞、自动站间闭塞和半自动闭塞。

二、闭塞设备的设置条件

1. 在单线区段，应采用半自动闭塞或自动站间闭塞，繁忙区段可根据情况采用自动闭塞。
2. 在双线区段，应采用自动闭塞。

在一个区段内，原则上应采用同一类型的闭塞方式。一个区段是指两个具有机车换挂作业的区段站间的铁路线路。为了便于组织列车运行和有关行车人员熟悉和办理行车闭塞方法，保证行车安全，在同一区段内，原则上应采用同一类型的闭塞方式。

三、半自动闭塞

(一)半自动闭塞的基本概念

半自动闭塞是以出站信号机或线路所的通过信号机显示的进行信号作为列车占用区的凭证，发车站的出站信号机或线路所的通过信号机必须经两站同意，办理闭塞手续后才能开放，列车进入区间后自动关闭，在没有检测区间中是否留有车辆的设备时，还须由接车站值班员确认列车的完整到达，办理解除闭塞手续；而且在列车未到达接车站以前，向该区间发车用的所有信号都不得开放，这就保证了两站间的区间内同时只有一列列车运行。这种方法既要人的操纵，又需要列车自动动作，所以叫半自动闭塞。

(二)半自动闭塞的特征

1. 站间或所间只准走行一列列车；
2. 人工办理闭塞手续；
3. 人工确认列车完整到达和人工恢复闭塞。

(三)半自动闭塞的主要设备

1. 闭塞机

在一个区间的相邻两端车站各设一台半自动闭塞机，一段轨道电路和出站信号机，它们之间通过两站间的闭塞电话线连接起来，用来控制出站信号机并办理两站间的闭塞手续(图 2-53)。

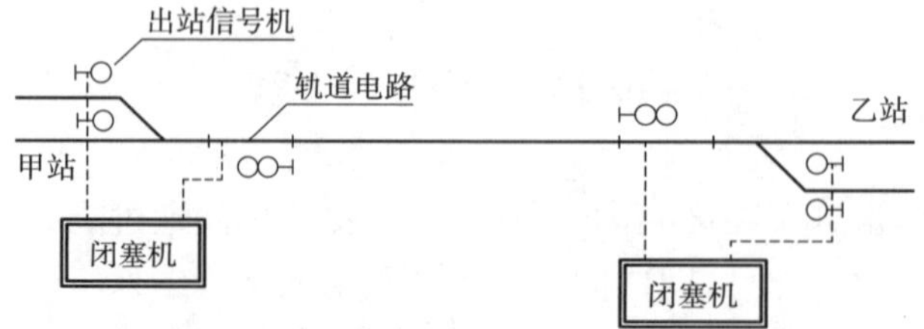

图 2-53 半自动闭塞系统构成

闭塞机的作用：

(1)甲站要向乙站发车，必须区间空闲并得到乙站同意后，才能开放出站信号机。

(2)列车从甲站出发后，区间闭塞，两站都不能向该区间发车。

(3)列车到达乙站，车站值班员确认列车整列到达，办理到达复原后，区间才能解除闭塞。

2. 操纵箱

半自动闭塞的操纵元件包括按钮、电铃和表示灯等，可以和联锁设备的操纵元件组装在同一个操纵台上，也可以单独设一个闭塞设备的小型操纵箱。

3. 出站信号机

出站信号机作为列车占用区间的凭证。当发车进路已锁闭，并且两站的车站值班员办理闭塞后，才能使发车站闭塞机内的开通继电器有电吸起，出站信号机才能开放。

4. 轨道电路

轨道电路设在进站信号机内方适当地点，用以监督列车的出发和到达，并使双方闭塞机的接发车表示灯有相应的表示，长度一般不少于 25 m。

(四)半自动闭塞的工作原理

现甲—乙区间空闲，由甲站向乙站发车，甲站值班员用接在通信线路中的专用电话向乙站联系请求发车，乙站值班员同意后，可按下闭塞按钮(BSA)，此时甲站发车表示灯(FBD)亮黄灯，乙站接车表示灯(JBD)也亮黄灯，乙站值班员按压闭塞按钮，此时，乙站接车表示灯由黄灯变为绿灯，甲站发车表示灯也由黄灯变为绿灯。甲站值班员即可办理发车进路，开放出站信号机，列车从甲站出发。当列车驶入轨道电路区段后，甲站发车表示灯由绿灯变为红灯，出站信号机自动关闭。乙站接车表示灯也由绿灯变为红灯，此时，甲站出站信号机不能再次开放，当然甲站就不能再向乙站发车了，由于区间处于闭塞，乙站也不能向甲站发车，这也就保证了该区间只准许有一列列车运行。

乙站为接车站，接到甲站已发车电话后，可将接车进路办妥并开放进站信号机。当列车接近乙站驶入轨道电路区段时，乙站发车表示灯与接车表示灯均亮红灯，表示列车到达。乙站值班员确认列车全部到达停妥后，将接车手柄恢复定位(进站信号机恢复定位)，拔出闭塞按钮，接车表示灯即熄灭，乙站闭塞设备复原。甲站铃响，闭塞设备复原，就可以重新再办理发车了。(闭塞机类型不同，办理略有差异)

(五)半自动闭塞的优缺点

采用半自动闭塞时，由于出站信号机受到对方站闭塞机的控制，因而在保证行车安全方面有一定的优越性。但是，当铁路的运量不断增大，要求进一步提高区间通过能力时，半自动闭塞也有局限性。由于区间没有列车占用检查设备，不能检查区间是否空闲，列车的完整到达需靠车站值班员人为确认，既危及行车安全，又影响运输效率。特别严重的是，在区间有车占用的情况下还能用事故复原解除闭塞，造成“双发”的可能性。列车在区间丢车或车辆溜逸至区间时，都不能及时发现，严重影响行车安全和运输效率。为此，必须增加区间空闲检查设备，和继电半自动闭塞设备配套，自动检查区间占用或空闲，实现列车到达后的自动复原，构成自动站间闭塞。

四、自动站间闭塞

(一)自动站间闭塞的基本概念

自动站间闭塞与集中联锁设备结合使用,目前采用计轴轨道检查装置或轨道电路自动检查区间空闲,随着办理发车进路自动构成站间闭塞,列车凭出站信号显示进入发车进路后,出站信号机自动关闭,待列车出清区间后自动解除闭塞。

(二)自动站间闭塞的特征

1. 有区间占用检查设备;
2. 站间或所间区间只准走行一列列车;
3. 办理发车进路时自动办理闭塞手续;
4. 自动确认列车到达和自动恢复闭塞。

自动站间闭塞不同于半自动闭塞,不必人工办理闭塞和到达复原;也不同于自动闭塞,区间不划分闭塞分区,不设通过信号机。

(三)自动站间闭塞的区间检查设备

自动站间闭塞的区间检查设备有两类:计轴设备(计轴器)和长轨道电路。

1. 计轴设备(计轴器)

采用计轴技术的优越性在于:能对长区间进行检查;具有较高的可靠性、安全性及适用性。因此,目前多采用计轴技术。

采用计轴器作为区间空闲与占用状态的检查设备,每个区间安装两套,分别设在两端车站进站信号机内方2~3 m处。计轴器通过设置在区间两端的计轴点,对驶入区间和驶离区间的列车轴数进行记录,并经过传输线路将各自的轴数传递到对方站进行校核。当两端所记录的轴数一致时,就认为列车完整到达,区间空闲;否则,表示占用。未办理闭塞时如有车溜入区间,就自动断开闭塞电路,并发出声光报警。当计轴设备发生故障不能正常计轴或判定区间占用时,不能自动解除闭塞。

2. 长轨道电路

区间长轨道电路由三部分组成,包括上、下行接近区段轨道电路(双线时为接近和发车区段轨道电路)和中间区段轨道电路,通过轨道电路对区间是否占用、线路是否良好进行检查。在这三段轨道电路都空闲时,排列发车进路,开放出站信号,自动完成闭塞;在列车到达前方站(返回发车站)三段轨道电路都空闲后,自动开通区间。当区间任何一段轨道电路处于占用状态时,不能开放出站信号机自动办理闭塞;列车虽已到达前方站(返回发车站),但不能解除闭塞开通区间。出站信号机开放后,如果区间轨道电路因故障等原因处于占用状态时,便自动关闭。

(四)自动站间闭塞的发车预告

由于自动站间闭塞发车前不需办理闭塞手续,排列发车进路开放出站信号后,即可发出列车,同时列车需按站间间隔行车,因此发车站在办理发车进路前,须确认区间空闲和接车站未办理同一区间或线路的发车进路，否则不能开放信号形成自动闭塞。为使接车站做好接车准备工作，发车站应向接车站发出预告。

自动站间闭塞区间，发车站办理预告后即是“区间闭塞”，接车站必须做好接车准备。如果列车预告后因特殊情况不能发出时，发车站必须通知接车站取消预告，避免长时间占用区间，方便接车站进行其他作业，也能为其他列车运行提供条件。

五、自动闭塞

（一）自动闭塞的基本概念

自动闭塞是将两个相邻车站之间的区间正线划分为若干个区段，一个区段叫作一个闭塞分区（图 2-54），其长度一般为 1 200～1 300 m。每个分区的起点设置一个通过信号机进行防护（第一个闭塞分区是由出站信号机防护），闭塞分区内装有轨道电路，列车在闭塞分区上运行借助车轮与轨道电路接触发生作用，自动控制通过信号机的显示，在列车运行过程中自动完成闭塞作用，这种方式不需要办理闭塞手续，无需人工参与，又可开行追踪列车，既保证了行车安全又提高了运输效率，所以叫作自动闭塞。

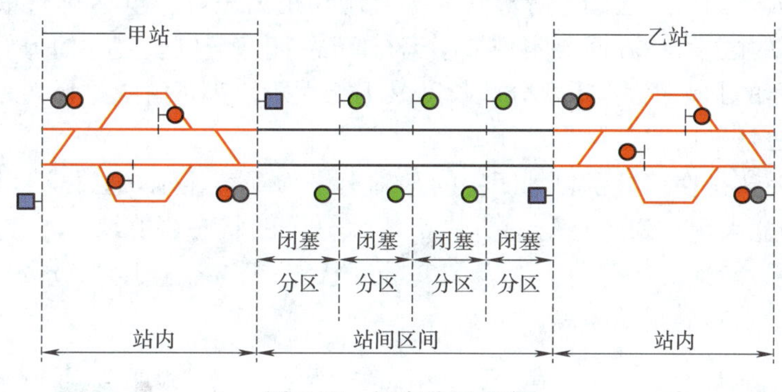

图 2-54 闭塞分区示意

（二）自动闭塞的特征

1. 自动闭塞是把站间划分为若干个闭塞分区，以闭塞分区作为运行间隔，按追踪方式运行，通过信号机能根据列车占用或离去自动变换信号显示运行。

2. 闭塞分区内装有轨道电路，能够正确反映列车的运行情况和钢轨是否完整，并及时传给通过信号机显示出来。当闭塞分区有车占用或钢轨折断时，通过信号机能自动的显示停车信号。

3. 车站控制台有邻近车站的三个闭塞分区的占用情况表示，即第一、第二、第三接近及第一、第二、第三离去，值班员能了解到列车在邻近闭塞分区的运行情况。

4. 办理发车进路时自动办理闭塞手续，出站信号机的开放只受第一、第二、第三离去占用的限制。

（三）自动闭塞制式

目前我国自动闭塞制式一般采用三显示、四显示信号制度。

1. 三显示自动闭塞

三显示自动闭塞区段的通过信号机具有 3 种显示，自上而下是黄、绿、红灯；能预告列车前方 2 个闭塞分区状态；分 2 个速度等级，1 个闭塞分区的长度满足从规定速度到零的制动距离(图 2-55)。

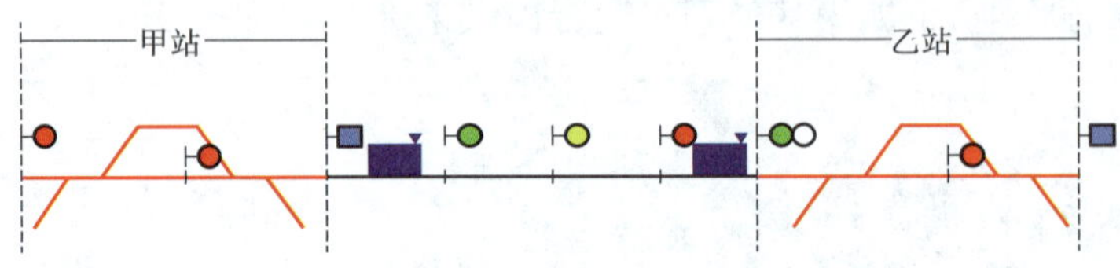

图 2-55 三显示自动闭塞

通过信号机平时显示绿灯，即"定位开放式"，只有当列车占用该信号机所防护的闭塞分区或线路发生断轨等故障时，才显示红灯——停车信号。

2. 四显示自动闭塞

随着列车速度和密度的不断提高，在某些繁忙的客、货混跑区段，各种列车运行的速度和制动距离相差很大。如市郊通勤车等经常停车且制动距离短，高速(客车)、重载(货车)列车，制动距离长，这样的区段，一方面要实现最小运行间隔，闭塞分区长度愈短愈好；另一方面要满足高速或重载列车的制动距离，闭塞分区长度又不能太短。为了解决这样的矛盾，提高线路通过能力最好的办法是采用四显示自动闭塞。

四显示自动闭塞是在三显示自动闭塞的基础上增加绿黄显示，通过信号机具有红、黄、黄绿、绿四种显示功能来预告列车运行前方三个闭塞分区的状态(图 2-56)。其特征为：通过信号机具有 4 种显示；能预告列车前方 3 个闭塞分区状态；分 3 个速度等级，2 个闭塞分区的长度满足从规定速度到零的制动距离。

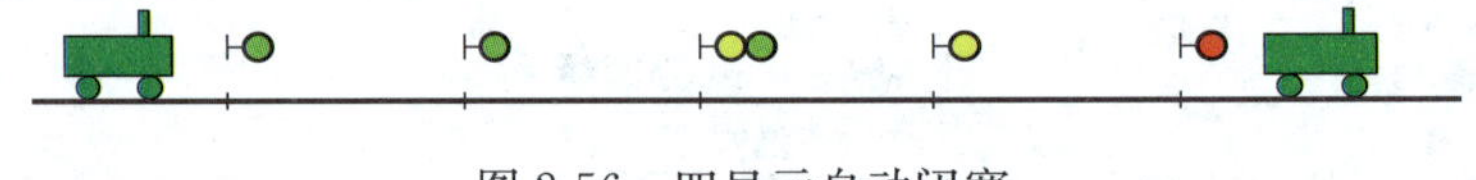

图 2-56 四显示自动闭塞

四显示自动闭塞能预告列车前方 3 个闭塞分区的状态。要求高速列车按规定速度越过绿黄显示的通过信号机后必须减速，以便使列车在黄灯显示下运行时不大于黄灯所要求的允许速度，保证能在显示红灯的信号机前停车。而对于低速运行的列车来说，越过绿黄显示的通过信号机时不必减速。实际上对于低速列车来说绿黄显示的意义相当于绿灯显示，而对于高速列车来说是将两个闭塞分区作为一个制动距离来对待，将绿黄显示视为注意信号，在越过绿黄灯后准备在红灯前停车。这样可以解决线路上以不同速度运行的列车的行车要求。

(四)自动闭塞与半自动闭塞的主要区别

自动闭塞与半自动闭塞比较主要有以下三个不同点：

1. 自动闭塞在两站间划分多个闭塞分区，而半自动闭塞是以两站间作为一个闭塞区间的。

2. 自动闭塞区间都设有轨道电路，而半自动闭塞只在车站两端设有小段轨道电路。

3. 自动闭塞区间解锁是靠列车出清轨道电路自动进行的，而半自动闭塞除了小轨道电路以外，还要依靠车站值班员确认列车整列到达，以专用按钮发送到达复原信号后，区间才能解锁。

第五节　铁路调度指挥及列车运行控制系统

铁路调度指挥工作是协调铁路运输各部门工作、保证列车行车安全正点、提高铁路运输服务质量的核心。其主要任务是制定和执行运输工作日常计划，进行实时的生产调度指挥工作。

一、铁路调度指挥

铁路运输调度指挥应采用列车调度指挥系统（TDCS）或调度集中系统（CTC）。

列车调度指挥系统（TDCS）是实现铁路各级运输调度对列车运行实行透明指挥、实时调整、集中控制的现代化信息系统。

调度集中系统（CTC）是调度中心（调度员）对某一区段内的信号设备进行集中控制、对列车运行直接指挥、管理的技术装备。我国调度集中系统采用分散自律结构，分散自律调度集中系统是综合了计算机技术、网络通信技术和现代控制技术，采用智能化分散自律设计原则，以列车运行调整计划控制为中心，兼顾列车与调车作业的高度自动化的调度指挥系统。分散自律可以解决列车进路和调车进路相互干扰的问题，实现在不影响列车运行的原则下，允许中心和车站通过调度集中自主进行调车的功能。系统由各车站配置的自律机独立处理本站逻辑，同时和邻站、调度中心进行数据交换，以列车运行调整计划和安全约束条件为核心实现自动控制功能。车站自律机完成正常接发列车以及协调列车、调车作业冲突的功能，实现列车和调车作业的统一控制。

（一）列车调度指挥系统（TDCS）

1. 构成

我国铁路调度指挥管理是以行车调度为核心，以站、段为基础，实行铁路总公司和集团公司两级调度指挥管理的体制。TDCS由铁路总公司、集团公司、车站三级构成。

2. 功能

TDCS的主要功能，包括实时自动采集列车运行及现场信号设备状态信息，并传送到铁路总公司调度指挥中心和集团公司调度所，完成列车运行实时追踪、无线车次号校核、自动报点、正晚点统计分析、交接车自动统计、列车实际运行图自动绘制、阶段计划人工和自动调整、调度命令及行车计划下达、站间透明、行车日志自动生成等功能，实现各级运输调度的集中管理、统一指挥和实时监督。

TDCS的应用，大大减轻了调度员、车站值班员的劳动强度，在实现透明指挥、提高效率、保证安全等方面发挥了重要作用。

（二）调度集中系统（CTC）

1. 构成

调度集中系统（CTC）由集团公司调度中心和车站两级构成。

（1）调度中心系统主要包括数据库服务器、应用服务器、通信前置服务器、接口服务器、大屏幕投影系统（或表示墙系统）、网络设备、网络安全设备、电源设备、防雷设备、网管工作站、系统维护工作站、调度员工作站、助理调度员工作站、值班主任工作站、控制工作站、计划员工作站、综合维修工作站等，根据需要也可为其他调度台设置相应显示终端。

（2）车站系统主要设备包括车站自律机、车务终端、综合维修终端、电务维护终端、网络设备、网络安全设备、电源设备、防雷设备，以及 CTC 与联锁、列控、信号集中监测系统的接口设备和无线系统接口设备等。

2. 功能

CTC 应能实时自动采集列车运行及现场信号设备状态信息，并传送到铁路总公司调度指挥中心和集团公司调度所，完成列车运行实时追踪、无线车次号校核、自动报点、正晚点统计分析、交接车自动统计、列车实际运行图自动绘制、阶段计划人工和自动调整、调度命令及列车计划下达、站间透明、行车日志自动生成等功能，还应实现列车编组信息管理、调车作业管理、综合维修管理、列车/调车进路人工和计划自动选排、分散自律控制和临时限速设置等功能。

高速铁路区段的 CTC 除具备计算机联锁、相邻调度区段的 CTC/TDCS、信号集中监测系统、运输调度管理系统（TDMS）的接口能力外，在 CTCS-2 级区段还应具备与临时限速服务器（TSRS）和列控中心的接口能力，满足 CTCS-2 级列车运行控制系统的临时限速和闭塞分区状态等信息可靠传输的运用要求；在 CTCS-3 级区段还应具备与无线闭塞中心（RBC）、铁路综合数字移动通信系统（GSM-R）、临时限速服务器（TSRS）、列控中心的接口能力，满足 CTCS-3 级列车运行控制系统的行车许可、临时限速和闭塞分区状态等信息可靠传输的运用要求。

3. 控制

调度集中区段，车站应设集中联锁，区间应设自动闭塞或自动站间闭塞。

CTC 控制区段的划分应根据行车调度区域确定。调度集中系统原则上应将同一调度区段内、同一联锁控制范围内所有车站（车场、线路所）的信号、联锁、闭塞设备纳入控制范围。调度集中区段的两端站、编组站、区段站以及调车作业较多的中间站，因车站作业较忙，如仍由列车调度员远距离操纵，需要和车站值班员电话联系，既浪费时间，又影响运输效率；有去往区间岔线的列车或中途返回补机的中间站，作业组织较为复杂，这些车站可根据实际情况不列入调度所中心控制。但为了使列车调度员能掌握本区段的行车工作，确保行车安全，这些车站应能通过调度集中车站终端进行自动或人工控制。

CTC 应具备分散自律控制和非常站控两种模式。分散自律控制模式是通过调度集中设备，根据列车运行调整计划或调车计划自动控制列车或调车运行进路，同时具备人工办理列车、调车进路的功能；非常站控模式是遇行车设备故障、施工、维修需要时，脱离调度集中系统控制转为车站联锁控制台人工办理的模式。

4. 处理平台和网络设置要求

CTC 配置独立的处理平台，设备采用冗余配置，通信协议与 TDCS 一致。CTC 采用独立的业务专网，各级采用双局域网并通过专用数字通道组成双环形广域网。

调度中心、车站的网络系统应采用双网冗余结构。关键设备应为双机热备。

CTC 与 TDCS 系统数据交换时，应采用 TDCS 数据通信规程规定的统一协议。

5. CTC/TDCS 与 GSM-R 数字移动通信系统或列车无线调度通信设备结合的功能要求

CTC/TDCS 与 GSM-R 数字移动通信系统或列车无线调度通信设备结合，实现调度命令、接车进路预告信息、调车作业通知单等向司机的传送，并能通过无线通信系统获取车次号校核、调车请求及签收回执等信息。

在普速铁路区段，GSM-R 数字移动通信系统或无线通信系统是分散自律调度集中正常运用的重要基础，应满足分散自律调度集中对语音、数据通信的功能要求。无线通信车载设备应具有车次号校核、列车停稳、调车请求、签收回执等信息发送功能。

在 GSM-R 工作模式下，CTC 设备通过由 GSM-R 网络、机车综合无线通信设备(CIR)、车次号校核机车数据采集编码器(可选配)、GPRS 接口服务器(GRIS)等组成的调度命令信息无线传送系统，实现调度命令(含行车凭证等)、接车进路预告信息、调车作业通知单等向司机可靠传送，接收无线通信系统传送的车次号校核、调车请求及签收回执等信息。

二、列车运行控制系统

列车运行控制系统是随着列车技术以及列车与地面信息传输系统发展而发展的轨道交通信号系统，是将先进的控制技术、通信技术、计算机技术与铁路信号技术融为一体的行车指挥、控制、管理自动化系统，是保证行车安全、提高运输效率的核心。

(一)列车运行控制系统等级

CTCS(Chinese Train Control System，中国列车运行控制系统)是以技术手段对列车运行方向、运行间隔和运行速度进行控制，使列车能够安全运行并且提高运行效率的列车控制系统。

CTCS 分为 CTCS-0 级、CTCS-1 级、CTCS-2 级、CTCS-3 级和 CTCS-4 级五个等级。

1. CTCS-0 级列控系统

CTCS-0 级作为适应中国既有铁路 120 km/h 及以下的区段的应用等级，主要是为了兼容既有铁路信号制式。CTCS-0 级列控系统的车地通信由轨道电路完成，地面采用国产轨道电路构建的固定闭塞系统，车载设备为通用机车信号＋列车运行监控装置(普通型)。

2. CTCS-1 级列控系统

CTCS-1 级也是面向中国既有铁路 160 km/h 及以下区段，CTCS-1 级列控系统的车地通信由轨道电路完成，地面采用 ZPW-2000 型轨道电路构成的固定闭塞系统，车载设备由主体机车信号＋运行监控装置(加强型)组成。CTCS-1 级是在既有设备基础上强化改造，达到机车信号主体化要求，并增加点式设备，实现列车运行安全监控功能。

3. CTCS-2 级列控系统

CTCS-2 级是基于轨道电路信息和应答器信息的列车运行控制系统，适用于提速线路和高速铁路，地面采用 ZPW-2000A 型轨道电路和点式应答器信息设备完成车地通信，车载设备由 ATP＋LKJ2000(列车运行监控装置)组成，采用准移动闭塞，地面可不设通过信号机，机车乘务员凭车载信号行车。

在 CTCS-2 级区段，通过地面车载一体化设计，能力运行速度在 200 km/h 及以上的动车组提供完整的列车速度防护功能，保证列车运行安全并提供最后的运输能力。

CTCS-2 级列控系统立足于国产化的地面设备，车载信号设备按照引进再创新形式供货，功功能齐全并适合国情。

4. CTCS-3 级列控系统

CTCS-3 级面向提速干线、高速铁路或特殊线路，是基于无线通信(GSM-R)传输信息并采用轨道电路等方式检查列车占用的列车运行控制系统。采用准移动闭塞;列车占用检测及完整性检查由地面信号系统完成,地面可不设通过信号机,机车乘务员凭车载信号行车。

CTCS-3 级列控主要特点:

①基于 GSM-R 实现大容量的连续信息传输,可以提供最远 32 km 的目标距离、线路允许速度等信息。

②CTCS-3 级列控系统满足跨线运行的运营要求。

③CTCS-3 级列控系统通过在应答器里集成 C2 报文,满足 200～250 km/h 速度要求,C2 同时作为 C3 的后备系统。

④车地双向信息传输,地面可以实时掌握列车速度、位置和工作状态等信息,并可在 CTC 系统上实时显示。

⑤临时限速可灵活设置。可以实现任意地点、长度和数量的临时限速设置。

⑥RBC 可以集中设置,也可分散设置。

⑦RBC 向装备 CTCS-3 级列控系统车载设备的列车、应答器向装载 CTCS-2 级列控系统车载设备的列车分别发送分项信息,实现自动过分相。

5. CTCS-4 级列控系统

CTCS-4 级列控系统面向高速铁路或特殊线路,是完全基于无线通信(GSM-R)的列车运行控制系统。CTCS-4 级列控系统采用移动闭塞或虚拟闭塞,由地面无线闭塞中心(RBC)和车载验证设备共同完成列车占用检测及完整性检查,点式信息设备提供列车用于测距修正的定位基准信息,CTCS-4 级列控系统地面不设轨道电路和通过信号机,机车乘务员凭车载信号行车。

CTCS 车载设备满足向下兼容,系统地面、车载配置如具备条件,在系统故障条件下应允许降级使用,系统级间转换不影响列车正常运行,各级状态有清晰表示。

(二)列车运行控制系统功能及组成

1. 列车运行控制系统的功能

列车运行控制系统的基本功能是在不干扰机车乘务员正常驾驶的前提下有效地保证列车运行安全。

(1)安全防护

①在任何情况下防止列车无行车许可运行。

②防止列车超速运行。

a. 防止列车超过进路允许速度。

b. 防止列车超过线路结构规定的速度。

c. 防止列车超过机车车辆构造速度。

d. 防止列车超过临时限速及紧急限速。

e. 防止列车超过铁路有关运行设备的限速。

③防止列车溜逸。

④测速环节应保证一定范围内的车轮滑行和空转不影响列控车载设备的功能,并具有轮径修正能力。

(2)人机界面

为机车乘务员提供必需的显示、数据输入及操作装置。

①能够以字符、数字及图形等方式显示列车运行速度、允许速度、目标速度和目标距离。

②能够实时给出列车超速、制动、允许缓解等表示以及设备故障状态的报警。

③机车乘务员输入装置应配置必要的开关、按钮和有关数据输入装置。

④具有标准的列车数据输入界面，可根据运营和安全控制要求对输入数据进行有效性检查。

(3)检测功能

①具有开机自检和动态检查功能。

②具有关键数据和关键动作的记录功能及监测接口。

(4)可靠性和安全性

①按照信号故障导向安全原则进行系统设计。

②采用冗余结构。

③满足电磁兼容性相关标准。

2. 列车运行控制系统的组成

CTCS的体系结构按铁路运输管理层、网络传输层、地面设备层和车载设备层配置。CTCS体系的构建原则是以地面设备为基础，车载设备与地面设备统一设计。

铁路运输管理层是行车指挥中心，以CTCS为行车安全保障基础，通过通信网络实现对列车运行的控制和管理。

网络传输层分布在系统的各个层面，通过有线和无线通信方式实现数据传输。

地面设备层主要包括列控中心、轨道电路和点式设备、接口单元、无线通信模块等。地面设备根据行车命令、列车进路、列车运行状况和设备状态，通过安全逻辑运算，产生控车命令并传送给列控车载设备，实现对运行列车的控制。

车载设备层是对列车进行操纵和控制的主体，具有多种控制模式，并能够适应轨道电路、点式传输和无线传输方式。车载设备层主要包括车载安全计算机、连续信息接收模块、点式信息接收模块、无线通信模块、测速模块、人机界面和记录单元等。

(三)CTCS-2级列车运行控制系统概述

1. CTCS-2级列车运行控制系统功能

目前基于轨道传输信息的CTCS-2级列控系统是铁路第六次大提速的关键技术。车载设备、列控中心、轨道电路、点式信息设备等是其重要的组成部分。

CTCS-2符合CTCS技术规范的要求。最重要的一点是：车载设备的信息来源于轨道电路和点式设备，同时预留无线通信接口。车载设备可通过安全设定选择列车的最高运行速度等级，保证机车可牵引不同等级的车列。跨线运行时，车载设备满足全程控车要求，地面进行相应改造。车载设备具有识别上下行功能。适应双线双方向或单线双方向运行的要求。

2. CTCS-2级列车运行控制系统基本功能

①在不干扰机车乘务员正常驾驶的前提下有效地保证列车运行安全。

②在任何情况下防止列车无行车许可运行。

③防止列车超速运行，包括

a. 防止列车超过进路允许速度。

b. 防止列车超过线路结构规定的速度。

c. 防止列车超过机车车辆构造速度。

d. 防止列车超过临时限速及紧急限速。

e. 防止列车超过铁路有关运行设备的限速。

f. 防止机车超过规定速度进行调车作业。

g. 防止列车超过规定速度引导进站。

h. 防止列车溜逸。

3. CTCS-2 级列车运行控制系统其他功能

①具有车尾限速保持功能。

②规定范围内的车轮打滑和空转不得影响车载设备正常工作。

③测速环节应保证一定范围内的车轮滑行和空转不影响 ATP 的功能,并具有轮径修正能力。

④人机界面的基本功能是为机车乘务员提供必需的显示、数据输入及操作,并能够以字符、数字及图形等方式显示列车运行速度、允许速度、目标速度和目标距离。

⑤能够实时给出列车超速、制动、允许缓解等表示以及设备故障状态的报警,机车乘务员输入装置应配置必要的开关、按钮和有关数据输入装置,具有标准的列车数据输入界面,可根据运营和安全控制要求对输入数据进行有效性检查。

⑥检测和记录功能,包括:

a. 具有开机自检和动态检查功能。

b. 具有关键数据和关键动作的记录功能及监测接口。

4. CTCS-2 级列车运行控制系统体系结构

CTCS-2 级列车运行控制系统是基于轨道电路加点式应答器传输列车运行许可信息,并采用目标—距离模式监控列车安全运行的列车运行控制系统。CTCS-2 级列控系统包括列控车载设备和列控地面设备。

(1)列控车载设备

列控车载设备根据地面提供的动态控制信息、线路静态参数、临时限速信息及有关列车数据,生成控制速度和目标距离模式曲线,按模式曲线控制列车运行。列控车载设备主要包括:车载主机、人机界面(DMI)、速度传感器、连续信息接收模块(STM)以及应答器信息接收模块(BTM)等。通过实时比较列车实际运行速度和允许速度,控制列车安全运行。列控车载设备的主要功能是超速防护,即对列车速度进行安全防护。

①车载主机

车载主机接收各种外部信息,进行综合判断,形成列车控制条件,向列车接口单元(TIU)和 DMI 分别发送控制信息和显示信息。

②人机界面(DMI)

DMI 提供设置行车参数和查看控车状态的界面,实现司机号、车次号的输入功能并显示列车运行控制曲线以及设备状态文本信息等。

③速度传感器

车载主机通过速度传感器获得列车运行速度。

④连续信息接收模块(STM)

STM 用于接收地面轨道电路信息,经过安全译码,向车载设备主机提供机车信号。

⑤应答器信息接收模块(BTM)

BTM 用于接收地面应答器信息，通过应答器接收天线接收应答器报文数据，解码后传输给车载主机。

⑥列车接口

车载设备通过列车接口输出制动命令并接收列车反馈信息。

⑦与 LKJ 的接口

车载设备与 LKJ 的接口包括制动接口和信息传输接口。制动接口实现列车控制权的转换和制动指令的传递，信息传输接口实现车载设备和 LKJ 设备相关数据的交互。

(2)列控地面设备

列控地面设备由车站列控中心控制，轨道电路、车站电码化设备传输连续列控信息，点式应答器、车站列控中心传输点式列控信息。

①列控中心(TCC)

TCC 的硬件设备结构与车站计算机联锁系统类似，根据列车占用情况及进路状态，通过轨道电路及有源应答器向列车发送控制命令。TCC 的主要功能包括：

a. 根据临时限速命令、车站进路状态，调用相应报文，通过轨旁电子单元(LEU)传递至有源应答器。

b. 根据列车占用轨道区段及车站进路状态，控制轨道电路，以及站内和区间的轨道电路发送方向。

c. 根据列车在区间的走行逻辑，对轨道电路状态进行判断和报警。

d. 控制区间信号机点灯，完成无岔站信号及进路控制，完成区间运行方向与闭塞控制。

e. 列控中心间实时传输区间轨道电路情况、临时限速信息、区间闭塞和方向条件等安全信息及相关状态信息。

②轨道电路

轨道电路采用 ZPW-2000 系列轨道电路，完成列车占用检测及列车完整性检查，连续向列车传送行车许可、前方空闲闭塞分区数量、车站进路速度等信息。轨道电路信息描述列车前方线路状态，可传输 18 个低频中的一个信息，车载设备读取后获得相应的控车信息。列车前方的闭塞分区个数与列车接收到的机车信号低频码存在固定的对应关系。

③应答器

应答器包括无源应答器和有源应答器。无源应答器设于闭塞分区入口和车站进、出站端处，用于向列控车载设备闭塞分区长度、线路速度、线路坡度、列车定位等信息。有源应答器设置于车站进、出站端，当列车通过应答器时，应答器向列车提供接车进路参数、临时限速等信息。

为实现系统功能，列控地面设备还通过 TCC 与车站联锁系统(CBI)、CTC/TDCS 车站分机相连。CTCS-2 级列车运行控制系统设备结构如图 2-57 所示。

4. CTCS-2 级列车运行控制系统工作原理

目标距离—速度控制模式根据目标距离、目标速度及列车本身的性能，确定列车控制曲线，采取连续式一次制动模式控制列车运行。如图 2-58 所示，红线为目标距离速度监控曲线，从最高速至零的列车速度监控曲线为一条连贯光滑的曲线，绿线为列车实际驾驶速度曲线，列车实际减速运行只要在监控曲线之下就可以了，如果超速碰撞了速度监控曲线，列控车载设备

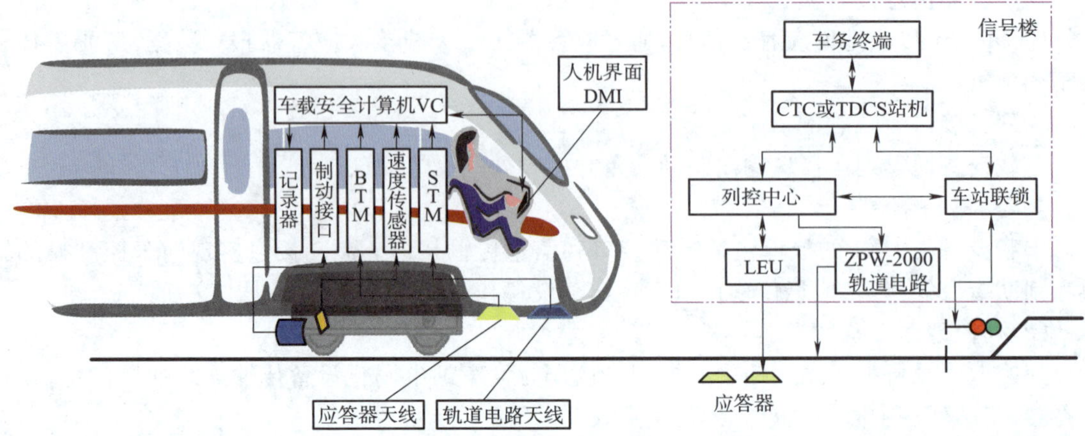

图 2-57　CTCS-2 级列车运行控制系统设备结构图

将自动触发常用制动或紧急制动,防止列车超速运行。

列控车载设备给出的一次连续的制动速度控制曲线是根据目标距离、线路参数和列车本身的性能计算而定的。为计算得到速度监控曲线,由轨道电路发送行车许可和前方空闲闭塞分区数量信息,由应答器发送闭塞分区长度、线路速度、线路坡度等固定信息,列控车载设备接收上述信息,通过“前方空闲闭塞分区数量”和“闭塞分区长度”信息,获得目标距离长度,并结合线路速度、线路坡度和对应列车的制动性能等固定参数,实时计算得到速度监控曲线,并监控实际驾驶曲线处于速度监控曲线下方,保证列车安全运行。

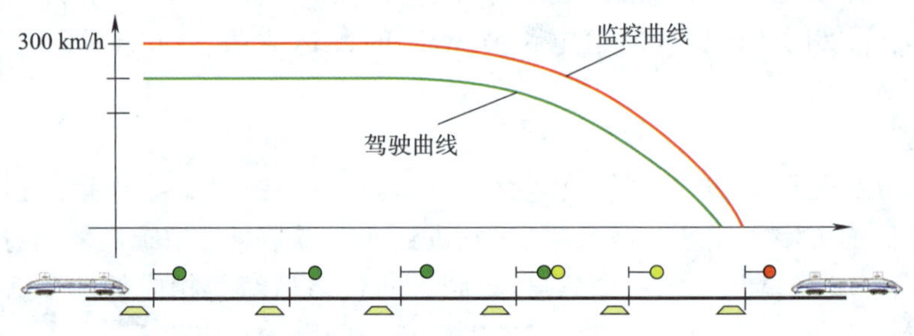

图 2-58　CTCS-2 级列车运行控制系统控制模式曲线

5. CTCS-2 级列车运行控制系统技术特点

(1)适应最高列车运行速度:350 km/h。

(2)列车最小追踪间隔时间:3 min。

(3)列车安全监控模式:连续速度控制。

(4)闭塞方式:固定闭塞。

(5)轨道占用检查:ZPW-2000 系列轨道电路。

(6)列车定位:应答器、轨道电路。

(7)地车信息传输媒介:轨道电路+应答器。

(8)地车信息传输控制:地面列控中心。

(9)系统兼容性:与我国既有信号系统完全兼容。

6. CTCS-2 级列车运行控制系统技术要求

(1)速度目标值:满足 300 km/h,预留 350 km/h 扩展条件。

(2)控制模式:目标距离模式。

(3)驾驶模式:司机制动优先模式或设备制动优先模式两种。

(4)信息传输媒介:控车信息由轨道电路+应答器设备提供。

(5)系统兼容性:不同速度等级线路的列车可互联互通。

(四)CTCS-3 级列车运行控制系统概述

1. CTCS-3 级列车运行控制系统功能

CTCS-3 级列车运行控制系统是我国铁路时速 300~350 km 线路的重要技术装备,是我国铁路技术体系和装备现代化的重要组成部分,是保证高速列车运行安全、可靠、高效的核心技术之一。CTCS-3 级列车运行控制系统是基于 GSM-R 无线通信实现车—地信息传输、无线闭塞中心(RBC)生成行车许可,应答器设备提供列车测距修正定位基准信息、轨道电路检查轨道占用及列车完整性的列车运行控制系统,系统采用先进的技术手段对高速运行下的列车运行速度、运行间隔等实时监控和超速防护,以目标—距离连续速度控制模式、设备制动优先的方式监控列车安全运行,并可满足列车跨线运营的要求。

CTCS-3 级列车运行控制系统功能:

(1)超速运行防护:动车组构造速度,线路允许速度,进路允许速度,临时限速和紧急限速。

(2)生成目标距离控制曲线:车载设备通过 GSM-R 无线网络从 RBC 获取行车许可和线路参数等信息并通过车载安全计算机计算后生成一次制动的连续控制曲线。

(3)数据记录:详细数据记录和一般设备状态记录。

(4)应答器信息接收与处理:获取前方线路信息,确定列车位置,确定列车的运行方向,获得进路信息,获得临时限速信息。

(5)速度、距离计算及防滑防空转功能。

(6)信息交互功能:列车实际速度,目标速度,限制速度,目标距离,机车信号等。

(7)防溜功能:设备在列车停车的状态下,会对列车的不恰当移动进行防护。

(8)位置校正:依据应答器的信息自动地对列车的位置进行检查。

(9)载频切换功能:25.7 Hz 锁频信息,司机手动选择和应答器锁频。

(10)CTCS 级间切换:车载设备在地面应答器的配合下,可以在完成 CTCS-3 级与 CTCS-2 级的自动切换。

(11)两种车载工作方式可选择:设备制动优先和司机制动优先。

(12)无线信息接收与处理功能:无线子系统(RSS)与无线接口模块(RIM)配合来负责实现与地面无线系统的 GSM-R 无线连接。RSS 包含移动终端、电源和滤波器,能够实现 GSM-R 调制解调器功能。它与放置在轨道车辆车顶上的 GSM-R 天线相连。

2. CTCS-3 级列车运行控制系统体系结构

CTCS-3 级列车运行控制系统是基于无线(GSM-R)传输信息,并采用轨道电路等方式检查列车占用的列车运行控制系统。CTCS-3 级列车运行控制系统包括地面设备和车载设备,其总体结构如图 2-59 所示。

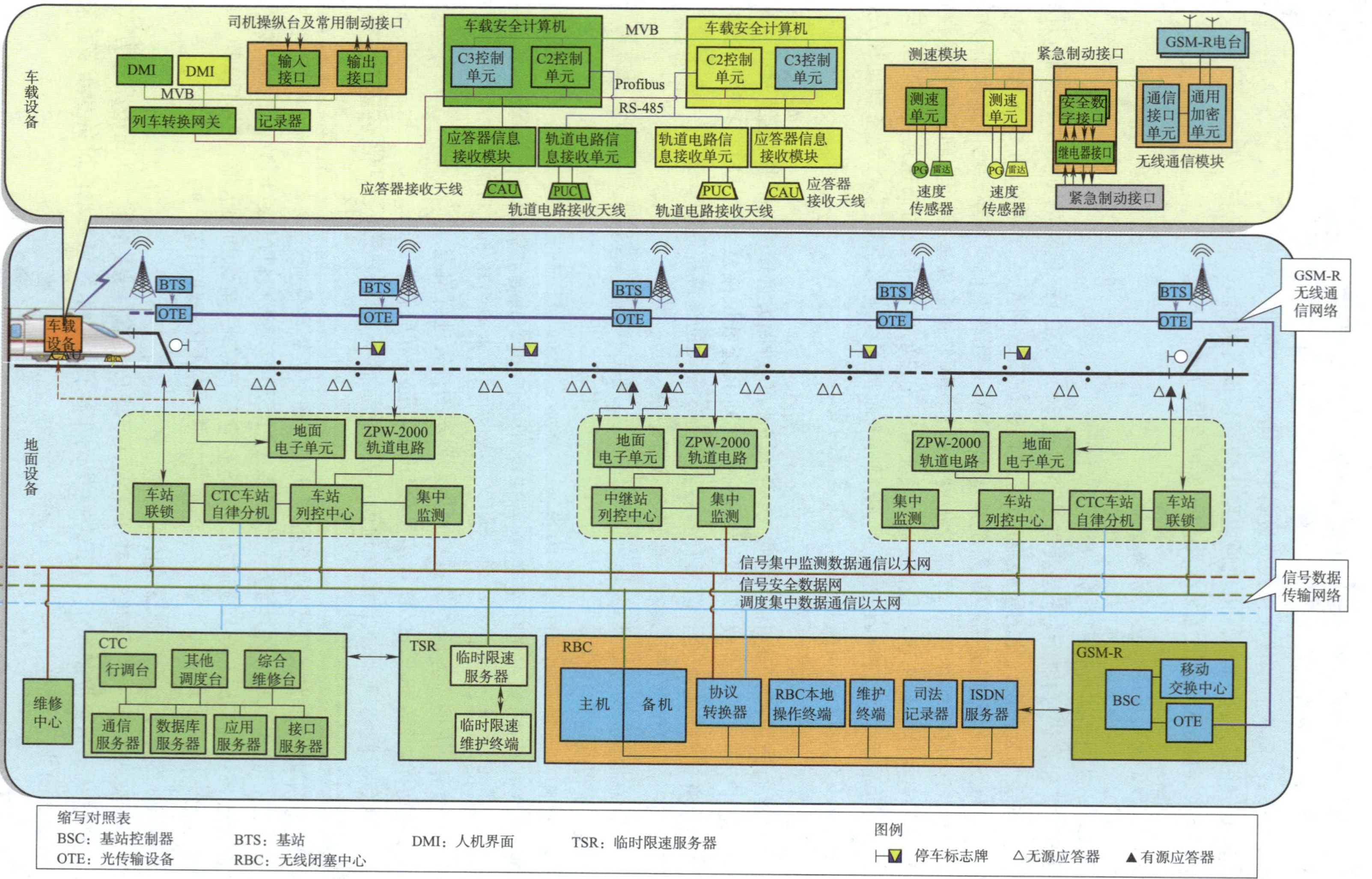

图2-59　CTCS-3级列控系统总体结构

(1)列控车载设备

列控车载设备根据地面设备提供的行车许可、线路参数、临时限速等信息和动车组参数，按照目标—距离连续速度控制模式生成动态速度曲线，监控列车安全运行。

列控车载设备由车载安全计算机(VC)、GSM-R无线通信单元(RTU)、轨道电路信息接收单元(TCR)、应答器信息接收模块(BTM)、司法记录单元(JRU)、人机界面(DMI)等组成。

①车载安全计算机(VC)

VC是CTCS-3级列控车载设备核心计算控制单元，当工作在CTCS-3等级时，它接收RBC传送的线路描述及行车许可并结合地面应答器确定的列车位置计算模式控制曲线(含静态MRSP曲线及动态MA曲线)，根据模式曲线监控列车的实际速度和位置，在列车超速时进行相关干预。当工作在CTCS-2等级时，它负责提供访问列车接口、制动接口、测距单元及DMI资源的通道，并监管车载设备的工作状态。

②GSM-R无线通信单元(RTU)

RTU负责处理无线通信。其主要功能是注册GSM-R网络并通过该网络使得车载设备与地面RBC之间建立通信会晤，以实现车载设备与RBC之间的数据交互。

③轨道电路信息接收单元(TCR)

TCR的主要功能是用于接收轨道电路信息，将接收到的轨道电路信息进行解调，并将该信息传送给车载安全计算机。

④应答器信息接收模块(BTM)

BTM的主要功能是通过应答器天线实现对应答器信息的接收，并将接收到的1023位应答器报文进行校验解码，转换为830位的有效消息后发送给车载安全计算机。

⑤司法记录单元(JRU)

JRU用于记录列车运行过程中，车载设备采集的原始信息和车载设备输出的控制信息等司法数据，以便进行故障分析及事故责任界定。

⑥人机界面(DMI)

DMI提供设置行车参数和查看控车状态的界面，实现司机号、车次号的输入功能并显示列车运行控制曲线以及设备状态文本信息等。

(2)地面设备

地面设备由无线闭塞中心(RBC)、列控中心(TCC)、ZPW-2000(UM)系列轨道电路、应答器(含LEU)等组成。

①无线闭塞中心(RBC)

RBC根据轨道电路、联锁进路等信息生成行车许可，并通过GSM-R无线通信系统将行车许可、线路参数、临时限速传输给CTCS-3级列控车载设备；同时通过GSM-R无线通信系统接收车载设备发送的位置和列车数据等信息。

②列控中心(TCC)

TCC接收轨道电路的信息，并通过联锁系统传送给RBC。同时，TCC具有轨道电路编码、应答器报文实时编码、站间安全信息传输、临时限速功能，满足后备系统需要。TCC接收轨道电路占用信息并通过联锁传送给RBC；在CTCS-2级运用时，具有轨道电路编码、应答器报文储存和调用，根据轨道电路、进路状态及临时限速等信息产生CTCS-2行车许可，通过轨道电路及有源应答器将行车许可传送给 CTCS-2 列车。

③应答器

应答器向车载设备传输定位和等级转换等信息，同时，向车载设备传送线路参数和临时限速等信息，满足后备系统需要。应答器传输的信息与无线传输的信息的相关内容含义保持一致。

④轨道电路

轨道电路实现列车占用及完整性检查，在 CTCS-2 级运用时连续向具有 CTCS-2 级功能的列车传送空闲闭塞分区数量等信息。

为实现系统功能，列控地面设备还通过车站列控中心与车站联锁系统、CTC/TDCS 车站分机相连。CTCS-3 级列车运行控制系统设备结构如图 2-60 所示。

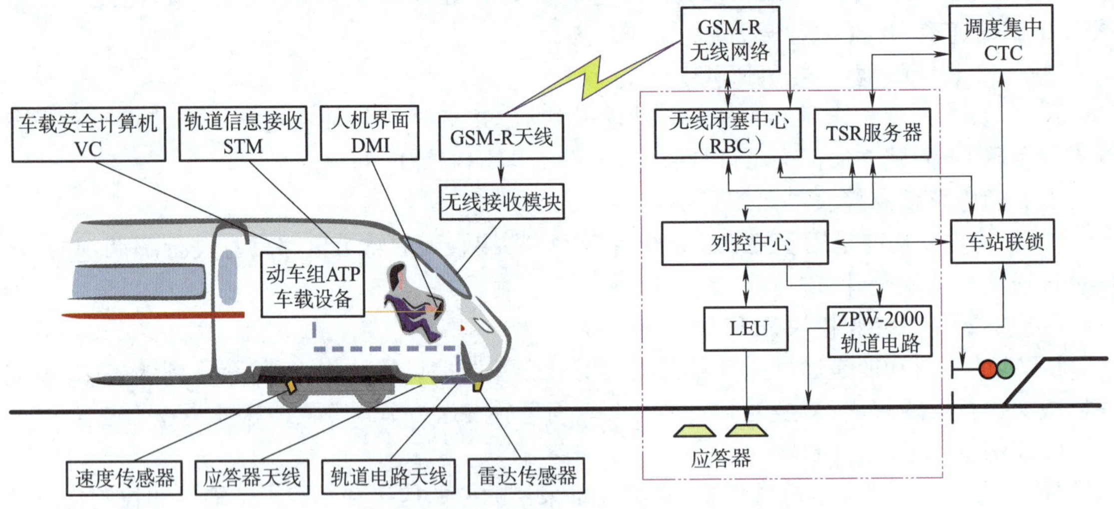

图 2-60 CTCS-3 级列控系统设备结构

3. CTCS-3 级列车运行控制系统工作原理

CTCS-3 级列车运行控制系统通过应答器实现列车定位，利用 ZPW-2000 轨道电路实现列车占用和完整性检查，列车通过 GSM-R 无线网络给 RBC 发送列车位置和速度等信息，RBC 根据车载设备发送的信息结合车站联锁的进路信息及限速信息，计算列车追踪距离，向列车发送行车许可，实现列车运行的闭环控制。

车载设备通过 GSM-R 无线网络从 RBC 获取行车许可和线路参数等信息并通过车载安全计算机计算后生成目标距离连续速度控制曲线，在 DMI 上显示允许运行速度和相关信息，并根据列车运行情况，发出不同的语音提示。

行车指挥中心对列车运行状态进行监控，并根据不同情况下达调度命令，RBC 操作终端设置临时限速，行车指挥中心与车站联锁和车站列控中心通信，控制车站联锁排列进路，车站列控中心根据车站联锁的进路信息和临时限速信息控制应答器和轨道电路发码，实现了由对地面的固定信号显示的控制到面向列车移动体直接控制的转变，确保最小追踪间隔 3 min，最高运行速度 300～350 km/h 的列车运行安全，满足高密度、高速度、高舒适度的列车运营需求。

4. CTCS-3级列车运行控制系统技术特点

(1)CTCS-3级列车运行控制系统是符合中国国情的、具有自主知识产权的、达到世界一流水平的先进列车运行控制系统。

(2)CTCS-3级列车运行控制系统是按照全路一张网原则规划的列控系统技术平台,能够满足最高运营速度380 km/h、列车正向运行最小追踪间隔时间3 min的要求,能够与200~250 km/h新建铁路和既有提速线路的互联互通。

(3)CTCS-3级列车运行控制系统成功采用目标—距离连续速度控制模式、设备制动优先、GSM-R无线网络传输、信号安全数据网等先进技术,标志我国铁路列车运行安全控制技术达到世界先进水平。

(4)CTCS-3级列车运行控制系统基于CTCS-2级列车运行控制系统构建,大量采用成熟技术,整合适配大量既有系统设备,系统技术先进成熟、经济实用、安全可靠。

(5)CTCS-3级列车运行控制系统实现了我国列车运行控制的系统设计技术、生产制造技术、系统集成技术、工程应用技术、仿真测试技术、维护管理技术的再创新和整体升级。

(6)CTCS-3级列车运行控制系统采用国际先进的系统设计实现手段,构建完善的系统标准、以运营场景作为导入、按照欧洲安全设计流程实现、采用系统评估作为系统确认手段,为我国铁路列车控制系统的可持续发展构建了完善的技术平台。

(7)CTCS-3级列车运行控制系统的创新实现,形成了CTCS技术管理人才队伍平台、以实验室为中心形成测试分析和理论研究平台、供应商和运用单位结合的运用管理平台、企业系统产品的设计、开发、制造、施工、测试等生产和施工人才队伍平台。

(8)CTCS-3级列车运行控制系统的技术攻关,构建了以项目为依托、以核心企业为主体,联合国外技术支持方、国内高校、科研单位和设计院,产、学、研一体的技术创新体系。

5. CTCS-3级列车运行控制系统技术要求

(1)CTCS-3级列车运行控制系统满足运营速度350 km/h、最小追踪间隔3 min的要求。

(2)CTCS-3级列车运行控制系统满足正向按自动闭塞追踪运行,反向按自动站间闭塞运行的要求。

(3)CTCS-3级列车运行控制系统满足跨线运行的运营要求。

(4)CTCS-3级列车运行控制系统车载设备采用目标距离连续速度控制模式、设备制动优先的方式监控列车安全运行。

(5)CTCS-2级作为CTCS-3级的后备系统。无线闭塞中心或无线通信故障时,CTCS-2级列车运行控制系统控制列车运行。

(6)全线无线闭塞中心(RBC)设备集中设置。

(7)GSM-R无线通信覆盖包括大站在内的全线所有车站。

(8)动车段及联络线均安装CTCS-2级列车运行控制系统地面设备。

(9)300 km/h及以上动车组不装设列车运行监控装置(LKJ)。

(10)在300 km/h及以上线路,CTCS-3级列车运行控制系统车载设备速度容限规定为超速2 km/h报警、超速5 km/h触发常用制动、超速15 km/h触发紧急制动。

(11)无线闭塞中心(RBC)向装备CTCS-3级车载设备的列车、应答器向装备CTCS-2级车载设备的列车分别发送分相区信息,实现自动过分相。

(12)CTCS-3级列车运行控制系统统一接口标准,涉及安全的信息采用满足IEC-62280

标准要求的安全通信协议。

(13)CTCS-3级列车运行控制系统安全性、可靠性、可用性、可维护性满足IEC-62280等相关标准的要求,关键设备冗余配置。

第六节 铁路通信

铁路运输作业分散在铁路枢纽及沿线各站(场),为了完成列车运行的统一指挥和调度,有效地组织运输生产和经营管理,需要有一个安全可靠、覆盖铁路各业务节点的铁路通信网络。铁路通信网是覆盖铁路的统一、完整的专用通信网,为运输生产和经营管理提供话音、数据和图像通信业务。铁路通信网与铁路网配套建设、同步发展,目前已形成以铁路总公司为全路中心、各铁路局集团公司为区域中心、覆盖全国铁路的专用通信网络。

一、总体要求

铁路通信应符合国家、铁道行业的有关技术标准和质量要求,确保全程全网安全、可靠、迅捷、畅通,为铁路运输指挥现代化和铁路信息化提供基础保障。

(一)铁路通信网分类

铁路通信网分为承载网、业务网和支撑网。

1. 承载网

承载网是通信网的基础网络,为各专业提供承载通道和网络接入。

承载网又分为传输网和数据通信网。传输网覆盖铁路枢纽、沿线车站和区间等业务节点,承载数据通信网、各业务网、独立组网的信息系统,提供多种速率、类型的传输通道。数据通信网为全国铁路运输组织、客货营销、经营管理等信息系统以及综合视频监控、会议电视、应急通信等通信业务系统提供承载网络。

2. 业务网

业务网主要包括调度通信、电话交换、电报传真、会议电话和会议电视、综合视频监控、应急通信等,是铁路运输生产和经营管理的通信工具。随着技术进步,综合视频监控系统得到了广泛的应用。调度通信是铁路运输生产调度指挥的基本通信技术装备。目前主要装备的450 MHz列车无线调度通信系统(无线列调),要结合普速铁路技术改造或无线列调系统大修,装备GSM-R数字移动通信系统。

3. 支撑网

支撑网是铁路通信网运行的支撑网络,用以保障承载网和业务网的正常运行、监控网络和业务质量。铁路通信网支撑网包括时钟(频率)同步网、时间同步网、信令网以及为通信网运营维护服务的各类监测、监控管理系统等。

(二)通信业务

铁路通信业务是指铁路运输组织、客货营销、经营管理等活动中所使用的通信业务,主要包括话音通信业务、数据通信业务、图像通信业务和其他业务。

（三）通信设备

铁路通信应根据主要通信业务，配置相应通信设备：

（1）普通电话（固定、移动）。

（2）专用电话（固定、移动），包括调度电话、车站（场）电话、站间行车电话等。

（3）会议电话。

（4）广播。

（5）数据承载。

（6）数据终端（铁路电报、列车调度命令信息无线传送、车次号校核信息无线传送、列车尾部风压信息传送、列车安全防护预警信息传送等）。

（7）图像通信（会议电视、综合视频监控等）。

（8）应急通信。

（9）时钟、时间同步基准信号。

二、承 载 网

1. 传输网

传输网是通信网的基础网络，是以密集波分复用（DWDM）或光传送网络（OTN）、同步数字系列（SDH）、基于 SDH 的多业务传送平台（MSTP）等技术构建的光传输网。根据铁路运输生产和经营管理的需要，在业务节点配置相应的传输设备，承载铁路各个部门各类通信业务，可提供多种速率、不同类型的传输通道。传输网要向宽带化、智能化发展。

2. 铁路数据通信网（简称数据通信网）

数据通信网是铁路数据业务的共用网络，应为铁路运输组织、客货营销、经营管理等信息系统和综合视频监控、会议电视、应急通信、GPRS、旅客服务等业务提供承载平台。

三、业 务 网

1. 调度通信

为满足铁路运输组织和生产指挥的需要，铁路各调度区段都应设置调度通信系统，提供调度电话、车站（场）电话、站间行车电话等专用电话业务。

根据无线装备的不同，普速铁路分为无线列调区段和 GSM-R 移动通信区段。

在无线列调区段，调度电话系统包括有线和无线调度电话系统。有线调度电话系统基本采用铁路数字调度通信系统实现，铁路数字调度通信系统可提供调度员、值班员等固定用户之间的调度电话业务，以及站场直通电话、区间抢险电话等。列车无线调度电话系统主要提供车地间移动调度电话。

在 GSM-R 移动通信区段，通过数字调度通信系统的调度交换机与 GSM-R 系统互联，形成一个有线、无线一体化的调度通信系统，提供各项调度电话业务。

2. 允许加入通话的有关规定

（1）列车调度电话

列车（有线）调度电话是为列车调度员指挥列车运行而设置的专用电话。列车（有线）调度电话，只限与列车运行和安全直接有关的人员接入（加入）通话，应严格限制与列车运行和安全无关的人员接入列车调度电话。

(2)站间行车电话

站间行车电话(闭塞电话)是为相邻车站(场)值班员之间办理行车业务的专用直通电话。为防止外来电话接入的干扰,站间行车电话禁止接入其他电话。

(3)扳道电话

扳道电话是车站值班员与扳道人员进行联系的专用电话,为了防止外来电话接入的干扰,应禁止其他电话接入。

(4)无线调度电话

列车无线调度通信系统是为列车调度员(或车站值班员)指挥列车运行而设置的专用系统,可实现列车调度员、司机、车站值班员之间的通话以及车站值班员、司机、车辆乘务员之间的通话,并具有数据传送功能。

(5)加入组呼的规定

组呼包含紧急呼叫和普通组呼。紧急呼叫指机车司机、助理值班员、工务巡道人员、道口值班员向所属调度辖区的调度员、相邻的车站值班员以及相邻三小区范围内的机车司机、助理值班员、工务巡道人员、道口人员发起的299组呼。紧急呼叫优先级最高,一旦发起紧急呼叫,上述所有用户均被强制接入紧急通话,只有组呼发起者或者调度员、车站值班员能拆紧急呼叫。常用普通组呼包括车站基站区组呼、相邻三小区组呼等。

3. 通话录音规定

铁路行车通信语音记录装置是强化铁路行车安全管理的重要设施,是铁路交通事故分析的语音记录依据。调度所、车站和机车、动车组装备的列车调度通信设备应连接语音记录装置,对列车调度、站间行车的通话进行录音。

4. 机车、动车组及自轮运转特种设备上装备车载无线通信设备的原则

普速铁路上的无线通信系统和设备,在无线列调区段采用450 MHz列车无线调度通信系统;在GSM-R移动通信区段,采用有线、无线一体化的调度通信系统。机车、动车组及自轮运转特种设备,应根据运行区段所装备的铁路无线通信系统,配置相应的车载无线通信设备。

对于跨无线列调区段和GSM-R移动通信区段运行机车、动车组及自轮运转特种设备上装备的车载无线通信设备应兼容无线列调通信和GSM-R移动通信。

车载无线通信设备要统一技术标准,全部采用具有无线列调、GSM-R和列车防护报警功能的机车综合无线通信设备。

5. 对配置手持终端和无线对讲设备的相关规定

为适应当前铁路各线装备的无线通信系统,根据列车运行及行车组织对移动通信实际需求,列车司机、车长等有关工作人员应配置相应的通信设备:

一是为满足司机、随车机械师(或车辆乘务员)、列车长、乘警之间相互通信需要,配备无线对讲设备进行通信联络。二是在GSM-R移动通信区段运行时,上述人员还应配备GSM-R手持终端,用于与调度员或上级管理部门的通信联络,同时作为车载通信设备故障时的应急通信手段。三是动车组列车停靠的车站,为满足处置突发事件需要,向司机通报旅客乘降情况,车站客运值班员需要配备与司机通信联络用的无线对讲设备。

6. 设置铁路综合视频监控系统的规定

铁路综合视频监控系统主要是为了满足铁路主要业务部门对网络和视频信息共享的需求，监视内容应与运输生产、调度指挥和行车安全相关，与行车安全没有直接关联的内部视频系统不纳入综合视频监控系统。

7. 设置铁路应急通信的规定

应急通信是指在突发事件时，为救援指挥和决策而在事件现场与路局应急救援指挥中心、总公司应急救援指挥中心之间的话音、数据和图像通信。

四、支 撑 网

1. 时钟同步及时间同步系统设备

铁路时钟同步系统为铁路传输网、调度通信网、GSM-R数字移动通信网、电话交换网等提供统一的时钟（频率）信号；时间同步网为铁路各专业提供统一的时间基准信号。

在铁路总公司调度指挥中心、铁路局集团公司调度所、车站等节点应根据需要设置时钟（频率）同步设备和时间同步设备，实现全路统一的时钟（频率）同步网和时间同步网，为铁路通信、信号、客运服务、牵引供电等各业务系统和设备提供统一同步的时钟、时间基准信号源。

2. 通信机房设置电源及机房环境监控系统的规定

电源、温湿度环境、机房不被破坏和水淹是电务设备可靠运行的基本条件。在通信机房设置电源及机房环境监控系统，对温度、湿度、门禁、电源等进行实时监测，在遇有掉电、电源设备状态异常、温湿度超标、未经允许进入机房等情况时触发告警，提示维护人员及时进行处理。

五、信号、通信线路及其他

1. 信号及通信光、电缆线路敷设和防护的规定

干线、地区及站场的光、电缆宜敷设在预埋管道或预制电缆槽内。为提高网络的可靠性可用性及通信质量，调度所、通信枢纽、车站、区间信号中继站、通信基站、牵引变电所等重要业务站点除了设备要采用冗余配置外，还宜采用不同物理路由的光缆引入。

2. 架空光电缆敷设和防护距离的规定

电缆传输带宽小、使用灵活、易于维修，是低速率短距离很好的传输媒介。光缆传输带宽大，通信容量大、传输损耗小、抗电磁干扰、传输质量高，是高速率远距离很好的传输媒介。信号传输线路，可根据业务运用需求可采用电缆、光缆等传输手段。通信传输线路主要以光缆为主。

电缆和光缆通常采用地下敷设方式（管道或直埋等）。信号、通信电线路，有时需要采用架空方式。遇到穿越站内、区间，通过铁路、公路等各种地形条件时，要注意使架空缆线不受载重车辆、长大机械设备的挂撞，要保证至少达到当架空线最大弛度时，其最低点至地面的安全距离（高度）要求。

3. 通信线路或设备损坏时，抢通和恢复顺序

（1）列车调度电话。

（2）站间行车电话、扳道电话、信号闭塞线路。

（3）列车调度指挥系统和调度集中系统的通道。

(4)牵引供电远动通道。
(5)信号安全数据网通道。
(6)车辆运行安全监测通道。
(7)旅客服务系统通道。
(8)客票系统通道。
(9)车号自动识别系统通道。
(10)其他。

第三章　铁 路 车 站

第一节　概　　述

车站既是铁路办理客、货运输的基地，又是铁路系统的一个基层生产单位。车站应设有配线，并办理列车接发、会让和客货运业务。为此，车站上设有客货运输设备及与列车有关的各项技术设备，还配备了客运、货运、行车、装卸等方面的工作人员。

一、车站的定义和作用

车站是铁路线上设有配线的分界点。

车站在铁路运输过程中主要有以下作用：

1. 车站是铁路运输业的基层生产单位，拥有铁路线路、站场、通信、信号等技术设备和行车、客运、货运、装卸等方面的工作人员。

2. 车站是办理客货运输的始发、中转和终到作业的地点，是铁路与运输有关的行车、客运、货运、机务、工务、电务、供电等部门协调进行生产活动的场所。

3. 车站将铁路线路划分为若干个区段和区间。

4. 车站在贯彻党的方针政策，执行铁路规章制度，合理利用现有技术设备，不断改进工作方法，保证客货运输安全，提高运输效率，完成铁路运输任务等方面均有重要作用。

二、车站的分类与等级

根据车站所担负的任务量、业务性质不同，其办理的作业、服务的对象及重点也有所不同。因此，车站有不同的分类。

(一)按业务性质分类

车站按业务性质分为客运站、货运站和客货运站。

1. 客运站：专门为办理旅客运输而设的车站。

客运站通常设在大城市或旅游胜地等有大量旅客到发的地点，主要担当旅客列车的始发、终到作业，以及为旅客提供旅行服务的业务。

2. 货运站：专门为办理货物运输而设的车站。

货运站一般设在大城市、工矿地区和港口等有大量货物装卸的地点，主要担当货物列车始发、终到作业，以及与货运有关的业务。

3. 客货运站：既办理客运业务也办理货运业务的车站。

铁路网上绝大多数的车站都属于客货运站。

(二)按技术作业分类

车站按技术作业分为编组站、区段站和中间站。编组站和区段站统称为技术站。编组站、区段站和较大的中间站,可根据线路的配置状况及用途划分车场。

1. 编组站:担当大量中转车流改编作业,编组直达、直通和其他列车的车站。编组站通常设在大量车流集中或消失的地点,或几条铁路线的交叉点。

2. 区段站:设于划分货物列车牵引区段的分界处或区段车流的集散地点,一般只改编区段到发车流,解体与编组区段、摘挂列车的车站。区段站一般还进行更换货运机车或乘务员,对货物列车中的车辆进行技术检修和货运检查整理作业。

3. 中间站:一般设在技术站之间的区段内,办理列车接发、会让和通过作业,摘挂列车的调车和装卸作业的车站。

此外,车站还可以按其他一些特征加以区分。例如,位于两铁路局集团公司管辖分界处的车站,称为分界站;位于海河港湾地区的车站,称为港湾站等。

(三)车站等级

车站按其所担负的任务量和在国家政治上、经济上的地位,共分为 6 个等级,即特等站、一、二、三、四、五等站。

三、区间与分界点

为了保证行车安全和必要的线路通过能力,铁路上每隔一定距离(10 km 左右)需要设置一个车站。两相邻车站间的线路称为区间,而车站就成为相邻区间之间的分界点。区间和分界点是组成铁路线路的两个基本环节。

1. 分界点

车站上除了正线以外,还配有其他线路(到发线、调车线、牵出线等),所以把各种车站称为有配线的分界点。此外,还有无配线的分界点,它包括非自动闭塞区段的两车站间设置的线路所和自动闭塞区段的两车站间划分为若干个闭塞分区处所设置的通过色灯信号机。

2. 区间

依据分界点的不同,区间有不同的分类。车站与车站之间的区间称为站间区间;车站与线路所之间的区间称为所间区间;自动闭塞区段上通过色灯信号机之间的路段称为闭塞分区。

区段通常是指两相邻技术站间的铁路线段,它包含了若干个区间和分界点。区段的长度一般取决于牵引动力的种类或路网状况。

四、站界、股道和道岔的编号及股道有效长

(一)站界及警冲标

为了保证行车安全和分清工作责任,车站和它两端所衔接的区间应有明确的界限,通常称为站界。

在单线铁路车站,站界的范围以两端进站信号机柱的中心线为界,外方是区间,内方则属于车站。在双线铁路车站,站界是按上下行正线分别确定的,即一端以进站信号机柱中心线为界,另一端以站界标中心线为界。

警冲标是信号标志的一种,设在两会合线路线间距离为 4 m 的中间,用来指示机车车辆的停留位置,防止机车车辆的侧面冲撞。

（二）股道和道岔编号

为便于车站生产指挥作业上的联系和对设备维修管理。应对站内线路和道岔进行统一编号。同一车站或车场内的线路和道岔不得有相同的编号。

1. 股道编号方法

站内正线规定用罗马数字编号（Ⅰ，Ⅱ，…），站线用阿拉伯数字编号（1，2，3，…）。

（1）单线区段内的车站，从靠近站舍的股道起向远离站舍的方向顺序编号（正线同时编号），位于站舍左右或后方的股道，在站舍前的股道编完后，再顺序编号，如图 3-1 所示。

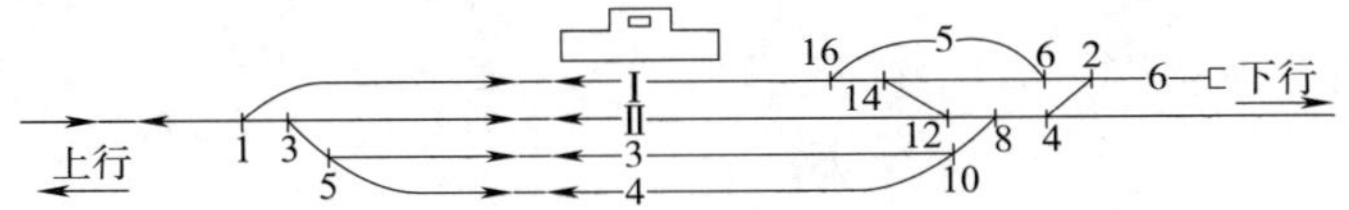

图 3-1　单线铁路车站股道、道岔编号

（2）双线区段内的车站，从正线起按列车运行方向，分别向外顺序编号。下行正线一侧用单数，上行正线一侧用双数，如图 3-2 所示。

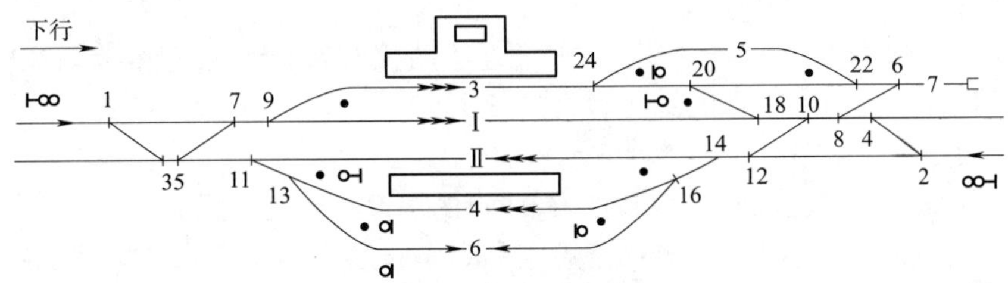

图 3-2　双线铁路车站股道、道岔编号

（3）尽头式的车站（无论单线区段或复线区段），当站舍位于线路终点时，面向终点方向由左侧开始编号，如图 3-3(a)所示；站舍位于线路一侧时，从靠近站舍的线路起向远离站舍的方向顺序编号，如图 3-3(b)所示。

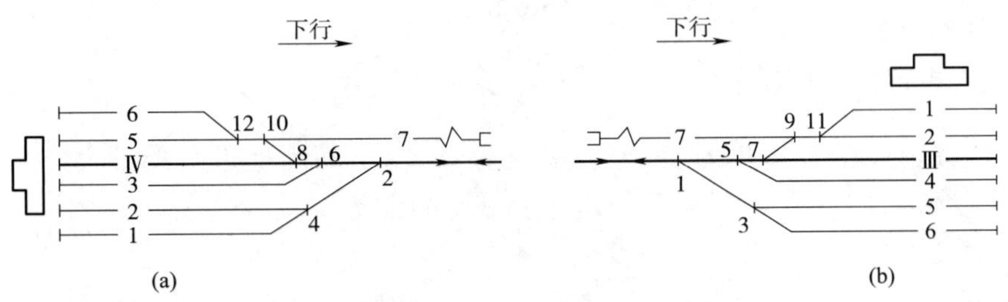

图 3-3　尽头式铁路车站股道、道岔编号

（4）在划分车场的车站，车场股道的编号也应从靠近站舍（信号楼）的股道起，向远离站舍（信号楼）方向顺序编号。股道编号用阿拉伯数字，在股道编号前冠以罗马数字表示车场，如二场三股道，应写为Ⅱ3 股道。对无站舍（信号楼）的车场，应顺公里标方向从左向右编号。

2. 道岔编号方法

（1）用阿拉伯数字从车站两端由外向里依次编号，上行列车到达一端用双数，下行列车到达一端用单数，如车站一端有两个及其以上方向时，道岔按主要方向编号，如图3-1和图3-2所示。

(2)每一道岔均应编为单独的号码，对于渡线、交分道岔等处的联动道岔，则应编为连续的单数或双数。

(3)两端道岔区域划分的原则是：当行车室(信号楼)位于车站(场)中心附近时，以车站值班员室(信号楼)中心线为界。

(4)当车站有几个车场时，每一车场的道岔必须单独编号，此时道岔号码应使用三位数字，百位数字表示车场号码，个位和十位数字表示道岔号码，避免在同一车站内有相同的道岔号码，如101～199或201～299。

(5)尽头式车站向线路终点方向顺序编号。

(三)股道有效长

股道有效长是指在线路全长范围内可以停留列车或机车车辆而不妨碍邻线正常行车的部分。

股道有效长度的起止范围由下列因素确定：

1. 警冲标；
2. 道岔的尖轨尖端(无轨道电路时)或道岔基本轨接头处的钢轨绝缘(有轨道电路时)；
3. 出站信号机(或调车信号机)；
4. 车挡(为尽头式线路时)。

上述各项因素怎样确定股道有效长度，视股道的用途及连接形式而定。

货物列车到发线的有效长度，应根据规定的列车长度及列车停车时的附加距离(规定为30 m)等因素确定。

我国铁路采用的货物列车到发线有效长度在Ⅰ、Ⅱ级铁路上为1 250 m、1 050 m、850 m、750 m、650 m，Ⅲ级铁路上为850 m、750 m、650 m或550 m。开行重载列车为主的铁路可采用大于1 050 m及以上的到发线有效长。

采用何种有效长度应根据运输能力的要求，机车类型及所牵引列车长度，结合地形条件，并与相邻各铁路到发线有效长度的配合等因素确定。

五、车站应设置的主要设备

为了安全、迅速、准确、及时地完成客、货运输任务，不间断地进行接发列车、调车等项作业，车站应设置满足业务性质、运量及技术作业需要的设备。

车站应设置的主要设备有：

1. 到发线。
2. 调车线。
3. 牵出线。
4. 机车运转整备线，指站内供机车上水、上砂、加油、检查等整备作业的线路。

车辆站修线，指站内供车辆部门施行货车辅修和摘车轴检、临修的线路。

救援列车停留线，指固定停留救援列车的线路，设在铁路总公司指定的车站上。救援列车停留线应与正线或到发线贯通，并不得停放其他机车车辆，使用时无须转线即可出动。

自轮运转特种设备停留线，指固定停放工务、电务、接触网等带有运行动力的维修专用车辆的线路。

5. 办理货物装卸的车站，应有专供装卸货物的线路。对大量卸粗杂、溜散货物的车站应设高架货物线；货物发送量较大的车站应有检查货物装载量的轨道衡线；办理大量牲畜、畜产品、水产鲜食品及危险货物的卸车站，一般应设置货车洗刷线路；油罐车基地应有专门整备油罐列车的整备线；调车场内应有专门停留装载爆炸品、气体类危险货物车辆的线路，以及机械冷藏车加油线等。

6. 机务段或折返段所在站，按照机车出入段与接发列车、调车作业干扰最小的原则，应设有机车出入段专用的走行线；根据需要设置出段机车等待挂头或入段机车等待入段的机待线。

7. 车站与动车组运用所连接时，应设动车组出入段(所)走行线，是为了减少动车出入库与车站接发列车之间的干扰。当设有机车出入段走行线并具有相同进路时，本着节省投资的原则，可以合设共用，也可分设。

8. 动车组长期停放，是指动车在中间站过夜停放。车站设动车组存车线，应具备为动车供电、防溜、安全防护等条件。

9. 车站应设置通信、信号、联锁、闭塞设备。

10. 驼峰是技术作业站的主要列车改编设备，编组站、区段站应根据需要修建简易驼峰、半自动化驼峰或自动化驼峰。

(1)简易驼峰，目前我国使用的简易驼峰，多数设在区段站或类似区段站的站场上，到发场与调车场一般横列布置。简易驼峰的调车场线路数量较少，驼峰咽喉区道岔型号不统一，推送坡较陡，驼峰溜放咽喉不设间隔制动减速器，峰下道岔控制一般采用电气集中或自动集中，调速设备宜采用简易制动设备。

(2)半自动化驼峰，装有自动集中控制溜放进路、减速器出口速度人工预定、采用半自动控制的驼峰。一般采用减速器、减速顶、加速顶等调速设备。随着驼峰控制技术的发展，半自动化驼峰应逐步改造为自动化驼峰。

(3)自动化驼峰，采用计算机控制系统，实现调机推峰速度、车辆溜放进路、车辆溜放速度自动控制的驼峰。调速设备采用减速器、减速顶、加速顶等。

11. 为确保接发列车和调车作业不发生交叉干扰，保证行车和车站作业安全，根据需要设置隔开设备等安全设施。

12. 调车作业繁忙的车站，为加强作业联系，应设置站场扩音和无线通信设备，并设置货运票据和调车作业单传递装置；车场内经常有调车、接发列车以及车辆检修人员等进行作业时，车场线路间应用砂石垫平并经常保持平坦；车场还应设有良好的排水设备和高架照明；车场间应有硬路面通道。

13. 为提高信息化水平，提高作业效率，编组站、区段站应设置列车预确报、现在车管理等信息化系统设备。

14. 为加强联系，提高作业效率，作业繁忙的车站应设置无线调车灯显设备。为加强调车安全控制，应根据车站调车作业实际情况，设置无线调车机车信号和监控系统(STP)。

15. 编组站、区段站为确保货物列车尾部安全防护装置正常使用，应设置货车列尾装置主机的维修、检测设备和设施。

16. 为保证货物列车运行安全，编组站、区段站和开行动车组列车的客货共线线路入口车站应设超偏载检测装置、轨道衡、超限检测仪、货车装载视频监控设备等货运安全检测设备。

超偏载检测装置用于检测货车装运货物的超偏载情况。该装置由秤体结构、压力传感器、剪力传感器、数据采样器件及计算机处理系统组成。该装置应符合铁路货车超偏载装置技术条件要求及相关的检定规程，按规定进行安装，超偏载测试数据应与铁路局集团公司信息中心和车站监控系统联网，并实现实时监控和报警。

17. 机车乘务员、动车组司机及随车机械师、客运乘务组中途换乘的车站，应为乘务员换乘和休息创造良好条件，设置值班室、休息室及其他配套设施。

18. 编组站到发线间有货物列车列检作业时，列检人员需要每天在股道内多次走行，夜间和不良天气时作业条件较差，因此，到发线间地面应具备方便作业条件。

第二节 中 间 站

在铁路区段内，为满足区间通过能力及客货业务需要而设有配线的分界点称为中间站。

一、中间站的作业和设备

(一)中间站的作业

中间站主要办理接发列车作业(包括接车、发车和放行通过列车)；办理旅客和货物运输的相关业务；摘挂列车的车辆摘挂及取送车等调车作业；在双线铁路上还办理调整反方向运行列车的转线作业。有工业企业线接轨或加力牵引起、终点及机车折返的车站时，还办理取送车和机车的摘挂等作业。个别客货运量较大的中间站，还需办理旅客列车的始发、终到及编组始发货物列车的作业。

(二)中间站的设备

中间站的设备应根据作业性质和工作量大小而定。

1. 客运设备：包括旅客站舍(售票房、候车室、行包房)、旅客站台、雨棚和跨越设备(天桥、地道、平过道)等。

2. 货运设备：包括货物仓库、货物堆放场、货物站台和货运室、装卸机械等。

3. 站内线路：包括到发线、货物装卸线，以及调车用的牵出线和安全线等，它们分别用于接发列车、进行调车和货物的装卸作业。

4. 信号及通信设备：包括信号机、信号表示器、站内电话、对讲机械、广播及扩音设施等。

此外，某些中间站还设有机车整备设备和列车检查设备等。

二、会让站和越行站

在我国铁路上，还有数量不多的，主要用来提高线路通过能力保证行车安全并为沿线城乡居民及工农业生产的需要而设的车站，称为会让站和越行车。会让站和越行站均包括在中间站内。

(一)会 让 站

会让站设置在单线铁路上，主要办理列车的到发和会让，也办理少量的客货运业务。因此，会让站应铺设到发线、旅客乘降设备，并设置信号及通信设备、技术办公用房。在会让站上，既可以会车，也可以越行。先到的列车在本站停车，等待反方向的列车到达本站。两个列车互相交会，叫作会车；先到的列车在本站停车，等待后一个同方向的列车通过本站或到达本站停车后先开，叫作越行。

（二）越 行 站

越行站设置在复线铁路上，主要办理同方向列车的越行，必要时反方向列车的转向，故应设置到发线、旅客乘降设备、信号及通信设备、技术办公房屋等。

三、中间站布置图

在单线或双线铁路上，由于地形或运营条件不同，使中间站的到发线、到发线与正线的相互位置各异，形成了横列式和纵列式两类图形。中间站一般采用横列式布置，个别中间站亦可采用纵列式。如图 3-4、图 3-5 所示分别为单、双线横列式中间站布置图。

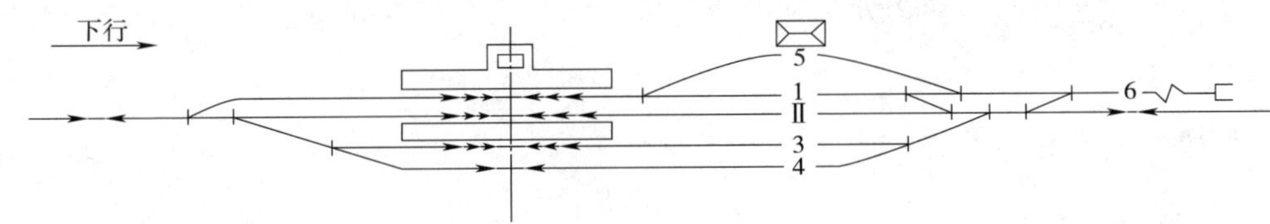

图 3-4　单线横列式中间站布置图

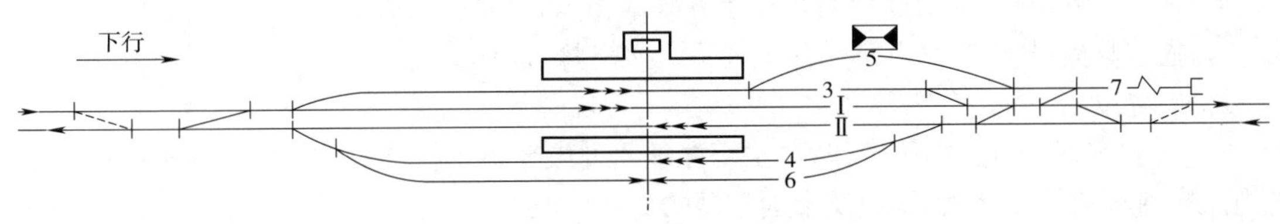

图 3-5　双线横列式中间站布置图

第三节　区　段　站

区段站多设在中等城市和铁路网上牵引区段（机车交路）的起点或终点。区段站的主要任务是为邻接的铁路区段供应及整备机车或更换机车乘务组，并办理无改编中转货物列车规定的技术作业及一定数量的列车解编作业和客、货运业务。在设备条件具备时，还进行机车、车辆的检修业务。

一、区段站的分类

（一）区段站按作业性质和作业量分类

1. 无改编作业区段站

无改编作业区段站主要办理无改编中转货物列车的有关作业，没有列车的改编任务或只担任摘挂列车的整编作业。

2. 有改编作业的区段站

有改编作业的区段站除办理无改编中转货物列车的有关作业外，还担任区段、摘挂列车和少量直通、直达列车的解编作业。

（二）区段站按到发场的相互位置分类

1. 横列式区段站

横列式区段站是上、下行到发场平行布置在正线的一侧，调车场并列位于到发场外侧，且上、下行到发场及调车场均位于站房对侧。

2. 纵列式区段站

纵列式区段站是上、下行到发场分设在正线的两侧，并逆运转方向错移，呈纵列布置，上、下行共用的调车场位于一个到发场的外侧。

3. 客、货纵列式区段站

客、货纵列式区段站是货物列车到发线与旅客列车到发线纵列布置，且客运运转设备与站房横列设置。

二、区段站的作业与设备

（一）区段站的作业

根据区段站所担负的任务，它要办理的作业可以归纳如下：

1. 客运业务：与中间站办理的客运业务基本相同，只是数量较大。

2. 货运业务：与中间站办理的货运业务大致一样，但作业量要大。

3. 运转作业。

（1）与旅客列车有关的运转作业：主要办理通过旅客列车的接发作业。有的车站还办理局管内旅客列车的始发、终到作业及个别车辆的甩挂作业。

（2）与货物列车有关的运转作业：主要办理无改编中转列车的接发和有关作业。对区段列车和摘挂列车，要进行解体和编组作业。同时还办理向货物、工业企业线取送作业车等。有些区段站对部分改编中转列车，还要办理变更运行方向、变更列车重量或换挂车组等作业。某些区段站还担当少量的始发直达列车的编组任务。

4. 机车业务：主要是换挂机车和乘务组，对机车进行整备、修理和检查等。

5. 车辆业务：办理列车的技术检查和车辆的检修任务。在少数设有车辆段的区段站上，还办理车辆的段修业务。

由上述可知，区段站所办理的作业，无论从数量上还是种类上，都远较中间站繁多。而在所办理的解、编及中转列车中，又以无改编中转列车所占的比重为大。

（二）区段站的设备

为了保证上述作业的完成，在区段站上设有以下设备：

1. 客运业务设备：主要有旅客站房、站台、雨棚及跨越线路设备等。

2. 货运业务设备：货场及其有关设备，如装卸线、货物站台、仓库及装卸机械等。

3. 运转设备。

(1)供旅客列车使用的运转设备：主要有旅客列车到发线，必要时设客车车底停留线。

(2)供货物列车使用的运转设备：主要有货物列车到发线、调车线、牵出线(有时设小能力驼峰)、机车走行线及机待线等。

4. 机务设备：包括机务段和折返段。在机务段所在的区段站上，如采用循环运转制时，在到发场应设有机车整备设备。采用长交路轮乘制时可设置机车运用段或换乘点。

5. 车辆设备：包括车辆段、列车检修所和站修所等。

6. 信号、通信设备等。

三、区段站布置图

由于地形、城市规划、运量及运输性质、正线数目等因素的影响，为合理布置区段站的各项设备而形成了多种多样的布置图形。

区段站常见的布置图有横列式、纵列式和客货纵列式三种类型。

(一)单线横列式区段站布置图

单线铁路区段站大多选用横列式布置图。其上、下行到发线(场)平行布置在正线一侧，编组场布置在到发场的一侧。其适用于客货运量不大、地形受限的单线铁路。单线铁路横列式区段站布置图如图 3-6 所示。

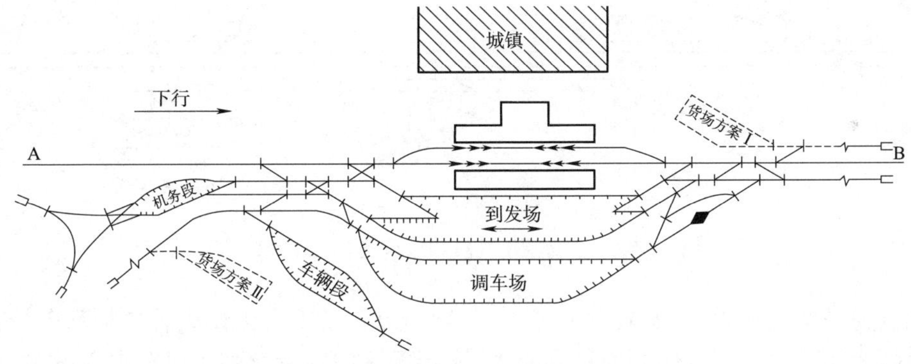

图 3-6　单线铁路横列式区段站布置图

其优点为布置紧凑，站坪长度短，占地少，设备布置集中，管理方便，定员少，投资少；到发线双进路设计使用灵活，作业方便；对不同地形适应性强，便于今后发展。其缺点为一个方向的机车出入段走行距离长，站房同侧有岔线接轨时，取送车干扰正线。

(二)双线横列式区段站布置图

双线铁路行车量较大而旅客列车对数不多的区段站适用双线横列式区段站布置图形，如图 3-7 所示。

其主要优点为各项设备设置位置合理，与单线横列式布置图具有相同优点。这种双线横列式区段站布置图本质上的缺点为作业进路交叉较多，特别是上下行客、货列车到发进路交叉，下行货物列车机车出入段距离较长。

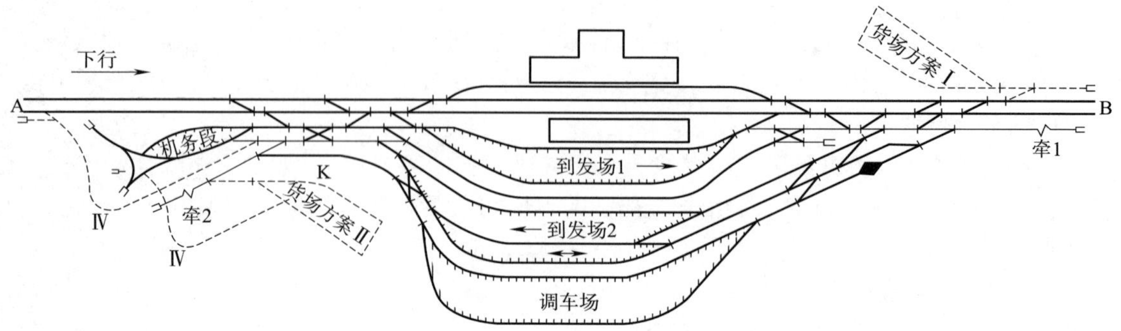

图 3-7 双线铁路横列式区段站布置图

（三）双线纵列式区段站

在运量较大的双线铁路上，客货运输任务繁重，为了减少站内两端延后区上下行客、货列车进路的交叉干扰，区段站可采用纵列式布置图。纵列式区段站布置图是上、下行两个方向的到发场分设在正线两侧，并逆运行方向全部错移，在其中一个到发场一侧，设置双方向共用的调车场，如图 3-8 所示。

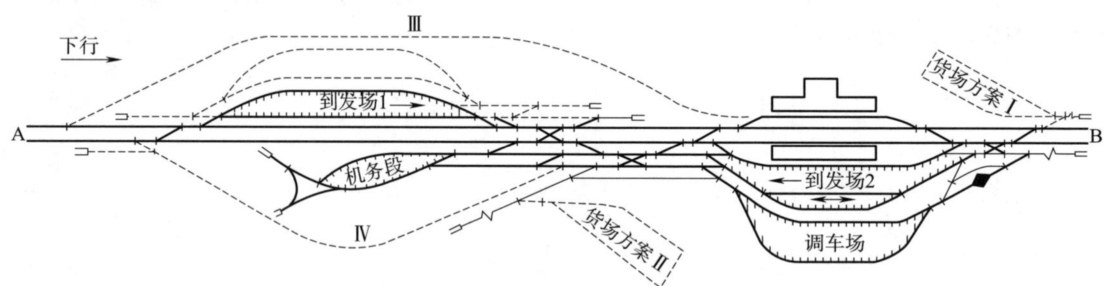

图 3-8 双线铁路纵列式区段站布置图

其优点为进路交叉少，具有较大的能力，特别是疏解了下行无调中转货物列车与上行旅客列车在横列式车站两端咽喉的到发进路交叉；下行无调中转货物列车机车出入段走行距离短；当机车采用循环运转制时，到发线上的整备设备比较集中；站房同侧的工业企业线接轨较方便。其缺点为站坪长，占地多；设备分散，投资大，定员多，管理不便；一个方向的货物列车机车出入段横切正线；调车机往返于下行到发场与调车场之间时，影响了中部咽喉的能力。

（四）客、货纵列式区段站布置图

客、货纵列式区段站布置图最明显的特征是旅客列车运转设备与货物列车运转设备纵列布置，上、下行货物列车到发场位于正线的两侧，呈横列布置，如图 3-9 所示。客运运转设备除正线外，到发线布置为双进路。

此种图形往往是改建时逐步形成的，故客、货运转设备和机务设备相互位置的配置形式很多。其优缺点与纵列式图形大致相同。

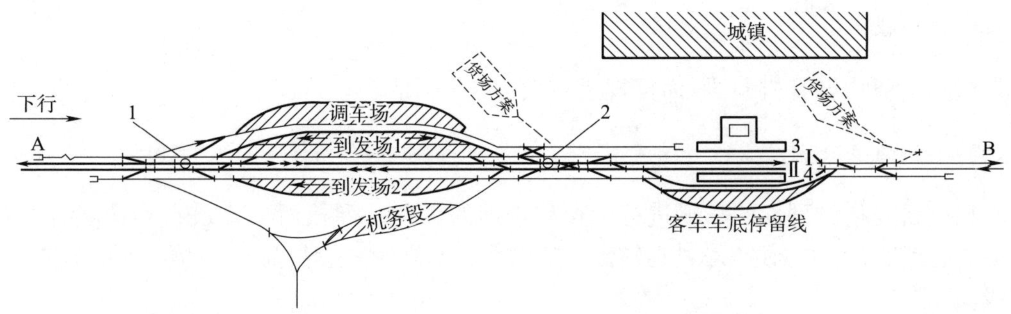

图 3-9 双线铁路客货纵列式区段站布置图

第四节 编 组 站

编组站是铁路网上办理大量货物列车解体、编组作业，编组直达、直通和其他列车，并为此设有比较完善的调车设备的车站。编组站是铁路运输的主要生产单位，在完成铁路货物运输任务中，发挥着重要作用。

编组站通常设在几条主要干线的汇合处，也可以设在有大量装卸作业地点的大城市、港口或大工矿企业附近。

一、编组站的作业

编组站主要办理改编中转货物列车作业、无改编中转货物列车作业、部分改编中转货物列车作业、本站作业车的作业、机车整备检修作业和车辆检修作业等。

编组站和区段站统称技术站。从技术作业上看，编组站和区段站都要办理列车的接发、解编、机车供应或换挂，列车的技术检查及车辆检修等作业。但二者在作业数量和性质以及设备的种类和规模上均有明显的区别，区段站主要办理中转列车的作业，解体和编组的列车数量少，而且大多是区段列车或摘挂列车；而编组站以办理改编中转货物列车为主，主要作业是大量办理列车的解体和编组，编组包括小运转列车在内的各种货物列车，其中大多数是直达列车和直通列车。所以编组站被称为“货物列车制造工厂”。编组站负责路网上和枢纽中车流的组织，其调车场和调车设备的规模和能力均比区段站大得多。

二、编组站的设备

编组站应设置以下设备：

（一）调车设备

调车设备是编组站的核心设备，包括调车驼峰、调车场（线）、牵出线等几部分。当区段车流较大时，可设置专门的辅助调车场。

（二）运转设备

运转设备主要是指接发货物列车的到发线。

（三）机务设备

编组站一般均设有机务段，而且规模较大。

（四）车辆设备

车辆设备是指供到发的车辆进行检查和修理的设备。列检所通常设在到达场、出发场和到发场的适当地点，以方便与车站运转部门的联系。站修所一般在调车场的最外侧设有 1～2 股站修线。

（五）货运设备

1. 整倒装设备。
2. 加冰设备。
3. 牲畜、鱼苗车的上水、换水设备。
4. 货场。

（六）其他设备

1. 客运设备：编组站的客运业务很少，一般利用正线办理客车到发（通过）。旅客列车较多时，也可以设置 1～2 条到发线及 1～2 个旅客站台。

2. 站内外连接线路设备：如进出站线路、站内联络线和机车走行线等。

此外，编组站还设有信联闭、通信和照明等设备。

三、编组站分类

编组站根据其在路网上的位置、作用和所承担的作业量，可分为路网性编组站、区域性编组站和地方性编组站。

（一）路网性编组站

路网性编组站是指位于路网、枢纽地区的重要地点，承担大量中转车流改编作业，编组大量技术直达和直通列车的大型编组站。设有单、双向纵列式或混合式的站场，其驼峰设有自动或半自动控制设备。

（二）区域性编组站

区域性编组站是指位于铁路干线交汇的重要地点，承担较多中转车流改编作业，编组较多的直通和技术直达列车的大中型编组站。设有单向混合式、纵列式和双向混合式的站场，其驼峰设有半自动或自动控制设备。

（三）地方性编组站

地方性编组站是指位于铁路干支线交汇点、铁路枢纽地区或大宗车流集散的港口、工业区，承担中转、地方车流改编作业的中小型编组站。设有单向混合式、横列式布置的站场，其驼峰设有半自动或其他控制设备。

若在一个铁路枢纽内设有两个或以上的编组站，则根据作业分工和作业量，可将其分为以下两类：

1. 主要编组站：主要担当路网上中转车流改编任务，以解编直达、直通列车为主。

2. 辅助编组站：协助主要编组站作业，以解编地区小运转车流为主，个别情况也编组少量直达列车。

编组站还可根据布置图形的不同分为若干类。

四、编组站布置图分类及主要类型

编组站的各项作业是在各个车场上完成的。因此，调车设备的数量与规模及各车场的相互位置，就构成了编组站不同形式的布置图。

（一）编组站布置图分类

1. 按照调车设备的套数分类

单线编组站布置图：只有一个调车场，上、下行改编车流共用一套调车设备（包括驼峰、调车场、牵出线）完成解编作业。其驼峰溜车方向一般朝向主要改编车流运行方向。

双向编组站布置图：有两个调车场，上、下行各有一套调车设备。两系统的驼峰溜车方向朝向各自的改编车流运行方向。

2. 按照车场的相互位置分类

按车场相互排列位置的不同，编组站图形又可分为横列式、纵列式和混合式三种。上、下行到发场与调车场并列配置的称为横列式布置图；所有主要车场顺序排列的称为纵列式布置图；部分主要车场纵列、另一部分车场横列的称为混合式布置图。

3. 按照现场习惯称呼分类

我国铁路现场习惯上对编组站有“几级几场”的称呼。“级”是指同一调车系统中车场的纵向排列数，如一级式就是车场横列，二级式就是到达场、调车场纵列，三级式是到达场、调车场、出发场依次纵向排列。“场”是指调车场，站内有几个车场，就叫几场。

（二）编组站布置图主要类型

编组站布置图的基本类型归纳起来共有六种，即单向横列式、单向纵列式、单向混合式、双向横列式、双向纵列式和双向混合式。

1. 单向横列式编组站布置图

单向一级三场横列式编组站布置图的基本特征是上、下行到发场并列在共用调车场的两侧，如图 3-10 所示。

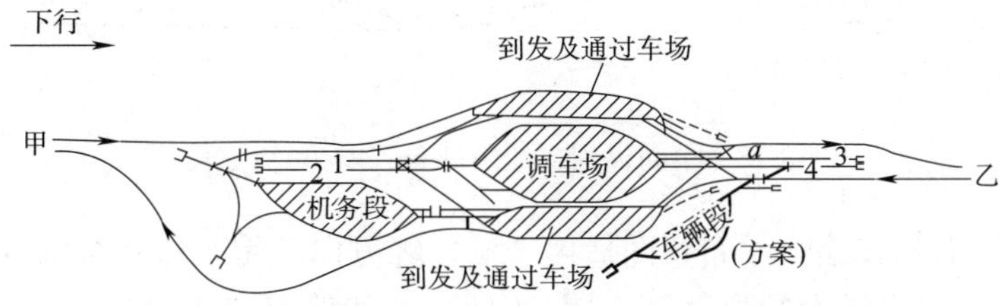

图 3-10　单向横列式编组站布置图（一级三场）

一级三场编组站图形适用于双方向改编车流较均衡、解编作业量不大或地形条件困难、远期又无大发展的中、小型编组站，也可以作为其他大中型编组站的过渡图形。

2. 单向混合式编组站布置图

(1)单向二级四场混合式编组站布置图

单向二级四场混合式编组站布置图基本特征是各衔接方向的共用到达场和调车场纵列配置，上、下行出发场并列设在调车场的两侧，如图 3-11 所示。

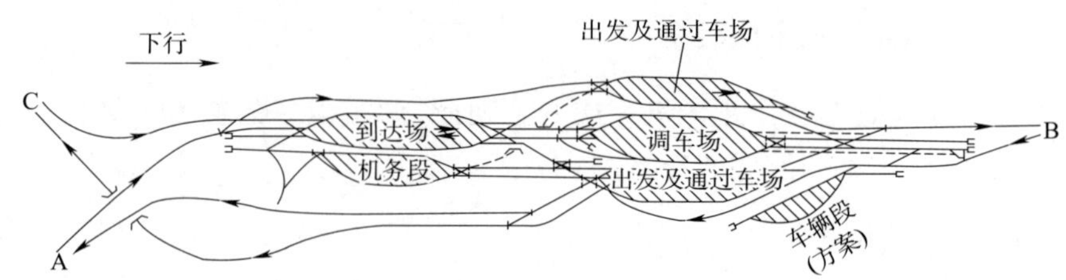

图 3-11　单向混合式编组站布置图(二级四场)

单向二级四场混合式编组站图形一般适用于解编作业量较大或解编作业量大而地形条件困难的大、中型编组站。

(2)单向二级三场混合式编组站布置图

单向二级四场混合式编组站取消顺向出发场，顺向改编列车全部在调车场内供车流集结、编组又兼发车的编发线上出发，便形成单向二级三场混合式编组站布置图。

单向二级三场编组站图形除具有单向二级四场编组站图形的主要优点外，由于取消了顺向出发场，由编发线直接发车，相应地提高了尾部作业能力，克服了二级四场编组站图形头尾能力不协调的缺陷，工程投资和运营费用也比较节省。但是，编发线的运用也存在作业安全条件较差，站线储备能力相对较小等缺点。

单向二级三场编组站适用于中型编组站。适合车流量大，且组号简单；小运转车流大；衔接方向少等条件。

3. 单向三级三场纵列式编组站布置图

单向三级三场纵列式编组站布置图的基本特征是各衔接方向共用的到达场、调车场、出发场依次纵列配置，如图 3-12 所示。

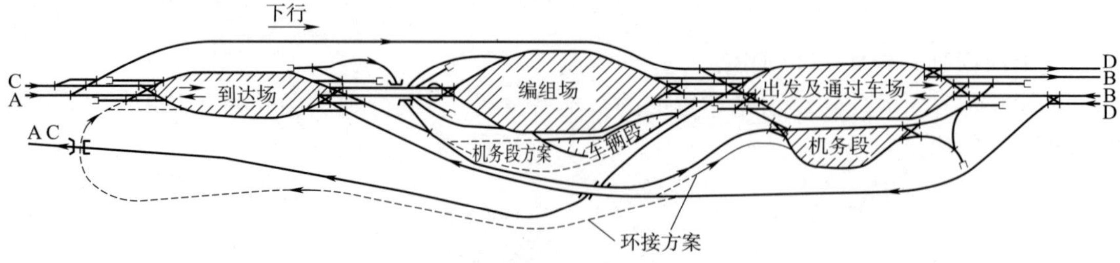

图 3-12　单向纵列式编组站布置图(三级三场)

单向三级三场纵列式编组站布置图适用于顺驼峰方向改编车流较多，解编作业量大，衔接方向较多，要求车站具有较大的机动灵活性，而且地形条件允许或近期运量虽然不大，但远期有较大发展的大型编组站。

4. 双向三级六场纵列式编组站布置图

双向三级六场纵列式编组站布置图的基本特征是上、下行各有一套独立的调车作业系统，驼峰方向相对，车场配列按到达场、调车场、出发场顺序排列，如图 3-13 所示。

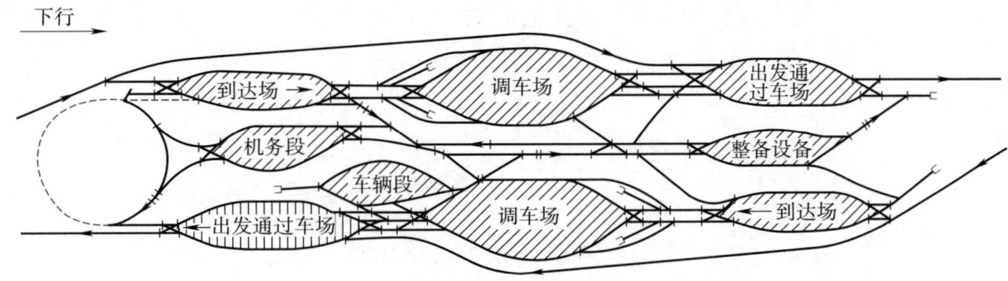

图 3-13 双向纵列式编组站布置图(三级六场)

当路网性编组站衔接方向较多，解编作业量较大，上、下行改编车流数量比较均衡，而折角改编车流量比重不大，地形条件又不受限制时，可采用双向三级六场布置图形。

5. 双向混合式编组站布置图

双向混合式编组站布置图是指两个调车系统的车场数目和相互位置不同而形成的图形。由于车场排列方案很多，所以布置图多种多样，如图 3-14 所示为双向混合式编组站。

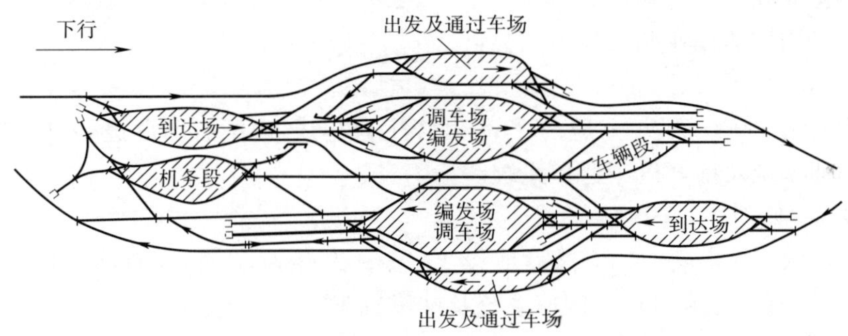

图 3-14 双向混合式编组站布置图(二级六场)

五、调车驼峰

(一)驼峰的组成

驼峰是指将调车场始端道岔区前的线路抬到一定高度，主要利用其高度使车辆自动溜到调车线上用来解体车列的一种调车设备。

驼峰的范围是指峰前到达场(不设峰前到达场时为牵出线)与调车场头部之间的部分线段，如图 3-15 所示。它包括推送部分、溜放部分和峰顶平台。

推送部分是指由驼峰解体的车列，其第一钩车位于峰顶平台始端时，车列全长所在的线路范围。其中，由到达场出口咽喉的最外方道岔警冲标到峰顶平台始端的线段叫推送线。设置这一部分的目的是为了使车辆得到必要的高度，并使车钩压紧，以便摘钩。

溜放部分是指由峰顶(峰顶平台与溜放部分的变坡点)到计算点的线路范围，这个长度也

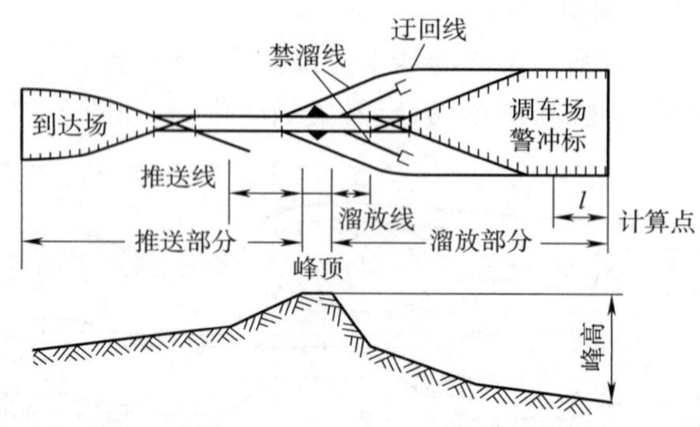

图 3-15 驼峰各组成部分示意图

叫驼峰的计算长度。驼峰调车场的调速制式不同，计算点的位置也不同。

峰顶平台是指驼峰推送部分与溜放部分的连接部分，设有一段平坡地段。峰顶平台包括压钩坡和加速坡两条竖曲线的切线长，不包括竖曲线的切线长时叫净平台。

（二）驼峰的分类

驼峰按其技术设备和制动工具的不同，分为简易驼峰、非机械化驼峰、机械化驼峰、半自动化驼峰和自动化驼峰。

驼峰按其日均解体作业能力分为三类：

1. 大能力驼峰

日解体能力为 4 000 辆以上，应设 30 条及以上调车线，应配有溜放进路自动控制系统、钩车溜放自动调速系统及推峰机车遥控系统。

2. 中能力驼峰

日解体能力为 2 000 辆～4 000 辆，应设 17 条～29 条调车线，配有溜放进路自动控制系统，宜配有钩车溜放自动或半自动调速系统及推峰机车遥控系统。

3. 小能力驼峰

日解体能力为 2 000 辆以下，应设 16 条以下调车线，配有溜放进路控制系统，宜配有钩车溜放半自动调速系统及驼峰机车信号。作业量较少时，也可采用简易现代化调速设备。

（三）现代化驼峰设备

1. 驼峰信号设备

为了指挥调车作业，在驼峰范围内设有各种信号设备。

(1)驼峰主体信号机。用来指挥驼峰机车进行解体作业，每条推送线设一架。

(2)线束调车信号机。指挥驼峰机车在峰下调车线之间进行转线调车，在每个线束的头部均设有线束调车信号机。同时在每条调车线上设置线路表示器。

(3)峰上调车信号机。指挥驼峰机车在峰上进行调车作业，如经由迂回线向调车场转送禁止过峰的车辆等作业，应设有峰上调车信号机。

除上述各种信号机外，在到达场每条线路靠近驼峰一端，还设有驼峰复示信号机，用来复示驼峰主体信号机的各种显示。

2. 驼峰调速设备

(1)驼峰调速设备按调速功能分为以下几种：

①减速设备。在钩车溜放过程中，减速设备用以消耗钩车的能量使车辆减速，如钳夹式车辆减速器、减速顶等。

②加速设备。在钩车溜放过程中，给予钩车能量使其加速，如钢索牵引推送小车、加速顶等。

③加减速设备。兼有加速和减速功能的设备，如加减速顶等。

(2)驼峰调速设备按制动方式分为以下两种：

①钳夹式车辆减速器它是借助于车轮两侧制动夹板上的水平方向制动力对车轮施加压力而产生摩擦力。如T·JK、T·JK2A、TJY3型减速器等。

②非钳夹式车辆减速器。它的制动力或由减速器内部部件的摩擦产生，或由感应电流产生，或由其他方式产生。属于此类减速器的有橡胶轨式、螺旋滚筒式、电磁式和减速小车等。

3. 驼峰测量设备

为了对驼峰溜放车辆的速度进行准确控制，必须有一套能测出溜放车辆速度、重量、车辆走行性能(阻力)和线路空闲长度等的测量设备。

(1)测速设备。我国驼峰一般采用TZ-103型驼峰测速雷达。

(2)测长设备。测长(或测距)设备用来测量调车线空闲长度，是驼峰点式或点连式调速系统不可缺少的基础设备。我国主要采用TDC-103A型音频动态测长器。

(3)测重设备。测重设备是驼峰自动化基础设备之一，它不仅为非重力式减速器的控制提供重量等级参数，还可供编组作业自动化时统计编成车列的重量，也可根据车重粗略地确定车辆的走行阻力。我国多采用T·Z·Y型塞孔式压磁测重器。

(4)测阻设备。在驼峰点式调速系统中，能否准确地测量和处理溜放车辆的阻力是影响调速系统效果的关键因素。

4. 驼峰溜放车辆进路自动控制设备

驼峰溜放车辆进路自动控制设备是驼峰自动化的基础设备之一。国内外绝大多数驼峰均采用道岔自动集中来实现溜放进路的自动控制。

5. 驼峰机车无线遥控及推送速度自动控制

驼峰机车无线遥控系统，其推峰速度仍然由驼峰值班员凭经验给定，不易保证给出最优的推送速度。我国大能力驼峰基本上均实现了驼峰机车无线遥控，目前正进一步研制全部由微机控制推峰作业的全过程。

6. 自动提钩及自动摘接风管设备

到目前为止，国内外大多数编组站都是用人工操作，驼峰作业中自动提钩和自动摘接风管的设备还处在研究试验阶段。

第五节　客运站和货运站

客运站是为旅客办理客运业务，设有旅客候车和乘降设施，并由站前广场、站房、站场客运建筑三部分组成整体的车站。它的主要任务是办理旅客问讯、售票、中转签字、候车、乘降等旅行手续和行李、包裹的承运、保管、装卸、中转、到达与交付的业务，并办理旅客列车的到达、出发、通过和旅客列车车底的取送等技术作业。

货运站是为办理货物运输而设的车站，主要担当货物列车的始发、终到作业以及与货运有关的业务。

一、客运站的分类

（一）按照办理的业务性质划分

我国办理客运业务的车站按办理的业务性质划分为专门或主要办理客运业务的客运站，和同时兼办客货运业务的客货运站。

（二）按照办理的客运量和技术作业量并考虑政治、经济、文化及在路网中的地位划分

1. 按办理的客运量的大小，专门或主要办理客运业务的客运站可划分为特、一、二等站，其划分依据见表3-1。

表3-1 客运站等级划分依据

车站等级 / 依据条件	特等站	一等站	二等站
日均上下车及换乘旅客人数，办理到发、中转行包件数	旅客6万人以上，行包2万件以上	旅客1.5万人以上，行包1 500件以上	旅客0.5万人以上，行包500件以上

2. 按办理的客运量、货运量和技术作业量大小，兼办客运业务（即办理综合业务）的车站具备表3-2中三项条件中两项时，可划分为特、一、二、三等站。

表3-2 兼办客运业务的车站等级划分依据

车站等级 / 依据条件	特等站	一等站	二等站	三等站
日均上下车及换乘旅客人数，办理到发、中转行包件数	旅客2万人以上，行包2 500件以上	旅客0.8万人以上，行包500件以上	旅客0.4万人以上，行包350件以上	旅客0.2万人以上，行包100件以上
日均装卸车数	4 000辆以上	200辆以上	100辆以上	50辆以上
日均办理有调作业车的辆数	4 500辆以上	2 000辆以上	1 000辆以上	500辆以上

此外，办理综合业务的车站，按核定等级的依据条件未达到三等站条件时，定为四等站；以办理列车会让、越行为主的站定为五等站。

3. 在具体核定办理客运业务的车站等级时，依照前述条件并考虑车站所在地的政治、经济、文化及在路网中的地位等情况，可按下列参考条件酌定车站等级：

（1）首都、中央直辖市及个别省府所在地的车站可酌定为特等站；

（2）省府所在地的车站及重要国境站、口岸站可酌定为一等站；

（3）工矿企业比较集中地区所在地的车站及位于三个方向及以上并担当机车更换、列车技术作业的车站，可酌定为二等站或三等站。

(三)按照车站线路布置图形划分

按照车站站场上线路的布置图形,客运站分为以下三种:

1. 通过式客运站

通过式客运站是指有一个方向的正线贯穿车站且股道为贯通线的客运站,其旅客站房布置在线路一侧或两侧。

(1)通过式客运站优点如下:

①车站的两端咽喉都可以办理列车的接发车作业,列车到发与客车车底取送、机车出入段之间的进路交叉干扰较少,车站通过能力大。

②通过旅客列车除了折角列车外,不需要改变运行方向,作业比较简单且方便。

③到发线均可办理各种列车的终到、始发及通过作业,使用比较灵活。

④旅客进出站走行距离短,且与行包搬运作业之间干扰少,站内秩序比较容易保持。

(2)通过式客运站缺点如下:

①其贯通式的线路横穿城市,与城市道路交叉干扰大,且车站站舍不容易伸入市区。

②车站有两个咽喉区,站坪较长,占用土地多。

由于通过式客运站优点较多,因此宜优先采用。

2. 尽端式客运站

尽端式客运站是指设在正线终端的客运站,布置形式分为两种,其一为股道的一端连接正线,另一端为尽头线并设有尽端站台;其二为股道采用贯通线,一端连接正线,另一端连接段管线(如客车整备所、机务段等),旅客站房布置在线路一侧或两侧。

(1)优点有以下几个方面:

①铁路线路与城市道路的交叉干扰比较少,车站容易伸入市区,旅客始发、终到较为方便。

②车站站坪较短,占地省。

(2)缺点有以下几个方面:

①车站只有一端咽喉,全部列车到、发以及客车车底取送、机车出入段等作业均集中在该咽喉进行,各种作业之间交叉干扰大,车站通过能力小。

②通过旅客列车均需变更运行方向,作业不方便。

③旅客进出站走行距离较长,且与行包搬运作业之间易产生交叉干扰。

后者与前者相比,可减少客车车底取送、机车出入段作业与列车到发作业之间的干扰,缩短旅客进出站走行距离,避免进、出站旅客之间及其与行包搬运作业之间的相互干扰。

根据尽端式客运站的特点,全部办理始发、终到列车并位于正线终端的客运站可采用尽端式图形。

3. 混合式客运站

混合式客运站型结构特点是旅客列车到发线有贯通线和尽头线两种。由于其到发线使用不灵活,影响使用效率,所以,只有改建客运站时,因受地形限制或为利用原有设备、节省投资等情况下,方采用该站型。

(四)按照车站建筑规模划分

根据《铁路旅客车站建筑设计规范》(GB 50226—2007)规定,客货共线和客运专线铁路客运站的建筑规模，分别根据旅客最高聚集人数和高峰小时发送量，按表3-3和表3-4划分为特大型、大型、中型、小型客运站。

其中，旅客最高聚集人数是指车站全年上车旅客最多月份中，一昼夜在候车室内瞬时(8～10 min)出现的最大候车(含送客)人数的平均值。该人数由发送旅客人数、中转旅客人数及送客者组成(通勤及通学旅客除外)。

旅客高峰小时发送量是指车站全年上车旅客最多月份中，日均高峰小时发送量。

表3-3 客货共线铁路客运站建筑规模

建筑规模	旅客最高聚集人数 H(人)
特大型	$H \geqslant 10\ 000$
大　型	$3\ 000 \leqslant H < 10\ 000$
中　型	$600 < H < 3\ 000$
小　型	$H \leqslant 600$

表3-4 客运专线铁路客运站建筑规模

建筑规模	高峰小时发送量 PH(人)
特大型	$PH \geqslant 10\ 000$
大　型	$5\ 000 \leqslant PH < 10\ 000$
中　型	$1\ 000 < PH < 5\ 000$
小　型	$PH \leqslant 1\ 000$

二、客运站房

(一)旅客站房

旅客站房是供旅客办理各种旅行手续、行包业务和候车的服务用房及运营管理所需各种业务和行政办公用房的总称。旅客站房在实现客运站的各项功能方面，发挥着核心和纽带作用，其作用主要体现在三个方面：

1. 为旅客办理一切旅行手续和提供方便、安全、舒适的候车条件。
2. 为旅客在城市内外交通工具之间提供便捷、高效的换乘条件。
3. 为旅客在旅行中提供周到的客运延伸综合服务。

为方便旅客乘降，旅客站房的总体设计应与城市规划相配合，站房主体建筑应建在靠市区居民集中的一侧。对于特大型客运站，为方便旅客，可考虑建双向旅客站房并采用高架或地下方式加以连通。

(二)站房内旅客服务用房及设施的设置

客运站房应根据客运量设有便于购买车票、办理行李包裹、候车、问讯、引导、广播、时钟、携带品寄存，以及为旅客服务的文化、卫生及生活上的必要设备。根据规定还应设置实名制验证和制证设备、安全检查设备、客运信息查询设备、视频监控设备、行李包裹到达查询设备、垃圾存放设备、消防设备等，根据需要设置电梯、自动扶梯、无障碍通道和相应的助残设施、污物处理、自动售检票和取票设备等。

办理客运业务的车站应设旅客站台，并应有照明、引导、广播、时钟和视频监控设备。车站应设置围墙或栅栏。办理行李包裹业务的车站应设行包通道，站台长度应满足行包装卸作业需要。

大、中型客运站站前应有广场，站台应有雨棚，跨越线路应采用天桥或地道。

高铁车站设立旅客服务系统，支持铁路局集团公司集中、中心代管小站和车站独立运行等模式，配置相应旅服集成管理平台和车站应急处理平台，实现对车站广播、引导、时钟、查询、视频监控等客运业务的集中管理和控制。旅客站房内各类房舍及设施的设置应以合理组织各种流线、力求减少旅客的多余走行、方便旅客以及经济合理、节约用地为原则。

三、客运站场

客运站场是车站接发旅客列车并组织旅客乘降的场地，也是行包和邮件装卸的场地，在客运站场内应设置各类站线、站台、跨线设备、客车给水等设施。

（一）站　　线

根据作业的需要，客运站一般设置有正线、旅客列车到发线、机车走行线等线路。

1. 旅客列车到发线有效长度

旅客列车到发线是专供旅客列车到达、出发、停留的线路，其有效长度应按照车站接发的旅客列车最大编组长度并考虑一定的停车余量及列车安全过走距离确定。

通常，旅客列车到发线的有效长度不应小于 650 m；当客运站位于Ⅲ级铁路货物列车到发线有效长度的下限地区时，到发线有效长度不应小于 550 m；对于改建客运站，在特别困难的条件下，个别到发线有效长度可采用 500 m。

2. 旅客列车到发线数量

旅客列车到发线的设置数量应根据旅客列车对数、性质、列车开行方案、车站引入线路数量、车站技术作业过程等因素确定，并应满足在高峰小时列车密集到发的需要。

（二）旅客站台

为保证旅客上下车的安全和便利，加快旅客的乘降速度，缩短行包邮件的装卸时间，提高客运站的通过能力，在办理旅客乘降的车站及旅客乘降所的旅客列车到发线旁，均应设置旅客站台。但为了确保旅客乘降安全，旅客站台不宜邻靠正线。

1. 旅客站台的布置形式

旅客站台的布置形式应与旅客站房、车站站型、客流量及旅客列车到发线的布置形式相配合。

通常，客运站为通过式站型或客运站为尽端式站型但站房设置在线路一侧或两侧时，应配合站房及旅客列车到发线设置基本站台及中间站台；客运站为尽端式站型且站房设置在旅客列车到发线尽头处时，应配合站房设置分配站台和与到发线相配合的中间站台。

另外，中间站台又分为岛式中间站台和侧式中间站台，侧式中间站台是指设于最外到发线外侧的中间站台。

2. 旅客站台的长度

为保证旅客上下车的安全，旅客站台的长度应根据停靠的旅客列车最大编组辆数并考虑一定的停车余量来确定。

既有线客运站的旅客站台长度应按 550 m 设置。改建客运站，在特别困难条件下，个别站台长度可采用 400 m。对接发短途和市郊旅客列车的长度，可按短途和市郊旅客列车的实际长度确定。采用尽头线的尽端式客运站的站台长度，应另加机车及供机车进出的必要长度。其他车站的旅客站台长度，应按近期客流量和具体情况确定，但不宜小于 300 m。在人烟稀少地区或客流量较小的车站和乘降所，站台长度可适当缩短。

客运专线旅客站台的长度应按 450 m 设置，困难条件下不应小于 430 m。

3. 旅客站台的宽度

旅客站台宽度应根据车站性质、站台类型、客流密度、安全退避距离、行包搬运工具、地道或天桥的站台出入口宽度等因素确定。

(1)基本站台的宽度

由旅客站房或建筑物最外凸出部分外缘至基本站台边缘的距离，特大型站宜为 20～25 m；大型站宜为 15～20 m；中型站宜为 8～12 m；小型站不宜小于 8 m，困难条件下不应小于 6 m，若设置的旅客跨线通道正对站房处时，不宜小于 10 m。当跨线通道出入口设于基本站台范围以外地段时，基本站台的宽度不应小于侧式中间站台标准。

(2)中间站台的宽度

既有线车站中间站台设有天桥、地道并采用双面斜道时，大型客运站不应小于 11.5 m，客运站不应小于 10.5 m；其他站不应小于 8.5 m，但采用单面斜道时不应小于 9 m；仅需设雨棚时不应小于 6 m。不设天桥、地道和雨棚时，单线和双线铁路中间站的中间站台宽度分别不应小于 4 m 和 5 m。侧式中间站台的宽度可适当减小。改建车站，在特别困难条件下可根据具体情况确定。线路设计行车速度为 120 km/h 及以上时，邻靠有通过列车正线一侧的中间站台应按上述宽度再增加 0.5 m。

客运专线中间站台宽度一般可按表 3-5 采用，当站台位于有列车不停车通过的正线一侧时，其宽度应适当加宽。

表 3-5 客运专线中间站台宽度

名称	特大型及大型站(m)	中型站(m)	小型站(m)
岛式中间站台	11.5～12.5	10.5～12.0	10.0～11.0
侧式中间站台	8.5～9.0	7.5～8.0	7.0～8.0

4. 旅客站台的高度

旅客站台按站台面高出相邻线路轨面的高度，分为高站台、一般站台和低站台三种。其中，高站台的站台面高出相邻线路轨面 1 250 mm，接近客车车底板高度；一般站台的站台面高出相邻线路轨面 500 mm，与客车车厢阶梯最低的踏步基本等高；低站台的站台面高出相邻线路轨面 300 mm。

为方便旅客上下车，邻靠不通行超限货物列车的到发线一侧的站台宜采用高站台。为不影响超限货物列车的通过，邻靠正线或通行超限货物列车的到发线一侧的站台应采用低站台。考虑到方便旅客乘降同时便于列检作业，不通行超限货物列车的线路所夹的中间站台可采用一般站台。

5. 站台雨棚

为保证旅客方便、安全地在站台上行走和上下车，高铁车站及客货共线铁路的特大型、大型客运站应设置与站台等长度的站台雨棚。根据所在地的气候特点，中型及以下车站宜设置与站台同等长度的站台雨棚或在站台局部设置雨棚，其长度可为 200～300 m。站台地道出入口处应设置雨棚。雨棚的宽度不应小于站台的宽度，基本站台上的旅客进站口、出站口应设置雨棚并应与基本站台雨棚相连。特大型、大型客运站宜设置无站台柱雨棚。设无站台柱雨棚的车站，站台上不宜设置厕所。

6. 站台安全警戒线及防护设施

为保证旅客乘降安全，旅客列车停靠的站台应在全长范围内的站台面上设置宽度为 0.06 m 的黄色安全警戒线，黄色安全警戒线与站台边缘的距离如下：

(1)普速车站有旅客列车停靠的高站台边缘距线路中心线的距离为 1 750 mm，安全标线距站台边缘 1 000 mm。

(2)非高站台安全标线与站台边缘距离为：列车通过速度不大于 120 km/h 时，1 000 mm；列车通过速度 120 km/h 以上至 160 km/h 时，1 500 mm；列车通过速度 160 km/h 以上至 200 km/h 时，2 000 mm。也可在距站台边缘 1 200 mm(困难条件下 1 000 mm)处设置防护设施。

高铁车站旅客站台应为高站台，应设置安全标线和停车位置标，两端应设置防护栅栏，防护栅栏不得侵限，并悬挂禁行标志。无列车通过或列车通过速度不大于 80 km/h 时，站台边缘距线路中心线的距离为 1 750 mm，安全标线距站台边缘 1 000 mm。列车通过速度大于 80 km/h 时，站台边缘距线路中心线的距离为 1 800 mm，安全标线距站台边缘 1 500 mm，必要时在距站台边缘 1 200 mm 处设置安全防护设施，有 200 km/h 及以上列车通过的须设置屏蔽门、安全门等防护设施；列车通过最高速度不得超过 250 km/h。应加强站台限界的日常管理，与站台限界有关的侧线线路几何尺寸偏差管理值应按正线管理。

7. 站台客运设施

特大型、大型站的普速车站站台可设站台售货亭，其位置宜设在站台中心两侧各 90～100 m 处。高铁车站站台宜设旅客候车座椅。每个站台上至少有两块面向列车的站名牌和面向天桥、地道的站台号牌。站名牌、站台号应醒目、坚固。

站台上应设车次、走向等导向牌，导向牌应设于地道、天桥出入口和旅客进出站主要通道处。对于动车组列车停靠的站台，为便于乘坐动车组列车的旅客在站台上排队等候。车站应根据动车组停车标位置、停靠动车组编组长短、正反向运行等情况，按照“突出主要车型、实行后上前下”的原则设置各车厢位置指示标识。运行车型较多的线路，按主要车型对应车厢后门、其他车型在本车厢对应区域尽量靠近后门来设置车厢位置指示标识；仅停靠始发动车组列车的站台可不设置车厢位置指示标识。

站台上用于告知旅客所持车票票面显示车厢位置的定位标识。根据列车编组、动车组重联情况以及运行方向，车厢定位标识的色彩构成分为以下几种形式：

(1)正向运行、大编组或重联动车车厢位置标识。版面基准色采用黄色，信息采用黑色。

(2)正向运行、短编组动车车厢位置标识，版面基准色采用蓝色，信息采用白色。

(3)反向运行、大编组或重联动车车厢位置标识，版面基准色采用绿色，信息采用黑色。

(4)反向运行、短编组动车车厢位置标识，版面基准色采用紫色，信息采用白色。

此外，在站台上还应设置以下一些服务揭示：安全提示、列车到发及不正常运行信息、旅客列车编组方向顺序、时钟等。

(三)跨线设施

客运站场内的跨线设施是通过式客运站及站房设于线路一侧的尽端式客运站的站台与站台之间的联络设施。跨线设施的类型、数量和位置对于客运站场内的流线组织起着重要的作用,尤其在有大量旅客进、出站时,跨线设施往往会成为客流疏散过程中的控制地带。为了实现合理的流线组织,保证旅客通行、上下车的安全与便利,保证行包、邮件搬运、装卸作业的安全与便利,跨线设施的配置应根据客运站站型、客流大小、客流性质以及站台、站房及站前广场的相互位置等因素综合考虑。

在跨线设施中,天桥造价低,受水文、地质条件影响较小,维修、扩建方便,排水、通风、采光条件较好;但天桥有升降高度较大、斜道占用站台面积较多和遮挡站内工作人员视线等显著缺点,而地道则相反,其在使用上较天桥的优越性大,故应优先采用地道。

(四)客车给水设备

大型及以上车站、有动车段(所)的车站及始发终到旅客列车的车站宜设旅客列车给水站。客车上水设备应能满足在列车站停时间内、各列车同时上满水的需要。根据需要可设自动给水设备。

旅客列车及生产生活用水,须进行净化消毒处理;固定动力锅炉用水应进行炉外或炉内软水处理。给水站须进行定期水质检测。水质须达到国家规定的标准。

客车给水站按照列车运行 5～6 h 或距离 200～300 km 的原则确定,给水站由铁路总公司公布。客车给水站给水设备的能力,应满足同一时间最高聚集客车列数的给水需要。

1. 水井数量应满足图定旅客列车最大编组需要。设置水井间距以 25 m 为宜。
2. 给水量较大的车站还应配置一井双栓(仅停靠动车组列车线路一井一栓),一栓一管。
3. 客车给水站的水栓应设置检查井。
4. 给水管路的适当位置设置水表。
5. 根据需要设置防寒设施。

给水站水井使用一个栓头时,栓口设计流量不应小于 2.5 L/s;双头栓同时上水时,每个栓头设计流量不应小于 2.0 L/s。客技站、库内给水设备的能力应满足列车在站停或整备作业时间内全列满水的需要;客车给水系统不得接引其他用水,确保水压、流量的稳定性。车站客车给水栓及供水系统作为客运供水的专用设备,应确保水质、流量的稳定,不得接引其他用水,并应能满足防污染、防损坏的要求。在寒冷地区,应具有防冻设施,以保证冬季客车的正常给水。

四、车站广场

(一)车站广场的功能

车站广场是铁路与城市联系的节点,其主要功能如下:

1. 集散旅客

通常一列旅客列车载客均在千人以上,当旅客列车到发时,进出站旅客流会较为集中,尤其是在始发、终到旅客列车较多的大、中型客运站上,大量旅客的集结、疏散需要较大的场地,为此，大、中型客运站车站应设置广场，以满足旅客集散需要。

2. 为旅客提供室外活动场所

车站广场除供旅客集散之外，还可作为旅客室外活动、休息的场所。在客流高峰时期，对于一些站房候车面积不足的车站，车站广场还可作为其组织旅客临时候车的场所。

3. 运行和停放车辆

为方便旅客换乘和行包集散，车站广场需要为各种市内交通车辆以及托运、提取行包的车辆提供行驶和停放的场地。对于大型、特大型客运站，还应考虑将城市地铁站或轻轨站引入车站广场，以方便旅客乘降。

4. 布置各种服务设施

为满足旅客旅行需求，车站广场周围应设置供旅客使用的商店、旅馆、餐厅、邮电、娱乐、厕所等各种服务性设施。

(二)车站广场的构成

车站广场在形式上，现已由单一的平面形式发展为广场与站房、站场等相互融合的多层立体空间，在利用空间、节省土地、方便旅客换乘方面取得了良好效果。

车站广场一般由以下 4 部分组成：

1. 站房平台

各型站房建筑的室外部分均设有向城市方向延伸一定宽度的平台，此平台具有联系站房各个部位、方便旅客办理各项旅行手续的功能，并与进出站口和旅客活动地带及人行通道连接，起到连接站房与车站广场的作用。

2. 旅客车站专用场地

由于旅客车站人员流动、车辆流动的密集程度较高，为便于使用及管理，维护车站良好秩序以保证旅客及车辆安全，需要有专门的室外集散场地，此专用场地由旅客活动地带、人行通道、车行道、停车场组成。

3. 公共交通站点

多数旅客到站、离站均以各类公共交通车辆为主要代步工具，此类站点通常根据公交线路的设置情况，以起、终点的形势常设于车站广场。

4. 绿化与景观用地

绿化与景观除美化车站环境外，还可减少广场噪声及太阳辐射，改善环境，为此车站广场的绿化率不宜小于 10%。绿化与景观用地可以单独设置，也可与广场其他内容相结合。

(三)车站广场范围划分

为加强车站广场管理，以充分发挥车站广场功能，保证旅客、行包以及各种车辆的流线流畅、安全、有序，对于车站广场的范围，应该有一明确的划界。通常，其划分原则为：

1. 当站房平台有局部凸出时，其凸出部分的功能有别于基本平台部分。凸出部分虽然也是旅客步行的场地，但它主要为旅客提供乘降城市交通工具或短时间逗留、休息、观赏的场地，称作步行广场。而站房基本平台，是为旅客提供来往于站房各出入口的联络通道，兼做旅客户外活动空间。因此，应将车站广场按站房前平台基本部分的边缘线划界，站房平台基本边缘线以内，属于站房建筑物的组成部分，应由铁路投资、管理；基本边缘线以外包括步行广场，由城市市政投资、管理。

2. 对于行包广场，按其性质亦应划为车站广场组成部分，以便于统一组织广场机动车辆的交通流线。

五、货 运 站

(一)货运站的分类

1. 按工作性质分为装车站、卸车站和装卸站。

2. 按办理货物的种类分为综合性货运站和专业性货运站。凡办理多种不同货物作业的车站称为综合性货运站；凡办理单一品类(如粮食、木材、煤、矿建材料、石油以及制品等)大宗货物以及危险货物作业的车站称为专业性货运站。

3. 按服务对象分为公共货运站、换装站、工业站、港湾站。

货运站根据货场和车场的相互布置分为横列式与纵列式两种。横列式货运站的优点是设备集中，管理方便，但调车作业不利。纵列式货运站则反之。

(二)货运站布置图

1. 尽头式：车场与货场横列，正线不贯通，接发车作业集中在一端咽喉，交叉干扰大，作业能力较低。

2. 通过式：车场和货场在正线一侧，正线贯通，作业能力较大，但与城市道路交叉干扰严重，不易深入城市中心。

(三)货运站的货物作业

1. 货物的托运、装卸、交付和保管。

2. 货运票据填写、查询。

3. 货物过磅、分类、搬运、堆码、装卸加固。

4. 办理公铁、铁水联运。

5. 集装箱调运、零担中转等。

(四)货运站的设备

办理货运的车站，根据需要应设下列设备：

1. 办理托运、检斤、制票、问讯、交付等货运设备。

2. 办理货运作业的站台、仓库及货位、堆场、集装箱装卸场地、雨棚、排水、消防、照明、通路及围墙。

3. 货运安全检测及防护、视频集中监控等设备。

4. 为提高货运组织和作业管理现代化水平，应设信息化系统。

货物装卸量较大的车站，应设综合性货场和专业性货场。综合性货场办理不同种类的货物，以及与车站接轨的专用线作业。

专业性货场专门办理某一种或几种大宗货物，这类货场应按货物性质及数量合理设置。在大量装卸牲畜、家禽的车站应设置牲畜、家禽装卸站台，牲畜圈和供水设备。办理爆炸品货物的专用货场，应按规定设在远离城市的地点。该货场应按规定与铁路正线、到发线、城市居民点有足够的安全距离，并应有防爆围墙、照明及特殊消防器材等设备。在铁路总公司指定的机械冷藏车加油站，应设置机械冷藏车加油设备；冷链运输节点站，应设置为冷藏车作业的设施设备。办理集装箱业务的车站，因集装箱内部货物不可见，可能因货物集重或集装箱对位装载等原因造成车辆偏载。因此，可根据需要配置货车超偏载检查的设备，也可在集装箱装载时进行检测。

货车洗刷除污地点，应设处理污染及排泄设备。

尽头站台主要是为了装卸轮式、履带式货物而设的。为保证装卸过程中车辆与站台牢固连结，尽头站台端部应装设车钩缓冲装置。

为了减轻工人劳动强度，提高装卸作业效率，加速货物运送及车辆周转，货物装卸作业应采用机械化设备。

六、货　　场

货场是铁路车站办理货物承运、保管、装卸、交付作业及与其他运输工具相衔接的场所，在货运量较大的车站均设有货场。

（一）货场的分类与配置

1. 货场分类

货场是指办理整车、零担、集装箱运输、快运业务等作业的场所。

根据年办理货运量分为大、中、小型货场。大型货场年货运量在 100 万 t 以上；中型货场年货运量 30 万 t 以上不满 100 万 t；小型货场年货运量不满 30 万 t。货运量大、发到品类多的车站，为避免作业过于集中和便于管理，可分设几个货场，各货场间可按运输种类或办理货物的品类、方向进行合理分工。

2. 货场的配置

货场根据线路的布置方式的不同分为尽端式、通过式和混合式三类。

(1)尽端式货场也称尽端式货场。其装卸线一端连接车站的车场，另一端是设置车挡的终端。

(2)通过式货场的装卸线是通过式的，两端均连接车场。

(3)混合式货场根据办理货物的种类、作业方法，将一部分装卸线修成尽端式，一部分装卸线修成通过式。

一般大、中型货场宜设计为尽端式，中间站货场宜设计为贯通式或混合式。

（二）货场设备

货运设备包括仓库、货棚、站台、货物线、堆货场及通道、房屋、装卸机具、衡器、军用加固材料、防湿篷布，上水、加冰、洗刷除污以及用于货运业务的电子计算机等各项设施。

1. 仓库、雨棚、雨搭等场库设备

仓库是为存放怕受自然条件影响的货物、危险货物和贵重货物而修建在普通站台的封闭式建筑物；雨棚是为避免货物受自然条件影响而修建在普通站台上带有顶棚的建筑物，主要用于存放怕湿、怕晒货物；雨搭是仓库、雨棚的辅助防雨设备，为避免货物在装卸与搬运作业时遭受湿损，雨搭一般伸至站台边缘。

2. 货物站台

货物站台是为了便于装卸车作业，主要用以存放不受自然条件影响的货物而修建的建筑物。货物站台按其结构及高度可以分为普通货物站台、尽端式站台和高站台。

(1)普通货物站台。普通货物站台是指站台面距轨面高度 1.1 m 的站台，其高度一般与货车地板高度相同。在大量有以敞车代平车并在普通货物站台上进行装卸作业的地区，普通货物站台靠铁路一侧可以设置为 1 m。

(2)尽端式站台。当有需要装卸自行开动的机动车辆时，应设置尽端式站台。尽端式站台可与线路平行的站台联合设置，也可单独设置。

(3)高站台。为了节约劳力，加速货物装车作业，在有大量散装货物和不易破碎小型货物利用敞车装车时，根据地形条件可设置高站台。凡站台面距轨面高度大于 1.1 m 的站台，统称为高站台。高站台分平顶式、滑坡式和跨线漏斗式三种。

3. 堆货场

堆货场主要用来装卸并短期存放煤炭、砂石、木材等散堆装货物、长大笨重货物、集装箱的场所。按其与装卸线的水平位置分为平货位和低货位的两种。平货位堆货场一般与路基平面相同。低货位堆货场低于地面 1.5 m 以上。

4. 货场配线

货场配线包括货物装卸线、调车线、牵出线、存车线、轨道衡线、换装线等。

(三)货区、货位管理

1. 货区划分及管理

在货运量较大的货场内，根据办理种别、作业量和作业性质，将一条或若干条装卸作业线及相关货运设备合并一起划分为若干作业区进行管理，这样的作业区简称为货区。如按货物运输种类分为整车、零担、集装箱作业区。按办理种别分为发送、到达作业区。

2. 货位划分及使用

整车货位的大小原则上以能容纳一车货物的面积为准。通常，80～100 m^2 为一个整车货位。

货位的划分通常有以下几种方式：

(1)一线分段固定货位。即线路上只有一侧货位，一段固定为装车用，另一端固定为卸车用。

(2)一线两侧货位。即装卸线一侧固定为装车货位，另一端固定为卸车货位。

(3)间隔货位。即在装卸线上，装车和卸车货位间隔固定。

(4)一线装卸平列货位。即在线路同一侧的外面固定为装车货位，里面固定为卸车货位。

第六节　高速及重载铁路站场

一、高速铁路车站的特点

1. 车站作业单一，只办客运业务，不办货运业务。如果高速铁路开行货物列车，必须解决以下问题：

(1)货车轴重。我国货车轴重大多在 21 t 及以上，并向 25 t 发展；高速铁路要求轴重不超过 18 t。

(2)速度差。货物列车速度低、速度差大,不利于客货共线运营。

(3)信号适应。高速客运铁路无地面信号,行车靠列车自动控制系统和调度集中系统,货车不适应。

(4)必须减少牵引质量、加大牵引功率和减缓最大坡度。货运列车的牵引质量只能在 1 000 t左右,最大坡度不能超过 12‰,机车功率需加大到 8 800 kW。

(5)货物列车编组和货物装卸。为了适应高附加值的轻快货物列车的货源分散,必须在编组站集结。货物列车从编组站上下到高速铁路十分困难;货物装卸作业不方便。

2. 高速动车组列车不办理行包和邮件装卸业务。为减少工程投资,节约运输成本,减少旅客列车停站时间,我国高铁车站不应办理行包和邮件装卸作业。

3. 高铁车站设计必须突出"安全第一"的设计思想,要充分体现"以人为本、方便旅客"的宗旨,提倡旅客流程立体化、进出站自由化和多样化的设计。高铁车站需考虑总体布局,方便旅客进出站和上下车,并做好与其他交通方式的协调。

4. 高铁车站的客运和行车工作组织、客运设施要适应高效率快速作业的要求。

车站应该设置自进站至站台候车全程醒目清晰的旅客引导电子设备和多处一定时间段内各次列车电子信息牌,使得每位旅客能自己"对门上车、对号入座";根据客运量的大小,配备自动售票、自动识别系统。

车站应有自动控制接发列车信号系统,以减少办理闭塞和开通进路时间。车站平面布置应使停站列车以不低于 80 km/h 的速度进入进站信号机,并安全、准确地到达停车位置,保证通过列车不减速通过车站,确保会车安全。

二、高速铁路站场

(一)高速铁路站场布置特点

1. 站坪长

中间站站坪长度一般不小于 2 000 m,大型客运站根据车站规模及布置形式具体确定站坪长度。

2. 线间距大

(1)车站内正线线间距与区间相同,采用 5.0 m。

(2)正线与到发线之间的线间距不小于 5.0 m,有列检作业和列车上水作业的车站,其正线与到发线间的线间距为 7.0 m。

(3)到发线之间的线间距及高、中速旅客列车存车线的线间距为 5.0 m。

(4)维修基地维修线与正线间的线间距不小于 8.0 m。

3. 站场路基要求高

站场路肩宽度应满足路基稳定和维修作业要求。最外股道中心至路基边缘的宽度,站内正线不小于 4.0 m,到发线不小于 3.5 m,其他线不小于 3.0 m。

4. 轨道设计标准高

略。

5. 道岔辙叉号大

(1)站内正线上,一般采用18号可动心轨道岔。

(2)区间渡线采用41号可动心轨道岔。

(3)疏解线与高速正线接轨道岔,一般采用41号可动心轨道岔。

(4)到发线上的道岔,其辙叉号不小于12号。

(二)高速铁路站场设计原则和要求

高铁车站布置应以方便旅客乘降,提高客运服务质量与运输效率,有利于为既有线分流客运为基本原则。高速铁路站场的布置应满足下列一些基本要求:

1. 减少车站数量。
2. 尽量利用既有站的站场设施。
3. 设置相应的换乘设施。
4. 设置越行用的中间站。

(三)高铁车站布置图

高铁车站布置图主要分为中间站布置图、大型客运站布置图。

1. 高速铁路中间站布置图

(1)越行站

越行站的主要作业是办理中速列车待避高速列车。越行站由于只办理正线各种列车的通过和速度较快的列车越行速度较慢的列车,而不办理旅客乘降作业,因此只需设2条待避到发线。由于越行站不办理客运业务,因此原则上可不设站台,如图3-16所示。

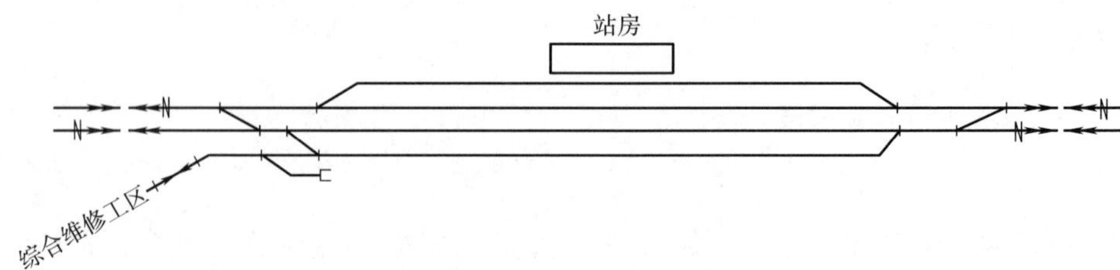

图3-16 越行站布置图

(2)中间站

①在高速线上新建的高速中间站主要办理以下作业:

a. 高速、跨线旅客列车停站或不停站通过。

b. 办理停站列车和越行列车进出到发线和旅客上下车。

c. 少量高速旅客列车夜间折返停留。

d. 办理停站的各种旅客列车的客运业务。

e. 有综合维修管理区岔线接轨的中间站,在正常情况下在"天窗"时间内办理检测、维修等列车进出正线作业。

f. 与既有铁路(既有站)有联络线连接的中间站,办理来(去)自既有铁路进入(发出)高速中间站列车(包括高、中速列车,城际动车组)的接发作业。

g. 有立即折返列车的中间站,办理列车终到、始发作业,并办理始发终到列车的客运整备

(包括清洁、供应物品等)作业和旅客列车上下车。

②中间站的布置图有不设维修基地中间站和设有维修基地中间站两种。

a. 不设维修基地的中间站布置图如下：

对应式中间站。对应式中间站的中间站台设在到发线外侧或到发线之间，站台不靠正线。如图 3-17 所示。

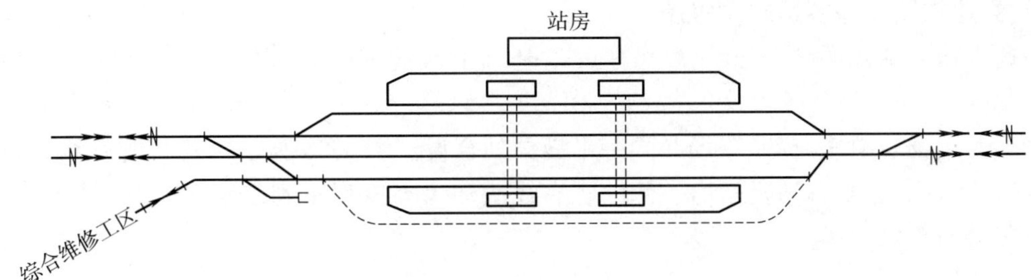

图 3-17 对应式中间站布置图

岛式中间站。岛式中间站的中间站台设在正线和到发线之间，站台的一侧靠正线，如图 3-18 所示。

站台安全退避距离需要加宽，并需设置防护栅栏。

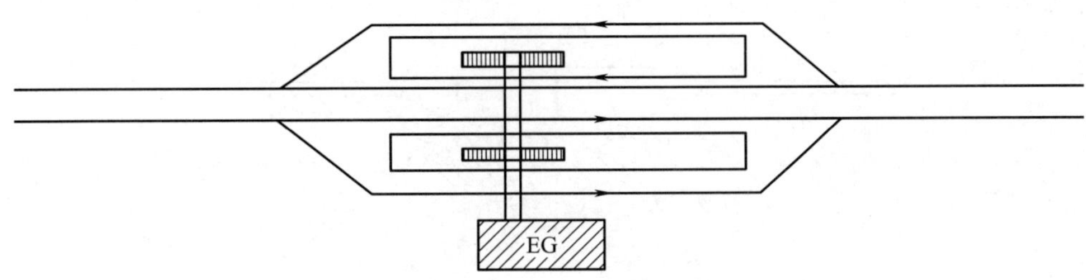

图 3-18 岛式中间站布置图

中间站一般以采用对应式布置图为宜。但当有停站的旅客列车较多时，为充分利用站台，也可采用岛式布置图。

b. 设有维修基地的中间站布置图。为便于高速动车组列车停留折返，在某些有动车组折返停留作业的中间站，需要设置 3～4 条到发线。

为便于高速铁路设备的维修保养，在高速线的车站上通常根据工务、电务、供电工区的分布，设置综合维修基地。这种基地应尽量与车站的到发线衔接。必要时，可采用跨线桥引入车站，如图 3-19 所示。

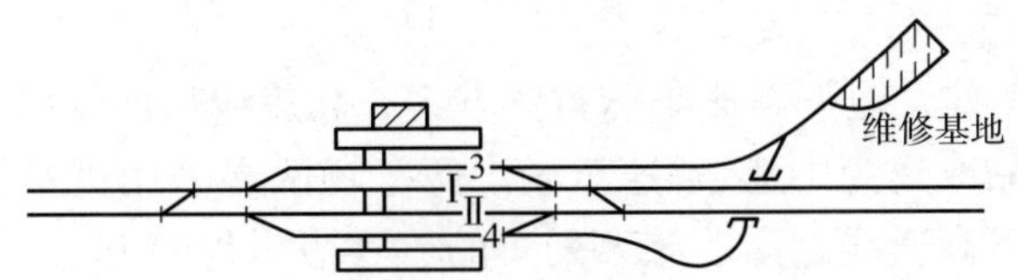

图 3-19 设有维修基地中间站布置图

2. 高速铁路大型客运站布置图

(1)高速铁路大型客运站办理的主要作业

①办理高速旅客列车的客运业务。

②办理高速旅客列车的始发、终到,动车组的取送和折返作业。

③办理动车组的整备、检修作业。

(2)高速铁路大型客运站布置图

高速铁路大型客运站一般在大型客运站基础上改建或扩建而成,主要有以下两种基本形式:

①高速车场与中速、普速车场在同一平面并列合设。图 3-20 为高速线与既有线并行引入既有客运站,将靠近既有站至站房一侧的既有线改建为高速列车到发场,新建副站房,并在该侧扩建普通列车到发场。

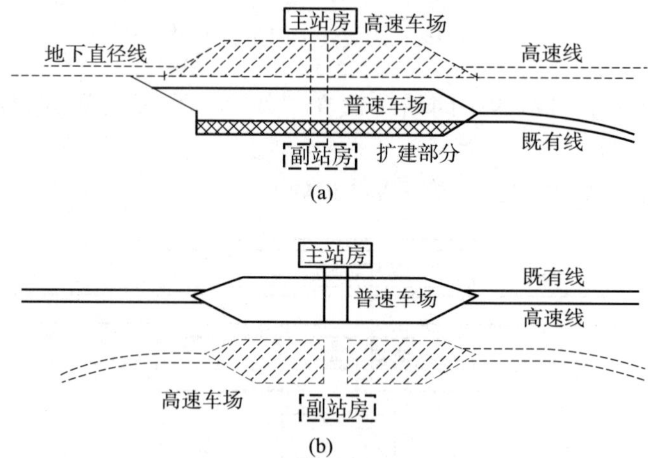

图 3-20 高速车场与中速、普速车场在同一平面并列合设

图 3-20(b)为在既有车场一侧扩建高速车场,专供接发高速列车,既有车场共接发中速或普通列车。

②高速车场与中速、普速车场在不同平面合设。图 3-21 为既有站上方设高架高速车场布置方案。高速线高架引入既有站,在其上方设高架高速车场;桥下地面既有站为中速、普速车场。两车场两端采用进站线路立体疏解设备互相连通,以便于中速旅客列车上、下高速线,但当没有中速旅客列车上、下高速线,两车场之间也可不必连通。高速旅客列车的旅客可通过主、副站房的自动扶梯和高架候车室通廊进、出站和换乘,中速、普速旅客列车的旅客可通过高架候车室和地道进、出站。

图 3-22 为既有站下方设地下高速车场布置方案。高速线从地下引入既有站,在既有站地下新建高速车场,既有站改建为中速、普速车场。两车场两端采用进站线路疏解设备相连接,以便中速旅客列车上、下高速线。高速旅客列车的旅客可沿地道和自动扶梯进、出站和换乘。中速、普速旅客列车的旅客可通过高架候车室和地道进、出站。

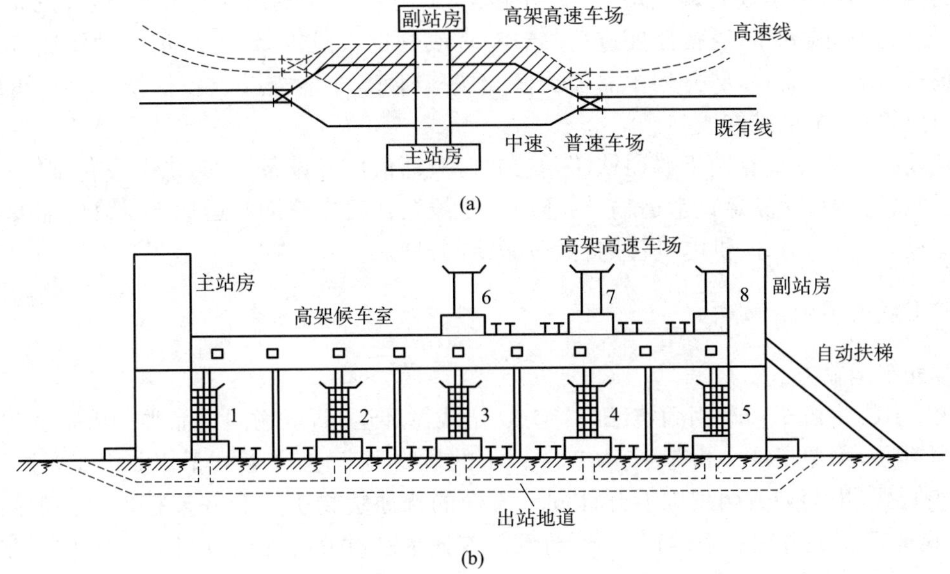

图 3-21　既有站上方设高架高速车场布置方案

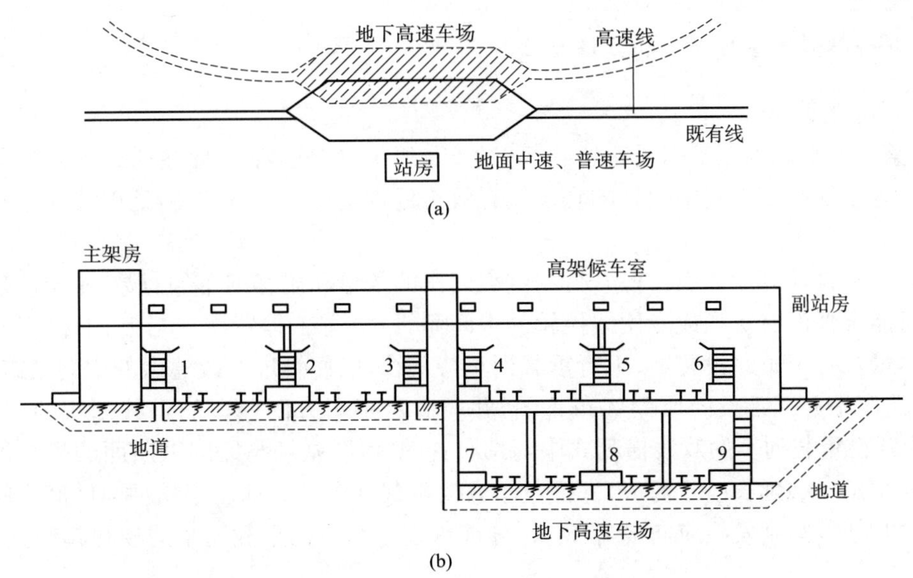

图 3-22　既有站下方设地下高速车场布置方案

三、重载铁路

(一)重载铁路

重载铁路是指开行单元重载列车、组合重载列车、采用较强轨道结构和专用车辆的货运专线铁路,列车牵引质量一般在万吨及以上,通常采用集疏运一体化运营方式。当列车牵引质量超过万吨时,为了使列车起动和制动时车钩受力在允许的范围之内,需要采用组合列车方式。

重载铁路编组站有别于普通编组站，主要功能是完成重载列车的组合和分解，应设列车组合车场；空车方向到达的列车，通常需要进行临时检查或分批入段检修，为满足车辆作业应设空车分解车场；根据运输需要，部分列车需要更换或加挂机车，车辆需要入段检修，因此，重载铁路编组站应设机务、车辆维修设施。

重载铁路运营方式有别于普通铁路，线路维护、通信信号设备维修、供电设备维修、应急救援等设置比较集中，除满足日常运输外，还应满足线路在集中修期间运输与维修的需要，因此，编组站应设置工务、电务、供电、应急救援等必要的设施。

(二)重载列车运输方式

重载列车运输方式：

1. 单元式：将机车和车辆固定编组，定点、定线循环运行，运输固定品类的大宗货物。

2. 整列式：由单机或多机牵引 5 000 t 以上的货物列车，按普通列车作业组织方法运行。

3. 组合式：由两列或两列以上开往同一方向的普通货物引导合并连接，首尾相接而组成的列车，在运行图上占用一条运行线，运行到前方技术站再分解的重载列车。其中整列式重载列车目前为我国重载运输的主要方式。

四、重载铁路站场

(一)开行整列式重载列车的站场改建

1. 中间站的改建

由于整列式重载列车牵引重量达到 5 000 t 及以上，因此，在开行整列式重载列车的既有繁忙干线上，必须将该干线中间站的到发线有效长延长至 1 050 m，以满足重载列车待避旅客列车的需要。

改建时，根据计算期牵引区段开行的重载列车的数量和旅客列车的对数，确定改建车站的数量，尽可能选择没有货场或专用线接轨的中间站，以节省工程费用。当上、下行都开行重载列车时，尽量在一个车站设置上、下行重载列车待避线，以便管理。改建后的中间站布置图，应尽量选择向车站一端延长的横列式布置图，并应满足重车方向停车的重载列车的起动条件。图 3-23 为开行重载列车的双线横列式中间站布置图，该图站坪与区间纵断面的配合形式为凸形，站线向车站一端延长改建而成，保证重车方向重载列车的起动。当站坪与区间纵断面的配合形式为凹形时，则到发线应向 A 端延长，才能保证重车方向重载列车的顺利起动。

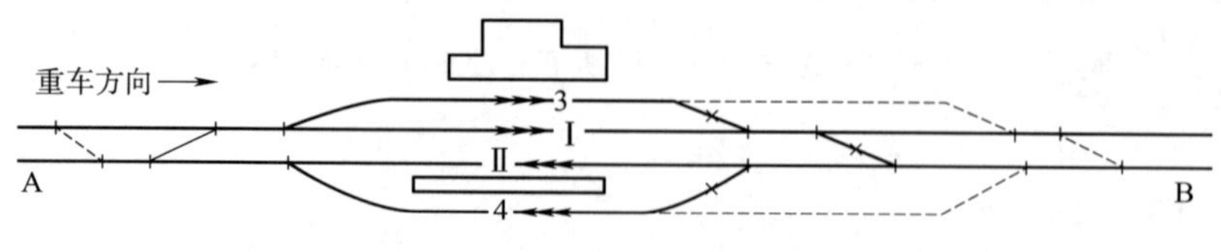

图 3-23 重载铁路中间站改建

2. 技术站改建

在开行整列式重载列车的既有繁忙干线上，必须对既有技术站进行改建。主要是延长到发线，使站线有效长达到 1 050 m。

改建时，要充分利用既有设备，不变更站型结构，少改动车站咽喉，特别是驼峰线路，以减少工程费用。延长站线的数量和范围应满足该站最大可能开行的重载列车的需要，并使延长后的站线有利于重载列车的起动。

（二）单元式重载列车装卸车地车站布置图

1. 始发技术站布置图

图 3-24 为重载列车装车地始发技术站布置图。该布置图为一级三场编组站，A 方向衔接干线，B、C 方向衔接装车地。上、下行到发场布置在调车场两侧，接发重载列车的到发线紧靠正线。站修所设在调车场尾部，机务段按预留二级四场规划位置设置。重载列车车辆检修基地规模较大，设在一个方向的正线外侧，与正线立交引入上、下行到发场。

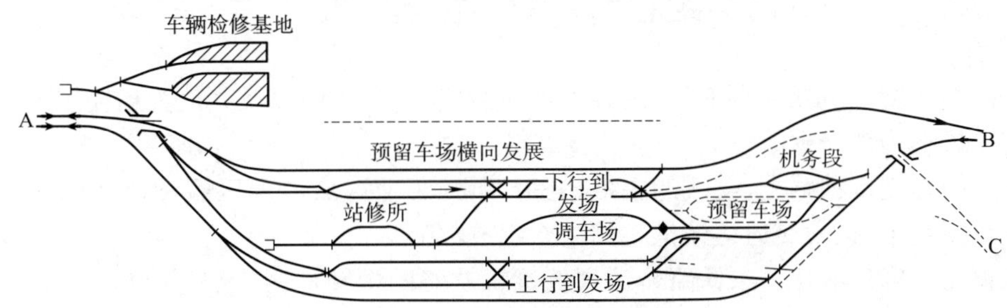

图 3-24　单元式重载列车装车地始发技术站布置图

2. 终点技术站布置图

图 3-25 为单元式重载列车卸车地终点站技术站布置图。站内设有到发线、调车线、存车线、牵出线、机车走行线、机待线，另根据需要设轨道车停留线及大型养路机械停留线等。车站到发线有效长与开行的单元式重载列车相适应，站内设有机务设备（折返段）及车辆站修所各一处。

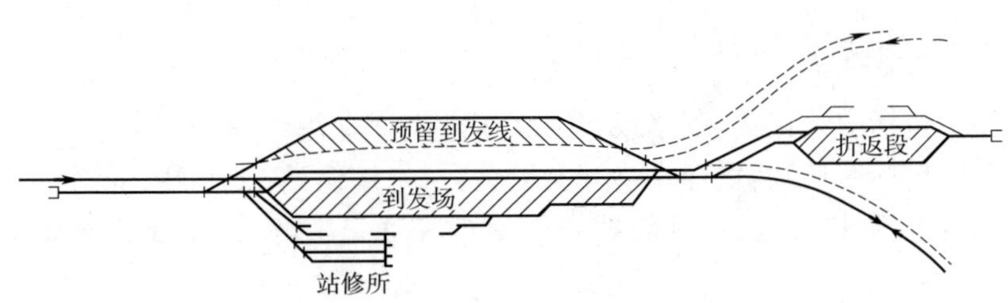

图 3-25　单元式重载列车卸车地终点技术站布置图

3. 终点卸车站布置图

图 3-26 为开行单元式重载列车的铁路卸车地终点卸车站（港口站），也是路、港交接的煤炭转运站。

车站设有重车到达线、翻车机卸煤线与空车出发线，其到发线有效长可满足 10 000 t 单元式重载列车的需要。重车到达线与空车出发线呈纵列环形布置，中部以两条卸煤线连接。两条卸煤线各设一台翻车机，在翻车机入口处设拔车机及预留解冻库。空车线 4 条分成两组，每组 2 条，两组呈纵列布置。其中一组与卸煤线衔接，另一组与重车到达场横列布置。单元式重载列车卸车采用不摘机车连续流水作业方法。卸后的空车列经空车出发线返回铁路技术站。

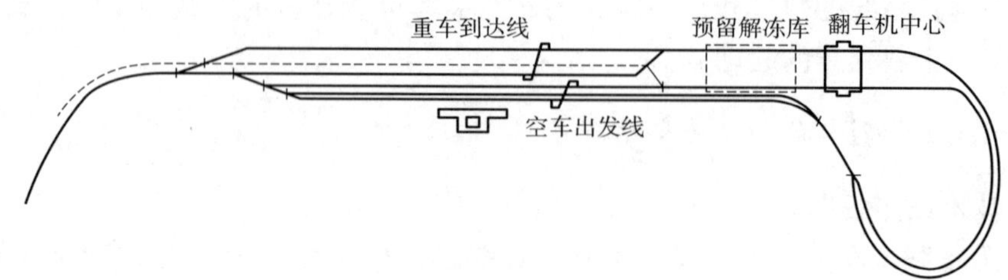

图 3-26 单元式重载列车终点卸车站布置图

第七节 铁路枢纽

在铁路网的交汇点或终端地区,由各种铁路线路、专业车站以及其他为运输服务的有关设备组成的总体称为铁路枢纽。

铁路枢纽是连接铁路干、支线的中枢,是为城市、工业区或港埠区服务以及国民经济各部门联系的重要纽带,也是交通运输枢纽的主要组成部分。

铁路枢纽是客货流从一条铁路转运到各接轨铁路的中转地区,也是所在城市客货到发及联运的地区。除枢纽内各种车站办理的有关作业外,在货物运转方面,有各铁路方向之间的无改编列车和改编列车的转线,以及担当枢纽地区车流交换的小运转列车的作业。在旅客运转方面有直通、管内和市郊旅客列车的作业。在货运业务方面,办理各种货物的承运、装卸、发送、保管等作业;此外,还要供应运输动力、进行机车车辆的检修等作业。

铁路枢纽对于工农业生产的发展,城市和国防建设以及各种交通运输工具之间的分工与协作,都有密切的关系。

为了完成以上复杂而繁重的任务,枢纽内需要配备成套的技术设备。

一、铁路枢纽内的设备

1. 铁路线路:包括引入正路、联络线、环线、工业企业专用线等。

2. 专业车站:包括客运站、货运站、中间站、区段站、编组站、工业站、港湾站等。

3. 疏解设备:包括铁路线路与铁路线路的平面和立交疏解、铁路线路与城市道路的立交桥和道口以及线路所等。

4. 其他设备:包括机务段、车辆段、客车整备所等。

上述设备应在分析枢纽内容、货流的基础上,配合城市规划、地形条件以及既有铁路设备的状况,进行总体规划与建设。

二、铁路枢纽的类型

1. 按其在路网上的地位和作用划分

铁路枢纽可分为路网性铁路枢纽、区域性铁路枢纽和地方性铁路枢纽。

(1)路网性铁路枢纽

凡承担的客货运量和车流组织任务涉及整个铁路网的枢纽,属于路网性铁路枢纽。这种枢纽一般都位于几条铁路干线交叉或衔接的铁路网点上的具有重要政治和经济地位的大、中工业城市，办理大量的跨局通过车流和地方车流，设有较多的专业车站，它的设备规模和能力都很大，如北京、沈阳、郑州、武汉、上海等枢纽。

(2)区域性铁路枢纽

凡承担的客货运量和车流组织主要为一定的区域范围服务的枢纽，属于区域性铁路枢纽。这种枢纽一般位于铁路干线和支线交叉或衔接的铁路网点上的大、中型城市。办理管内的通过车流和地方车流，它的设备规模和能力仅次于路网性铁路枢纽，如太原、蚌埠、柳州等枢纽。

(3)地方性铁路枢纽

凡承担的运量和车流组织主要为某一工业区或港湾等地方作业服务的枢纽，属于地方性铁路枢纽。这种枢纽一般位于铁路网端或大工业企业和水陆联运地区，办理大量的货物装卸和小运转作业。它的设备规模和能力较小，如秦皇岛属港湾铁路枢纽、大同属工业铁路枢纽等。

2. 根据枢纽内设备的相互位置划分

根据枢纽范围内专业车站、联络线、进站线路等设备的相互位置不同，并结合一定的车流条件，可形成各种不同形式的铁路枢纽。一般分为一站枢纽、三角形枢纽、十字形枢纽、顺列式枢纽、并列式枢纽、环形枢纽、尽头式枢纽和混合式铁路枢纽等。

混合式枢纽在引入铁路方向较多，工业企业布局分散、客货运量大、地方和中转运输任务繁重，需设置多处客运站、货运站及编组站而又受到某些条件的限制时，根据具体情况综合采用上述一些图形组合而成。

第四章　铁路机车车辆

铁路机车是铁路运输的牵引动力，而铁路车辆是铁路运输中直接在线路上运载旅客和货物的单元工具，是铁路运输的重要环节。铁路车辆（动车组除外）不具备动力装置，需要将其连挂成车列，由机车牵引沿钢轨运行。在车站内，车辆的转线以及货物车辆的取送等各项调车作业，都要由机车完成。因此，铁路为了完成各项运输任务，必须保证提供足够数量、性能良好的机车车辆；同时，还必须加强对机车车辆的保养与检修工作，正确组织机车车辆的合理运用。

第一节　概　　述

一、机车发展历程

18 世纪 60 年代起，以蒸汽机的发明和运用为主要标志的第一次工业革命，推动了铁路机车的诞生。1814 年英国人史蒂文生制成世界上第一台蒸汽机车——"布鲁克"号，1825 年英国修建了从斯托克顿至达林顿 21 km 长的铁路，这是世界上第一条蒸汽机车牵引的铁路，标志着陆上交通运输迈入了以蒸汽机车为动力的铁路运输的新纪元。

19 世纪 70 年代后，以电的应用和电动机、内燃机的发明为主要标志的第二次工业革命，推动了铁路牵引动力的革命性变化。1879 年，德国人西门子制造出一台小型电力机车，由 150 V 直流发电机供电，电力机车从此发展起来。1890 年，英国的电力机车正式用于营业，1895 年美国将电力机车应用于干线运输。1891 年，德国制成世界上第一台 4 马力内燃机车，1925 年美国首次投入运用 300 马力内燃机车。第二次世界大战后，柴油机车的性能和制造技术迅速提高，加之石油价格低廉，促进了内燃机车的发展，美国、英国、加拿大等国都在 10 年左右时间内实现内燃机车化。

进入 20 世纪 50 年代，以信息化技术和自动化技术为主要标志的第三次工业革命开始席卷全球。铁路受到来自公路和航空等运输方式的威胁，英美和西欧各国纷纷把重点放在改进和更新机车制造技术，以提高机车运行速度和牵引重量。目前的机车与早期的机车相比，速度提高了十几倍，机车功率和牵引总重量提高了数百倍。

中国铁路机车发展经历了从蒸汽机车—内燃机车—电力机车（含磁悬浮列车、动车组）的转变。1952 年 7 月，四方厂试制成功 1 台解放型蒸汽机车，揭开了我国蒸汽机车制造史的新篇章。中国的内燃机车自主研制开始于 20 世纪 50 年代中期，1958 年大连机车车辆工厂研制出"巨龙"号电传动内燃机车，同年北京二七机车工厂试制出建设型直流电传动调车内燃机车，随后由戚墅堰厂、四方机车车辆厂、成都机车车辆工厂、大同机车工厂、大连机车车辆工厂等不断总结经验和改进设计生产出了东方红型、DF_4 系列、DF_7 系列、DF_8 系列、DF_{10} 型、DF_{11} 型等多种内燃机车。1958 年 12 月 28 日，中国第一台电力机车研制成功，命名为 6Y1 型。1968 年

开始研制生产了 SS_1、SS_2、SS_3、SS_4、$SS_{4改}$、SS_7 系列、SS_8、SS_9 型等直流传动电力机车。进入 21 世纪，以“引进先进技术、联合设计生产、打造中国品牌”为原则，实施铁路技术装备现代化的发展规划，研制出 HXN_3、HXN_5 型交流传动内燃机车和 HXD_1、HXD_2、HXD_3 型系列交流传动电力机车。

至 20 世纪 70 年代，世界上主要发达国家先后完成了铁路牵引动力现代化，即以内燃机车和电力机车来替代蒸汽机车。铁路牵引动力现代化，究竟是内燃机车牵引为主还是电力机车牵引为主，是与各国的具体国情分不开的。发展中国家多以内燃机车牵引为主，主要是内燃机车牵引投资相对较低。

二、车辆发展历程

随着铁路运输事业的飞速发展，特别是国外铁路高速、重载技术的进步，我国的铁路车辆技术也有了很大发展。

目前我国普通铁路客车的主型车是 25 型客车。近年来，伴随着国外高速铁路的发展，我国通过引进、消化、吸收，形成了以“和谐号”为代表的 CRH1 型、CRH2 型、CRH3 型、CRH5 型动车组系列；自 2012 年起，我国开始自主研发中国标准动车组，2015 年正式下线，目前“复兴号”正逐渐在京沪高铁、京广高铁等多条高速铁路上运营。

我国的铁路货车技术实现了三次大的升级换代。

20 世纪 50 年代末 60 年代初，货车重载由 30 t 提高到 50 t，标志着中国铁路货车实现了载重由 30 t 级向 50 t 级的第一次大的升级换代。

20 世纪 70 年代末 80 年代初，载重 60 t 敞车诞生，标志着中国铁路货车实现了载重由 50 t 级向 60 t 级的第二次大的升级换代。

1998 年研制开发了时速 120 km 的转 K2 型转向架和系列提速货车，开创了中国铁路货车的提速先河；2003 年至 2005 年，C_{80}、C_{70} 等新型 80 t、70 t 级货车研制成功。这些都标志着中国铁路货车实现了时速由 70 km、80 km 向时速 120 km，载重由 60 t 级向 70 t 级及以上的第三次大的升级换代。

目前，新型铁路货车转向架、车钩缓冲装置、制动装置等关键技术也得到了协调发展。高强度耐候钢、不锈钢等新材料以及转 K2、转 K4、转 K5、转 K6 型转向架、紧凑型轴承、16(17) 型高强度车钩、大容量缓冲器、牵引杆、120-1 型制动阀、脱轨自动制动装置、高分子耐磨配件等多项新技术、新结构、新材料均取得突破，货车运用安全可靠性大大提高。

三、机车标记

为便于统计和区别所属局段，并明确维修、使用的责任，在机车上规定了各种标记及有关机车设备的配置，在机车上应有识别的标记包括路徽、配属局段的简称、车型、车号、最高运行速度、制造厂名及日期。在机车主要部件上应有铭牌，在监督器上应有检验标记。为保证电气化区段的作业安全，电气化区段运行的机车应有“电化区段严禁攀登”的标识。内燃机车燃料箱上应标明燃料油装载量。标识牌应涂记于明显部位以便识别。

1. 属于标记方面的

(1)路徽——是区别铁路机车与其他部门(如厂、矿、地方铁路)专用机车的标记。

在电力、内燃机车上，路徽涂记在两端司机室瞭望窗外侧中心线的下方，如系单侧驾驶室则只涂记一侧。

(2)所属局段简称——机车配属管理单位的标记。如配属于北京局集团公司北京机务段的机车，即用“京局京段”来表示。其涂记部位在电力、内燃机车上，均为司机室两侧侧窗外部的下方。

(3)类型及号码——区分机车类型及其构造排号的标记。如“HXN50001”。其标记部位在驾驶室前方外侧路徽的下方和司机室两侧局段简称的下方。

各类型机车的路徽、局段简称、类型号码字标的型式和尺寸，均应按铁路总公司命令规定和所公布的要求执行。

2. 属于标识牌方面的

(1)速度标识牌——标明机车所允许的最高运营速度。该标识牌应置于司机容易查看的部位。

(2)制造厂名及日期标识牌——标明机车制造工厂及其制造的时间，一般装在机车车体侧面下部。

(3)监督器具上的检验标记。

在内燃机车上，监督器具有燃油进、出口压力表，润滑油进、出口压力表，柴油机转速表，牵引发电机的电流、电压表，辅助发电机的电压表和蓄电池充、放电电流表。这些监督仪表经过检验后，均应打上检验标记。

在电力机车上，各种电压、电流表等监督器具都应按规定期限检查，并须按规定打印检验标记。

所有监督器具检验后，均须按规定登记在专用记录簿或机车履历簿内，以便核查。

四、车辆标记

为了表示车辆的类型和特征，满足运用、检修和统计上的需要，每一铁路车辆上均应具有识别的标记：路徽、车型、车号、制造厂名及日期、定期修理的日期及处所、自重、载重、容积、换长等；车辆应有车号自动识别标签；客车及固定配属的货车上应有所属局段的简称；客车还应有车种、定员、最高运行速度标记；罐车还应有容量计表标记；电气化区段运行的客车、机械冷藏车等应有“电化区段严禁攀登”的标识。以上都是铁路运输部门如何运用车辆的依据。

1. 为了便于运用、检修和管理，每一车辆均应按规定进行标记，其主要标记的规定如下：

(1)路徽：为区别于外国车辆和不属于铁路总公司的国内厂矿企业自备车辆，在铁路总公司所属的车辆上，一律按规定涂打铁路路徽。在货车上还应按规定安装带路徽的产权标牌。

(2)车型车号(车辆型号及号码)：

型号又分为基本型号和辅助型号。基本型号代表车辆种类，用汉语拼音字母表示，如YZ、RW、C、P、N等，见表4-1、表4-2。

表 4-1　客车基本型号

客车					
序　号	车　种	基本型号	序　号	车　种	基本型号
1	软座车	RZ	9	公务车	GW
2	硬座车	YZ	10	医疗车	YL
3	软卧车	RW	11	卫生车	WS
4	硬卧车	YW	12	试验车	SY
5	行李车	XL	13	维修车	WX
6	邮政车	UZ	14	特种车	TZ
7	餐车	CA	15	救援车	JY
8	空调发电车	KD			
注:双层客车各车种的基本型号在相应车种前加“S”。					

表 4-2　货车基本型号

货车					
序　号	车　种	基本型号	序　号	车　种	基本型号
1	敞　车	C	9	长大货物车	D
2	棚　车	P	10	毒品车	W
3	平　车	N	11	家畜车	J
4	罐　车	G	12	水泥车	U
5	冷藏车	B	13	粮食车	L
6	集装箱平车	X	14	特种车	T
7	平集两用车	NX	15	双层小汽车运输车	SQ
8	矿石车	K			

辅助型号代表车辆的构造形式,用阿拉伯数字表示,附加在基本型号的右下方。如 YW_{25} 中的“25”、C_{70} 中的“70”,即表示该车为 25 型硬卧车和 70 型敞车的结构。

号码为车辆的顺序号码,每一车辆应有唯一的车号。客车、货车的车号编码采用数字码,客车以六位阿拉伯数字表示,货车以七位阿拉伯数字表示。

(3)制造厂名及日期标牌:固定于车辆两侧梁的中部,内铸有制造厂名及制造年月。

(4)定期修理的日期及处所:车辆定期检修的时间和检修单位简称,右侧为本次检修时间和单位,左侧为下次到期检修时间。

(5)自重:车辆本身的重量,以吨为单位,取小数点后一位,小数点以下第二位四舍五入。

(6)载重:车辆允许的最大载重量,以 t 为单位。

(7)容积:行李车、邮政车和货车(平车除外)可供装载货物的容量,以 m^3 为单位,保留小数点后一位,并在总容积下面附加括号内(长×宽×高)的尺寸,以 m 为单位,取小数点后一位。罐车还应标明容量计算表的号码,供计算不同罐车,装载不同深度时的实际装入量。

(8)换长:以两端车钩钩舌内侧距离为 11 m 长的货车为换算单位。测量车辆两端车钩钩舌内侧距离的长度(m)与 11 m 的比值,即为该车的换长。其计算公式如下:

$$换长=\frac{两端钩舌内侧距离(m)}{11(m)}$$

(9)目前部分车辆已有车号自动识别标签,考虑到未来车辆信息化管理需要,应加装车号自动识别标签。

(10)配属标记:对固定配属的车辆,涂打所属集团公司和车辆段的简称,如"京局京段"是代表北京局集团公司北京车辆段的配属车。

(11)客车车种标记:为便于旅客识别客车车种,在客车两侧外墙板端部涂打车种汉字称号,如"硬卧车""硬座车"等。

(12)客车定员标记:按客车车内设备(座位或卧铺数)标明可容纳人数,固定在客车车厢内部两端门上部。

(13)车辆定位标记:车辆的方向定位称呼是以制动缸活塞杆推出的方向为第一位,相反的方向为第二位。在第一位车端还装有人力制动机。

车辆的车轴、车轮、轴箱、车钩、转向架、底架各梁和其他部件的位置称呼,是由第一位车端数起,顺次数到第二位车端。如果位置是左右相对的,则从第一位车端从左到右按照顺序数到第二位车端(站立在第一位车端,面向第二位车端,其左侧为单数,右侧为双数)。

在编成列车中的车辆,前后左右称呼是按照列车运行方向,前进的一端叫作前部,后面的一端叫作后部,在后部面向前部站立,按人的左右侧而定出左右。

(14)特殊标记:

㊏表示车内有拴马环或其他拴马装置的货车。

(MC)表示符合国际联运条件的车辆。

(禁)表示禁止通过驼峰的车辆。

(关)表示车辆活动门板及其他活动部分翻下时,超过车辆限界,必须关闭后,才准运行。

(超)表示车辆某部分超出车辆限界。

(卷)表示在敞、煤、矿石等货车的侧梁端部装有卷扬机挂钩,指定在此部位用卷扬机拉车。

(延)车辆允许延期检修标记。

(特)表示可装运坦克及特殊货物。

◎须在指定部位"顶车"标记。

(吊)须在指定部位吊装作业标记。

白色横线——在车体两侧墙中央涂以宽 200 mm 的白色横线,表示救援列车的车辆。

环形色带——装运危险货物的罐车,在罐体两侧纵向中部应涂刷一条宽 300 mm 表示货物主要特性的水平环形色带,红色表示易燃性,绿色表示氧化性,黄色表示毒性,黑色表示腐蚀性。

2. 为保证电气化区段的作业安全,在电气化区段运行的客车、机械冷藏车等车辆上,应有"电化区段严禁攀登"安全性标记。其标记位置,一般在车辆端部的登顶扶梯处。

五、行车安全装备

机车须配备机车信号、列车运行安全监控系统（LKJ、机车安全信息综合监测装置 TAX 箱、机车语音记录装置、列车运行状态信息系统车载设备、机车车号识别设备）、车载无线通信设备、机车列尾控制设备等。机车应逐步配备机车车载安全防护系统、机车限鸣示警系统及空气防滑装置等。电力机车还应配备自动过分相装置，并根据需要装设弓网检测装置等。

第二节　铁 路 机 车

一、机车的种类

1. 按牵引动力分为蒸汽机车、内燃机车、电力机车。

(1)蒸汽机车。蒸汽机车是通过蒸汽机把燃料的热能转换成机械能来牵引列车的一种机车。蒸汽机车主要由锅炉、汽机、走行部、车架、煤水车、车钩缓冲装置、制动装置组成。锅炉是供给机车动力的能源；装在机车两侧的两套汽机把蒸汽的热能转换成机械能，以驱动机车运行。由于蒸汽机车的构造比较简单，制造和维修比较容易，成本比较低，因此最早被世界各国铁路所采用。但是蒸汽机车的热效率太低，其总效率一般只有 5%～9%；煤水消耗量很大，需要大量的上煤、给水设备，且对环境有较大的污染。因此，在现代铁路运输中，蒸汽机车已被内燃、电力机车取代。

(2)内燃机车。内燃机车是以内燃机作为原动力的一种机车。内燃机车的热效率可达 30%左右，其优点是机车整备时间短，持续工作时间长，适用于长交路；用水量少，适用于缺水地区；初期投资比电力机车少，而且机车乘务员劳动条件好，便于多机牵引，但内燃机车的缺点是噪声大、对大气和环境污染大。目前北京局配属的内燃机车主要包括 DF_4 系列、DF_7 系列、DF_{8B}、DF_{11} 系列、HXN_3、HXN_5 型机车，如图 4-1 所示。

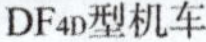
DF_{4D}型机车

HXN_5型机车

图 4-1　内燃机车

(3)电力机车。电力机车是靠其顶部升起的受电弓从接触网上取得电能后并转换成机械能牵引列车运行的，由牵引电动机驱动车轮。电力机车因为所需电能由电气化铁路供电系统的接触网供电运行的，所以是一种非自带能源的机车。电力机车具有功率大、过载能力强、牵引力大、速度快、整备作业时间短、维修量少、运营费用低、便于实现多机牵引、能采用再生制动以及节约能量等优点。使用电力机车牵引车列，可以提高列车运行速度和承载重量，从而大幅度提高铁路运输能力和通过能力。目前北京局配属的电力机车主要包括 SS$_4$、SS$_{4改}$、SS$_8$、SS$_9$、HXD$_2$ 系列、HXD$_3$ 系列型机车，如图 4-2 所示。

SS$_9$型机车

HXD$_{3D}$型机车

图 4-2 电力机车

2. 按用途分为客运机车、货运机车、调车机车。客运机车要求速度高，货运机车要求牵引力大，而调车机车要具有机动灵活的特点，主要用于铁路站场内或专用线车辆的编组、解体、转线等调车作业。

3. 按传动方式分为直流传动机车、交流传动机车。

二、内燃机车

1. 内燃机车分类

(1)按传动方式可分为液力传动、电力传动两种类型

①液力传动内燃机车。采用的是液力传动装置，由柴油机驱动液力传动装置的变扭器泵轮，将机械功转变成液体的动能，再经变扭器的涡轮转换成机械功，以适应机车的各种运行情况，然后经万向轴、车轴齿轮箱等部件传至车轮。这种机车可以节约大量钢材，但传动效率较电力传动稍低，适合牵引客运列车。

②电力传动内燃机车。柴油机驱动主发电机，然后向牵引电动机供电，并通过牵引齿轮驱动机车轮对旋转。根据电机型式不同，又可分为以下四种。

第一种，直—直流电力传动。主发电机与牵引电动机均为直流。

第二种，交—直流电力传动。采用交流主发电机，发出三相交流电，经硅整流柜整流后输送给直流牵引电动机。它比前一种电力传动方式在技术上和经济指标上都先进，被世界各国铁路广泛采用。

第三种，交—直—交电力传动。交流主发电机发出三相交流电，经硅整流器整流变成直流电，再经可控硅逆变器转变成为预定的可变频三相交流电供给交流牵引电动机。

第四种，交—交流电力传动。它是一种中间没有直流环节而直接变频的交流传动。交流主发电机发出的三相交流电，分别送给几组变频器，将预定频率的三相交流电供给交流牵引电动机，驱动机车动轮。

(2)按走行部可分为车架式和转向架式

①车架式内燃机车的走行部与蒸汽机车走行部相似,现在基本不采用。

②转向架式内燃机车的走行部与车辆走行部相似,使用最为普遍。单节机车的转向架数一般为两台,也有三台甚至四台的(电传动),每台转向架的轴数为2～4根。转向架各轴通常均为动轴,动轴有单独驱动的,也有成组驱动的。转向架式内燃机车的优点是:固定轴距短,容易通过曲线;弹簧减振系统完善,利于高速运行;检修方便等。

2. 内燃机车型号、轴列式

(1)内燃机车的型号。我国习惯上采用汉字表示国产内燃机车的类型,例如"东风"表示电传动内燃机车,液力传动内燃机车以"东方红""北京"表示。另外以汉字拼音字母"ND"和"NY"等表示进口内燃机车的类型,其中N表示内燃机车,D表示电传动,Y表示液力传动。

和谐系列交流传动内燃机车是大连机车厂和戚墅堰机车厂分别与美国EMD和GE公司合作生产的 HXN_3 和 HXN_5 型机车,其中"HX"代表汉字"和谐","N"代表"内燃"。

(2)内燃机车的轴列式。所谓轴列式,就是用数字或字母表示机车走行部结构特点的一种简单方法。我国原来采用数字表示,现规定转向架式机车用字母表示。国外有用数字表示的,也有用字母表示的。

转向架式机车的轴列式表示规则:以英文字母表示动轴数,如A即1,B即2,C即3,D即4等;注脚"0"表示每一动轴为单独驱动,无注脚表示动轴为成组驱动,如 DF_{4B} 型电传动内燃机车的轴列式为"C_0—C_0"。

3. 内燃机车基本构造

内燃机车种类繁多,但其基本组成是相似的。一般说来,内燃机车在构造上包括发动机(柴油机)、传动装置、车体、车架、走行部及辅助装置。

(1)发动机(柴油机)

发动机是机车的动力装置,其作用是将燃料的热能转变为机械功。内燃机车主要采用柴油机,即利用燃油燃烧时所产生的燃气直接推动活塞做功。因此,一般所说的内燃机车是指柴油机车。机车柴油机多为四冲程、多缸、废气涡轮增压、压燃式柴油机。

(2)传动装置

传动装置是柴油机曲轴与机车动轴之间的传速比可变的中间环节,其作用是使柴油机的功率传到动轴上并符合机车牵引要求,使机车具有良好的牵引性能。内燃机车的传动装置有液力传动和电传动两种,它们在结构原理、运用维修上均有较大区别。

①设置传动装置的必要性

内燃机车设置传动装置可使机车在运行过程中,当运行阻力发生变化时可以改变机车柴油机的供油量,即不改变柴油机的输出功率,而通过传动装置自动地调节列车的运行速度和机车的牵引力,维持机车恒功率,使柴油机始终工作在最佳状态,同时还保证了柴油机的空载启动、机车换向运行以及机车有较大的调速范围。

②交—直流内燃机车传动装置的组成

主要由主发电机、整流装置和牵引电动机等组成。

③交—直流内燃机车传动装置的工作原理

柴油机的曲轴输出端与发电机的转子连接在一起,组成柴油发电机组。当柴油机工作时,带动转子旋转,如果给励磁绕组输入电流,发电机可发出三相交流电,把机械能变成交流电能,经三相桥式整流柜1ZL整流后变成直流电，再供6台并联的牵引电动机1D-6D使用，此时，又将电能转换成机械能，通过传动齿轮驱动动轮旋转，使机车运行。

牵引发电机F的励磁机也是一台三相交流发电机，由柴油机曲轴通过变速箱带动的。励磁机发出的交流电，经过一个小型的三相桥式整流柜2ZL整流后，将直流电送给主发电机的励磁绕组。

交—直流内燃机车传动装置工作原理示意如图4-3所示。

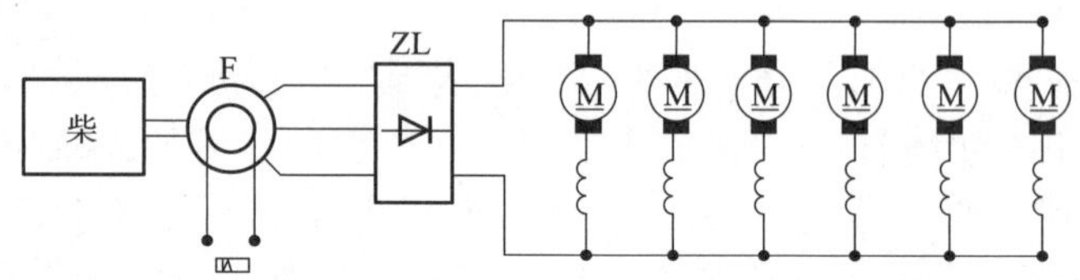

图4-3　交—直流内燃机车传动装置工作原理示意

(3)车体和车架

车体和车架是机车安装各大部件的基础，并能保护各种设备免受外界条件的干扰。

(4)走行部(转向架)

走行部(转向架)的作用是承受机车上部重量；将传动装置传递来的功率实现为机车的牵引力和速度，保证机车运行平稳和安全。内燃机车走行部采用构架式转向架。

牵引杆装置是将机车车体与转向架连接在一起，并且传递牵引力和制动力的机构。

基础制动装置采用的是独立作用式单侧闸瓦制动，即每个车轮都有一个制动缸制动，采用单侧闸瓦、带闸瓦间隙自动调节器的独立制动系统。

(5)辅助装置

辅助装置的作用是保证发动机、传动装置和走行部的正常工作和可靠运行。内燃机车的辅助装置主要包括燃油供给系统、预热及冷却水系统、机油系统、空气管路制动及撒砂系统、电控和照明系统。此外，还有辅助驱动装置、信号装置、通风装置、防寒设备、灭火器以及工具等。

4. 内燃机车制动和换向

(1)内燃机车制动

大多数内燃机车主要采用空气制动机。我国内燃机车空气制动装置大多数采用JZ-7型空气制动机。主要由空气压缩机、总风缸、制动阀、管路和基础制动装置等组成。由空气压缩机产生的压缩空气储存在总风缸内，是制动所用的动力来源，机车的制动和缓解是由司机操纵制动阀来实现的。和谐型交流传动内燃机车采用法维莱制动装置。

(2)内燃机车换向

电传动内燃机车的运行方向由牵引电动机的旋转方向决定，只要改变牵引电动机中励磁绕组的电流方向就能改变牵引电动机的旋转方向，从而改变机车的运行方向。改变励磁绕组电流方向是通过转换开关ZK控制换向器来实现的。

三、电力机车

1. 电力机车分类

按传动方式分为直流传动电力机车、交流传动电力机车。

直流传动电力机车由直流(脉流)牵引电动机驱动,交流传动电力机车由三相交流异步电动机或三相交流同步电动机驱动。

直流传动电力机车按供电电流制又可分为直流供电电力机车和交流供电电力机车。

直流供电电力机车:接触网只有 1.5 kV 的直流电压,结构简单,输电距离有限,机车功率较小,目前欧洲、日本仍有运营。

交流供电电力机车:接触网有单相低频(25 Hz 或 1.6 Hz)和单相工频(50 Hz)两种。我国电气化铁路从一开始就采用 25 kV 单相工频供电制,电压较高,输送距离远,且不需要在铁路用电与国家电网的工业用电之间增加变频设备。

2. 电力机车型号和轴列式

电力机车型号与内燃机车型号命名基本相同。用汉字或字母表示电力机车的类型,如"SS_4"表示"韶山 4"型电力机车,"SS_{7E}"表示"韶山 7E"型电力机车;再如,HXD_2 型机车,其中"HX"代表汉字"和谐","D"代表"电力"。

电力机车的轴列式与内燃机车轴列式表示规则相同。SS_1、SS_3、SS_9 型电力机车的轴列式为"$C_0—C_0$";"SS_4"、"SS_4 改"型电力机车的轴列式为"$2(B_0—B_0)$"。

3. 电力机车基本构造和工作原理

电力机车主要由车体、车底架、走行部、车钩缓冲装置、制动装置和一整套电气设备等组成。其中,除电气设备外,其余部分均与内燃机车相似。

以交—直型电力机车为例,其工作原理是靠车顶部升起的受电弓,从接触网上取得 25 kV 单相工频交流电,经机车内的主变压器降压,再经整流装置将交流电转换为直流电,供给直流牵引电动机,经齿轮传动装置转换成机械能后,牵引列车运行。

4. 电力机车制动和换向

(1)电力机车制动

电力机车制动包括空气制动、电阻制动、再生制动。当机车需要制动时,除使用空气制动装置外,可辅以电阻制动。司机扳动转换开关,从牵引位到制动位,把牵引电动机从串励电动机改成他励发电机,把电枢绕组同制动电阻连接起来。这样,车轴带动电动机的电枢旋转,发出的电流就会被制动电阻变成热能散去,从而消耗机车惰行时的机械能。电阻制动的主电路工作可靠、稳定,技术相对简单,目前在电力机车得到广泛使用。

再生制动就是将机车电能重新反馈回电网中加以利用,也称"反馈制动"。电力机车进行再生制动时,牵引电动机作为发电机工作,将列车在运行中所具有的机械能转换成电能送回接触网。尤其是在长大下坡道上,电力机车可以进行恒速再生制动。

(2)电力机车换向

电力机车运行方向的控制与内燃机车一致,也是采用改变牵引电动机励磁绕组的电流方向实现的。

四、机车牵引性能的基本概念

机车牵引列车运行的过程,就是机车牵引力克服列车起动时和运行中所受的阻力过程。机车牵引力 F 和运行速度 V 的乘积,就是机车的功率 N,单位为 kW。任何一种机车,它的最大功率是一定的,叫作标称功率。

机车在牵引列车时,由于线路纵断面及其他因素的影响,所受到的阻力是经常变化的。为了充分利用机车的功率，要求机车在各种不同运行阻力情况下，都能具有恒功率输出性能，这就要使机车牵引力乘以运行速度等于常数。可见，牵引力和速度之间应当成反比关系，当速度小时，牵引力大；速度大时，牵引力小。把机车牵引力 F 和运行速度 V 的这种要求表示在坐标上，就是一条曲线，如图 4-4 所示，这条曲线叫作机车理想牵引性能曲线，无论哪一种机车的牵引特性，都应与其相符合。

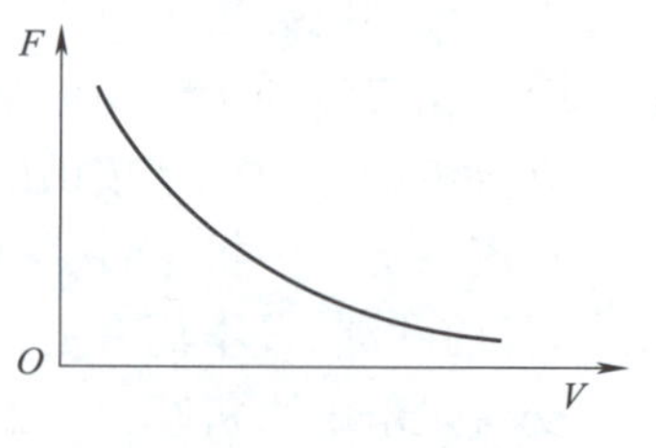

图 4-4 机车理想牵引性能曲线

当然，曲线的两端不能无限延长。左端，牵引力不能超过轮轨之间的黏着力，否则车轮会空转；右端，速度也不能超过机车构造所能允许的范围。

五、列车运行监控装置 LKJ2000

列车运行监控装置简称监控装置，是中国技术人员研制的以保障列车运行安全为主要目的的列车速度控制装置。该装置在实现安全速度控制的同时，采集记录与列车安全运行有关的各种机车运行状态信息，促进了机车运行管理的自动化。并且随着运输需求的发展，监控装置逐渐成了列车车载运行信息中心，为多种安全监测、运行信息传输提供基础。

1. 系统组成

LKJ2000 型列车运行监控装置车载部分主要由监控主机箱（双机冗余）、两个屏幕显示器、速度传感器、压力传感器以及双针速度表等设备组成，如图 4-5、图 4-6 所示。

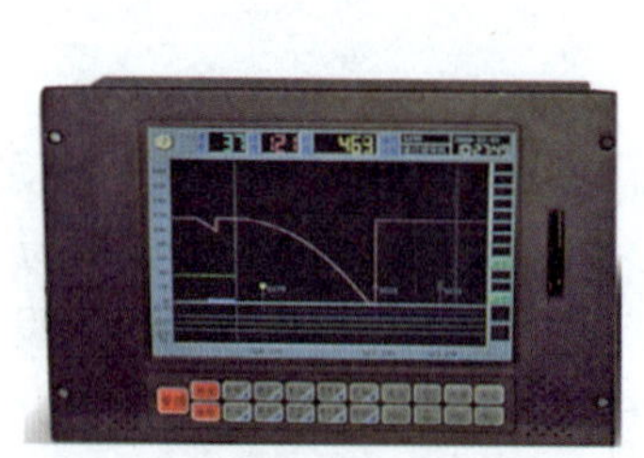
图 4-5 LKJ2000 型监控装置显示器外形示意

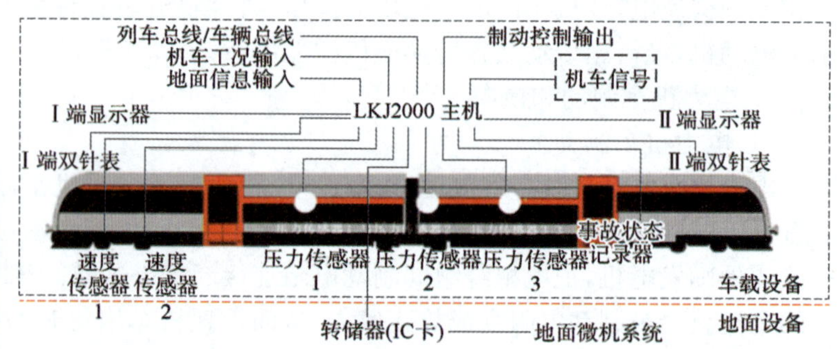

图 4-6 LKJ2000 型监控装置系统结构

（1）监控主机

LKJ2000 型监控主机内部预先存储了机车运行全程线路的相关参数，以此作为 LKJ2000 监控主机监控工作的依据，可与地面进行信息交换。对列车的控制采用了车载或车载数据与地面信息相结合的控制模式。监控主机采用双套热备冗余工作方式，由 A、B 两组完全独立的控制单元组成。

（2）屏幕显示器

屏幕显示器提供直接和司机交流信息的人机界面。采用 10 英寸 TFT 高亮度彩色液晶显示屏，以图形、文字、曲线等方式预示前方的桥隧、坡道、线路曲线、车站、道岔、线路限速等情况，正确提示或引导机车司机进行操作，形成更好的交互界面。

（3）事故状态记录器

事故状态记录器将记录 30 min 以内的最新列车运行状态数据(事故发生后将自动停止记录),并且其记录密度大大高于监控主机数据记录密度,列车走行距离超过 5 m 时,将产生一次相关参数记录。因此在发生严重事故后可提供详细、准确的列车运行状态数据。事故状态记录器具备抗冲击性能。

(4)转储器

转储器可将车载记录数据转录至地面微机系统供分析处理。其内部数据存储器采用大容量非易失性数据存储器。

(5)速度传感器

通过速度传感器检测机车轮对转速的方法获取列车运行速度、走行距离信息。速度传感器有两种类型,一种为光电式转速传感器;一种为霍尔磁感应式转速传感器。两种转速传感器均采用机车轴端安装方式,以电脉冲信号向 LKJ 提供测速/测距信息。

(6)压力传感器

压力传感器用于检测列车管、制动缸、均衡风缸的压力。压力传感器向 LKJ 提供各列车管、风缸的压力信号,输出 0~5 V 直流信号。对应于空气压力 0~1 000 kPa(表压)。

(7)监控装置地面转储分析系统

LKJ2000 型监控装置地面转储分析系统通过数据转储器(或 IC 卡)将监控主机记录的列车运行数据送入地面专用计算机进行分析处理;地面分析处理软件对列车运行数据进行翻译、整理,以直观的全程记录、运行曲线、各种报表等形式再现列车运行全过程,为机车现代化管理及事故分析提供强有力的工具。

2. 主要功能

(1)监控功能

①防止列车越过前方关闭的信号机。

②防止列车超过机车、车辆所允许的速度及其他允许速度(如线路、道岔允许速度)的限值。

③防止列车超过规定的调车限制速度。

④防止列车(机车)溜逸运行。

⑤按输入的临时数据(IC 卡数据),在相应的施工限速区段,监控列车速度不超过规定的限制速度。

⑥在列车速度超过安全行车允许的速度时,输出制动指令;当列车速度低于安全行车允许的速度时,不影响列车的正常运行。

⑦根据车载数据和输入条件,计算产生输出不同控制指令的控制曲线,当列车达到报警速度时,应报警,若列车速度超过设定的动作值,则解除牵引力,实施常用制动或紧急制动,控制列车减速或停车。

⑧启动制动设备实施列车紧急制动后,必须停车后才可缓解;实施常用制动后,在列车速度低于设定的速度时,提供人工缓解条件。

(2)记录功能

①记录日期、时间、里程坐标、机车条件变化、运行状态、按键、检修人员/司机输入、系统自检、揭示控制、点式信息等内容。

②记录的数据能通过转储器、专用 IC 卡或无线传输方式转录到地面微机系统中,通过相

应的应用软件进行统计、分析及打印等工作。

(3)显示及语音提示功能

①显示屏显示相关的信息。

②屏幕显示器可发出各类信息声音提示。

3. LKJ 控制模式

监控装置采用监控主机预先存储地面线路数据顺序调用的方式，结合机车信号显示状态(或前方临时限速)并根据列车运行速度、距前方信号机距离(或前方临时限速位置)实时计算控制模式曲线。当列车运行速度超过控制模式限速时，监控装置实施报警、卸载牵引力、常用制动及紧急制动控制，防止列车越过关闭的信号机或超过设置的各项允许速度，如图 4-7 所示。LKJ2000 控制指令输出方式包括语音提示、解除牵引力、常用制动和紧急制动四种。

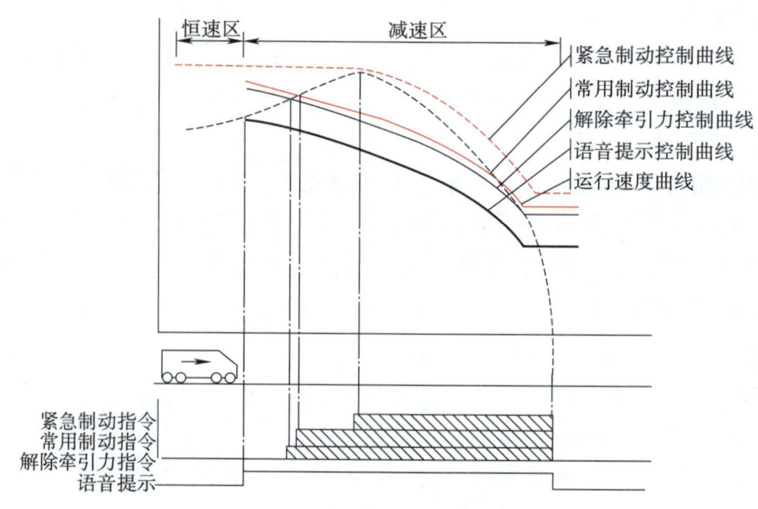

图 4-7 LKJ2000 监控装置速度控制示意

六、机车车载安全防护系统

机车车载安全防护系统(以下简称 6 A 系统)是针对机车的高压绝缘、防火、视频、列车供电、制动系统、走行部等危及安全的重要事项、重点部件和部位，采用实时检测、监视、报警并可实现网络传输、统一固态存储和智能人机界面，整体研究设计而形成平台化的安全防护装置。6A 系统与车载微机系统、LKJ 监控系统共同构成机车数据源，它们有统一功能接口、统一数据存储、统一安装方式、统一人机界面、统一维护操作，如图 4-8 所示。

1. 系统组成

主要包括 6 个监控子系统：机车高压绝缘检测子系统(AGDR)、机车防火监控子系统(AFDR)、机车自动视频监控及记录子系统(AVDR)、列车供电监测子系统(APDR)、机车空气制动安全监测子系统(ABDR)、机车走行部故障监测子系统(ATDR)。

(1)机车高压绝缘检测子系统(AGDR)

主要功能：升弓前对机车高压绝缘状态进行确认；记录高压绝缘测试数据；防止盲目升弓而引起接触网烧损。

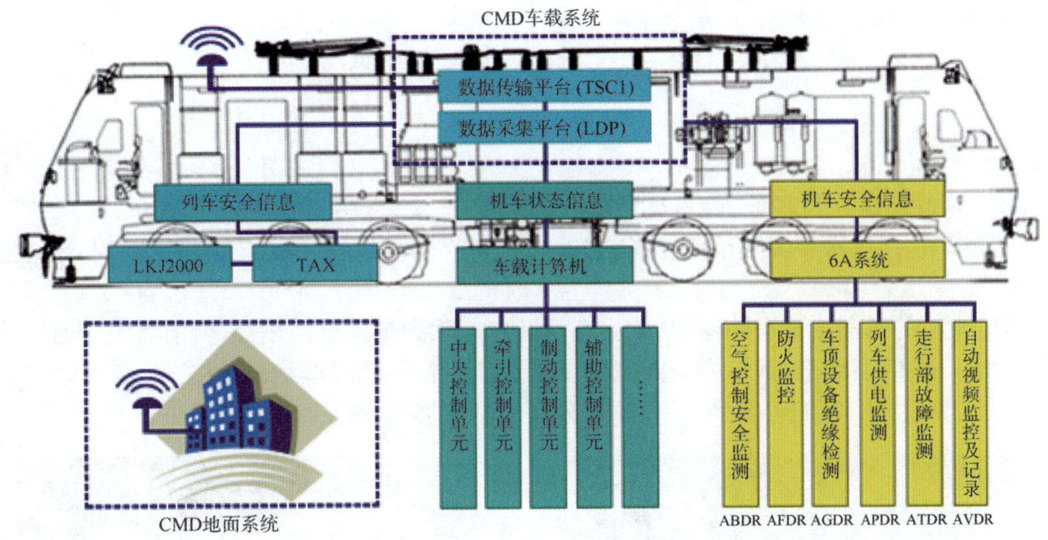

图 4-8　机车数据源

(2)机车防火监控子系统(AFDR)

主要功能:火灾报警;火情可视。

在司机室、机械间等处布设烟温复合探头,在地板线槽内布设感温电缆。监测车内司机室、机械间等处温度、烟雾变化,预防机车电气、油气起火事故的发生。

(3)机车自动视频监控及记录子系统(AVDR)

主要功能:实现与防火系统的联动;视频图像存储和调用分析。通过记录司机操作、运行路况、机械间图像等,辅助事故分析。

(4)列车供电监测子系统(APDR)

主要功能:接地诊断(漏电流检测);对机车及后部车辆供电状态进行监测;列车供电状态及故障记录。

可在机车出库、挂车、运行过程中对列车供电状态进行实时监测,实现列车供电系统故障分析和报警。

(5)机车空气制动安全监测子系统(ABDR)

主要功能:列车折角塞门非正常关闭监测;机车停放制动非正常施加监测。

预防列车因折角塞门关闭、制动失灵引起的行车事故、预防机车意外带闸行车事故。

(6)机车走行部故障监测子系统(ATDR)

主要功能:走行部轴承温度和冲击监测。通过振动谱分析,检测走行部轴箱轴承、电机轴承和踏面的早期故障,以降低走行部事故的发生。

2. 中央处理平台主要功能

综合处理报警;安全信息存储;人机交互界面;平台统一供电;实时网络传输;双处理器冗余工作;监测子系统可扩展,如图 4-9 所示。

图 4-9　中央处理平台

第三节 铁路车辆

一、车辆的种类

1. 车辆按用途分为客车、货车及特种用途车(如试验车、发电车、轨道检查车、检衡车等)。

(1)客车是指运送旅客的车辆、为旅客提供服务的车辆,以及编挂在旅客列车中有其他作用的车辆。

运送旅客的车辆主要有硬座车、软座车、硬卧车、软卧车及双层车等,目前我国普通铁路客车的主型车是25型客车,其车内空间宽敞,构造速度高,乘坐舒适,安全性好。25型客车包括25B、25K、25G、25Z、25T等类型,除基本型外还有双层客车,如图4-10和图4-11所示。

图4-10 高原型25T客车

图4-11 25K型双层客车

为旅客服务的车辆主要有餐车、行李车,餐车是供旅客在旅行中就餐用的车辆,车内有厨房、餐室等设备。行李车是供运送旅客行李及物品的车辆,车内有行李间及行李员办公室等设备。

挂运在旅客列车中有其他作用的车辆主要有邮政车、空调发电车、公务车、医疗车、卫生车、文教车等。

(2)货车是供运送货物的车辆。货车类型很多,按用途可分为通用货车、专用货车和特种货车3种。

通用货车是能装运多种货物的车辆,所占比例较大,其货物类型多不固定,如用来装运散粒货物(如煤炭、矿石、砂子)、木材、钢材以及小型机器设备和集装箱的通用敞车,如图4-12所示;还有主要用来运送日用品、仪器等比较贵重的和怕晒、怕湿货物的棚车,如图4-13所示;以及用于运送钢材、木材、集装箱、桥梁等体积重量较大货物的平车,如图4-14所示。

图4-12 C_{70}型敞车

图4-13 P_{70}型棚车

专用货车是专供装运某一(或某些)种类货物的车辆，其用途比较单一，同一种车辆要求装载的货物重量或外形尺寸比较统一，有时在铁路上的运营方式也比较特别，如固定编组、专列运行等，专用货车一般有用来运送油、酸、水等各种液体、液化气体、压缩气体及粉状货物的罐车，如图 4-15 所示；有装运鱼、肉、水果、蔬菜等防冻防腐等鲜活易腐货物的保温车，如图 4-16 所示；还有车体下部呈漏斗形，用来运送矿石、煤炭等货物的矿石车，如图 4-17 所示；以及双层运输汽车专用车、水泥车、粮食车、集装箱专用平车、运煤专用敞车等，其中双层运输汽车专用车，如图 4-18 所示。

图 4-14 NX_{70} 型平车—集装箱共用车

图 4-15 G_{70} 型轻油罐车

图 4-16 保温车

图 4-17 KM_{70} 型矿石车

特种货车(长大货车)是铁路运输中使用的一种特种车辆，专为装运各种长大重型货物而制造，长大货车按其结构形式可分为：长大平车，如图 4-19 所示，凹底平车(或称元宝车)，如图 4-20 所示，钳夹车和落下孔车等，由于这些车的载重量及自重较大，为适应线路允许的轴重要求，轴数较多。

图 4-18 SQ6 型凹底双层运输汽车专用车

图 4-19 D22G 型 120 t 长大平车

图 4-20 DA21 型 210 t 凹底平车

(3)特种用途车是指按特种用途设计制造的车辆，其结构和用途都有所不同，如试验车、发电车、轨道检查车、检衡车、救援车、除雪车等。

2. 铁路车辆按轴数分为四轴车、六轴车和多轴车。四轴车的四根轴分别组成两个相同的转向架，能相对于车底架做自由转动，使之能顺利通过曲线，我国铁路上的大部分车辆均采用这种形式。对于载重量较大的车辆，为使每一车轴加在线路上的重量不超过线路强度所规定的吨数(称为轴重)，可以做成六轴车或多轴车。

3. 铁路车辆(货车)按载重量分为 60 t、70 t、80 t、100 t 等多种。

二、车辆的结构组成

从结构组成来看，铁路车辆一般可分为转向架、制动装置、车钩缓冲装置、车体及车内设备五大部分，如图 4-21 所示。

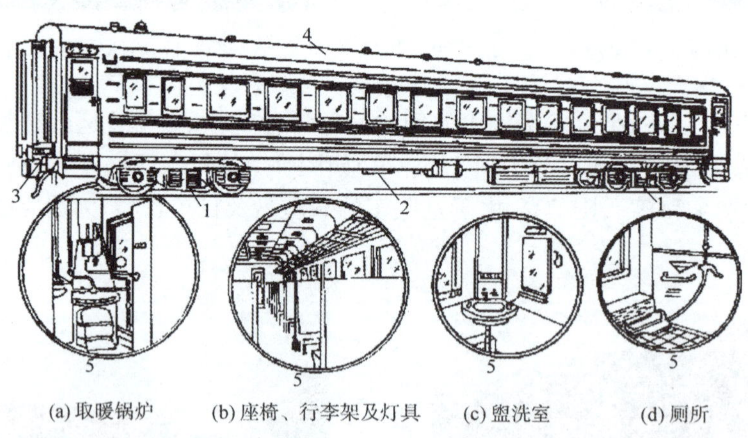

图 4-21 车辆组成

1—转向架；2—制动装置；3—车钩缓冲装置；4—车体；5—车内设备

1. 转向架

转向架是车辆的重要部件之一，它的结构是否合理对于车辆的运用指标、振动性能和运行安全均影响很大。车辆上的走行装置是支承车体并担负车辆走行任务的部分，而转向架是车辆上相对车体能回转的一种走行装置。转向架承受着车体的自重和载重，是保证车辆运行品质的关键部件。它位于车体与轨道之间，引导车辆沿轨道运行，具有减缓来自车辆运行时带来的震动和冲击，保证车辆顺利通过曲线的作用。

为了便于通过曲线，车体和转向架之间设有心盘、旁承、弹簧减震装置，转向架可以通过心盘、旁承、弹簧减震装置相对于车体运动，使车辆的载重量、长度和容积都可以增加，以满足近代铁路运输发展的需要。目前货车大部分是四轴货车，其走行部是由两台相同的转向架组成。客车的走行装置也都是采用转向架结构。因此，转向架的设计也直接决定了车辆的构造速度、走行的稳定性和乘坐的舒适性。转向架必须有足够的强度和良好的运行平稳性，以保证安全运行并满足货车高速、重载和客车旅客舒适性的要求。

转向架是由轮对、侧架、轴箱、弹簧减振装置、摇枕、基础制动装置等部分组成的一个独立结构。把摇枕上的下心盘、中心销和车底架枕梁上的上心盘对接后，转向架与车体结合为一体，如图 4-22 所示就是我国铁路货车上广泛使用的 K6 型转向架。

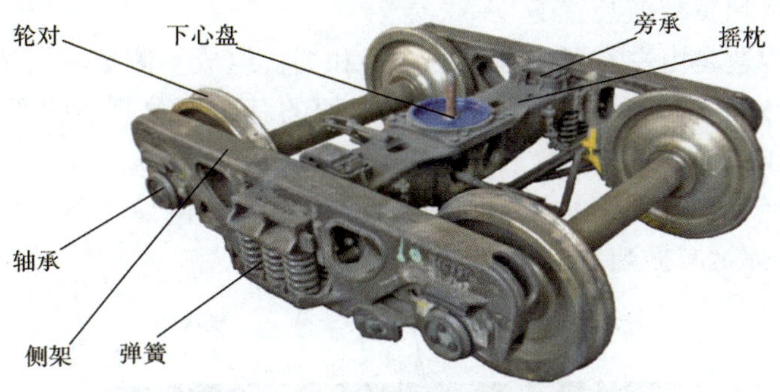

图 4-22　K6 型货车转向架结构

(1)轮对

轮对是两个车轮紧密地压装在一根车轴上组成的。轮对承受车辆的全部重量，并以较高的速度引导车辆在钢轨上行驶，如图 4-23 所示。我国铁路车辆全部使用钢制整体车轮，其中货车车轮的直径为 840 mm，客车车轮的直径为 915 mm。

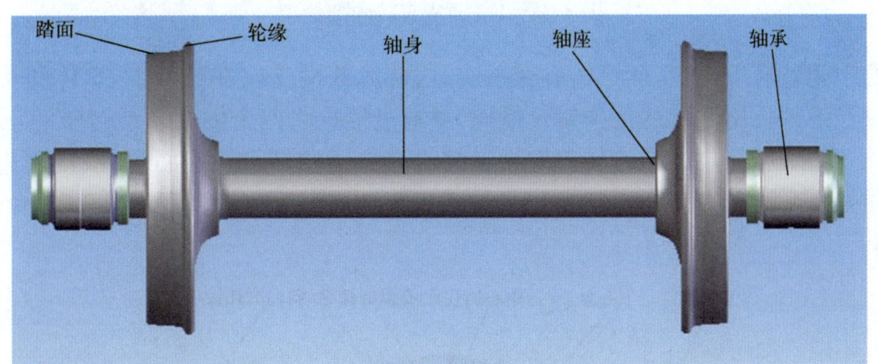

图 4-23　货车轮对

车轮与钢轨头部的接触面称为踏面。踏面做成一定的斜度，可使车辆的重心落在线路中心线上，以减少或避免车辆的蛇行运动，使轮对较顺利地通过曲线，减少车轮在钢轨上的滑行。车轮内侧外缘凸起的部分叫轮缘，它的作用是防止轮对脱轨，保证车辆在线路上安全运行。

铁路车辆除动车组外所用的车轴均为实心轴(动车组采用的是空心轴),车轴两端伸进轴箱的部分叫轴颈;压装、固定车轮的地方叫轮座,也是车轴直径最大的地方;车轴的中部为轴身。车辆在运行过程中加于车轴的载荷是不断变化的,而且由于车轴不停地旋转,车轴内产生交变应力。因此,必须提高车轴材质的抗疲劳性能。

(2)轴箱油润装置

轴箱油润装置的作用是将轮对和侧架联结在一起,把车辆的重量传给轮对。其主要作用是保护轴颈,使轴承与轴颈间得到润滑,减少摩擦,防止在高速运行条件下发生热轴,保证车辆安全运行。

铁路车辆上有两种类型的轴箱装置,即滚动轴承轴箱和滑动轴承轴箱装置。滑动轴承的主要缺点是运行阻力大,使用和保养不慎时容易发生燃轴事故,故已被淘汰。现在大量采用的是滚动轴承轴箱。

(3)侧架、摇枕及弹簧减振装置

货车转向架的构造是由左右两个独立的侧架和摇枕组成。侧架和摇枕是货车转向架的主要部件。如图 4-24 和图 4-25 所示,它们作为转向架的基础部分把各零部件连接成了一个整体,承受、传递各种作用力。

①货车转向架绝大多数采用的是无轴箱滚动轴承轮对,例如转 K6 型货车转向架中部设有弹簧承台,是安装弹簧减振装置的地方。

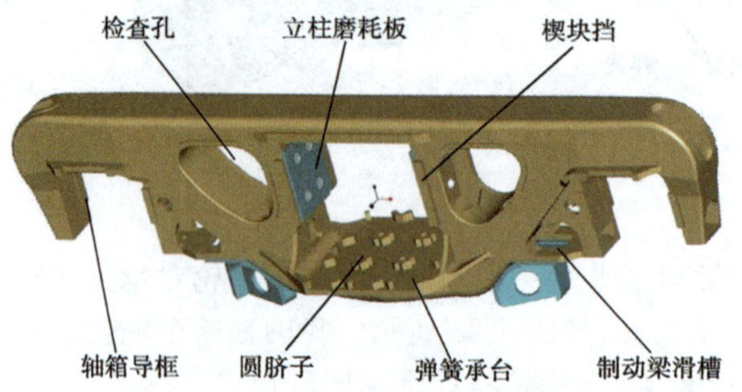

图 4-24 K6 型货车转向架侧架

②摇枕中间装有下心盘,两旁铸有旁承座,摇枕的两端支座在弹簧上,车体的重量和载荷通过下心盘经摇枕传给两侧的枕弹簧及侧架,并通过摇枕将两个侧架联系起来。上、下心盘间可相对转动,当车辆经过曲线时,转向架可以绕心盘自由回转,减少通过曲线的阻力。25 t 轴重货车转向架下心盘直径为 375 mm,21 t 轴重货车转向架下心盘直径分为 308 mm、355 mm 等尺寸。

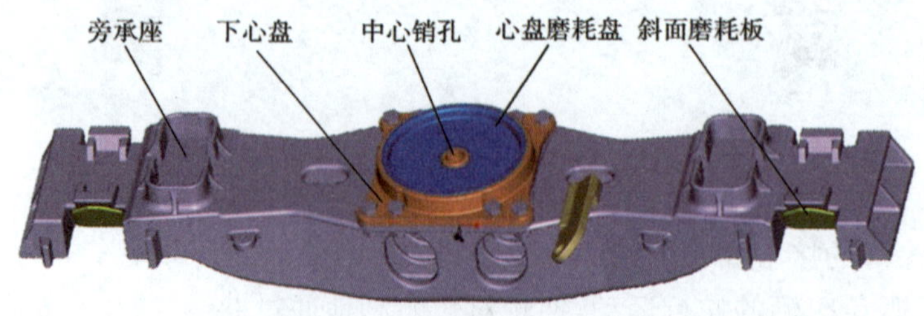

图 4-25 K6 型货车转向架摇枕

③下旁承装在摇枕两端的旁承座内，与车体架枕梁两端的上旁承相对。当车辆通过曲线或左右摇摆时，向下倾斜一侧的上旁承和下旁承相接触而支撑车体，可以防止车体过分摇动和倾斜。

④弹簧减震装置的作用是缓和或消减车辆运行受到的冲击和振动。为了更好地减轻振动，除弹簧装置以外，还采用其他的减振设备，如我国货车转向架采用摩擦减振器，客车转向架上采用的油压减振器，在高速客车、双层客车和地铁车辆转向架上还装有空气弹簧。

空气弹簧是利用装在橡胶容器中的压力空气体积可变化的原理制成的。当橡胶容器受压时，里面的空气体积变小，外力撤销后，空气体积又恢复原状，从而，达到缓和冲击和减振的作用。空气弹簧与一般刚性弹簧相比，具有良好的吸收高频振动和隔音性能，以及自重轻等优点，因此，在高速客车上得到应用。

客车转向架是一种无导框式（又称构架式）转向架，构架侧梁下面的轴箱弹簧，直接放置在轴箱体两侧的弹簧托板上。如图 4-26 所示为 PW-200K 型客车转向架，它由构架、轮对、轴箱弹簧装置、摇枕弹簧悬挂装置以及基础制动装置组成。

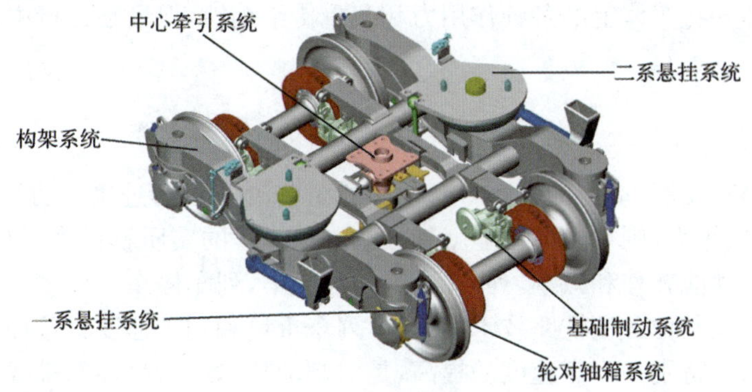

图 4-26　PW-200K 型客车转向架

客车转向架不仅要有足够的强度，而且还要有良好的运行平稳性和较高的运行速度，以便将旅客安全、迅速、平稳、舒适地运送到目的地。为了满足该要求，客车转向架除在摇枕和构架之间设有枕弹簧外，在轴箱和构架之间也设有弹簧。这两部分弹簧构成串联形式，故称此转向架为二系弹簧转向架。

转向架除了有轮对、轴箱、轴承、侧架、摇枕和弹簧减振装置等基本配件外，还设有基础制动装置。基础制动装置的作用是传递和放大制动缸的制动力，使车辆和闸片（闸瓦）间产生适当的正压力和摩擦力，从而使车辆具有良好的制动效果。

另外，使用转向架的车辆与将单个轮对直接安装在车体上的车辆上相比，有以下作用和优点：

一是减少车辆运行阻力。转向架中加装有圆形的下心盘，与车底架中央的上心盘嵌合在一起，使车体与转向架能相对转动。因此，采用转向架后，使比较长的车辆易于通过曲线区段。转向架的轮对是直接安装在转向架侧架或构架上的，因其固定轴距很短，能保证其本身自由通过半径很小的曲线。因此，使用转向架后能减少车辆通过曲线时的运行阻力。

二是车辆通过高低不平处，能减少车体的垂直位移。如图 4-27 所示，h 为两轨头处的垂直差距，与当车体直接支承在单个轮对上通过该处时相比，如不考虑弹簧的作用，其支点瞬时

的垂直移动量 e 仅为 $h/2$，这样，可增加车辆运行的平稳性。

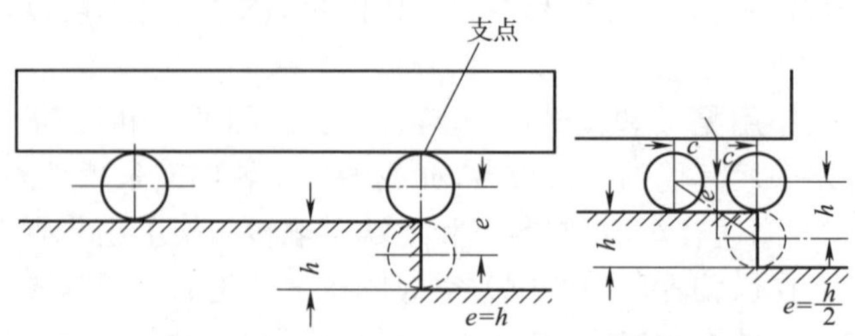

图 4-27 车辆通过钢轨接头示意

三是便于安装多系弹簧及减振器，保证车辆有良好的运行品质，以适应不断提高的行车速度。

四是转向架易从车体下推出，便于检修。

五是传递和放大制动缸产生的制动力，使车辆具有良好的制动效果。

六是支承车体并将车体上的各种作用力和载重传给钢轨，保证在运行中，车体能可靠地坐落在转向架上。

2. 制动装置

(1)制动原理

运行的列车具有动能，动能的大小等于列车质量与列车运行速度平方乘积的一半。列车运行速度越大、质量越大，则列车的动能就越大。制动过程的实质就是将列车的动能转移出去的过程。随着列车动能转移和减小，列车减速，转移完毕，列车停车。

随着牵引动力及其他各项铁路技术的发展，列车重量和列车速度日益提高，对制动技术提出了多方面的要求。特别是列车速度的提高，是对制动技术最为严峻的挑战，因为在一定的制动距离条件下，列车制动功率是列车速度的三次函数。高速、重载的客观需要，促进了制动技术的发展，很多制动新技术和新装置正在得到推广和应用。

(2)制动方式

制动方式是指制动时列车动能的转移方式或制动力获取的方式。

①列车动能的转移方式可以分为两类：一类是把动能变为热能，然后消散于大气，简称“热逸散”；另一类是把动能转变成可用能。

属于热逸散的制动方式有摩擦制动和动力制动两种，摩擦制动是把列车动能转变为摩擦热能；动力制动是列车动能通过电机、电器变为热能，最终逸散于大气。

属于列车动能转变成可用能的方式有两种，一是再生制动，使列车动能转变成电能回收，电力机车或电动车辆可实现再生制动，可将电能反馈至电网。二是飞轮储能制动，制动时，把列车动能转移入飞轮储存，起动加速时，使该能量放出，可以节约能源。

②铁路机车、车辆制动力获取的方式有两种。

一是黏着制动。在实际运用中，车轮在钢轨上滚动时，轮轨接触处，既非静止、亦非滑动，在铁路术语中用“黏着”来称呼这种状态。

要依靠黏着滚动的车轮与钢轨黏着点之间的黏着力来实现机车车辆的制动，叫作黏着制动。

黏着制动时，可能实现的最大制动力，不会超过黏着力。黏着制动是目前主要的一种制动方式。闸瓦制动、盘形制动、液力制动、电阻制动、旋转涡流制动、再生制动以及飞轮储能制动，从制动力形成的方式来看，都属于黏着制动。它们的制动力大都要受到黏着力的限制。

二是非黏着制动。轨道电磁制动与轨道涡流制动属于非黏着制动(或称非黏制动)。制动时，钢轨给出的制动力并不通过轮轨黏着点作用于车辆，而是由钢轨直接作用于吊挂在转向架上的电磁铁。制动力的大小不受轮轨间黏着力的限制，是超出黏着力以外获取制动力的一种制动方式。所以，也叫黏着外制动。

非黏着制动目前主要用于黏着制动力不够的高速旅客列车上，作为一种辅助的制动方式。

(3)制动装置及列尾装置

铁路车辆在线路上高速运行，为了使机车、车辆减速或停止运动，须在机车、车辆上安装由一整套零部件组成的装置，称为制动装置。它的主要作用是保证运行中的列车能按需要实现减速或在规定的距离内实现停车以及防止静止的车辆溜逸，以保证行车安全。制动装置是保证列车安全运行的重要部分。

①制动机的分类

制动机按其用途可分为机车制动机、客车制动机、货车制动机及高速列车制动机。按它们的动力来源及操纵方法可分为空气制动机、人力制动机、真空制动机、电控制动机。目前我国机车车辆上安装的制动机主要有:空气制动机和人力制动机。

空气制动机是以压力空气为动力来源，并用压力空气的压力变化来操纵的制动机。空气制动机的部件，一部分装在机车上，另一部分装在车辆上。装在机车上的有空气压缩机、总风缸、制动阀等。由空气压缩机产生的压缩空气储存在总风缸内。列车中车辆的制动与缓解作用，由机车司机操纵制动阀来实现。常见的货车空气制动机有 103 型、120 型，如图 4-28 所示；常见的客车空气制动机有 104 型、F8 型和 104 型电空制动机、F8 型电空制动机等。

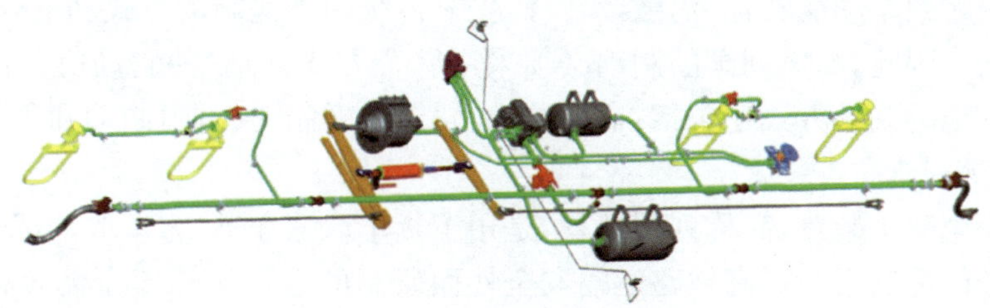

图 4-28 货车制动系统

人力制动机是用人力进行制动，一般只在调车时或者坡道停留时对个别车辆或车组制动用，另外人力制动机在空气制动机发生故障时也经常使用。在每节车辆的一端，都装有一套人力制动机，可以用人力来使单节车辆或车组减速或停车。铁路货车上装用的手制动机有固定链条式手制动机、FSW 型手制动机、NSW 型手制动机、脚踏式制动机、棘轮式手制动机、螺旋式手制动机等六种。其中，常见的手制动机为固定链条式手制动机、FSW 型手制动机、NSW 型手制动机、脚踏式制动机等四种。NSW 型手制动机，如图 4-29 所示，它结构简单、操纵灵活、制动力强。当进行人力制动时，可将人力制动轮按顺时针方向转动，使制动链绕在轴上，拉动制动杠杆。

②基础制动装置

基础制动装置设在转向架上，是利用杠杆原理，将空气制动机或人力制动机产生的力量扩

图 4-29　人力制动机

大适当倍数，再均衡地向各个闸瓦传力的装置。客车多为双瓦式，货车多为单瓦式。

车辆在运行中，闸瓦会因制动时与车辆踏面摩擦而变薄，致使制动力减弱而降低制动效率，通过安装闸瓦间隙自动调整器，使车辆在运行过程中可以自动调整制动缸鞲鞴(gōu bèi,)行程的大小，进而保证应有的制动力。

随着列车速度的不断提高，动能加大，对列车制动技术提出了新的要求，所以，要在不太长的时间和距离内将列车动能转化、消散或转移，仅靠传统的闸瓦制动方式和空气制动机操纵控制是无法达到的。因此，高速列车的制动必须采用综合方式，即多种制动协调使用，方能获得较好的效果。其他的制动方式还包括：盘形制动、轨道电磁制动、电阻制动和再生制动等。

(4)列车尾部安全防护装置

列车尾部安全防护装置，简称列尾装置，是用于货车取消守车、客车取消运转车长后，在列车尾部无人值守的情况下为提高铁路运输安全性而研制的专用运输安全装置；装置主要由安装在机车操纵室的司机控制盒和安装在列车尾部的列尾主机(有中继器时含中继器)及其相关附属设备构成。其主要功能为查询列车尾部风压、辅助列车紧急排风制动、尾部低风压报警、列车尾部标志等。首尾以无线数据传输方式(包括使用中继器中转)传递信令(编码信息)，其信令通过机车列调电台、列尾专用通信平台或 GSM-R 网络发射并接收，如图 4-30 所示。

3. 车钩缓冲装置

车钩缓冲装置是用于机车与车辆或车辆与车辆之间相互连接，传递纵向牵引力及缓和列车运行中冲击力等作用的装置。

(1)车钩缓冲装置的基本组成

车钩缓冲装置主要由车钩、缓冲器、钩尾框、从板、钩尾销等 5 种主要部件组成，如图 4-31 所示，它借助钩尾销将车钩和钩尾框连成一体，并在钩尾框内安装有从板、缓冲器，组成车钩缓冲装置。车钩缓冲装置安装在车体两端的牵引梁上，要求具有强度大、摘挂方便、缓冲性能良好的特点。

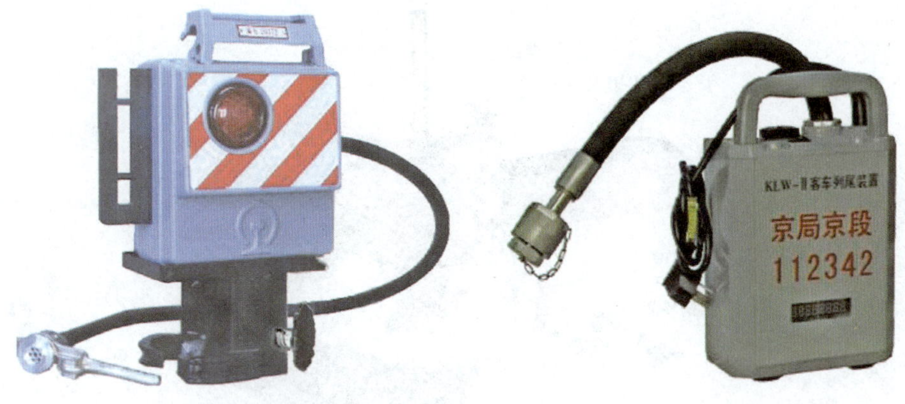

(a) 货车列尾主机装置　　　　(b) 客车列尾主机装置

图 4-30　列尾主机装置

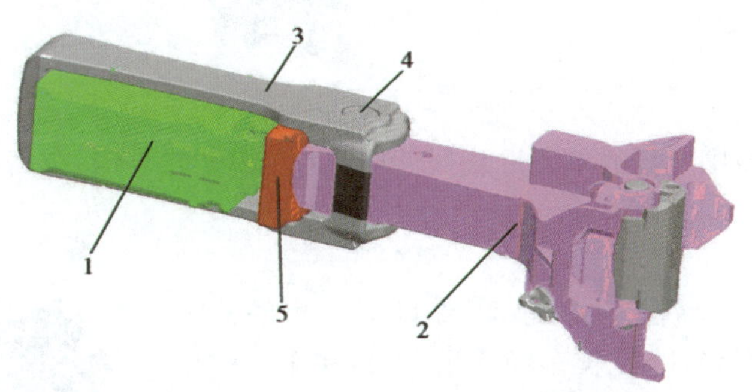

图 4-31　17 型车钩缓冲装置示意

1—缓冲器；2—17 型车钩组成；3—17 型钩尾框；4—17 型钩尾销；5—17 型从板

(2)车钩缓冲装置的作用

车钩缓冲装置是车辆最基本、最重要的组成部件之一，车钩用于编组和解体列车时，机车和车辆之间或车辆和车辆之间的连挂或解开，传递列车在运行或调车作业时所产生的牵引力或冲击力，并使车辆之间保持一定的距离；缓冲器用于缓和或减少这种牵引力或冲击力，防止车辆损坏；从板和钩尾框则起着传递纵向力(牵引力或冲击力)的作用。因此，车钩缓冲装置具有连挂、牵引和缓冲三个基本作用。

(3)车钩

以 17 型车钩为例，17 型车钩组成由 17 型车钩钩体、钩舌、钩舌推铁、钩舌销、锁铁组成、下锁销转轴、下锁销杆、下锁销等零部件组成，如图 4-32 所示。

为了实现挂钩或摘钩，使车辆连接或分离，车钩具有以下三种位置：

一是锁闭位置：车钩的钩舌被钩锁铁挡住不能向外转开的位置，称之为锁闭位置。两个车辆连挂在一起时车钩就处在这种位置。

二是开锁位置：即钩锁铁被提起，钩舌只要受到拉力就可以向外转开的位置。

三是全开位置：即钩舌已经完全向外转开的位置。

摘钩时，只要其中一个车钩处在开锁位置，就可以把两辆车分开。当两辆车需要连挂时，只要其中一个车钩处在全开位置，与另一辆车钩碰撞后就可连挂。

车钩在车辆上安装有上作用式和下作用式，上作用式是货车采用的普遍方式。为了便于装载长大货物，设有端门的平车等才采用下作用式；客车因端部有通过台，所以也采用下作用

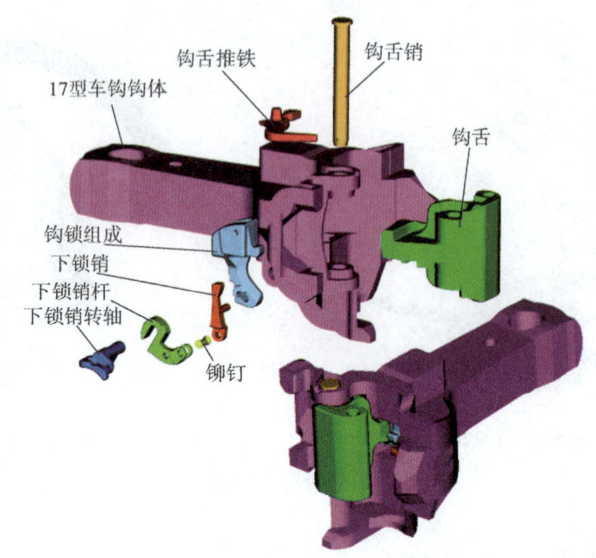

图 4-32 17 型车钩组成示意

式车钩装置。另外，我国开行的单元重载列车装设的是旋转式车钩；在高速动车上采用的是密接式车钩。

(4)缓冲器

为了缓和并降低车辆在连挂、起动、制动时产生的冲击力，提高列车运行的平稳性，延长车辆使用寿命，在车钩的后面装有缓冲器。缓冲器的工作原理是借助于压缩弹性元件变形过程中所产生的摩擦和阻尼，吸收冲击能量。根据缓冲器的结构特征和工作原理，缓冲器一般分为摩擦式缓冲器、橡胶式缓冲器和液压缓冲器，如图 4-33 所示。MT-2 型摩擦式弹簧缓冲器，由摩擦机构、主系弹簧和箱体三部分组成。

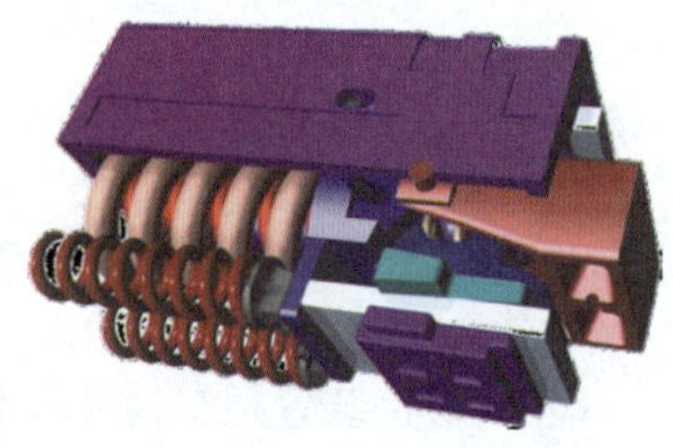

图 4-33 MT-2 型缓冲器

4. 车体

车体是容纳旅客、装载行包、备品以及货物的部分，又是安装和连接其他几个组成部分的基础。车体主要由底架、侧墙、端墙及车顶组成，如图 4-34 所示。

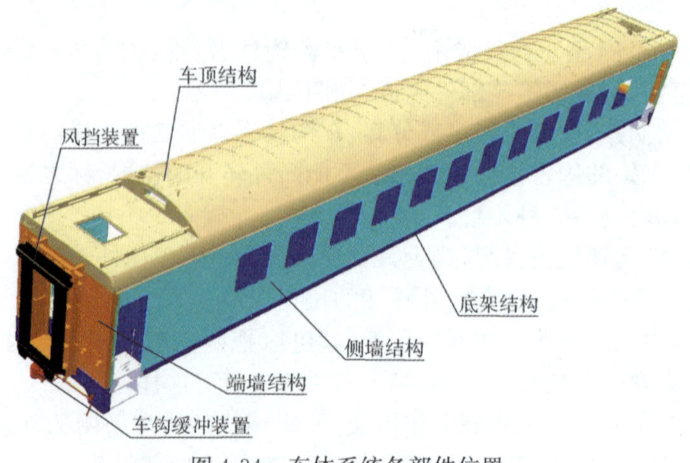

图 4-34 车体系统各部件位置

底架是车体的基础，承受着作用于车辆上的垂直荷载和水平荷载。货车车底架由中梁、枕梁、横梁及端梁等组成，如图 4-35 所示。客车车底架构造与货车车底架相似，不同的是在两端各设了一个通过台架。

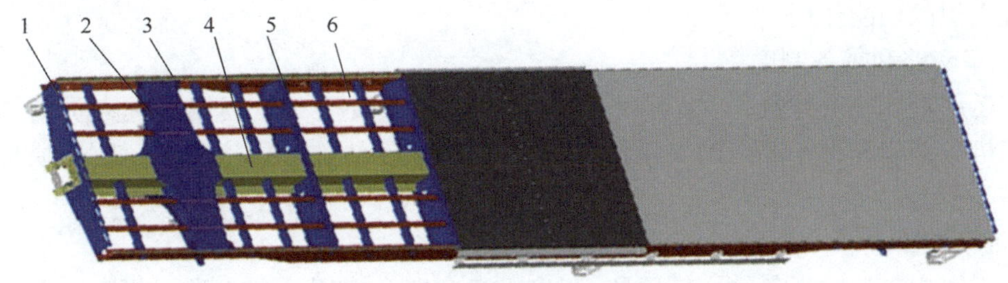

图 4-35　货车车底架结构

1—端梁；2—枕梁；3—侧架；4—中梁；5—大横梁；6—地板托梁

中梁位于车底架的中央，为车底架的骨干，两端是安装车钩缓冲装置的地方，是主要承受垂直荷载和纵向作用力的杆件。

枕梁是车底架和转向架摇枕衔接的地方。在枕梁下部安装的上旁承和上心盘，分别与转向架摇枕上的下旁承和下心盘相对，并将重量传给走行部。

车体按其承载特点可分为底架承载结构、侧墙和底架共同承载结构、整体承载结构三类。

(1)底架承载结构：全部荷载由底架承担的车体结构。这种结构车型大部分为平车、集装箱车等。车体只有地板，没有固定的侧墙和端墙。

(2)侧墙和底架共同承载结构：荷载由侧、端墙与底架共同承担的车体结构。该结构可减轻底架的负担。这种结构车型有棚车、敞车、保温车等。车体由地板、端墙、侧墙等组成。

(3)整体承载结构：车体各部分均能承受荷载。底架结构更为轻巧，可制成无中梁的底架结构，如新型罐体有较大的强度和刚度，能够承担作用在罐体上的纵向力，因此新型罐车可不设底架。

5. 车内设备

为能良好地为运输对象服务而设于车体内的固定附属装置称为车内设备。

客车车内设备是指为旅客提供必需的舒适条件所需的设备。如车内的座席、卧铺、茶桌、行李架、给水、卫生、取暖、通风、照明、空气调节及各种电器设备和供电装置等。

货车一般来说较简单，如棚车中有拴马环、床托，保温车中的制冷设备和乘务员的生活设备等。

第四节　机车的运用与检修

机车的运用和检修是铁路运输工作的重要组成部分，也是机务部门的基本任务。质量良好地检修机车，确保机车的完好状态；经济、合理地运用机车，对完成铁路运输任务具有十分重要的意义。机车运用和检修实行中国铁路总公司(以下简称总公司)—集团公司—机务段三级管理。

一、机车运用管理

我国铁路机车运用管理工作贯彻“统一指挥、分级管理”的原则，以利于充分发挥各级机车运用管理组织的职能作用。

1. 机车交路和乘务制度

机车运用上的一个特点是，机车只要离开机务段，就要受负责运输有关人员的调度和指挥。所以机务部门和行车部门的关系特别密切，必须联动协作才能安全、高效、优质地完成运输任务。

(1)机车交路

机车固定担当运输任务的周转区段，叫作机车交路。按用途分为客运机车交路和货运机车交路；按机车运转方式分为循环运转制、半循环运转制、肩回运转制和环形运转制机车交路等；按区段距离分为一般机车交路和长交路。客运机车交路区段距离 800 km 以上、货运机车交路区段距离 500 km 以上的为长交路。总公司负责确定跨局机车长交路并定期公布。

(2)机车运转制

机车从事列车牵引作业的方式称为机车运转制。它是组织机车运用，确定机车整备设备布置，决定机车全周转时间的依据，是影响铁路运输工作效率的重要因素。机车运转制分为肩回、循环、半循环和环形运转制。

①肩回运转制

机车担当与机务段相邻区段的列车牵引任务，列车每次返回机务段所在站都需要入段作业的叫作肩回运转制。采用肩回式运转制时，机车由机务本段出段后，牵引列车到区段站，入折返段进行整备，再牵引相反方向的列车返回到机务本段进行整备作业。机务本段担当两个方向相反的机车交路的，称为双肩回运转制，如图 4-36 所示。

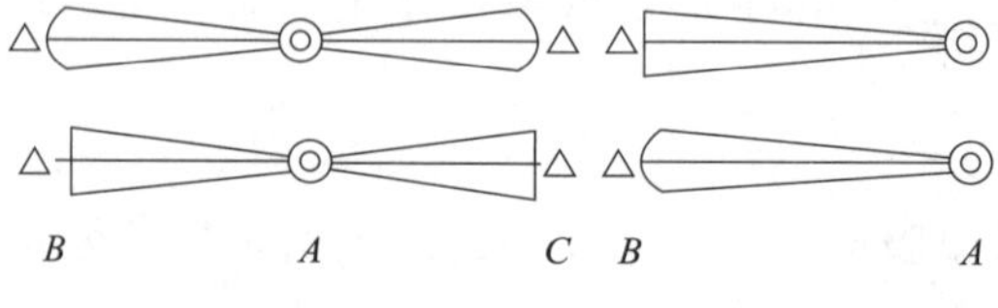

图 4-36 肩回式运转制示意

②循环运转制

机车担当与机务段相邻两个区段的列车牵引任务，除因检修需要入段外，其余每次返回基本段所在站时，只在车站上进行整备作业。一般情况下采用循环运转交路，两交路区段的距离较短，乘务员在折返段折返，如图 4-37 所示。

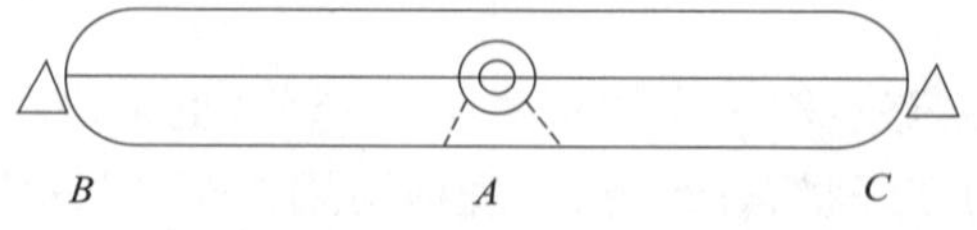

图 4-37 循环运转制示意

我国铁路在许多机务段所在站的到发场有机车整备设备，机车可以在到发线上进行整备而不必入段，从而压缩了机车在机务段的停留时间。

循环运转制具有以下优点：

一是减少了机车出入本段的时间，从而缩短了机车周转时间，提高了机车运用效率。

二是减少了机车乘务员每次出乘的补充工作时间，在一定程度上改善了乘务员的劳动条件，或可以相应地延长机车交路长度。

三是减少了机车换挂作业及出入机务本段的次数，减轻了车站咽喉道岔的负担，提高了站场的通过能力。

实行循环运转制对机车质量提出了较高的要求，必须保证机车在一个辅修期间不发生入段临修，同时在机务本段所在站必须设置部分整备设备，使站场布置复杂化。

③半循环运转制

机车担当与基本段相邻两个区段的列车牵引任务，机车第一次返回基本段所在站时不入段，继续牵引列车向前方区段运行，到第二次返回基本段所在站时才入段进行整备作业，如图 4-38 所示。

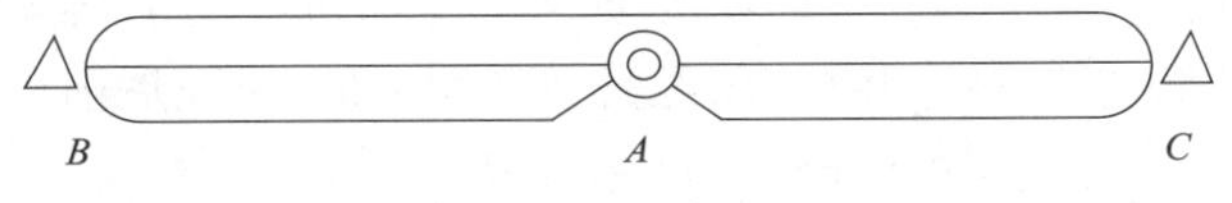

图 4-38　半循环运转制示意

④环形运转制

机车在不到一个牵引区段或在枢纽内担当两次及两次以上往返的列车牵引任务之后，才入段进行整备作业的。机车牵引列车时可以逆向运转而不转向，如图 4-39 所示。环形运转制一般在距离短而运量较大的交路区段上的市郊列车和小运转列车采用。

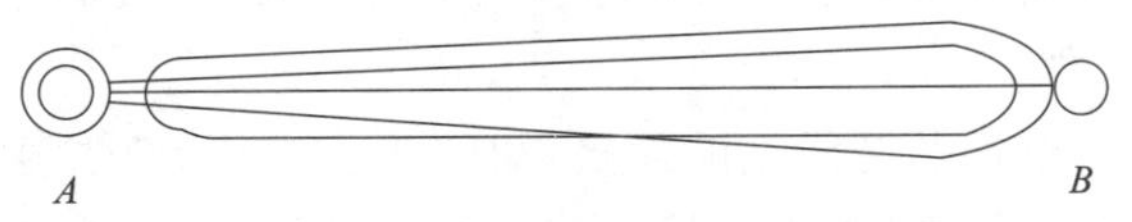

图 4-39　环形运转制示意

(3)机车乘务制度

机车乘务制度是机车乘务员使用机车的制度，分为轮乘制、包乘制、轮包结合制。按值乘方式分为标准班、单班单司机、双班单司机。机车乘务制度的选择应符合工作时间标准和运输需要，目前我国干线机车实行轮乘制，调车机车、小运转机车实行包乘制，担当固定调 车作业的调车机车乘务员原则上采取小四班轮班方式。

①包乘制。实行包乘制时，将一台机车分配给固定的几个机车乘务组，这几个机车乘务组称为机车的包乘组。实行包乘制的机车，每台机车设司机长一人。机车包乘组在司机长领导下，负责所包机车的运用、安全、保养、节约、整备、验收、保管、交接等工作，以保证较好地完成运输生产任务。也就是说机车包乘组负有对所包机车的包用、包养、包管全部责任。

包乘制的特点是：一是加强了乘务员对机车保养的责任心，有利于机车的保养工作，保证机车经常处于良好的技术状态，能质量良好地投入运用；二是乘务员熟悉所包机车的性能特点，有利于钻研和发挥操纵技术；三是为机车的运用管理工作提供了方便的条件。

但机车的利用程度受到包乘组工作时间的限制，机车有时需要在段内长时间停留，以保证机车乘务员足够的休息时间，这样就造成机车的生产时间不能充分利用，从而降低了机车的运用效率。

②轮乘制。近年来，随着牵引动力的改革，在电力机车整备作业量少，运行距离长的条件下，我国逐步实行了轮乘制和轮包结合制。实行轮乘制度时，机车不分配给固定的机车乘务组，而是将机务段全体机车乘务员和全部机车统一组织，集中使用，按照歇人不歇车的循环轮乘管理体制，由许多机车乘务组轮流使用全部机车。由于机车和乘务组之间没有固定关系，机车工作时间的利用不受机车乘务组的牵制，所以能更为合理和高效地使用人力和机车。

实行轮包结合乘务制度是轮乘制的另一种形式，综合了包乘制和轮乘制的优点，更有利于发挥长交路的优势，弥补轮乘制保养工作不易落实、机车技术状态较差的缺陷。采用轮包结合乘务制度的方法一般是本段出发为包乘机班，外段折返为轮乘机班。

我国电力机车的机车乘务制度大多采用轮乘制。在轮乘制中由于实行中途轮班，循环轮乘，歇人不歇车的接力运转方式和机车乘务组采取顺序出乘，便于适当安排其休息时间。所以，机车运用效率大大提高。调查资料表明，实行轮乘制较包乘制可节约机车1/7左右，并使乘务员的劳动生产率提高25%～30%。因此，如果和电力机车适于长交路运行的特点结合起来看，轮乘制便是一种优越的、技术指标高、经济效果明显的，有发展前途的机车乘务制度。

轮乘制同包乘制比较有突出的优越性，具体表现为：

一是便于合理掌握机车乘务员的作息时间，实行长交路运行，提高乘务员的劳动生产率。

二是机车运用不受机车乘务组作息时间的限制，可以缩短非生产停留时间，提高机车运用效率。

三是减少了机车出入库的次数及等待列车的时间，缩短了途中停留时间，加快了机车周转，减少了运用机车台数。

四是减少了直通列车摘挂机车次数，缩短了中途站停时间，提高了旅行速度，加快了车辆周转，提高了线路通过能力。

五是减少了沿线机务设备及区段站的设置，可以少占农田，节省基本建设投资。

六是有利于实行专业化集中修，提高机车检修质量，降低检修成本。

(4)机车乘务员和乘务方式

①机车乘务员。机车乘务员包括机车司机和机车副司机，必须具备下列条件：

一是符合岗位标准要求，司机须取得中华人民共和国铁路机车车辆驾驶证。

二是敬业爱岗，胜任本职工作。

三是身体条件符合国家对铁路机车车辆驾驶人员职业健康标准的要求。

四是具备中专及以上学历，具有良好汉字读写能力并能够熟练运用普通话交流。

机车司机要做到遵章守纪、爱护机车、平稳操纵、安全正点；认真执行一次乘务作业标准，做到"彻底瞭望、确认信号、准确呼唤、手比眼看"；努力学习技术业务知识，不断提高操纵技术和应急处置能力，质量良好地完成运输任务。机车副司机的主要职责是在司机的领导下，认真执行一次乘务作业标准。

②乘务方式。机车乘务组如何换班出乘、担当机车作业的方法称为乘务组的出乘方式，又称机车乘务组的乘务方式。乘务方式根据交路长度和乘务组连续工作时间标准确定，一般分为立即折返、调休折返、外段换班(驻班)、中途站换班、定时换班和随乘等形式。

a. 立即折返。在行车密度较大的短交路区段上，机车由机务段到折返地点后，乘务员不换班连续担当相反方向开行的列车返回机务段，这种方式称为立即折返。

立即折返的换班方式乘务员在家中休息时间较长，有利于参加段内活动和学习，便于机务段对乘务员的组织管理工作。

b. 调休折返。机车在较长的交路区段工作，如乘务员在外段立即折返超过一次乘务连续工作最大时间限额时，乘务员需在外段休息一定时间后，再使用原机车牵引回程列车返回机务段，这种方式称为调休折返。

外段调休折返方式适用于行车密度小的较长交路上，但乘务员在外段休息的同时，机车也需要停留等待，所以机车运用效率较低。

c. 外段换班(驻班)。机车牵引列车到达外段后，交由在外段驻班的乘务员接乘返回，这种方式称为外段换班。

外段换班方式适用于行车密度较大的交路，乘务员在外段休息时间较充分，机车运用效率较高，缺点是：机车固定担当同一交路，机车运用受到一定限制；乘务员在外段时间较长，生活、学习受到一定影响。

d. 中途站换班。机车在长交路上工作及牵引沿零摘挂列车，乘务员单程一次乘务连续作业时间超过规定的最大限额标准时，必须在适当的中间站(区段站)设立换班点，这种方式称为中途站换班。

中途站换班方式的优点是：可以节省机务段、折返段的基建投资和运营费用，提高机车运用效率，加速车辆周转，提高运输能力。其缺点是：如果采用三班包乘或采用四班包乘时，则分别有一班和两班乘务员长期驻在中途站或折返段，影响乘务员的生活和学习，也不便于对乘务员的管理。

e. 定时换班。这种换班方式适用于专调及小运转机车，一般是 12 h 换一次班，作业繁忙的调车机车为四班包乘，换班时间可采用 8 h 制或白班 12 h，夜班两班每班 6 h，换班地点可在段内，也可在车站进行。

f. 随乘制。随乘是指乘务组均随机车出乘，经过一定时间在适当的地点轮换上车作业，不工作的乘务员按规定休息。这种换班方式的优点是机车运用效率高，机车运用灵活，机车交路可以很长，但乘务员休息、生活、学习条件都很差。

2. 机车周转图

机车周转图是机务部门组织运输生产的依据，是列车运行图的重要组成部分，须同时编制完成。科学合理地编制机车周转图，对实施列车运行图，保证行车安全，提高运输能力和机车运用效率，完成铁路运输任务，具有重要意义。

(1)机车周转图的编制依据和作用

机车周转图是根据所采定的机车交路、乘务制度、乘务员换班方式和机车在自外段、站的技术作业标准编制的机车工作计划，是机务部门组织运输生产活动的基础，它确定了机车运用、机车整备、机车检修工作计划，概括地确定了机务段的生产规模和人员编制。

(2)机车周转图的基本要求

①适应客货运输需要。

②结合年度及阶段机车配属计划，统筹安排各区段的牵引机型。

③科学合理查定各项技术作业标准。

④按照“机车长交路、乘务区段化”原则，合理安排机车交路和乘务交路，提高机车运用效率和乘务员劳动生产率。

⑤合理安排机车乘务员休息和劳动时间，保证值乘中精力充沛。

⑥积极推进地乘分离，适应机车整备、检修和乘务员技术作业的需要。

⑦积极采用新技术，采用计算机编图、绘图、指标计算和全路网络数据传输。

(3)机车周转图编制的基本任务

依据运输方案，确定使用机型、机车配置；合理确定机车交路、乘务交路、乘务制度、牵引定数、区间运行时分、整备作业时分等技术标准；合理确定动车组区间运行时分、司机乘务制度等技术标准；查定各项技术指标。

(4)机车周转图的分类

①按适应运输的性质分为基本机车周转图、分号机车周转图(综合分号和独立分号)、旬间记名式机车周转图、日计划机车周转图。

基本机车周转图是对应基本列车运行图的，它适应一定时期的最大行车量，是一切机车周转图的基础。

分号机车周转图(包括综合分号和独立分号)，是对应同名分号列车运行图的，它基本适应月计划行车量。

旬、月计划机车周转图是按旬、月计划的行车量对分号机车周转图略加调整产生的。

②按列车种别分为客运机车周转图、货运机车周转图和客货混用机车周转图。客运、货运、客货混用机车周转图，是根据机车的服务对象取名的。

③按机车周转形式分为一元式机车周转图和分组式机车周转图。

一元式机车周转图是指用一台机车能够依次周而复始地牵引周转图中的全部列车。

分组式机车周转图是指一台机车能够依次周而复始的牵引周转图中一部分列车。

3. 机车运用指标

根据机车运用指标的性质和作用不同可分为数量指标、质量指标两大类。数量指标表示计划指标在规定时间内(如日、旬、月、季等)机车运用的经济活动在效率上应达到的目标，反映总的机车运用工作量，常用绝对数表示，如机车走行公里等。质量指标表示机 车在运用计划内，在机车运用质量上应达到的目标，是两个有联系的效率指标的对比，常用平均值表示，如机车日车公里，机车日产量指标等。

(1)机车走行公里。

机车走行公里为运用机车实际走行或换算走行的公里。

机车走行公里是机务段运用工作的一项重要指标，表示机务段的工作量，是机务段配属机车台数的依据。

机车总走行公里为沿线走行公里及换算走行公里之和。为了压缩全部运行机车的总走行公里，就必须压缩它所包含的各项走行公里和换算走行公里。

本务机走行公里的多少，主要由运量大小和列车牵引定数决定，一般可视为客观因素。但是，在运输组织工作中尽量减少欠重列车，实现超重运输，组织单机挂车等，都可压缩本务机车走行公里。同时，在条件允许时，努力提高列车牵引定数也是压缩本务机走行公里的一项措施。

除本务机车外，担任其他各项工作的机车，如补机、重联机车、单机、调车机车等的走行公里，更应大力压缩。

(2)机车牵引总重吨公里。

机车牵引总重吨公里为机车牵引列车(包括单机牵引车辆)完成的工作量。计算方法：

$$机车牵引总重吨公里 = 机车牵引总重 \times 实际走行公里$$

注：双机合并牵引及挂有补机、重联机车时，牵引总重吨公里的计算按《铁路机车统计规则》中附件2"重联、补机机车牵引能力比例表"分劈。3台机车牵引列车时不考虑机型，其总重吨公里本务机车按40%，其余两台各按30%分劈。4台及以上机车牵引列车时，不分机型，平均分劈。

(3)机车日车公里。

机车日车公里是指平均每台运用机车在一昼夜内走行的公里数，它是反映机车工时有效利用程度和列车速度这两个方面因素的重要指标。计算方法：

机车日车公里＝机车沿线走行公里(不包括补机)÷运用机车台日(不包括补机)

机车日车公里分客运机车日车公里、货运机车日车公里和支配机车日车公里。

(4)机车技术速度和旅行速度。

技术速度($V_{技}$)是不计入中间站停留时间的列车机车在区段内的平均速度，也即列车机车在区间内平均每小时走行的公里。

旅行速度($V_{旅}$)是计入中间站停留时间的列车机车在区段内的平均运行速度，也即列车机车在区段内平均每小时走行的公里。旅行速度不仅考核机车牵引能力和操纵水平，而且能体现出中间站作业情况，列车组织、调度指挥水平等。

(5)机车台日产量。铁路运输工作的产品是"吨公里"。机车台日产量是平均每台运用机车在一昼夜内所生产的总重吨公里。机车日产量分为支配机车台日产量和货运机车台日产量。

为提高机车日产量，需要对机车日产量的有关因素进行分析。机车日产量的高低与日车公里、列车平均牵引总重成正比，与单机率、重联率、机车运行台数成反比，要提高机车日产量就必须大力提高列车平均牵引总重，加速机车周转，压缩机车使用台数，提高日车公里，减少单机走行率、重联率等有关因素。

(6)机车平均牵引总重。为每台机车平均牵引列车的总重量。提高机车平均牵引总重是提高机车日产量的主要环节。因此，要坚持满重，减少欠重，组织超重，特别要抓好运输方案，合理开行零担摘挂列车，提高小运转列车的牵引重量。

二、机车检修

机车检修工作的组织管理和技术管理是检修工作的重要组成部分，涉及检修管理原则，管理制度，组织形式、机构及职责，技术管理任务，技术管理范围，技术管理实施等内容。

1. 机车修程修制

机车经过一定时期的运用后，各部件都会发生磨耗、变形或损坏。为了保证机车的正常运用，延长使用期限，除了机车乘务员的日常检查和保养外，还必须进行各种定期检修。机车的定期检修除大修在机车工厂进行以外，其余的检修一般都在机务段内进行。机车修程设置主要分为：

(1)直流传动内燃、电力机车修程设置分为大修、中修、小修和辅修。

大修：机车全面检查修理，恢复机车基本性能，可同时进行机车或主要部件的技术提升。

中修：机车主要部件检查修理，恢复期可靠使用的质量状态。

小修：机车关键部件和易损易耗零部件检查维修和保养，有针对性的恢复机车运行可靠性。

辅修：机车例行检查和保养，做故障诊断，按状态修理。

(2)交流传动内燃、电力机车修程设置分为C6修、C5修、C4修、C3修、C2修、C1修。

C6修：机车全面分解检修，全面性能参数测试，恢复基本性能，可同时进行机车或主要部件的技术提升。

C5修：机车主要部件分解检修，性能参数测试，恢复机车可靠质量状态。

C4修：机车主要部件检查，性能参数测试，修复不良状态部件，恢复机车可靠质量状态。

C3修、C2修：机车关键部件重点检查维修，有针对性地恢复机车运行可靠性。

C1修：机车例行检查和保养，利用机车自检系统进行故障诊断，按状态修理。

(注：C1～C6修，读作1级修～6级修，其中“C”是取英文单词“Class”首个字母，含义为“等级”，“C”也是取“中国”和“中国铁路总公司”的英文“CHINA”和“CR”首个字母，代表C1～C6修的修程设置是中国铁路自主知识产权。)

2. 机车检修计划

目前我国的机车修理制度是有计划的，是预防性质的。从这一原则出发，机车在修理前必须有一个周密的修理计划，使机车检修工作按计划均衡地进行，这是组织机车检修工作所必不可少的条件，也是机务段合理确定劳动组织和充分利用设备能力的重要依据。检修计划由机务段技术科会同运用科、检修车间、整备车间、运用车间，根据机车走行公里或运用时间、实际技术状态、相关车间的生产情况等进行编制。

(1)机务段机车小辅修月度或旬(周)计划应在月或旬(周)开始前三至五天提出，经机务段主管段长批准后执行。

(2)机务段每年9月20日前，编制出次年分季的年度机车中修计划报集团公司。每季度开始前45天编制出分月的季度中修计划报集团公司，集团公司审查批准后，于季度开始前30天下达到承修单位，并通知委修段；需招投标的，完成招投标后，与承修单位签订合同。委修段每月开始前25天将中修机车检修技术状态书寄至承修单位。承修单位每月开始前10天，编制出中修施工月计划，报集团公司备案并通知委修段按计划组织送车。

(3)集团公司组织各机务段编制机车大修计划，每年分两次报送总公司运输局，第一次为9月20日前，报下年度及下年度上半年机车大修计划；第二次为4月20日前，报本年度下半年机车大修计划。

3. 机车检修质量指标

(1)机车检修率

机车检修率指检修机车占支配机车的比重，又称机车不良率，是指在一定时期内平均每天的检修机车台数占支配机车台数的百分比，它反映了集团公司或机务段在全部支配机车中检修机车所占的比重，其计算公式为：

$$机车检修率=检修机车台日\div支配机车台日\times100\%$$

机车检修率是考核机车质量的重要指标。机车检修率高，说明在全部支配机车中处于检修状态的机车数量多，这对于完成运输任务是不利的。

从上述公式中可见，机车检修率的高低和检修机车台日数的数量成正比，和支配机车台日数的数量成反比。支配机车台日数可以看作主要是由运输任务决定的客观因素，因此降低机车检修率的主要途径就在于减少检修机车台日数。

在实际工作中，除了计算总的机车检修率以外，往往还根据修程的不同分别计算各种修程的检修率。计算公式为：

C5、C6修或大修机车检修率＝C5、C6修或大修机车台日÷支配机车台日×100％(其他修程类推)

在段修机车检修率＝在段修机车台日÷支配机车台日×100％

临修率＝临修机车台日÷支配机车台日×100％

上述公式中，大修台数包括在机务段等待入厂修理和工厂修理的定检机车，以及经集团公司批准入厂返工修理的机车；段修台数包括在本段、外段正修理中和等待修理的定检机车以及在工厂或段内外进行临修的机车。

有了以上检修和各种修程类别的机车检修率，就可以了解检修机车的状态，即处于各种修程和单位中的比重，也可以了解机车的检修工作量。同时，从各种修程类别的机车检修率大小，还可以了解机车检修率的变动主要是由于哪种机车及哪种修程检修率的增减所引起的，以便从中了解情况，进一步提高检修质量，降低机车检修率。

(2)机车平均定检公里及时间

机车平均定检公里(或时间)是指处于某种修程的每台修竣机车平均总走行公里(时间)，它是按各种修程分别计算的，计算公式为：

机车平均定检公里(时间)＝某种修程中的每台修竣机车走行公里(时间)之和÷该种修程的机车修竣台数

定检公里和定检时间是考核机车检修与保养质量的一种主要指标。延长定检公里(时间)，就可以节约机车修理费用，降低运输成本，同时又可以腾出更多的时间从事生产活动。为此，必须力争定检公里（时间）的延长。从管理入手，落实责任制度、验收制度，推广先进司机的机车操纵、保养经验，可以提高机车检修质量和保养质量。

(3)机车平均修车时间

机车平均修车时间(又称检修停时)是指在各种修程中的每修竣一台机车平均所需要的时间。机车平均修车时间既包括机车在修理过程或等待修理中的时间，也包括检修或等待中发生的中断时间(如待料、节日、假日等)。

修车时间一般都是按照各种机车的修程分别规定、计算的，其计算方法为：

平均修车时间＝各该修程的总修车时间÷各该修程的修竣台数

修车时间的长短是表示修车工作进度的重要指标。在保证修车质量的前提下，修车时间越短，则表示检修工作的进度越快，在一定时期内所能完成的修竣台数越多。因此，修车工作的快慢一方面影响到检修单位的生产成本和劳动生产率，另一方面也影响到可以运用的机车台数。机车检修率、平均定检公里(时间)、平均修车时间指标，都是从不同角度反映了机车运用、保养和检修工作质量。

(4)检修率之间的关系

①机车检修率＝ C5、C6修或大修机车检修率＋在段修机车检修率。

②在段修机车检修率＝在段修程机车检修率＋临修率，原则上临修率不超过在段机车检修率的1/3。

第五节　车辆的检测与维修

为了完成运输任务，铁路必须拥有相应数量的、性能良好的车辆。因此，一方面铁路工业部门要不断地新造足够数量的车辆；另一方面车辆部门还要做好车辆在日常运用中的维修保养工作，使已有车辆经常处于质量良好的状态（因为车辆在运用中各种零部件经常发生磨耗、裂纹、折损，变形、松弛及腐蚀等损伤），才能确保安全、高速、平稳地运送旅客和货物，并延长车辆的使用寿命。

车辆段是设在铁路沿线负责车辆检修工作的基层单位，一般设在编组站、国境站、铁路枢纽以及货车大量集散和始发终到客车较多的地点。它主要承担车辆的定期检修和日常保养工作，因此在段内设有修车库、修车线及辅助车间等。在它所负责范围内的每一编组站和区段站上均设有列车检修所，并根据需要设立站修所等日常检修单元。

一、检修制度

国际上通行两种检修制度：一种是计划预防修；另外一种是技术状态修。

铁路车辆计划预防修：首先摸清车辆的主要零部件的损伤规律，然后确定其使用极限，再在此基础上确定合理的检修循环结构和检修周期，使车辆零部件在运用中产生的损伤尚未达到极限时，就能加以修复。

铁路车辆技术状态修：是指按车辆技术状态修理的制度，即在设备工作寿命期内，将运行设备按照规定的状态值来监察其运行参数，只要设备运行参数在规定的状态限值以内时，就一律不检修。当运行参数超出规定的状态限界值时，就按照规定工艺进行检修，使其恢复到规定的状态值后继续使用。设备达到使用寿命期，则予以更新。这种修理制度在保证设备安全的前提下，充分发挥了运输设备的内在潜力，力图将检修工作量减小到最低限度。这也是中国铁路车辆将逐步实施的检修制度。

我国现在采用的是计划预防修制度。在计划预防修的前提下，将来逐步扩大实施状态修和主要零部件的专业化集中修、换件修。专业化集中修和换件修就是在全国设几个主要零部件的专修基地，进行专业化维修；其他维修单位对主要零部件实行换件修，对其他部件实行维修。

目前，我国铁路车辆的计划预防检修分为定期检修和日常维修两大类。

1. 定期检修

车辆定期检修就是按照规定的期限，对整个车辆或某些部分进行全部或部分的检修。它是根据车辆各部分在正常使用条件下的磨耗规律，对不同部件制定不同的检修周期和技术标准（到期进行检查、修理或更换），每一辆车不论其技术状态如何，经过一定时间的运用后都要进行定期检修。

定期检修包括厂修、段修、辅修和轴检。厂修由车辆工厂负责，对车辆进行全面而彻底的修理，经过厂修后的车辆性能要求达到或接近新车的水平。段修由车辆段承担，要求对车辆各部分做全面检查，修换其损坏和磨耗过限的零部件。辅修和轴检主要是对制动装置和轴箱油润部分进行检修。

（1）客车的定期检修

为了提高车辆安全性和使用效率，近年来，在借鉴国外高速客车先进的维修理论和经验的基础上，我国铁路客车建立了以走行公里为主、时间周期为辅的计划预防修制度，从而大幅度提高客车检修质量和效率。目前，最高运行速度不超过 120 km/h 的客车定期修程分为：厂修、段修和辅修。对最高运行速度超过 120 km/h 的客车定期修程分为 A1、A2、A3、A4 四级。

其中 A4 级在工厂完成，而其他修程则在车辆段进行。以 25T 型客车为例，定期修程如下：

A1：周期为 20 万 km(±2 万 km)，或运行不足 20 万 km，但距上次 A1 级以上各修程时间超过 1 年者。

A2：周期为 40 万 km(±10 万 km)，或运行不足 40 万 km，但距上次 A2 级以上各修程时间超过 2 年者。

A3：周期为 80 万 km(±10 万 km)，或运行不足 80 万 km，但已做过一次 A2 修，距上次 A2 级修程时间超过 2 年者。

A4：运行超过 240 万 km(±40 万 km)，或距新造或上次 A4 级修程时间超过 10 年者。

(2)货车的定期检修

货车定期检修修程分为：厂修、段修、辅修和轴检。按运行里程检修分为大修(A 级)、全面检查修(B 级)、重点检查修(C 级)三级修程。同时按运行里程和运用时间检修的货车，执行“先到为准”的原则。

厂修由车辆工厂负责，检修周期依不同种类为 4～10 年不等，以 C_{70} 型货车为例，厂修周期为 8 年，车辆经过厂修后，该车辆的性能要求达到或接近新车的水平。

段修由车辆段承担，是在两次厂修之间对车辆各部分作全面的检查，修换其损坏和磨耗过限部分。检修周期一般在 1～3 年，C_{70} 型货车段修周期为 2 年。

辅修和轴检主要是对制动装置和轴箱油润部分进行检修，现在我国大量货车为提高车辆的运用效率，货车的辅修和轴检在站修所进行，对车辆运用影响较小，虽属于定期检修但有日常保养性质。

自 2005 年 3 月 1 日起，新造货车和提速货车已取消辅修修程。在 2002 年因货车实现滚动轴承化而取消了轴检。取消辅修和轴检的货车定期检修分为厂修、段修两级修程。

2. 日常维修

为使车辆经常保持良好的技术状态，在定期检修之间的运用期内，还必须对车辆进行日常检查和维修工作。只有日常检查和定期检修配合起来，才能保证车辆的完好和正常运用。

(1)客车的日常检修

客车有固定的配属段，并按照规定的区段运行。所以客车的日常维修工作主要是利用旅客列车终到后、始发前在客车整备所进行，又称为库列检。在运行途中还要进行列车的技术检查。此外，在旅客列车上还派有固定的检车乘务员，负责检查车辆和车电设备的技术状态，防止因车辆技术状态不良而发生摘车或晚点，对某些检车乘务员无力处理的故障，要及早联系前方旅客列检所协助办理。

(2)货车的日常维修

货车的日常维修工作由列车检修所和站修所等单位承担。列车检修所对经本站中转或到达本站的列车中所有车辆进行技术检查和修理，同时还负责扣修定检到期的车辆。发现故障能在列车中修复的要及时维修；修理工作量较大者，则从列车中摘下，送入专用的站修作业场维修，站修所的任务就是进行货车的摘车修理，辅修和轴检工作。即日常维修的不摘车修和摘车修。为了车辆的良好运用和加速车辆周转，在日常维修中应尽量采取不摘车修理方式。

二、车辆安全防范系统

为保证列车运行的安全，一种全新的车辆运行安全防范预警系统已在全路建立起来，即

“地对车安全监控体系”(称为5T系统)。它是采用不同检测手段的五大检测系统，全方位地对运行中列车的车辆进行动态监控，由于这五个系统的英文名称首字母都是T，所以简称“5T系统”。

1. 车辆轴温智能探测系统(THDS)

红外线轴温监测系统是铁路用来防止机车和客货车燃轴、切轴，保证行车安全的设施，它由红外探头、控制部分、记录部分、信号传输部分及电源部分组成。

红外线轴温监测系统是将红外线轴温探测器放置在铁路轨道两侧，当列车通过时，车辆的轴承逐个通过红外线探测器的监视场，每个轴承顺序给探测器一次红外辐射，使之产生电脉冲，由电脉冲的高低判断对应轴温的高低，以便及时采取措施，防止重大事故的发生，如图4-40所示。

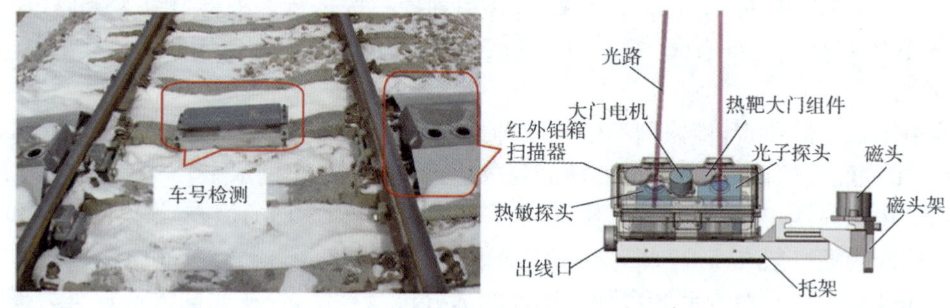

图4-40 红外线轴温检测装置

监测系统热轴预报的过程是：当监测中心发现区间有热轴时，立刻报警，经监测中心红外值班员确认以后，通过专用电话通知车辆调度，经车辆调度与行车调度联系后，由行调对有关车站下达停车命令，由车辆调度对有关列检所下达车辆故障处理命令。如果列车已进入区间运行，则通过无线列调通知司机进行应急处理。

目前，我国铁路线上建成了红外线轴温探测网，由地区轴温探测点和红外调度中心组成，并用微型计算机进行控制和检测。

2. 车辆运行品质动态监测系统(TPDS)

车辆运行品质动态监测系统能对车轮滚动周期内车轮不同方向着地时轮轨动态的作用进行有效检测，可识别出运行状态不良的车辆，有效地防范车辆脱轨特别是空载货车在直线段脱轨，并检测因车轮踏面擦伤、剥离以及货物超偏载等引起的危及行车安全的情况，有效地保证了车辆运行的安全，如图4-41所示。

图4-41 车辆运行品质动态监测系统

3. 车辆滚动轴承故障轨边声学诊断系统(TADS)

车辆滚动轴承早期故障轨边声学诊断系统是发现车辆滚动轴承裂纹、裂损等安全隐患,防止列车脱线,铁路货车切轴,保障铁路运输安全的重要设施,如图 4-42 所示。通过声学诊断、计算机和网络通信等技术,对运行中铁路轴承噪声信号进行采集和分析,识别轴承工作状态,可有效辨认轴承内部早期故障并进行在线诊断预报,在热轴之前发现故障。

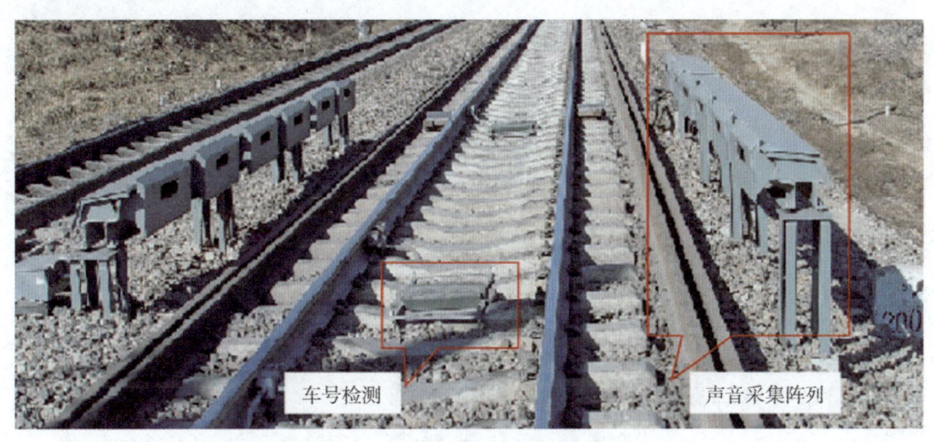

图 4-42 货车滚动轴承故障轨边声学诊断装置

TADS 和 THDS 相结合能更加有效地防止切轴和脱轨事故,提高轴承故障防范水平,在铁路轴承还没有热轴或低温热轴时,就通过轴承内部缺陷在运行中产生的振动和噪声,及时诊断出轴承故障,做到轴承故障早期发现、早期预报,将铁路车辆故障的防范关口比红外线提前一个阶段,使列检对滚动轴承的检查,从人判断为主逐步过渡到人机结合、机判为主的阶段。TADS 增强了轴承的预警能力,将防范关口前移,体现了"预防为主"的安全指导思想,确保行车安全。

4. 货车运行故障动态图像检测系统(TFDS)

货车运行故障动态图像检测系统是针对列车技术检查中出现的时间紧、任务重、职工劳动强度大等情况开发的辅助列检作业的在线图像监测系统。它通过高速摄像头对运行的铁路货车进行图像动态检测,及时发现铁路货车运行故障,重点检测铁路货车走行部、制动梁、悬吊件、枕簧、大部件、钩缓等安全关键部位,防范制动梁脱落事故,防范摇枕、侧架、钩缓等大部件裂损、折断事故,防范枕簧窜出、丢失等危及行车安全的事故。

5. 客车运行安全监控系统(TCDS)

客车运行安全监控系统(TCDS)重点监测客车轴温、制动系统、转向架安全指标、火灾报警、客车供电、电器及空调系统运行状况,对危及旅客列车运行安全因素进行实时监测诊断、记录和存储、集中显示和报警。运行中,车载监测诊断系统通过无线通信装置向地面监控终端报告列车运行状态,列车入库后,通过无线局域网或移动存储器将记录数据下载到地面数据库与专家系统,从而实现列车运行监测信息的自动收集和集中管理。

第五章　铁路供电和给水

第一节　牵引供电系统

电气化铁路由电力机车(动车组)、牵引接触网和牵引变电所组成,所以人们又称它们为电气化铁道的“三大元件”。将电能从电力系统传送到电力机车的电力设备总称为电气化铁道的牵引供电系统,简称为牵引供电系统。

一、牵引供电系统组成

牵引供电系统主要包括:牵引变电所、牵引网、专用的高压供电线路等,如图 5-1 所示,其中发电厂、高压输电线路等设施,归地方电力部门管理。

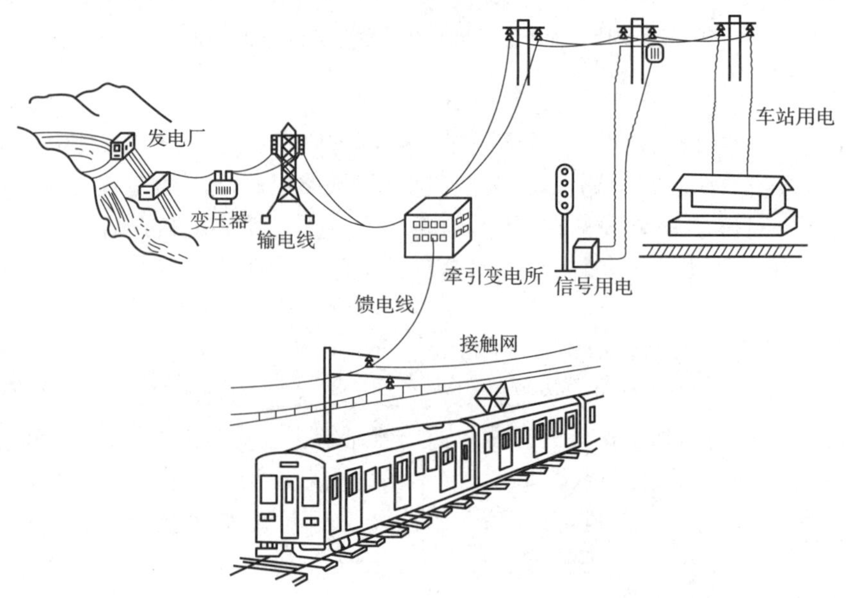

图 5-1　牵引供电系统组成

二、牵引网组成

馈电线、接触网、钢轨、大地、回流线等设施构成的输电网络称为牵引网,如图 5-2 所示。

馈电线是连接牵引变电所和接触网的导线或电缆,将牵引变电所主变压器二次侧 27.5 kV 的电压输送到接触网。馈电线一般选用大截面的钢芯铝绞线,高铁牵引供电系统采用了大量的电缆式馈电线。

接触网是牵引网的主体,额定电压为 25 kV,电力机车的受电弓从接触网获取电能。接触网结构复杂，运行环境恶劣，日常维修工作量大，短路故障也较多。受电弓与接触网的关系称为“弓网关系”，与“轮轨关系”、“列控系统”共同构成高速铁路的三大核心技术。

在牵引供电系统中，钢轨是牵引回路的组成部分，和大地将牵引电流引回牵引变电所。在牵引供电系统中，为了利于牵引电流流回牵引变电所，一般设架空回流线，它和接触网的支柱同杆架设，既有利于牵引电流的回流，通过和其他一些设备的配合（如 AT 供电方式），又能大大降低牵引负荷电流对通信的干扰作用。

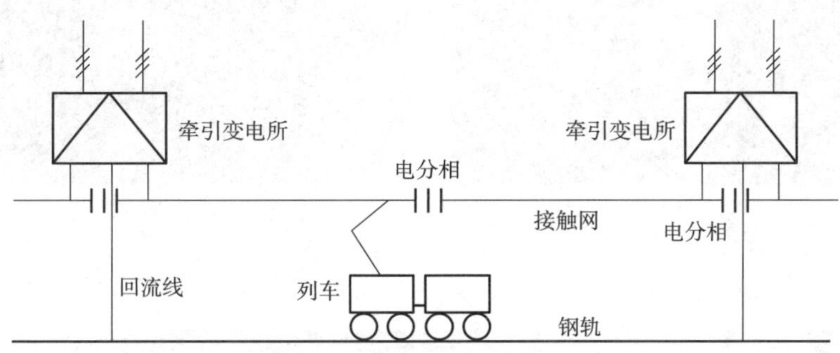

图 5-2　牵引网组成示意

三、牵引变电所

由于电力机车本身不带有能源装置，需要由外界供给电能，因而必须在电气化铁道沿线设置一套完善的、不间断地向电力机车供电的设备，这就是牵引变电所。

（一）牵引变电所的作用

我国电气化铁道牵引网采用单相工频 25 kV 交流制，牵引变电所是电气化铁路牵引供电系统的心脏。牵引电所的主要功能降压、分相、为牵引负荷供电，作为电力机车的牵引电源，需要保证可靠而又不间断地供给机车使用。由于电气化铁路属于一级负荷，为了保证正常供电，要求牵引变电所有两路高压输电线供电。牵引变压器原边电压为 110 kV 或 220 kV，次边电压比接触网额定电压高 10％考虑，一般为 27.5 kV。

（二）牵引变电所的设备

牵引变电所内的主要设备有主变压器、电压互感器、电流互感器、高压断路器、各种高压隔离开关、避雷器以及信号显示等设备。为使牵引变电所内各种电气设备正常运行，确保安全可靠供电，牵引变电所内还装有各种控制、测量、监视仪表和继电保护装置等。

1. 牵引变压器

牵引变压器是利用电磁感应原理来升高或降低电压的一种静止电气设备，高度的作用是将高压 110 kV(220 kV)变换为 27.5 kV(55 kV)的电能，牵引变压器实物如图 5-3 所示。

2. 高压开关设备

(1)高压断路器是电力系统中最为重要的电器，如图 5-4 所示。在正常运行状态下，依靠断路器接通或断开负荷电流起控制作用；在故障事故状态时，依靠断路器与继电保护装置配合迅速而准确的切断短路电流而起保护作用。它具有很强的灭弧能力，性能完善，同时具有控制和保护双重作用。

(a)

(b)

图 5-3 牵引变压器

(a)

(b)

图 5-4 高压断路器

(2)高压隔离开关是一种没有专门灭弧装置的开关设备,如图 5-5 所示,其结构简单、造价低廉,动静触头、导电杆均暴露在外,闭合或分断的状态一目了然。

因隔离开关开合电路的能力有限,一般与断路器配合使用。进行倒闸作业时,一定要注意隔离开关在任何情况下,均不得带负荷操作。

(a)

(b)

图 5-5 户外高压隔离开关

3. 互感器

互感器是牵引变电所重要的电器设备。它是一次系统和二次系统间的联络元件。通过它可完成对高电压、大电流的测量。

互感器包括电流互感器和电压互感器,如图 5-6、图 5-7 所示。

(a)

(b)

图 5-6　电流互感器

(a)

(b)

图 5-7　电压互感器

4. 避雷器

在输电线路上,由于雷电的绕击和反击,在输电线路上还是会产生向变电所入侵的雷电过电压波,它将直接危及变压器等电气设备的绝缘。为限制入侵波过电压,需要装设电压保护装置,即避雷器,如图 5-8 所示。

5. GIS 设备

将 SF_6断路器和其他高压电气设备(变压器除外)按照所需要的电气主接线方式安装在充有一定压力的 SF_6气体的金属壳体内,组成一套变电所设备,称为气体绝缘金属全封闭开关,英文全称为 Gas Insulated Switchgear,简称 GIS。

高铁牵引变电所采用 GIS 开关柜,如图 5-9 所示。

(a)

(b)

图 5-8 避雷器

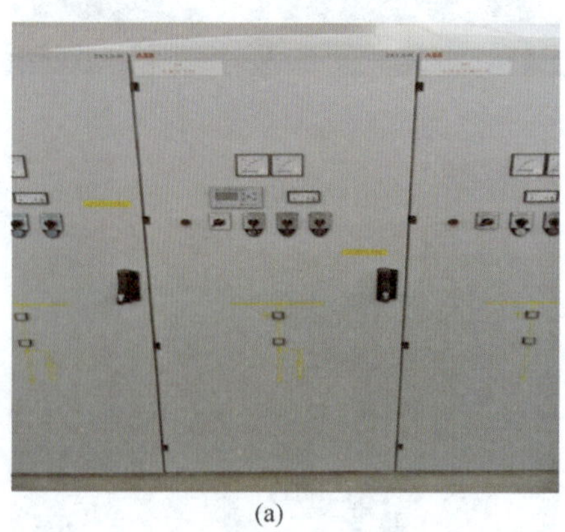
(a)

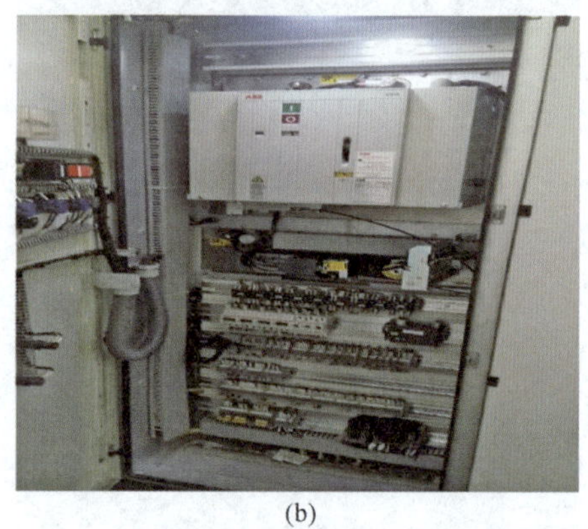
(b)

图 5-9 GIS 开关柜

四、接 触 网

地方电力网将电能输送到铁路牵引变电所，经变电所主变压器降压至适合于电力机车使用的电压等级后，再经馈电线将电能送到接触网上，因此接触网是向电力机车供电的特殊输电线路。接触网标称电压值为 25 kV，最高工作电压为 27.5 kV，短时（5 min）最高工作电压为 29 kV，最低工作电压普速铁路为 19 kV、高速铁路为 20 kV。

接触网通过支柱及软横跨、硬横跨，以一定的悬挂形式将接触线直接架设在铁路线路的上方，其主要由接触悬挂、定位装置、支持装置、支柱与基础等几部分组成，如图 5-10 所示。

接触网担负着把从牵引变电所获得的电能直接输送给电力机车使用的重要任务，因此接触网的质量和工作状态将直接影响着电气化铁道的运输能力。由于接触网是露天设置，没有备用，线路上的负荷又是随着电力机车的运行而沿接触线移动和变化的，对接触网结构有特殊要求：

（1）在高速运行和恶劣的气候条件下，能保证电力机车正常取流，要求接触网在机械结构上具有稳定性和足够的弹性。

（2）接触网设备及零件要有互换性，应具有足够的耐磨性和抗腐蚀能力并尽量延长设备的

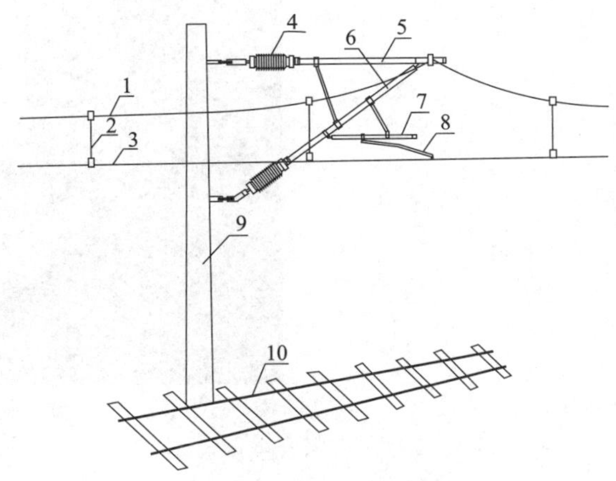

图 5-10　接触网组成

1—承力索；2—吊弦；3—接触线；4—绝缘子；5—平腕臂；6—斜腕臂；7—定位管；8—定位器；9—支柱；10—轨道

使用年限。

(3)要求接触网对地绝缘，安全可靠。

(4)设备结构尽量简单，便于施工，有利于运营及维修。在事故情况下，便于抢修和迅速恢复送电。

(5)尽可能地降低成本，特别要注意节约有色金属及钢材。

总的来说，要求接触网无论在任何条件下，都能保证良好地供给电力机车电能，保证电力机车在线路上安全、高速运行，并尽可能地节省投资、结构合理、维修简便、便于新技术的应用。

(一)接触悬挂

接触悬挂包括接触线、吊弦、承力索及连接零件。接触悬挂通过定位支持装置架设在支柱上，其作用是将从牵引变电所获得的电能输送给电力机车。电力机车运行时，受电弓顶部的滑板紧贴接触线摩擦滑行得到电能(简称“取流”)。

1. 接触线

接触线是直接和受电弓滑板摩擦接触的，电力机车从接触线上取得电能。因此接触线即要有足够的机械强度又要有良好的电气性能。接触线一般采用铜合金材质。

接触线制成带沟槽的圆柱状，沟槽是为了便于安装固定接触线的线夹，同时又不影响受电弓滑板的滑行取流，如图 5-11 所示。接触线底面与受电弓接触的部分呈圆弧状，称为接触线的工作面。

为保证电力机车(动车组)的良好取流，应尽量减少接触线高度的变化。车站和区间的接触线高度宜取一致。

2. 承力索

承力索是接触网承载接触线，并传输电流的线材，如图 5-12 所示。通过吊弦将接触线悬吊起来，承受接触悬挂的重量并减小接触线的弛度，通过电连接与接触线并联供电的设备。

承力索的选用应符合下列条件：承力索的线胀系数与接触线相匹配、机械强度高、耐疲劳、耐腐蚀性能好、耐温特性好、导电率高。

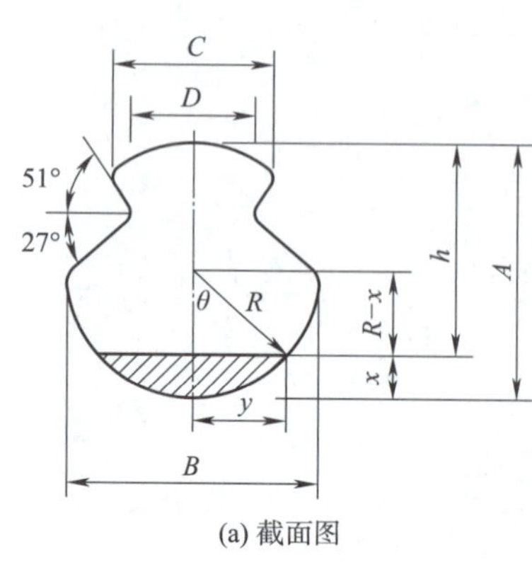

(a) 截面图

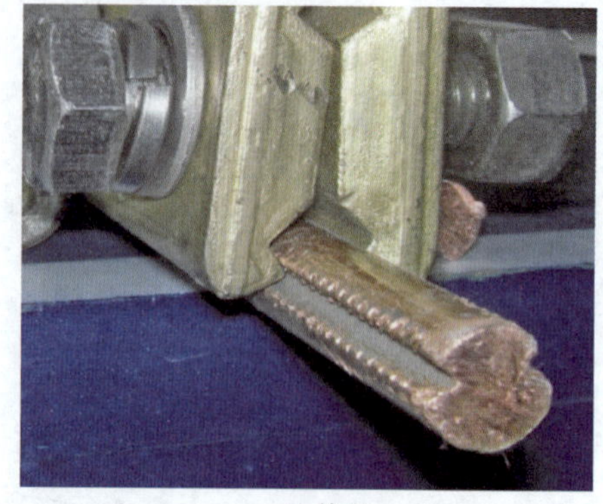
(b) 外观

图 5-11　镁铜合金接触线

承力索宜采用铜合金材质,容许载流量符合运能需要。

(a) 截面图

(b) 外观

图 5-12　镁铜合金承力索

3. 吊弦

吊弦是接触悬挂的重要组成部件之一,如图 5-13 所示。接触线通过吊弦挂在承力索上,调节吊弦的长度可以保证接触悬挂的结构高度和接触线距钢轨顶面的工作高度,提高电力机车受电弓的取流质量。吊弦分为环节吊弦和整体吊弦。目前所用的大部分吊弦为整体吊弦,其中,整体吊弦分为可调整体吊弦和不可调整体吊弦。

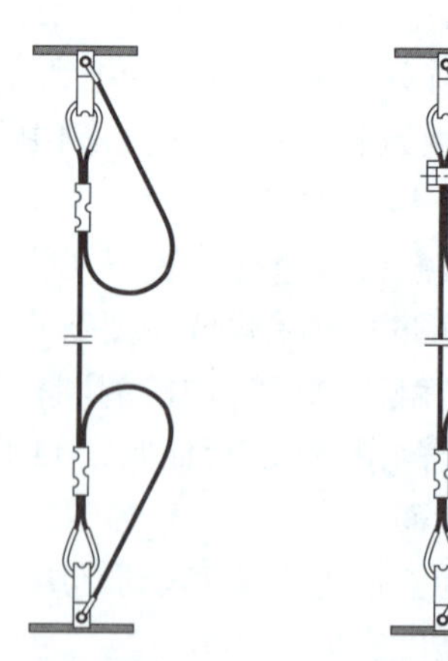
(a) 不可调整体吊弦　(b) 可调整体吊弦

图 5-13　铜合金整体吊弦

(二) 支持装置

支持装置用以支持接触悬挂,并将其负荷传给支柱。接触网的支持形式有:腕臂式支持、软横跨支持、硬横跨支持、桥隧支持等,高速接触网中,腕臂式支持和倒立柱腕臂支持形式应用最多。

1. 腕臂式支持

腕臂支持装置是指安装在支柱上端用于支持定位装置和接触悬挂的结构,可分为柔性支持(图 5-14)和刚性支持(图 5-15)两大类。柔性支持由棒式绝缘子、斜腕臂、悬式绝缘子、水平拉杆(杵座杆)、调节板(多孔板)、钩头鞍子等零部件组成,高速接触网一般不采用此种形式。刚性支持由棒式绝缘子、斜腕臂、平腕臂、防风装置及其连接零件组成。腕臂管一般采用圆管制成,目前普速铁路一般采用无缝型热镀锌钢管,客专和高铁一般采用铝合金管。

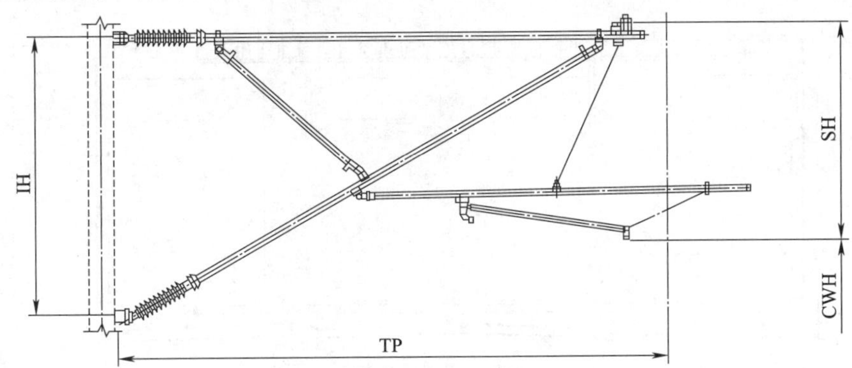

图 5-14 柔性支持(斜腕臂结构)

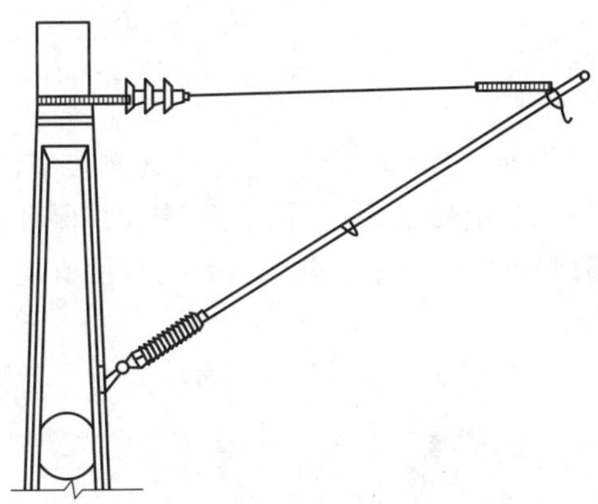

图 5-15 刚性支持(平腕臂结构)

2. 软横跨

软横跨是多股道站场接触悬挂的横向支持设备,由电气化铁道两侧的支柱和挂在支柱上的横向承力索、上、下部固定绳以及支持和连接它们的零件组成,软横跨示意如图 5-16 所示。

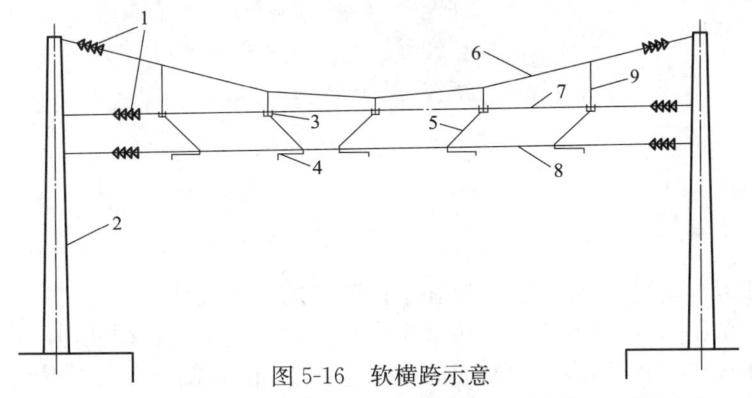

图 5-16 软横跨示意

1—绝缘子;2—支柱;3—定位环线夹;4—定位器;5—斜拉线;6—横承力索;7—上部定位绳;8—下部定位绳;9—直吊弦

3. 硬横跨

在两根支柱顶上安装金属钢梁，金属钢梁下悬挂绝缘子，并通过吊柱安装定位装置或通过绝缘子悬挂承力索及上部固定绳，下部固定绳连接定位器。硬横跨示意如图 5-17 所示。

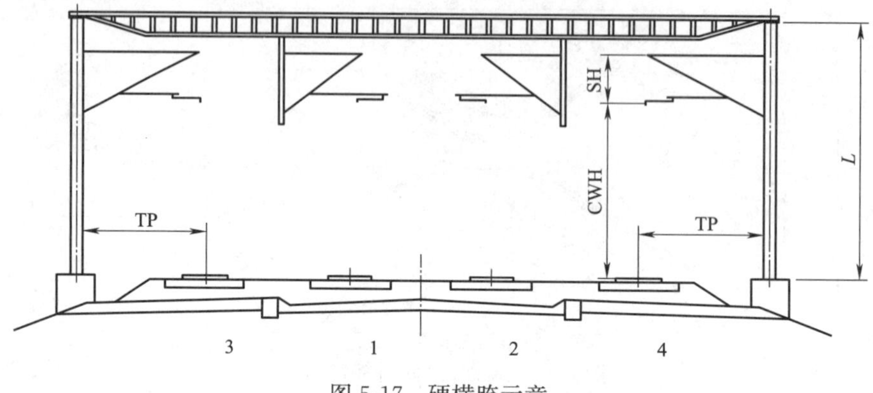

图 5-17 硬横跨示意

(三)定位装置

定位装置包括定位管、定位器、支持器、定位线夹及其连接零件。其作用是固定接触线的横向位置，使接触线水平定位在受电弓滑板运行轨迹范围内，保证接触线与受电弓不脱离(避免接触线发生脱弓造成刮坏接触线或受电弓的弓网事故)，使受电弓磨耗均匀，同时将接触线的水平负荷传给支柱。

接触网正定位、反定位示意如图 5-18、图 5-19 所示。

图 5-18 接触网正定位

(四)支柱与基础

支柱与基础用以承受接触悬挂、支持和定位装置的全部负荷，并将接触悬挂固定在规定的位置和高度上。在我国，接触网主要采用预应力钢筋混凝土支柱和钢柱，其基础用来承载支柱负荷，即将支柱固定在用钢筋混凝土制成的地下基础上，由基础承受支柱传给的全部负荷，并保证支柱的稳定性。预应力钢筋混凝土支柱也可不设单独的基础，支柱直接埋入地下，起到基础的作用。H 型钢柱和圆管式钢柱是近年来在高铁铁路或地铁铁路种应用比较多的一种新

图 5-19　接触网反定位

型钢柱,它具有强度高、抗碰撞、体积小、安装运输方便、整洁美观、易于维护的特点。支柱结构如图 5-20 所示。

(a) 横腹杆式支柱　(b) 等径圆支柱　(c) 格构式钢柱　(d) 环形等径圆钢柱　(e) H型钢柱

图 5-20　支柱结构

五、接触网的分段和分相

为提高接触网供电的可靠性、灵活性,缩小停电范围,接触网在电气方面划分成既相对独立又可相互供电的不同供电分区。接触网的供电分区是通过分段、分相实现的,不同的供电分区可通过开关的开合实现电气隔离或电气连接。

(一)电分段及分段绝缘器

1. 电分段

为了保证接触网供电的可靠性、灵活性,并能缩小停电事故的范围,将接触网分为几个电气段,每段从电气上相互分开。电分段为同相电分段。电分段主要以分段绝缘器和绝缘锚段关节结构实现,并通过隔离开关进行电气断开和连接。

2. 分段绝缘器

分段绝缘器又称分区绝缘器,在正常情况下,分段绝缘器被隔离开关短接,机车受电弓带电滑行通过;当某一侧接触网发生故障或因检修需要停电时,可打开该处的隔离开关,将该部分接触网停电,而其他部分接触网仍能正常供电,从而提高了供电的可靠性和灵活性。利用分段绝缘器分段的主要地点有:车站装卸线、机车整备线、电力机车库线、专用线同一车站内不同车场间及双线车站内上、下行之间处，因为在这些区段设立绝缘锚段关节受站场股道限制，既不经济又无法实现。

目前现场常用的分段绝缘器有高铝陶瓷、菱形分段绝缘器和消弧分段绝缘器，如图 5-21 所示。在结构上既保证机车受电弓平滑通过，又能满足供电分段的要求。

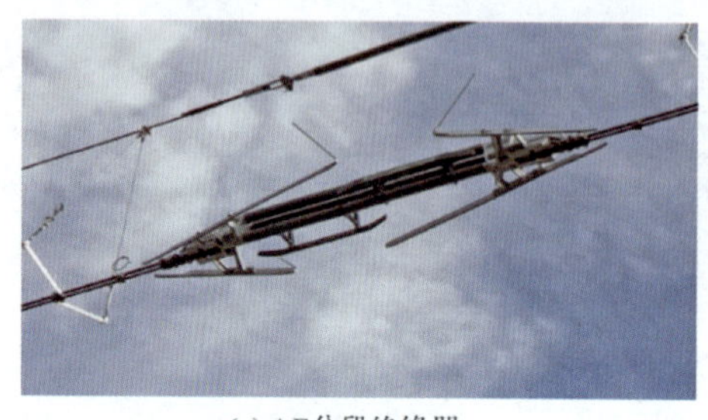

(a) AF分段绝缘器

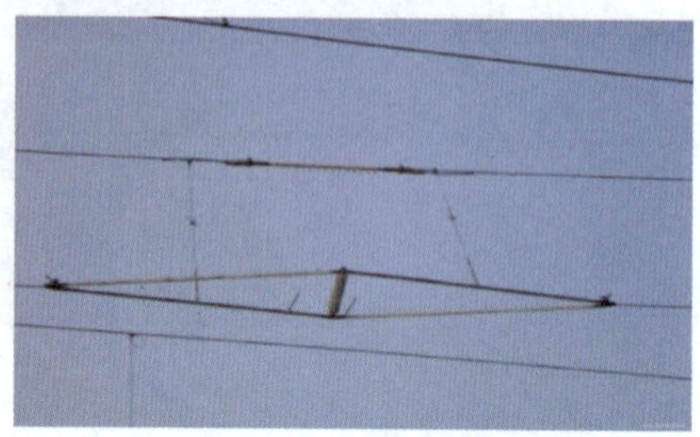

(b) 滑道式菱形分段绝缘器

图 5-21 分段绝缘器

(二)电分相及分相绝缘器

1. 电分相

电气化铁道是单相牵引供电系统，为了平衡电力系统中的各相负荷，牵引变电所对接触网要实施换相供电，不同相之间要分开，分开装置称为电分相。电分相由分相绝缘器或关节式电分相实现。

在变电所出口处及两牵引变电所之间(供电臂末端)必须设电分相装置。电分相装置包括分相绝缘装置和相应的线路标志构成。

2. 分相绝缘器

分相绝缘器的作用是将接触网上不同相位的电源隔离开，以免发生相间短路，并起机械连接作用，使接触网成为一个整体。分相绝缘器设在两供电臂连接的地方，如牵引变电所、分区亭等处。分相绝缘装置根据其实现方法分为器件式和锚段关节式电分相。

器件式分相绝缘器电分相在接触悬挂中串入分相绝缘器，实现两侧接触悬挂的电气分段，如图 5-22 所示。电分相两侧机械上不分段。在高速电气化铁道线路上，由于机车高速运行中，受电弓对接触线有较大的接触压力，普通常规带有绝缘滑道式(又称器件式)分相绝缘装置硬点现象严重，不仅造成接触线磨耗增加，而且会形成电弧烧损接触线和受电弓，满足不了机车高速通过要求。为解决高速机车通过电分相区段，目前广泛采用锚段关节式电分相结构。

图 5-22 器件式分相绝缘器

为了不烧损绝缘件和避免接触线供电相间短路，确保分相绝缘器的功能，电气列车通过分相绝缘器时，目前还只能是断电滑行通过。因此，在分相绝缘器的两端，上行和下行方向均应设立“断”、“合”标示牌，用以通知司机当机车通过分相绝缘器时，必须先断开机车的主断路器，通过分相绝缘器后，再重新合上主断路器，这是为了防止受电弓通过中性区时，拖带电弧烧损绝缘件、接触线或造成其他事故。

(三)电分段和电分相设置要求

接触网的分段、分相设置应考虑检修停电方便和缩小故障停电范围,并充分考虑电力牵引的列车、动车组正常运行和调车作业的需要。为了避免列车过分相时停泊在关节式电分相的无电区内,分相的位置应避免设在进出站和变坡点区段。双线电气化区段应具备反方向行车条件。

六、供电运行维修

(一)供电维修机构

供电维修机构包括供电段、车间、工区等,其设置应满足生产力布局和抢修、维修的需要,管辖范围应与抢修、维修能力及运行管理能力相适应。

供电段应承担段管内的各牵引变电所、分区所、开闭所、自耦变压器所的电气设备、接触网及电力设备等牵引供电设施和供电调度系统的运行管理、维护、检修、试验和事故抢修任务,还应承担对接触网、变电所的检测任务。供电段除应配置必要的各种交通机具外,还应配备必要的抢修车辆、检测设备及车辆。

(二)供电车间、检测车间和维修车间及相应工区主要职责

1. 供电车间、检测车间和维修车间主要职责

供电车间负责日常运行管理和应急处置,组织接触网一级修(临时修),跟踪验收维修质量。检测车间负责供电段6C系统综合数据处理中心工作,以及供电段6C系统检测装置的维护、运用、管理和检测数据分析。维修车间负责接触网二级修(综合修)工作,采用集中修方式组织实施。

2. 接触网运行工区、检测工区、维修工区主要职责

运行工区:负责接触网设备日常运行管理,主要是一级修(临时修)、巡视检查、单项检查、非常规检查、施工配合和应急处置等,对接触网悬挂状态检测监测装置(4C)检测数据的全面分析,对二级修(综合修)结果进行质量验收。

检测工区:负责6C装置的运用、维护,并对6C系统检测数据进行分析,为设备维修提供依据。

维修工区:按照月度维修计划,负责接触网设备全面检查、二级修(综合修)和专项整治。

(三)检修、检测、监测、试验和抢修应配备的设备设施的规定

牵引供电设备检修、试验和抢修应配备牵引供电安全检测监测系统,变电检测、试验设备,接触网检修、检测设备,接触网抢修车列,绝缘子冲洗设备等设备、设施。

(1)检修设备包括接触网作业车、接触网检修车组、水冲洗车及各类检修专用工具及仪表、绝缘子水冲洗设备等。

(2)检测监测设备包括铁路供电安全检测监测系统(6C系统)、检测专用工具及仪器仪表。

(3)试验设备包括电气设备检修试验所需的电气试验车、二次测试车、试验化验仪器设备、接触网测试仪器等。

(4)抢修设备包括接触网抢修车组、事故抢修指挥车、接触网抢修材料等。

(5)接触网抢修车组由放线车、轨道起重车、接触网专用平板车、综合检修作业车、高空作业车等组成。

(6)铁路供电安全检测监测系统(6C系统)包括弓网综合检测装置(1C)、接触网安全巡检装置(2C)、车载接触网运行状态检测装置(3C)、接触网悬挂状态检测监测装置(4C)、受电弓滑板监测装置(5C)、接触网及供电设备地面监测装置(6C),可实现对牵引供电系统的综合检测监测,提升供电系统安全保障能力,确保供电设备运行安全,为精测精修和合理确定修程修制提供技术依据。

七、其他知识

(一)轨面标准线与接触网导线高度

1. 轨面标准线的规定

接触网支柱上、隧道每个定位点下方隧道边墙上,均要涂刷红色"轨面标准线"。轨面标准线标画依据为正线股道靠近隧道边墙、站台或支柱侧的钢轨顶面的设计高程。

接触线高度主要以钢轨顶面标高为基准,钢轨顶面标高的变化直接影响接触线距轨面高度、坡度和拉出值等几何参数,超过规定值时将恶化弓网关系。因此,必须设置轨面标准线,并加强管理。

在电气化铁路竣工时,由施工单位在接触网支柱内缘或隧道边墙标出线路的轨面标准线,开通前供电、工务单位要共同复查确认,有砟轨道每年复测一次,复测结果与原轨面标准线误差不得大于±30 mm。

如遇轨道基础与接触网支柱基础不均匀沉降等特殊情况,仅调整轨面标高将劣化轨道纵断面,进而影响列车运行安全,此时可调整轨面标准线,由供电、工务部门共同确认,并经铁路局批准。

2. 接触网导线高度

接触线高度指接触线距钢轨面的高度。高度的确定受多方面的因素制约,如:车辆限界、绝缘距离、车辆和线路振动、施工误差等。为保证良好弓网受流性能,接触线高度与受电弓工作高度应相互匹配。

接触线距钢轨顶面的高度不超过6 500 mm;在区间和中间站,不小于5 700 mm(旧线改造不小于5 330 mm);在编组站、区段站和个别较大的中间站站场,不小于6 200 mm;站场和区间宜取一致;双层集装箱运输的线路,不小于6 330 mm。

(二)接触网最小绝缘间隙、接地要求及大机作业安全距离

1. 接触网最小绝缘间隙

接触网带电部分至固定接地物的距离,不小于300 mm;考虑机车车辆在运行中的振动,接触网带电部分至机车车辆或装载货物的距离应不小于350 mm。跨越电气化铁路的各种建(构)筑物与带电部分最小距离,不小于500 mm。当海拔超过1 000 m时,上述数值应按规定相应增加。大风、严寒地区应预留风力、覆冰对绝缘距离影响的安全余量。

2. 接地要求

为防止接触网周围金属结构物上的过高感应电压,同时避免接触网断线或绝缘子损坏时,

对人员和设备产生危害，接触网支柱及距离接触网带电部分 5 000 mm 范围内的金属结构物须接地，有条件时应纳入综合接地系统。天桥及跨线桥跨越接触网的地方，应按规定设置安全栅网。

3. 大机作业安全距离

大型养路机械作业宽度覆盖了道床的坡脚范围，接触网支柱过近将直接影响大型养路机械作业质量与作业效率，甚至可能造成刮碰。接触网支柱内侧距线路中心线距离不小于 3 100 mm，是保证大型养路机械快速、连续作业的最小距离。

（三）弓网关系

1. 接触线拉出值

由于接触线直接与电力机车（动车组）受电弓接触且发生摩擦，为了保证受电弓滑板磨耗均匀与接触线接触良好，不发生脱弓事故，要求接触线在线路上按技术要求固定位置，即：在定位点处保证接触线与电力机车受电弓滑板中心有一定距离，这个距离在直线区段叫作接触线的之字值，在曲线区段称拉出值。拉出值任何情况下均不得大于 450 mm。

接触线的之字值或拉出值的作用主要是使在运行中的电力机车受电弓滑板工作面与接触线摩擦均匀，否则会使滑板工作面某些部分磨出沟槽，降低受电弓使用寿命，保证接触线与受电弓接触，不发生脱弓，避免因脱弓造成的弓网事故。

拉出值大小与接触线至线路中心的距离和受电弓对线路中心偏移值有关。

2. 受电弓动态包络线

受电弓动态包络线是指运行中的受电弓在最大抬升及摆动时可能达到的最大轮廓线。接触网任何设备不得侵入动态包络线范围内，如图 5-23 所示。

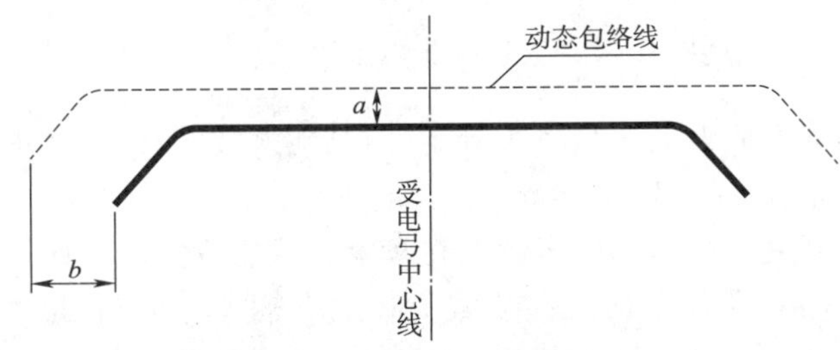

图 5-23 受电弓动态包络线示意

a—设计规定的受电弓动态抬升量；b—设计规定的受电弓横向摆动量

受电弓动态包络线应符合下列规定：

普速铁路：160 km/h 及以下区段，受电弓动态抬升量 120 mm，左右摆动量 250 mm。160 km/h 以上区段，受电弓动态抬升量 120 mm，左右摆动量直线 250 mm，曲线 300 mm。

高速铁路：受电弓动态抬升量 150 mm（线岔始触区为 200 mm），横向摆动量直线区段为 250 mm，曲线区段为 350 mm。

（四）架空电线路跨越接触网距离及接触网附挂非供电线路设施的规定

1. 跨越接触网的架空电线路与接触网的垂直距离，应符合表 5-1 规定。

表 5-1 跨越接触网的架空电线路与接触网的垂直距离

跨越接触网的电力线路电压等级(kV)	电力线至接触网的垂直距离(mm)
35 及以上至 110	≥3 000
220	≥4 000
330	≥5 000
500	≥6 000

2. 跨越接触网的超高压架空电线路距轨面最小垂直距离,应符合表 5-2 规定。

表 5-2 跨越接触网的超高压架空电线路距轨面最小垂直距离

<table>
<tr><th>跨越接触网的电力线路电压等级(kV)</th><th>距轨面最小垂直距离(mm)</th></tr>
<tr><td>750</td><td>21 500</td></tr>
<tr><td rowspan="2">1 000</td><td>27 000(单回)</td></tr>
<tr><td>25 000(双回)</td></tr>
<tr><td>直流±800</td><td>21 500</td></tr>
</table>

3. 接触网附挂非供电线路设施的规定

(1)为了便于设备维修管理,避免低压线路跨越高压线路,35 kV 以下的电线路(包括通信线路、广播电视线路等)不得跨越接触网,应由地下穿过铁路。

(2)接触网在故障状况下,如接触网绝缘子闪络时,可能对附挂在支柱上的非供电设备造成一定影响,并考虑到设备维护人员的作业安全,故规定接触网支柱不应附挂通信、有线电视等非供电线路设施。特殊情况下,漏泄同轴电缆、防灾监控采集设备、摄像头等设备确需附挂于接触网支柱上时,应采取可靠安全的措施并经铁路局批准。

(五)安全距离和电气化铁路检修、作业安全要求

为保证人身安全,除专业人员执行有关规定外,其他人员(包括所携带的物件)与牵引供电设备带电部分的距离,不得小于 2 000 mm。

在设有接触网的线路上,严禁攀登车顶及在车辆装载的货物之上作业。如因特殊原因(如整理、苫盖货物),确实需要攀登车顶或在装载货物的车辆上作业时,应将所在线路接触网断电,并做好接地防护措施后,方准进行车顶或车上作业。否则严禁在车顶或车上作业。

双线电气化铁路实行 V 形天窗作业时,一条线路停电检修,邻线接触网仍然带电并可能会有列车运行,所以双线电气化铁路实行 V 形天窗作业时,为确保人身安全,应在设备、机具、照明、作业组织等方面采取相应措施。

(六)有关信号显示

1. 停车手信号:要求列车停车。

昼间——展开的红色信号旗;夜间——红色灯光(图 5-24)。

昼间无红色信号旗时,两臂高举头上向两侧急剧摇动;夜间无红色灯光时,用白色灯光上下急剧摇动(图 5-25)。

图 5-24　停车手信号一

图 5-25　停车手信号二

2. 升降弓手信号

发现接触网故障，需要机车临时降弓通过时，发现的人员应在规定地点显示下列手信号：

(1)降弓手信号

昼间——左臂垂直高举，右臂前伸并左右水平重复摇动；夜间——白色灯光上下左右重复摇动(图 5-26)。

(2)升弓手信号

昼间——左臂垂直高举，右臂前伸并上下重复摇动；夜间——白色灯光作圆形转动(图 5-27)。

图 5-26　降弓手信号

图 5-27　升弓手信号

(七)保安装置及标识

1. "高压危险"警示标识

在站台及未封闭线路的接触网支柱上距轨面 2.5 m 高的处所，以及安全挡板、细孔网栅和跨线桥防护网栅均应设置白底、黑字、红色闪电符号的"高压危险"警示标识，如图 5-28 所示。标识应完整无损、安装牢固、字迹清晰。

图 5-28　"高压危险"警示标识

2. 号码牌

每根接触网支柱顺线路两侧及田野侧均应安装反光号码牌，如图 5-29 所示。每个区间、车站、隧道均应分别单独编号，上行双号、下行单号，编号方向与线路公里标方向一致。

图 5-29 支柱号码牌

3. 电力机车禁停标

设在站场、区间接触网锚段关节式电分段两端，电力机车（动车组）在该标志提示的禁停区域内不得停留（图 5-30）。

图 5-30 电力机车禁停标

4. 断（合）电标、禁止双弓标

在电气化区段接触网电分相前方，分别设断电标（图 5-31 左图）、禁止双弓标（图 5-32）。对于最高运行速度大于 120 km/h 的旅客列车、特快货物班列及最高运行速度为 120 km/h 的货物列车、快速货物班列运行的线路，在断电标的前方增设特殊断电标（图 5-31 右图）。在接触网电分相后方设合电标（图 5-33），在双线电气化区段，在“合”、“断”电标背面，可分别加装“断”、“合”字标，作为反方向行车的“断”、“合”电标使用。

图 5-31 断电标

图 5-32 禁止双弓标

图 5-33 合电标

5. 接触网终点标

在接触网终端应设置接触网终点标，“接触网终点”标应装设于接触网锚支距受电弓中心线不大于 400 mm 处接触线的上方或线路列车运行方向的左侧地面上（图 5-34）。

图 5-34 接触网终点标

6. 升（降）受电弓标

在电气化线路接触网故障降弓地段前方，分别设准备降下受电弓标（图 5-35）、降下受电弓标（图 5-36 左图）；对于最高运行速度大于 120 km/h 的旅客列车、特快货物班列及最高运行速度为 120 km/h 的货物列车、快速货物班列运行的线路，在降下受电弓标的前方增设特殊降弓标（图 5-36 右图）。在降弓地段后方，设升起受电弓标（图 5-37）。

图 5-35　准备降弓标

图 5-36　降弓标

图 5-37　升弓标

第二节　铁路电力系统

铁路电力系统承担铁路运输生产调度指挥、通信信号、旅客服务等系统供电任务，是确保铁路安全、稳定、高效运营的基础设施之一。铁路电力设备包括变电所、配电所、自闭贯通线路、箱式变电站等。为了提高铁路电力系统的管理水平和应急处置能力，应用先进的计算机和通信技术，将电力设备纳入供电远动 SCADA 系统，实现调度集中监控。

一、铁路电力系统构成

铁路电力系统主要应由外部电源、电力变配电所、沿铁路线架设的 10 kV 自闭、贯通电力线路、站场电力线路及为用户供电的变压器等构成，如图 5-38 所示。变电压根据用电负荷不同又分为信号变压器、通信变压器和车站动照变压器等。

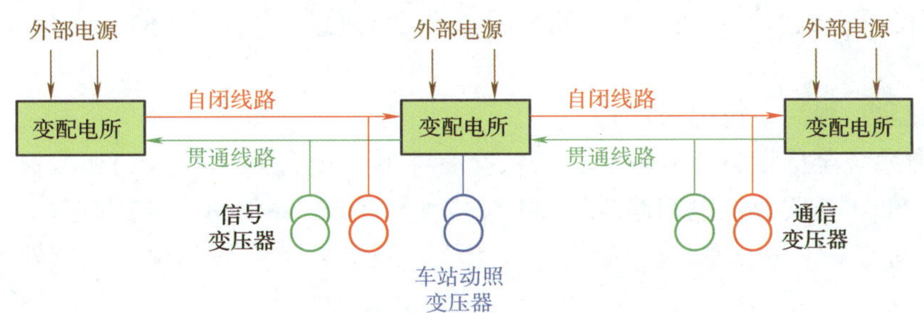

图 5-38　铁路电力系统组成示意

1. 铁路负荷等级

铁路电力负荷应根据对供电可靠性的要求及中断供电所造成损失或影响的程度分为一、二、三级，其中：

（1）一级负荷应包括：与行车密切相关的通信、信号、信息、防灾安全监控设备；动车段（所）运用设备；电力及电力牵引供电各所操作电源；大型、特大型站公共区照明、应急照明及隧道应急照明；大型及重要建筑物火灾自动报警系统设备；特长隧道消防设备等。

（2）二级负荷主要包括：为通信、信号主要设备配置的专用空调；接触网远动开关操作电源；动车组检修设备；综合检测、工务机械、综合维修、给排水设施等设备；中间站公共区照明；

区间视频监控设备;道岔融雪设备。

(3)不属于一级和二级负荷者为三级负荷。

2. 铁路负荷供电原则

一级负荷应有两路可靠电源供电,确保即使在故障情况下也不间断供电。

二级负荷应有两路电源或一路可靠电源供电,确保除故障情况下的不间断供电。

三级负荷可由一路电源供电。

3. 铁路信号、通信电源供电方式

铁路区间分布最广、最重要的中小负荷是信号和通信负荷,它们是行车安全的重要保障,对供电可靠性的要求最高。

(1)自动闭塞区段由自闭、贯通两条 10 kV 电力线路,经两台 10/0.4(0.23)kV 变压器向沿线的铁路设施供电,同时还为信号设备配备了应急发电机。

(2)非自动闭塞区段(京原、京通、京承等单线铁路)主要由一条 10 kV 贯通线路,经一台 10/0.4 kV 变压器供电,各站的通信信号设备由地方线路提供备用电源,同时也增配了应急发电机。

(3)高速铁路区段由一级负荷贯通线和综合负荷贯通线两条 10 kV 电缆线路,经两台 10/0.4 kV 变压器供电,同时通信、信号设备配备有蓄电池提供不间断电源保障。

4. 高铁电力系统特点

高速铁路运营特点对电力供电提出了更高的可靠性要求,在有灾害情况下,应迟于行车相关系统损坏,并且先于行车相关系统恢复。为了提高供电可靠性,高铁电力设计采用了"线路入地、设备进屋、全程监控"的设计理念,提高了铁路供电设备配置水平。

(1)线路入地、设备进屋,提高了系统抵抗自然灾害能力。

高铁电力系统两回电力贯通线采用单芯电缆线路,敷设方式不同于普速铁路电缆直埋敷设方式,采用沿线路两侧电缆槽内敷设方式,实现了线路入地;高铁电力变配所设备都布置在室内,采取紧凑型,无人值守设计,区间采用箱式变电站,实现了设备进屋。线路入地、设备进屋的设计,使得高铁电力设备运行环境得到极大改善,减少了人为破坏,大大提高了系统抵抗自然灾害的能力。

(2)全程监控,提高了供电可靠性。

高铁电力系统全部设备(高压电气设备、交直流操作电源及贯通线路所有高压开关、车站变电所所有高低压开关及供电回路)纳入供电远动 SCADA 系统进行监视控制,实现配电所无人值班,供电调度一体化管理,能快速切除故障段并恢复非故障段的供电,有效提高电力系统供电可靠性。

二、铁路变配电所

铁路用电负荷沿铁路线分布,因此每间隔 40～60 km 设置铁路电力变配电所 1 座。变配电所向沿铁路两侧架设的 10 kV 自闭、贯通电力线路供电,经变压器(图 5-40)变压后向区间信号等行车设备供电,同时变配电所还向各个站区的生产生活设施供电。

电力变配电所(图 5-41)一般从地方接引两路独立的 10 kV 外部电源,当枢纽地区用电容量较大时,一般接引两路独立的 35 kV 或 110 kV 外部电源,经降压至 10 kV 后再向贯通线路及动力线路配电。电力变配电所设备(图 5-42)主要有降压变压器、10/10 kV 调压器(图 5-43)、高压开关柜(图 5-44)、交直流系统、继电保护设备。电力变配电所 10 kV 设备一般采用室内布置方式。高

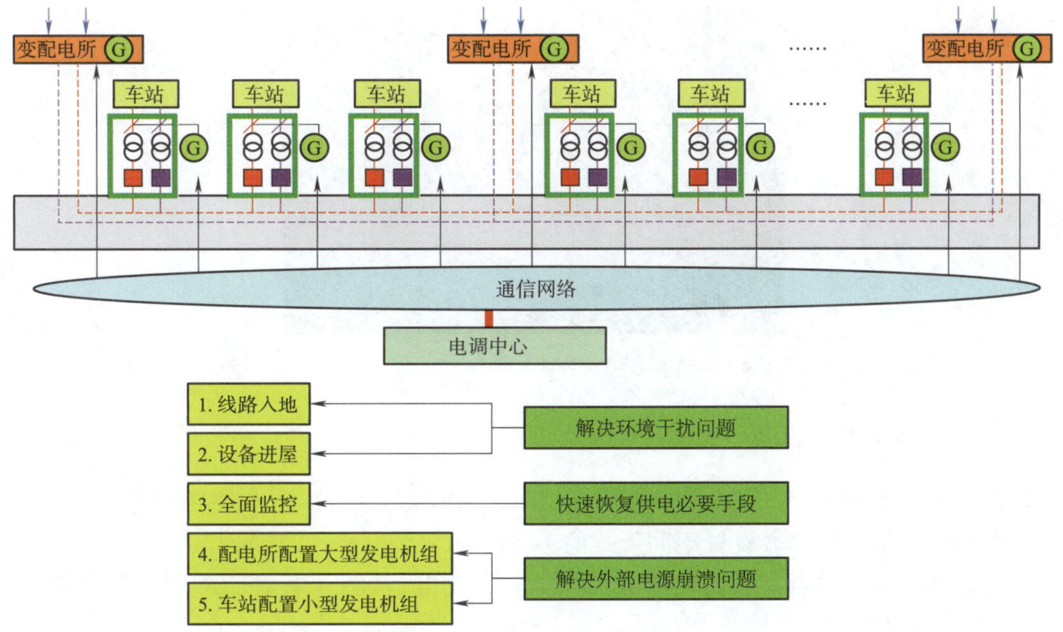

图 5-39　高速铁路电力系统组成及特点示意

速铁路变配电所高压开关柜一般采用免维护、少维修 SF_6 气体绝缘全封闭组合电器(GIS)。

图 5-40　110 kV 室外变压器

图 5-41　10 kV 配电所

图 5-42　变配电所控制室设备

图 5-43　10 kV 干式有载调压器

图 5-44　10 kV 高压开关柜

三、10/0.4 kV 变电设备

杆架式(落地式)变电台、箱式变电站、室内 10/0.4 kV 变电所统称为 10/0.4 kV 变电设备。

一般在负荷集中的地方设置不同形式的 10/0.4 kV 变电所。

普速铁路各个负荷点一般设置杆架式(落地式)变电台(图 4-45、图 5-46),变压器容量较大时,设置室内 10/0.4 kV 室内变电所。

图 5-45　单杆变压器台

图 5-46　双杆变压器台

高速铁路各个负荷点一般设置智能化箱式(图 5-47)变电站向负荷供电。

1. 杆架式(落地式)变电台

杆架式(落地式)变电台优点是结构简单,造价低,便于维护管理。缺点是抗外界干扰能力低,不能实现远程监控。

2. 智能化远动箱式变电站

优点是结构紧凑,供电可靠性高,高低压设备纳入远程监控,便于故障查找。缺点是工程造价较高,维修工作量大。

智能远动箱变高压设备(图 5-48)采用全封闭 SF_6 气体绝缘的高压环网柜、干式变压器(图 5-49)、全密封的电缆肘头、三工位负荷开关、电动操作机构等先进设备,低压开关柜(图 5-50)采用固定分隔柜型。二次采用 RTU 等智能化装置,同时监控高低压各个回路,能够完成遥测、遥信、遥控及线路故障监测；还可以完成箱体内温湿度、凝露、烟感、门禁的检测和报警。

图 5-47　箱式变电站

图 5-48　箱变内高压开关柜

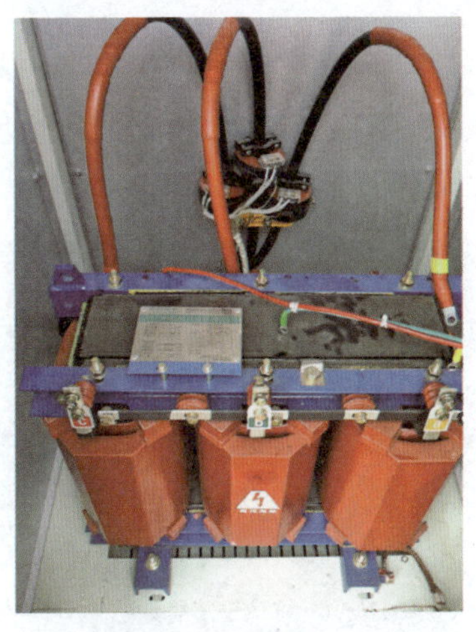

图 5-49　箱变内干式变压器

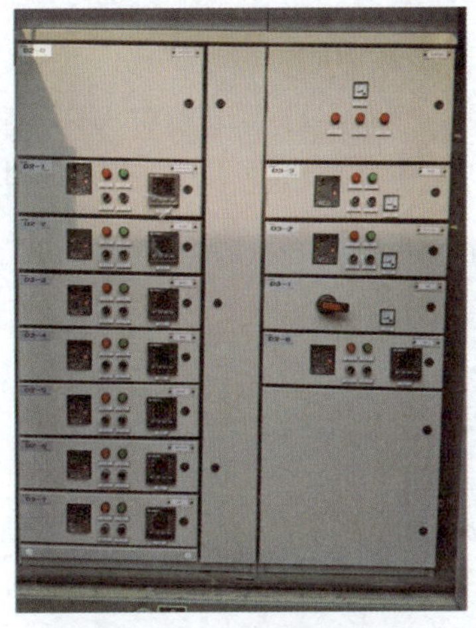

图 5-50　箱变内低压开关柜

3. 室内 10/0.4 kV 变电所

优点是设备运行环境好，供电可靠性高，高低压设备纳入远程监控，便于故障查找。缺点是工程造价较高。室内 10/0.4 kV 变电所设备如图 5-51～图 5-53 所示。

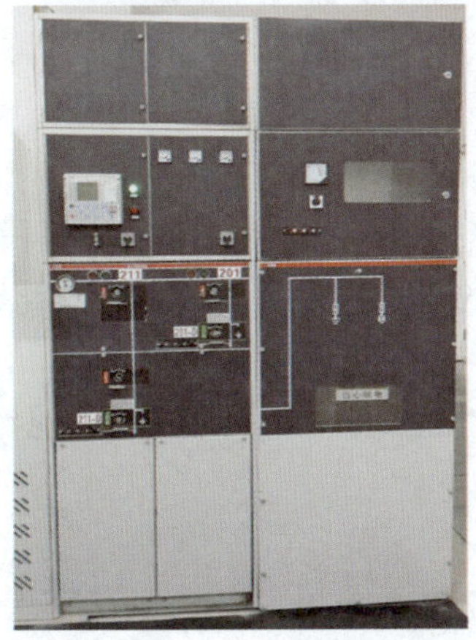

图 5-51　10/0.4 kV 变电所高压开关柜

图 5-52　变电所变压器防护罩

四、电力线路

图 5-53 10/0.4 kV 变电所低压开关柜

电力线路分为架空线路和电缆线路两类，架空线路受外界（鸟害、危树、异物、天气）影响较大，供电可靠性相比电缆线路较低。

1. 架空线路

架空线路如图 5-54、图 5-55 所示。

（1）导线选用原则

铁路电力架空线路的导线可采用钢芯铝绞线或铝绞线，在沿海和其他腐蚀比较严重地区，可采用耐腐蚀型钢芯铝绞线或铜绞线。空阔地区 10(6) kV 架空线路不宜采用绝缘导线；1 kV 及以下低压架空配电线路宜采用绝缘导线。

（2）电杆选用原则

架空电力线路一般采用预应力环形钢筋混凝土电杆，受地形限制地段可采用钢管杆或铁塔。电杆高度市区架设应不小于 13 m，其他地区架设应不小于 12 m。

图 5-54 10 kV 自闭、贯通架空线路

图 5-55 下排为低压架空线路

2. 电缆线路

（1）电缆线路选用原则

在下列情况时采用地下电缆线路：

①在市中心地区、高层建筑群区、市区主干道、繁华街道等；高大树木密集区段。

②重要风景旅游景区和对架空裸导线有严重腐蚀性的地区；电力线路穿越电气化铁路区段。

（2）电缆敷设方式

电缆敷设方式应视施工条件、环境特点来确定，采用直埋、穿管、管井、电缆沟道、电缆隧道、架空电缆、电缆桥架等方式。

①直埋敷设方式

普速铁路电缆线路一般采用直埋敷设方式，电缆埋深不小于 0.7 m。在直埋电缆路径上方应埋设电缆标识，如图 5-56、图 5-57 所示。

图 5-56　电缆直埋敷设标识

图 5-57　电缆标桩

②预制电缆槽道敷设方式

路基、桥梁预制电缆槽道敷设方式。高速铁路电力贯通线路均采用此敷设方式，如图 5-58 所示。

图 5-58　预制电缆槽道敷设

③桥梁外挂电缆槽道敷设方式

T 形桥梁栏杆外侧附挂电缆槽道敷设方式，如图 5-59 所示。

图 5-59　桥梁外挂电缆槽道敷设

④隧道内电缆沟敷设方式

铁路隧道内电缆沟敷设方式如图 5-60 所示。

⑤电缆隧道敷设方式

同一通道超过 12 根电缆时，位于铁路站台和其他永久硬化地面的电缆，应采取电缆隧道敷设方式，如图 5-61 所示。一般新建铁路在基本站台下均预留综合电缆隧道。

图 5-60 铁路隧道内电缆沟敷设

图 5-61 电缆隧道敷设

⑥电缆排管敷设方式

同一通道不超过 12 根电缆时，宜采用电缆排管内敷设，如图 5-62 所示，并应根据发展预留备用管孔。每 40 m 设置一座电缆检查井，一般用于市政规划区域，避免频繁开挖地面。

图 5-62 电缆排管敷设

⑦综合管廊

综合管廊就是地下城市管道综合走廊，即在城市地下建造一个隧道空间，将电力、通信，燃气、供热、给排水等各种工程管线集于一体，设有专门的检修口、吊装口和监测系统，实施统一规划、统一设计、统一建设和管理，如图 5-63 所示。

五、供用电安全

(一)用电安全

安全电压是指对人体不会引起生命危险的电压，它是根据人体电阻确定的，人体电阻一般

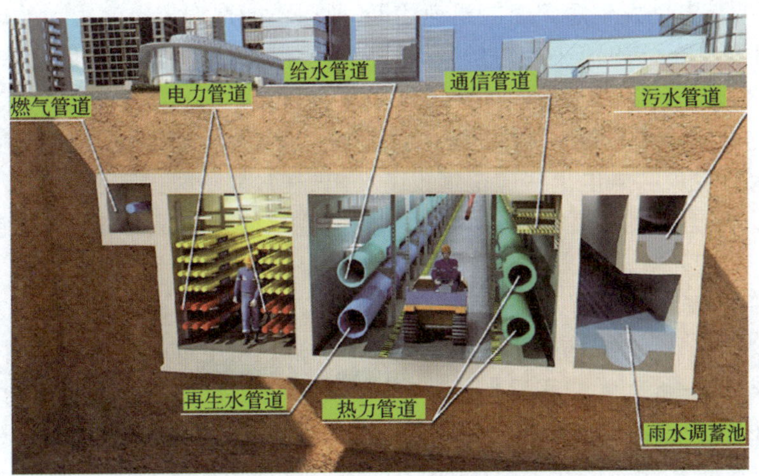

图 5-63　综合管廊

在 800～1 000 Ω 之间，流经人体不致发生生命危险的电流一般不会超过 50 mA，按照欧姆定律可推知人体安全电压应小于 40 V。我国规定 36 V 以下为安全电压，在某些特殊场合规定 12 V 为安全电压。

低压指对地电压在 250 V 及以下，如 380/220 V 三相四线制居民生活用电线路、直流 220/110 V 电源等。高压指对地电压在 250 V 以上，如 10 kV 电力线路、27.5 kV 接触网线路等。

跨步电压是指电气设备或电力系统一相发生接地短路时，电流从接地处四散流出，在地面上形成不同的电位分布，人走近短路点时，两脚之间的电位差。当跨步电压达到 40 V 以上时，将使人有触电危险，特别是人被跨步电压击倒后加大了人体的触电电压，从而造成意外和死亡。发现有跨步电压危险时，应单足或并双足跳离危险区，亦可沿半径垂直方向小步慢慢退出。

发生高压接地故障时，在切断电源前，任何人与接地点的距离，室内不得小于 4 m，室外不得小于 8 m。必须进入上述范围作业时，作业人员要穿绝缘靴。实践证明，穿着绝缘靴是防护跨步电压的一种有效措施。

安全用电的原则是不接触低压带电体，不靠近高压带电体。常用的安全用电措施有：

1. 火线必须进开关。

火线进开关后，当开关处于分断状态时，用电电器上就不带电，不但利于维修而且可减少触电机会。

2. 合理选择照明电压。

一般工厂和家庭的照明灯具多采用悬挂式，人体接触机会较少，可选用 220 V 电压供电；工人接触机会较多的机床照明灯则应选 36 V 供电，决不允许采用 220 V 灯具做机床照明；在潮湿、有导电灰尘、有腐蚀性气体的情况下，则应选用 24 V、12 V 甚至是 6 V 电压来供照明灯具使用。

3. 合理选择导线和熔丝。

导线通过电流时，不允许发热，所以导线的额定电流应比实际输电的电流要大些。而熔丝是做保护用的，要求电路发生短路时能迅速熔断，所以不能选额定电流很大的熔丝来保护小电流电路。但也不能用额定电流小的熔丝来保护大电流电路，因为这样会使电路无法正常工作。

4. 电气设备要有一定的绝缘电阻。

电气设备的金属外壳和导电线圈间必须要有一定的绝缘电阻，否则当人触及正在工作的电气设备的金属外壳就会触电。一般电气设备在出厂前，都测量过它们的绝缘电阻，以确保使用电者的安全。但是在使用电气设备的过程中，应注意保护绝缘材料，预防绝缘材料受伤和老化。

5. 电气设备的安装要正确。

电气设备要根据安装说明进行安装，不可马虎从事。带电部分应有防护罩，高压带电体更应有效加以防护，使一般人无法靠近高压带电体。必要时应加装联锁装置以防触电。

6. 采用各种保护用具。

保护用具是保证工作人员安全操作的工具，主要有绝缘手套、鞋，绝缘钳、棒、垫等。干燥的木质桌凳、玻璃、橡皮等也可充做保护用具。

7. 电气设备的保护接地和保护接零。

正常情况下电气设备的金属外壳是不带电的，但在绝缘损坏而漏电时，外壳就会带电。为保证人触及漏电设备的金属外壳时不会触电，通常都会采用保护接地或保护接零的安全措施。保护接地就是将电气设备在正常情况下不带电的金属外壳或构架，与大地之间作良好的金属连接。保护接零就是将电气设备在正常情况下不带电的金属外壳或构架，与供电系统中的零线连接。

（二）供电安全

电气线路往往由于短路、过载运行、接触电阻过大等原因，产生电火花、电弧或引起电线、电缆过热，都极易造成火灾。

1. 电气线路的火灾危险性

（1）短路

短路一般有相间短路和对地短路两种。相线之间相碰叫相间短路。相线与地线相碰，或相线与接地导体相碰，或相线与大地直接相碰叫作对地短路。造成短路的原因有：

①使用绝缘导线、电缆时，没有按具体环境选用，使导线的绝缘受高温、潮湿或腐蚀等作用的影响而失去绝缘能力。

②线路年久失修，绝缘层陈旧老化或受损，使线芯裸露。

③电源过电压，使导线绝缘被击穿。

④用金属线捆扎绝缘导线或把绝缘导线挂在钉子上，日久磨损和生锈腐蚀，使绝缘受到破坏，不按规程要求私接乱拉，管理不善，维护不当造成短路。

⑤裸导线安装太低，搬运金属物件时不慎碰在电线上；金属构件搭落或小动物跨接在电线上。

⑥安装修理人员接错线路，或带电作业时造成人为碰线短路。

（2）超负荷

电气线路中允许连续通过而不至于使电线过热的电流量，称为电线的安全载流量或安全电流。如电线中流过的电流量超过了安全电流值，就叫电线超负荷，也叫过负荷。

(3)接触电阻过大

在电气线路与母线或电源线的连接处,电源线与电气设备连接的地方,由于连接不牢或者其他原因,使接头接触不良,造成局部电阻过大,称为接触电阻过大。

2. 电气线路的防火措施

(1)短路故障的防控措施

①必须严格执行电气装置安装规程和技术管理规程,坚决禁止非电工人员安装、修理。

②要根据导线使用的具体环境选用不同类型的导线,正确选择配电方式。

③安装线路时,电线之间、电线与建筑构件或树木之间要保持一定安全距离;在距地面高度 2 m 以下的一段电线,应用钢管或硬质塑料保护,以防绝缘遭受损坏。

④在线路上应按规定安装断路器或熔断器,以便在线路发生短路时能及时、可靠地切断电源。

(2)超负荷故障的防控措施

①根据负载情况,选择合适的电线。

②严禁滥用铜丝、铁丝代替熔断器的熔丝。

③不准私拉乱接电线和私自接入过多或功率过大的电气设备。

④根据线路负荷的发展及时更换成容量满足要求的导线,或者合理控制单位时间段内的用电负荷。

(3)接触电阻过大的控制措施

①导线与导线、导线与电气设备的连接必须牢固可靠。

②铜、铝线相接,必须采取防止接触面氧化的措施。

③定期检查和检测接头,防止接触电阻增大,对重要的连接接头要加强监视。

(三)紧急救护常用知识

1. 通则

(1)紧急救护的基本原则是在现场采取积极措施保护伤员生命,减轻伤情,减少痛苦,并根据伤情需要,迅速联系医疗急救中心、医疗部门救治。急救的成功条件是动作快、操作正确。任何拖延和操作错误都会导致伤员伤情加重或死亡。

(2)要认真观察伤员全身情况,防止伤情恶化。发现伤员意识不清、瞳孔扩大无反应、呼吸、心跳停止时,应立即在现场就地抢救,用心肺复苏法支持呼吸和循环,对脑、心重要脏器供氧。应当记住,只有在心脏停止跳动后分秒必争地迅速抢救,救活的可能才较大。

(3)现场工作人员都应定期进行培训,学会紧急救护法,会正确解脱电源、会心肺复苏法、会止血、会包扎、会转移伤员、会处理急救外伤或中毒等。

(4)生产现场和经常有人工作的场所应配备急救箱,存放急救用品,并应指定专人经常检查、补充或更换。

2. 触电急救

(1)触电急救必须分秒必争,立即就地迅速用心肺复苏法进行抢救,并坚持不断地进行,同时及早与医疗部门联系,急取医务人员接替救治。在医务人员未接替救治前,不应放弃现场抢救,更不能只根据没有呼吸或脉搏擅自判定伤员死亡,放弃抢救。只有医生有权做出伤员死亡的诊断。

(2)脱离电源

①触电急救,首先要使触电者迅速脱离电源,越快越好。因为电流作用的时间越长,伤害越重。

②脱离电源就是要把触电者接触的那一部分带电设备的开关、刀闸或其他断路设备断开，或设法将触电者与带电设备脱离。在脱离电源中，救护人员既要救人，也要注意保护自己。

③触电者未脱离电源前，救护人员不准直接用手触及伤员，因为有触电的危险。

④如触电者处于高处，解脱电源后会自高处坠落，因此，要采取预防措施。

⑤触电者触及低压带电设备，救护人员应设法迅速切断电源，如拉开电源开关或刀闸，拔除电源插头等；或使用绝缘工具、干燥的木棒、木板、绳索等不导电的东西解脱触电者；也可抓住触电者干燥而不贴身的衣服，将其拖开，切记要避免碰到金属物体和触电者的裸露身躯；也可戴绝缘手套或将手用干燥衣物等包起绝缘后解脱触电者。救护人员也可站在绝缘垫上或干木板上，绝缘自己进行救护。

为使触电者与导电体解脱，最好用一只手进行。

如果电流通过触电者入地，并且触电者紧握电线，可设法用干木板塞到其身下，与地隔离，也可用干木把斧子或有绝缘柄的钳子等将电线剪断。剪断电线要分相，一根一根地剪断，并尽可能站在绝缘物体或干木板上。

⑥触电者触及高压带电设备，救护人员应迅速切断电源，或用适合该电压等级的绝缘工具及戴绝缘手套(穿绝缘靴并用绝缘棒)解脱触电者。救护人员在抢救过程中应注意保持自身与周围带电部分必要的安全距离。

⑦如果触电发生在架空线杆塔上，则对于低压带电线路，能立即切断线路电源的，应迅速切断电源，或者由救护人员迅速登杆，束好自己的安全皮带后，用带绝缘胶柄的钢丝钳、干燥的不导电物体或绝缘物体将触电者拉离电源。如系高压带电线路，又不可能迅速切断电源开关的，可采用抛挂足够截面的适当长度的金属短路线方法，使电源开关跳闸。抛挂前，将短路线一端系重物，但抛掷短路线时，应注意防止电弧伤人或断线危及人员安全。不论是在何级电压线路上触电，救护人员在使触电者脱离电源时要注意防止发生高处坠落的可能和再次触及其他有电线路的可能。

⑧触电者触及断落在地上的带电高压导线，如尚未确证线路无电，救护人员在未做到安全措施(如穿绝缘靴或临时双脚并紧跳跃地接近触电者)前，不能接近断线点至 8～10 m 范围内，防止跨步电压伤人。触电者脱离带电导线后，应迅速带至 8～10 m 以外的地方立即开始触电急救。只有在确证线路已无电，才可在触电者离开触电导线后就地进行急救。

⑨救护触电伤员切除电源时，有时会同时使照明失电，因此应考虑事故照明、应急灯等临时照明。新的照明要符合使用场所防火、防爆的要求。但不能因此延误切除电源和进行急救。

(3)伤员脱离电源后的处理

①触电伤员如神志清醒者，应使其就地躺平，严密观察，暂时不要站立或走动。

②触电伤员如神志不清者，应就地仰面躺平，且确保气道通畅，并用 5 s 时间，呼叫伤员或轻拍其肩部，以判定伤员是否丧失意识。禁止摇动伤员头部呼叫伤员。

③需要抢救的伤员，应立即就地坚持正确抢救，并设法联系医疗部门接替救治。

(4)呼吸、心跳情况的判定

①触电伤员如意识丧失，应在 10 s 内用看、听、试的方法(图 5-64)，判定伤员呼吸心跳情况。

a. 看——看伤员的胸部、腹部有无起伏动作。

b. 听——用耳贴近伤员的口鼻处，听有无呼气声音。

c. 试——试测口鼻有无呼气的气流，再用两手指轻试一侧（左或右）喉结旁凹陷处的颈动脉有无搏动。

②若看、听、试结果，既无呼吸又无颈动脉搏动，可判定呼吸心跳停止。

(5)心肺复苏法

①触电伤员呼吸和心跳均停止时，应立即按心肺复苏法支持生命的三项基本措施，正确进行就地抢救。

a. 通畅气道。

b. 口对口（鼻）人工呼吸。

c. 胸外按压（人工循环）。

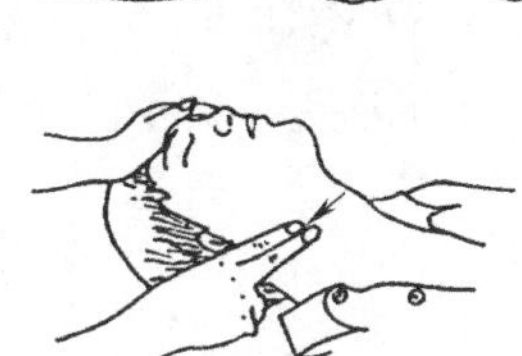

图 5-64　看、听、试

②通畅气道

a. 触电伤员呼吸停止，重要的是始终确保气道通畅。如发现伤员口内有异物，可将其身体及头部同时侧转，迅速用一个手指或用两手指交叉从口角处插入，取出异物。操作中要注意防止将异物推到咽喉深部。

b. 通畅气道可采用仰头抬额法（图 5-65）。用一只手放在触电者前额，另一只手的手指将其下颌骨向上推起，两手协同将头部推向后仰，舌根随之抬起，气道即可通畅（判断气道是否通畅可参见图 5-66）。严禁用枕头或其他物品垫在伤员头下，头部抬高前倾，会更加重气道阻塞，且使胸外按压时流向脑部的血流减少，甚至消失。

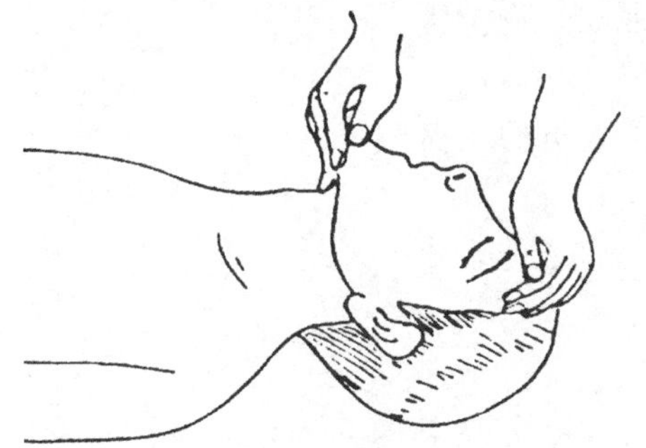

图 5-65　仰头抬额法

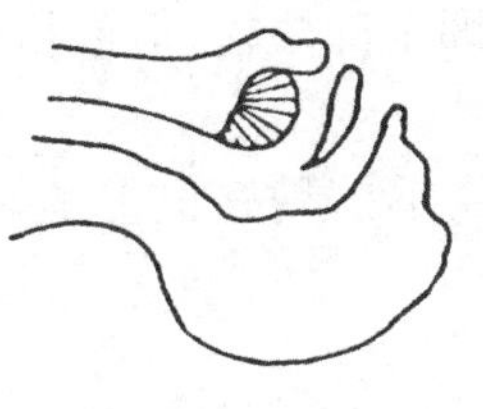

(a) 气道通畅

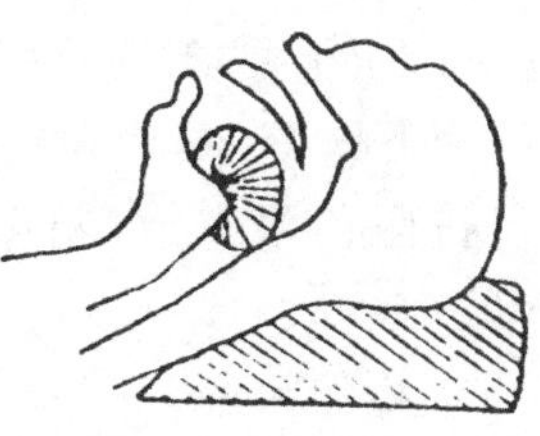

(b) 气道阻塞

图 5-66　气道状况

③口对口（鼻）人工呼吸（图 5-67）：

a. 在保持伤员气道通畅的同时，救护人员用放在伤员额上的手的手指捏住伤员鼻翼，救护人员深吸气后，与伤员口对口紧合，在不漏气的情况下，先连续大口吹气两次，每次 1～1.5 s。如两次吹气后试测颈动脉仍无搏动，可判断心跳已经停止，要立即同时进行胸外按压。

b. 除开始时大口吹气两次外，正常口对口（鼻）呼吸的吹气量不需过大，以免引起胃膨胀。吹气和放松时，要注意伤员胸部应有起伏的呼吸动作。吹气时如有较大阻力，可能是头部后仰不够，应及时纠正。

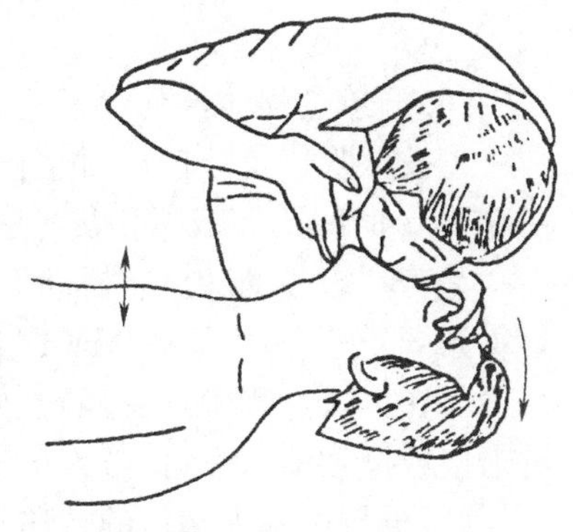

图 5-67　口对口人工呼吸

c. 触电伤员如牙关紧闭，可口对鼻人工呼吸。口对鼻人工呼吸吹气时，要将伤员嘴唇紧闭，防止漏气。

④胸外按压

a. 正确的按压位置是保证胸外按压效果的重要前提。确定正确按压位置的步骤。

(a)右手的食指和中指沿触电伤员的右侧肋弓下缘向上，找到肋骨和胸骨接合处的中点。

(b)手指并齐，中指放在切迹中点(剑突底部)，食指平放在胸骨下部。

(c)另一只手的掌根紧挨食指上缘，置于胸骨上，即为正确的按压位置(图 5-68)。

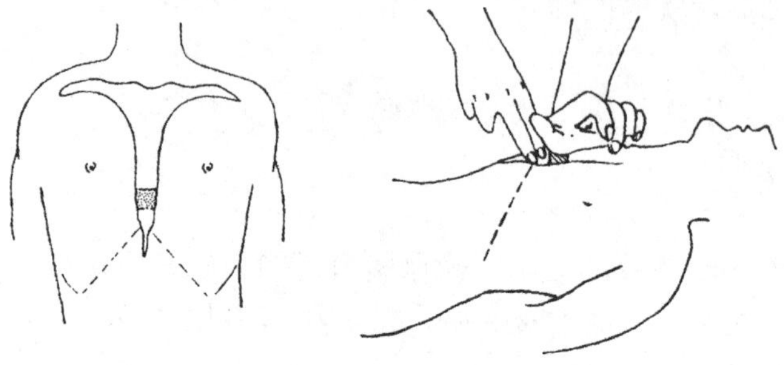

图 5-68 正确的按压位置

b. 正确的按压姿势是达到胸外按压的效果的基本保证。正确的按压姿势：

(a)使触电伤员仰面躺在平硬的地方，救护人员立或跪在伤员一侧肩旁，救护人员的两肩位于伤员胸骨正上方，两臂伸直，肘关节固定不屈，两手掌根相叠，手指翘起，不接触伤员胸部。

(b)以髋关节为支点，利用上身的重力，垂直将正常成人胸骨压陷 3～5 cm(儿童和瘦弱者酌减)。

(c)压至要求程度时，立即全部放松，但放松时救护人员的掌根不得离开胸壁(图 5-69)。

按压必须有效，有效的标志是按压过程中可以触及颈动脉搏动。

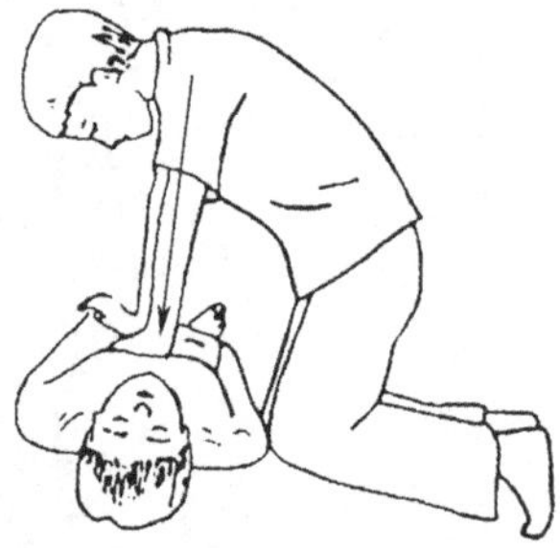

c. 操作频率

(a)胸外按压要以均匀速度进行，每分钟 80 次左右，每次按压和放松的时间相等。

图 5-69 按压姿势与用力方法

(b)胸外按压与口对口(鼻)人工呼吸同时进行，其节奏为：单人抢救时，每按压 15 次后吹气 2 次(15∶2)，反复进行，双人抢救时，每按压 5 次后由另一人吹气 1 次(5∶1)，反复进行。

(6)抢救过程的再判定

①按压吹气 1 分钟后(相当于单人抢救时做了 4 个 15∶2 压吹循环)，应用看、听、试方法在 5～7 s 时间内完成对伤员呼吸和心跳是否恢复的再判定。

②若判定颈动脉已有搏动但无呼吸，则暂停胸外按压，而再进行 2 次口对口人工呼吸，接着每 5 s 吹气一次(即每分钟 12 次)。如动脉和呼吸均未恢复，则继续坚持心肺复苏法抢救。

③在抢救过程中，要每隔数分钟再判定一次，每次判定时间均不得超过 5～7 s。在医务人员未接替抢救前，现场抢救人员不得放弃现场抢救。

(7)抢救过程中伤员的转移和转院(图 5-70)

①心肺复苏在现场就地坚持进行，不要为方便而随意转移伤员，如确有需要移动时，抢救

中断时间不应超过 30 s。

②移动伤员或将伤员送医院时，除应使伤员平躺在担架上并在其背部垫以平硬阔木板。在移动或送医院过程中应继续抢救，心跳呼吸停止者要继续用心肺复苏法抢救，在医务人员未接替救治前不能终止。

③应创造条件，用塑料袋装入砸碎冰屑做成帽状包绕在伤员头部，露出眼睛，使脑部温度降低，争取心肺脑完全复苏。

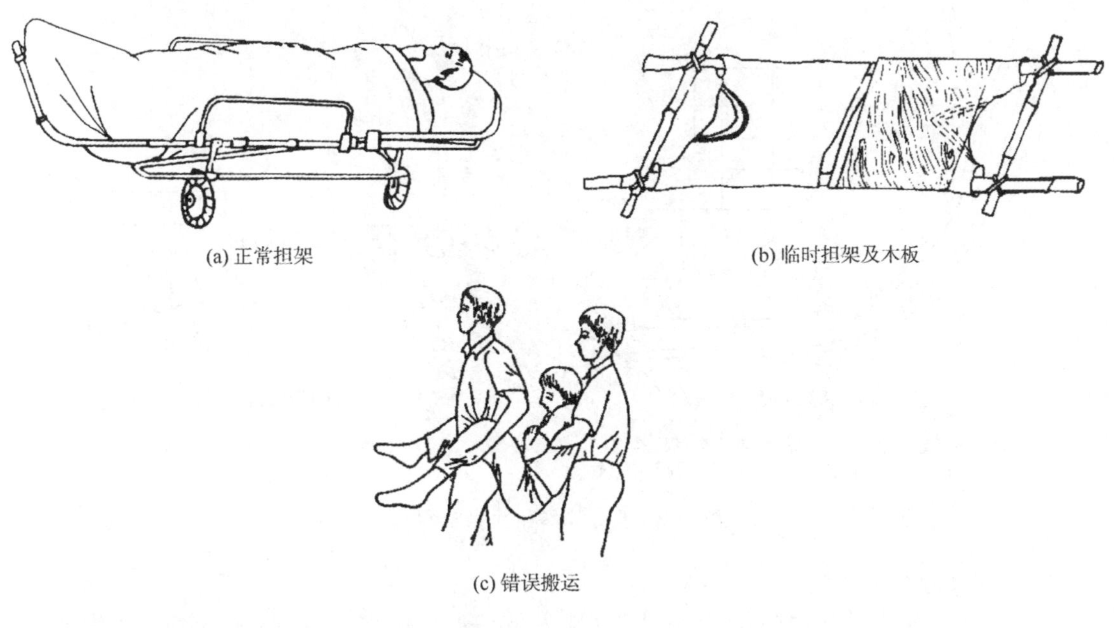

(a) 正常担架　(b) 临时担架及木板

(c) 错误搬运

图 5-70　搬运伤员

(8)伤员好转后的处理

如伤员的心跳和呼吸经抢救后均已恢复，可暂停心肺复苏法操作。但心跳呼吸恢复早期有可能再次骤停，应严密监护，不能麻痹，要随时准备再次抢救。

初期恢复后，神志不清或精神恍惚、躁动，应设法使伤员安静。

第三节　铁路给水系统

铁路给水系统是给水的取水、输水、水质处理和配水等设施以一定的方式组合成的总体，是指通过管道及辅助设备，按照车站和铁路生产单位的客车上水、生产、生活、消防用水的需要，将符合国家生活饮用水标准的水有组织的输送到用水地点的网络，即给水站。

一、铁路给水系统组成

1. 自备水源给水系统组成

自备水源给水系统主要包括：自备水源（地表水或地下水）、一级（取水）泵站、水处理构筑物（消毒设备）、输水管道、配水构筑物、加压泵站、配水管网、车站和铁路生产单位等用户，如图5-71、图 5-72 所示。

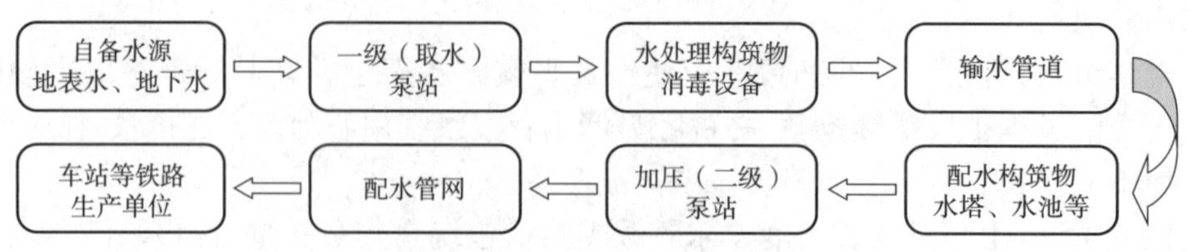

图 5-71　自备水源给水系统组成

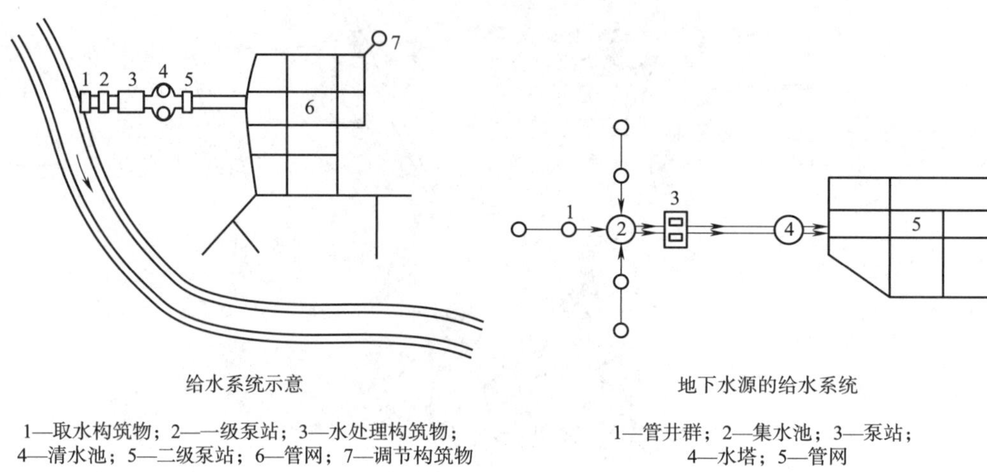

图 5-72　自备水源给水系统示意

2. 市政水源给水系统组成

市政水源给水系统主要包括：市政水源（地方自来水）、输水管道、储水构筑物、加压泵站、配水管网、车站和铁路生产单位等用户，如图 5-73 所示。

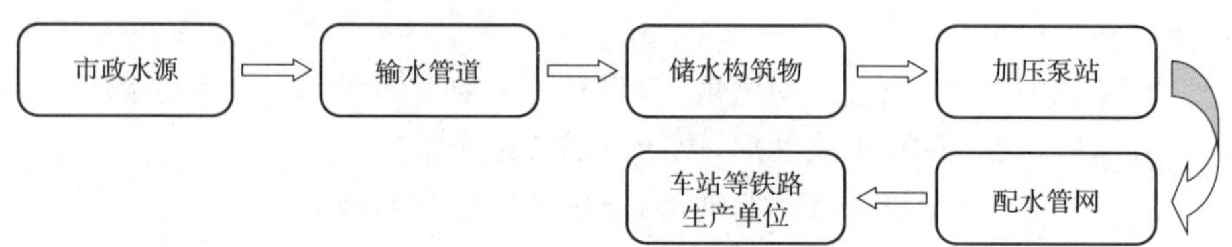

图 5-73　市政水源给水系统示意

二、给水站组成

凡具有系统的给水设施，并供客车上水的车站，以及含有生产或运输生产、生活、消防用水的车站，一般称为给水站。供水系统只对站区生活供水，一般称为生活供水站（点）。

（一）给水站的给水设备组成

给水站的给水设备一般由水道设备、管道设备、用水设备、扬水设备、水处理设备等组成。

1. 水道设备包括水源设备（岸边取水构筑物、自来水进水口、集水井、大口井、管井）、储水设备（清水池）、配水设备（水塔、山上水槽、气压罐等）、计量设备（流量计、水量表）、水道探测设备（管道探测仪、管道测漏仪）。其功能如下：

(1)水源设备:向铁路供水管网不间断地提供水的设备。

(2)储水设备:为保证用户正常用水或提高供水压力设置的具有储水功能的设备,通过从储水设备取水再次加压达到为用户提高水压的作用,如图 5-74 所示为半地下储水池。

图 5-74 储水设备——半地下储水池

(3)配水设备:用来保持和调节给水管网中的水量和水压。一是蓄水,在供水量不足之时,起着调节补充的作用,二是利用其高势,自动送水,使管网保持恒定压力,如图 5-75 所示。

图 5-75 倒锥壳式和圆柱壳式水塔

(4)计量设备:统计和计算用户用水量的设备,如图 5-76 所示。

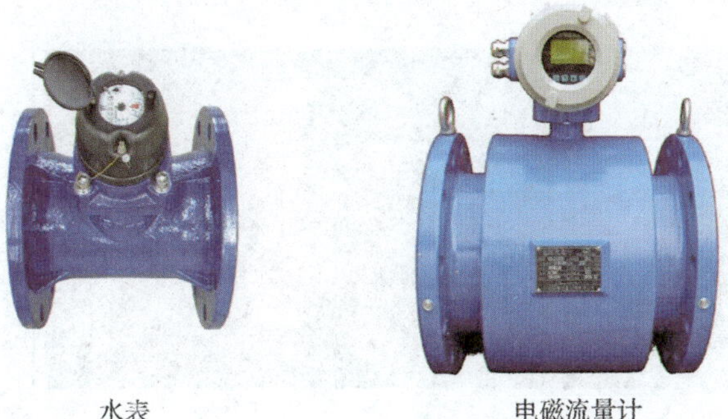

图 5-76 水表及电磁流量计

(5)水道探测设备:检测管道位置并测试管道漏水位置的设备,如图 5-77 所示为富士相关式漏水探测器 LC-2100。

图 5-77 富士相关式漏水探测器 LC-2100(增强型)

2. 用水设备:水栓设备(客车给水栓、消火栓),其功能如下:

(1)客车给水栓:设置在车站线路之间或客车整备所及动车段(所)内,供旅客列车上水的装置,如图 5-78 所示。

双阀式自回水客车上水阀安装示意图

软管存放坑盖 水井盖 保温层 软管接头 地平线 1 000 1 000 内径φ32送水管 双阀式上水阀 内径φ80来水管 排水道

图 5-78 客车上水栓及井

(2)消火栓:设置在车站站台上,动车所、工业站、港湾站、货运站、铁路货运中心、维修保养点、动车段(所)室外线路间或站台上用于灭火的装置,如图 5-79 所示。

图 5-79 地下式和地上式消火栓

3. 管道设备：给水管道（吸水管、扬水管、配水管）、排水管道、保护管道（涵洞、涵管、套管），其功能如下：

（1）给水管道（吸水管）：从地表水源、地下水源井、清水池动水位到水泵吸水口的管道，用于把水输送到水泵。

（2）给水管道（扬水管）：从水泵到水塔、山上水槽的管道，用于把水输送到高处或用户。

（3）给水管道（配水管）：从水塔、山上水槽或直接从水泵出口到用户的管道。用于把水从储、配水设备或直接从水泵输送到用户。

如图 5-80 为球墨铁管及 PE 给水管安装。

图 5-80　球墨铸铁管及 PE 给水管安装

（4）保护管道：用于给水管道穿越铁路线路时作为套管，保护给水管道不直接承受铁路线路的荷载，如图 5-81 为钢筋混凝土防护涵管。

图 5-81　钢筋混凝土防护涵管

4. 扬水设备：工业水泵（离心泵、潜水泵、轴流泵）、电动机（异步电动机）、电气控制装置［低压开关柜、启动控制柜、动力配电盘、自动（集中）控制屏及电线路、变频装置］，其功能如下：

（1）工业水泵：用于把水提升到高位或提高水压力的设备。

（2）电动机：水泵的原动机，带动水泵运行。

（3）电气控制设备（低压开关柜、动力配电盘）：供给给水所内设备使用的电源柜或壁挂式配电盘。

（4）电气控制装置（启动控制柜）：用于启、停水泵的控制装置，柜内设有过电流、过电压、过负荷等保护装置及计量装置。

(5)电气控制装置〔自动(集中)控制屏及电线路〕:用于对水泵进行远程、集中控制的控制屏和电线路。

(6)电气控制装置(变频装置):安装于启动控制柜内用于调节水泵转速的装置,起稳定管网水压和节能的作用。

5. 水处理设备:沉淀池、澄清池、滤池、饮水卫生消毒装置(次氯酸钠发生器、二氧化氯装置、紫外线消毒装置、水质检验设备),其功能如下:

(1)沉淀池:应用沉淀作用去除水中悬浮物的一种构筑物,净化水质的设备。利用水的自然沉淀或混凝沉淀的作用来除去水中的悬浮物。

(2)澄清池:水的混凝处理工艺包括水和药剂的混合、反应及絮凝体与水的分离三个阶段。澄清池就是完成上述三个过程于一体的专门设备,起到截留分离水中杂质颗粒作用。

(3)滤池:用于过滤的目的,用来去除水中的悬浮物,以获得浊度更低的水。

(4)饮水卫生消毒装置(次氯酸钠发生器、二氧化氯装置):制作饮水消毒剂并投加入管网的设备,用于保证管网末梢余氯,确保饮用水的细菌和大肠菌群指标符合标准。

(5)饮水卫生消毒装置(紫外线消毒装置):装置内紫外线灯的照射起到灭菌作用,当水流过紫外线消毒装置时,起到灭菌作用。

(二)给水站的工艺流程

1. 自备水源给水站的工艺流程(图 5-82)

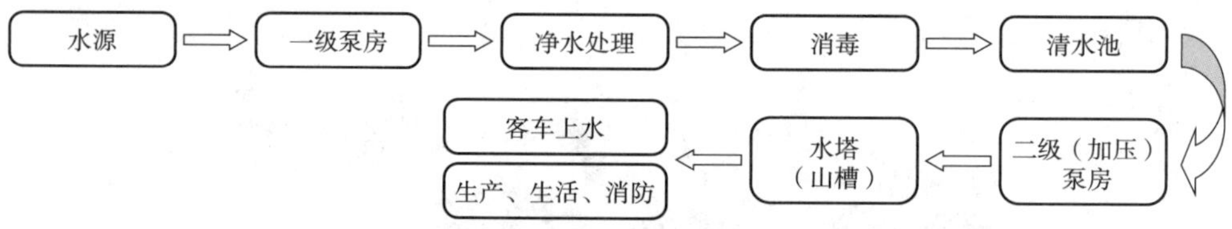

图 5-82 自备水源给水站的工艺流程

2. 市政水源给水站的工艺流程(图 5-83)

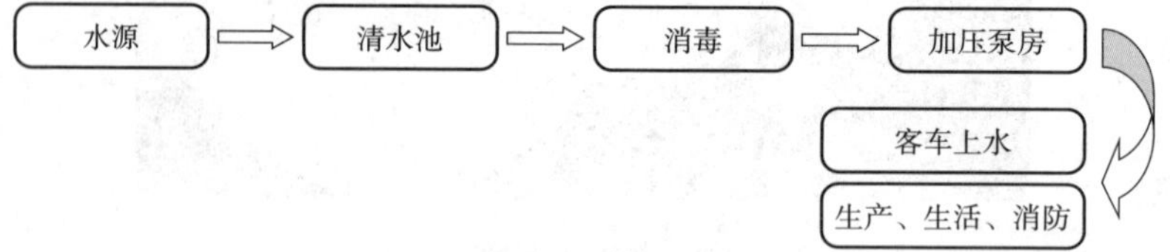

图 5-83 市政水源给水站的工艺流程

三、给 水 所

铁路把水源、泵站、水泵吸扬水系统、深井泵房等供水单元、水处理设备、消毒设备等组成的供水系统,统称为给水所。

(一)给水所作用

给水所主要满足给水站用水水质、水压、水量需求,保证给水所内设备正常运转,分析核算供水的消耗指标。

(二)给水所的设备

给水所内的主要设备有水源、净水、消毒等水处理设备、扬水设备及储水设备。

1. 水源:给水所水的来源,分为地表水源、地下水源及市政水源。

(1)地表水源,地表水源主要取集江、河、湖泊中的水。

铁路地表水源取水一般采用固定式取水构筑物,它具有取水安全可靠,维护管理简单等优点。目前使用的主要有两种:岸边式取水构筑物和河床式取水构筑物。

①岸边式取水构筑物

直接从岸边进水口取水的构筑物称为岸边式取水构筑物。取水构筑物平面形状可以是矩形、圆形、椭圆形。主要由岸边集水井和水泵房组成。

②河床式取水构筑物

沿河床或架空敷设取水管,伸向江河中心,从河心进水口取水的构筑物称为河床式取水构筑物。它由取水口、进水管(自留或虹吸)、集水井和泵站组成。

③一级(取水)泵房

将原水从水源输送(一般为低扬程)到水处理设备(构筑物),当原水无需处理时直接送入给水管网、蓄水池或水塔。一级泵站可和取水构筑物合建或分建。

(2)地下水源,取集地下含水层中的水。

铁路地下水取水主要采用大口井、管井等取水构筑物。

①大口井

大口井是在含水层中开挖,用钢筋混凝土、砖、石或其他材料衬砌井壁,垂直于地面的取水构筑物。一般直径为 3~10 m,井深 6~20 m(最大不超过 30 m),一般铁路给水所大口井深度小于 15 m,常水位离地面不超过 12 m,大口井一般由井筒、井口、进水部分、井底反滤层组成,如图 5-84、图 5-85 所示组成。

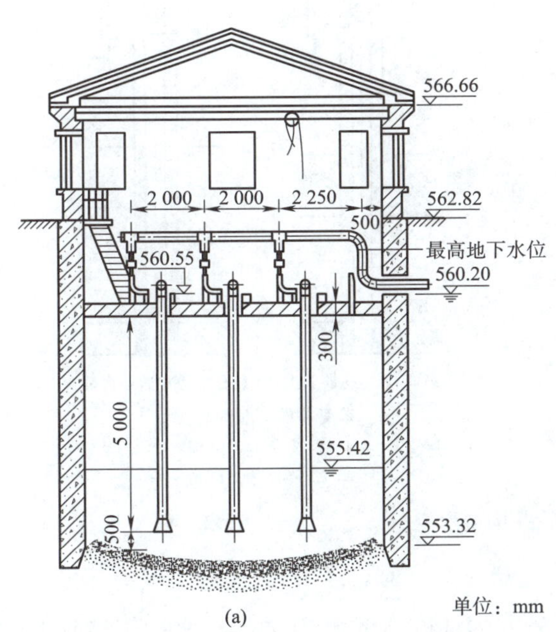

图 5-84 大口井

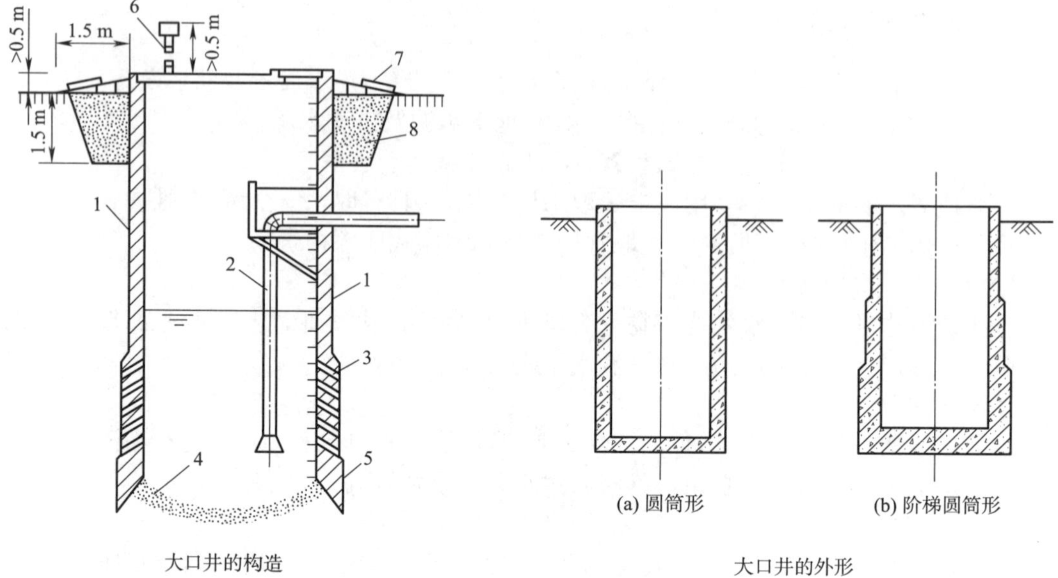

大口井的构造

1—井筒；2—吸水管；3—井壁透水孔；4—井底反滤层；5—刀廓；6—通风管；7—排水坡；8—黏土层

大口井的外形

图 5-85 大口井构造示意

②管井

管井是指用钻井机械开孔钻至含水层中，用井管保护井壁并垂直地面的直井。北方大部分给水所都采用管井取集地下水。常用管井直井为 200～600 mm，井深多小于 300 m。

管井一般由井室、井壁管、过滤器、沉淀管组成。管井的一般构造如图 5-86 所示。

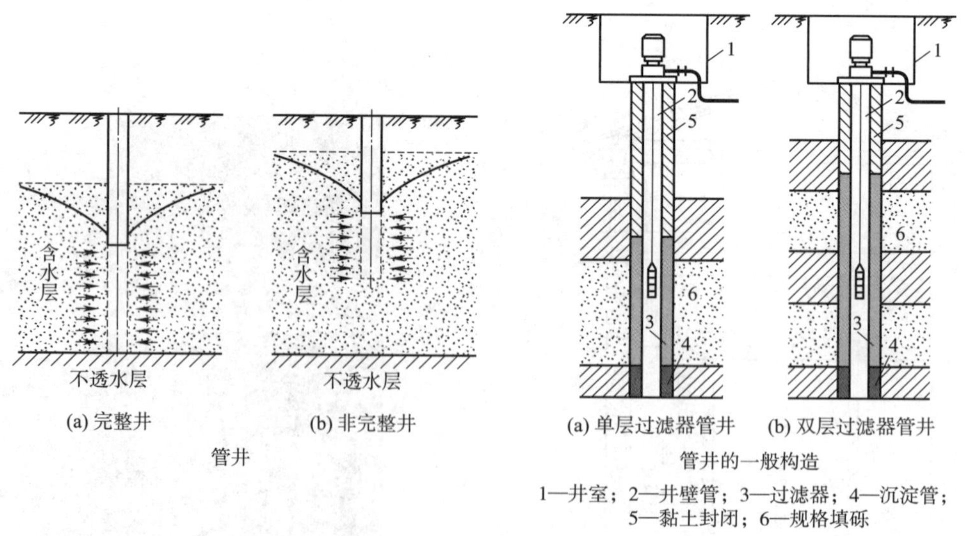

管井

管井的一般构造

1—井室；2—井壁管；3—过滤器；4—沉淀管；5—黏土封闭；6—规格填砾

图 5-86 管井构造示意

③深井泵房

深井泵房又称管井泵房，设有深井水泵自管井内抽取地下水，送水至净水构筑物或用户的泵房。一般水泵机组和管路布置较为简单，深井水泵及电机（潜水泵）处于管井内，平面尺寸较小。泵房可布置成圆形或矩形；地上式或半地上式。除一般泵房设有的电气、起重、排水和计量等辅助设备外，为供给饮用水应设有消毒装置。如图 5-87 所示为某给水所在建深井泵房。

图 5-87　某给水所在建深井泵房

2. 水处理设备（净水）

（1）沉淀池：应用沉淀作用去除水中悬浮物的一种构筑物，净化水质的设备。利用水的自然沉淀或混凝沉淀的作用来除去水中的悬浮物。沉淀池按水流方向分为水平沉淀池和垂直沉淀池。沉淀效果决定于沉淀池中水的流速和水在池中的停留时间。

（2）澄清池：水的混凝处理工艺包括水和药剂的混合、反应及絮凝体与水的分离三个阶段。澄清池就是完成上述三个过程于一体的专门设备，起到截留分离水中杂质颗粒作用。

（3）滤池：用于过滤的目的，用来去除水中的悬浮物，以获得浊度更低的水。按照滤速的大小可分为快滤池和慢滤池。目前实际应用中，大部分是快滤池。快滤池处理能力较大，出水水质好。

3. 消毒设备

（1）次氯酸钠发生器

次氯酸钠发生器是水处理消毒杀菌设备的一种，该设备以食盐水作为原材料，通过电解反应产生次氯酸钠溶液。

次氯酸钠溶液是强氧化剂和消毒剂，它是通过取源于广泛价廉的工业盐或海水稀溶液，经无隔膜电解而发生的。为确保次氯酸钠质地新鲜和有较高的活性。保证消毒效果，本装置一边发生，一边将发生的次氯酸钠投加使用。它与氯和氯的化合物相比，具有相同的氧化性和消毒作用。适用于深井泵站和小型给水所。

次氯酸钠发生器由电解槽、硅整流电控柜、盐溶解槽、冷却系统及配套管道、阀门、水射器、流量计等组成。将 3～4 稀盐液加入电解槽内，接通 12 V 直流电源，通过调节电解电流电解产生次氯酸钠，由水射器吸收混合送出消毒液，或用计量泵计量通过混合器送出消毒液。次氯酸钠工艺流程图如图 5-88 所示。

（2）二氧化氯发生器

给水所消毒目前常采用化学法中、小型二氧化氯多级发生器。化学法二氧化氯发生器具有操作简单、高转化率、高纯度、多用途、环保等优点。

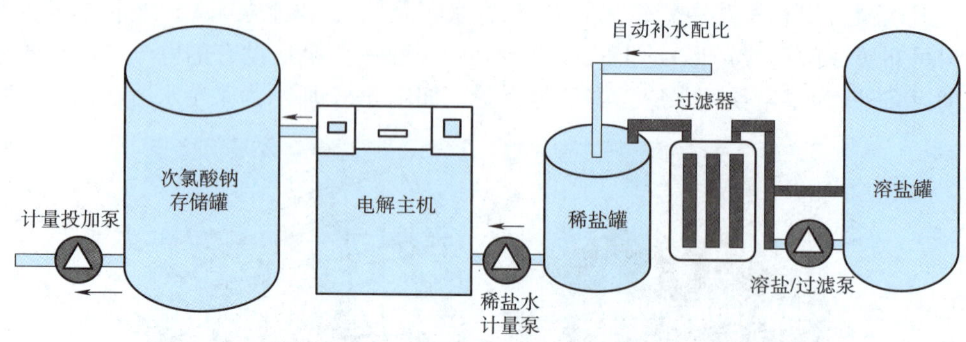

图 5-88　次氯酸钠工艺流程

这种二氧化氯发生器是由釜式反应器通过耐酸导管和水射式真空机组组成。釜式反应器采用的是两级或多级反应器，主反应釜内设有空气分布器，副反应釜设置了平衡管，使反应更彻底，反应后的残液可达标排放。一般采用盐酸与氯酸钠定量注入反应釜内，反应釜在加热的情况下发生化学反应生成二氧化氯与氯气，再通过水射器吸入投加到消毒水体中。它与氯和氯的化合物相比，具有相同的氧化性和消毒作用。适用于深井泵站和小型给水所。二氧化氯工艺流程如图 5-89 所示。

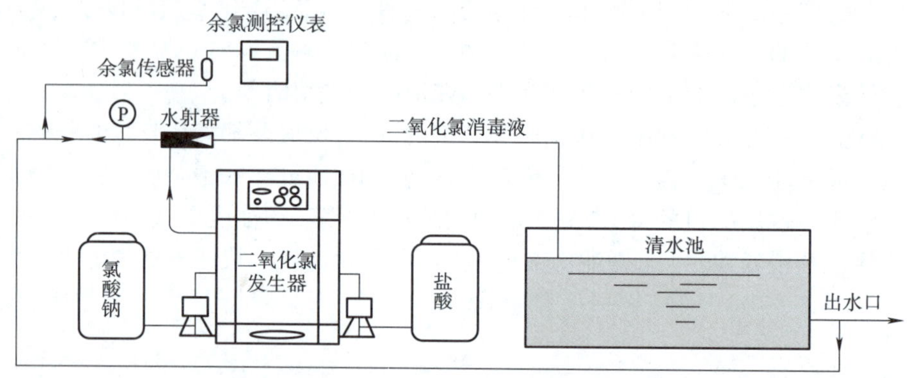

图 5-89　二氧化氯工艺流程

(3)紫外线消毒装置

紫外线消毒是一种物理方法，是利用适当波长的紫外线能够破坏微生物机体细胞中的 DNA(脱氧核糖核酸)或 RNA(核糖核酸)的分子结构，造成生长性细胞死亡和(或)再生性细胞死亡，达到杀菌消毒的效果。紫外线消毒技术是基于现代防疫学、医学和光动力学的基础上，利用特殊设计的高效率、高强度和长寿命的 UVC 波段紫外光照射流水，将水中各种细菌、病毒、寄生虫、水藻以及其他病原体直接杀死。

通常紫外线消毒可用于氯气和次氯酸盐供应困难的地区和水处理后对氯的消毒副产物有严格限制的场合。但紫外线没有持续消毒能力，并且可能存在微生物的光复活问题，最好用在处理水能立即使用的场合、管路没有二次污染和原水生物稳定性较好的情况。紫外线消毒流程如图 5-90 所示。

4. 加压(二级)泵房

加压(二级)泵站(图 5-91)将给水所清水池中的水输送(一般为高扬程)到给水管网，以供

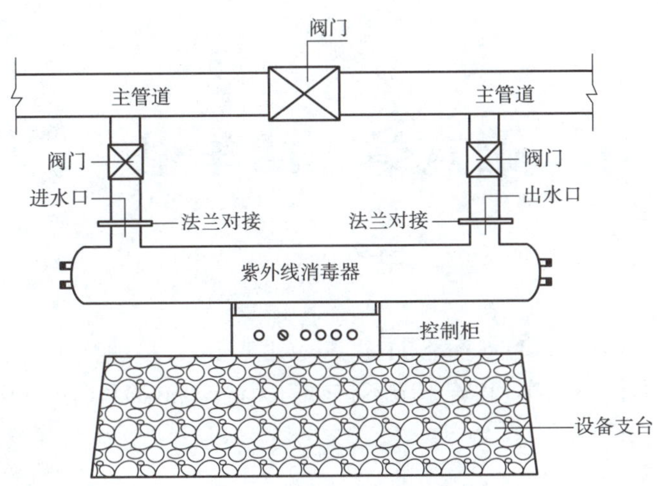

图 5-90　紫外线消毒流程

用户需要。二级泵站的供水能力必须满足最高时的用水要求，同时也要适应用水量降低时的情况。为使水泵在高效条件下运行，一般设多台水泵，由泵间的不同组合，以及设置水塔或高位水池（山槽），来适应供水量的变化，有的采用调速水泵机组，以适应供水量和水压的变化。铁路的加压泵房，一般使用单级单吸卧式离心泵机组、单级单吸立式离心泵机组或多级单吸立式离心泵机组进行加压供水，如图 5-92 所示。采用变频调速控制水泵机组，以适应供水量和水压的变化。

图 5-91　某给水所加压泵房

单级单吸卧式离心泵

单级单吸立式离心泵

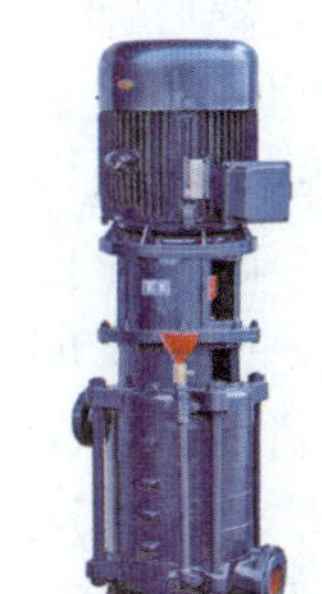

多级单吸立式离心泵

图 5-92　铁路常用离心泵

第六章　动车组

第一节　概　　述

动车组，全称动车组列车（D-Series High-Speed Train），是现代火车的一种类型，由至少两节带驱动力的车厢（简称动车）和若干节不带牵引力的车厢（简称拖车）共同组成。

一、动车组的发展

1964 年 10 月 1 日，世界上第一条高速铁路——日本东海道新干线开通运营，经过 40 余年的发展，目前国外常见的动车组有日本新干线系列、法国 TGV 系列、德国 ICE 系列、瑞典 X2000。我国通过引进、消化、吸收，形成了以“和谐号”为代表的 CRH1 型、CRH2 型、CRH3 型、CRH5 型动车组系列。自 2012 年起，我国开始自主研发中国标准动车组，2015 年正式下线，目前“复兴号”正逐渐在京沪高铁、京广高铁等多条高速铁路上运营。

各国动车组从本国实际需要出发，具有各自的技术特色，为推动世界铁路向高速化发展起到了积极的作用。

1. 日本新干线

日本新干线（Shinkansen）是贯通日本全国（除四国地方）的高速铁路系统，其首条线路于 1964 年开通运行，是世界上最早开行高速动车组的国家，并且是世界上车型最多的国家，达 13 种之多。

新干线列车全部采动力分散驱动方式，可防止高速行驶时的蛇行运动，减轻路线的维护保养费用，行车时的摇晃极小，具有轴重轻、定员多、车内服务设施单一等特点。

2. 法国 TGV 高铁

法国高速铁路 TGV，是由阿尔斯通公司和法国国家铁路公司设计建造并由后者负责运营的高速铁路系统。TGV 列车是全球最快的高速列车之一，采用动力集中式、铰接式转向架、同步牵引电机，能够在既有线上直通运行，其商业营运的最高速度为每小时 320 km，最高试验速度则可达到每小时 574 km。

2008 年，法国推出了最新一代超高速列车 AGV，其运营时速达到 350 km，与同类主要高速列车相比，AGV 的能耗节省 15%。在技术上，AGV 采用动力分散的方式，并确保旅客拥有更大的乘坐空间。

3. 德国 ICE

德国高速铁路称为 ICE（Inter City Express），即“城际高速铁路”，范围覆盖全德国约 180 座 ICE 车站和 5 个邻国（奥地利、瑞士、法国、比利时及荷兰）。ICE 共经历了 ICE1、ICE2、ICE3 三种主要车型系列，从动力集中方式开始，逐渐发展为动力分散式。

4. 我国动车组

随着我国铁路建设的快速发展，以及综合国力的不断增强，为满足社会经济建设的需要，逐步发展了高速铁路和高速列车，继而出现了动车组。2017 年，我国自主研发的中国标准动车组——“复兴号”，在京沪高铁上线运营。目前，我国主流的动车组为“和谐号”和“复兴号”。

(1)“和谐号”系列

我国生产的“和谐号”CRH 系列动车组主要有：CRH1 型、CRH2 型、CRH3 型、CRH5 型。CRH 型动车组为动力分散、交流传动电动车组，具有“先进、成熟、经济、可靠”等技术特点。

① CRH1 型动车组

CRH1 型动车组是我国在 2004 年向庞巴迪运输和“青岛四方-庞巴迪-鲍尔铁路运输设备有限公司”、BSP 订购的 CRH 型动车组之一。经过不断地吸收和研发，至今已自行设计制造出 CRH1A、CRH1B、CRH1E 型系列动车组。

CRH1 动车组为 8 辆编组，其中 5 节动车，3 节拖车。列车运行时速可达 200～250 km，适合城际铁路短途运输，如图 6-1 所示。

②CRH2 型动车组

CRH2 型动车组是我国向日本川崎重工及青岛四方机车车辆股份有限公司订购的车款之一。车型以日本新干线的 E2 系 1000 为基础进行改进，我国自行设计制造出 CRH2A、CRH2B、CRH2C、CRH2E、CRH2A 统型 、CRH380A、CRH380AL、CRH380CL 系列动车组。该车型采用动力分散式、交流传动，最高运行时速可达 300 km 及以上高速动车组的开发要求。CRH2 型动车组的车体采用全身铝合金材料，如图 6-2 所示。

图 6-1 CRH1 型动车组

图 6-2 CRH380A(L)型动车组

③ CRH3 型动车组

CRH3 型动车组是我国向德国西门子公司和唐山轨道客车有限责任公司订购的高速动车组。原型为德国铁路西门子公司的 ICE-3 型列车，至今已自行设计制造出 CRH3C、CRH3D、CRH380B、CRH380BL 型系列。该车型运行时速可达 350 km，采用动力分散型，铝合金车体，同时还采用了空心车轴、轻量化架构等先进技术，保证了列车的安全性和舒适度，如图 6-3 所示。

④ CRH5 型动车组

CRH5A 型动车组是我国向法国阿尔斯通公司和长春轨道客车股份有限公司订购的 CRH 型动车组之一，原车型为 SM3 型摆式动车组。该车型依旧采用动力分散式设计，中空型材铝合金车体，运营时速可达 250 km。其具备高耐寒性特点，适合在东北等低温环境下运行，如图 6-4 所示。

图 6-3 CRH380B 型动车组

图 6-4 CRH5A 型动车组

(2)中国标准动车组——“复兴号”

为了使不同型号的动车组,建立统一的技术标准体系,实现动车组在服务功能、运用维护上的统一,提高效率,降低成本。自 2012 年开始,在中国铁路总公司的主导之下,集合国内有关企业、高校、科研单位等优势力量,开展了中国标准动车组的研制工作。2017 年 6 月,中国标准动车组被正式命名为“复兴号”,在京沪高铁正式双向首发。

“复兴号”首次实现了动车组牵引、制动、网络控制系统的全面自主化,标志着我国已全面掌握高速铁路核心技术,高速动车组技术实现全面自主化。中国标准动车组采用 CR(中国铁路)代号,分为三种时速等级:CR400/300/200,持续时速为 350 km、250 km、160 km。目前已有的两个型号分别是 CR400AF 和 CR400BF。2018 年 10 月,17 辆编组超长版“复兴号”亮相,车身长 439.8 m,可乘坐 1 283 人,2019 年投入京沪高铁运营。

二、动车组的优越性

1. 动车组为带有若干动车的列车编组,在两端都有驾驶室,列车需要换方向时无需进行机车的摘挂,减少了车务人员的工作,大大节约了站停时间,加快了运转的速度,减少了车站咽喉作业能力的压力。

2. 大部分动车组的车体采用铝合金等轻型材料设计,轴重低,加速度设置大,并且多数采用动力分散式,动力效率较高,加速度大,能够提高运输效率。

3. 动车组的外形均为流线型设计,全列车窗密闭,大大降低了空气阻力对速度带来的影响,相比传统列车,运行速度大幅提高。

4. 动车组车身的内部设计更加人性化、乘坐空间大、座椅可调节。由于采用了密接式、半永久式车钩,减少了列车运行时的纵向冲动,也降低了噪声和振动的影响,旅客旅行的舒适度和体验感更好。

三、动车组的分类

1. 动车组按动力分配方式可分为动力集中型动车组和动力分散型动车组。

动力分散型是指一定数量的动车和一定数量的拖车组成单元,若干单元再编组为列车。它具有牵引功率大、轴重轻、转向架轴距小、黏着性能好,启动、加速度快,编组灵活,运用成本低特点,是当今世界铁路动车组的主流类型,如图 6-5 所示。

动力集中型是指动车挂在两端,中间是拖车进行编组的列车。传统的机车车辆模式就是牵引动力集中式配置,其电气和机械设备较少,轴重大、转向架轴距大。对黏着的要求较高。

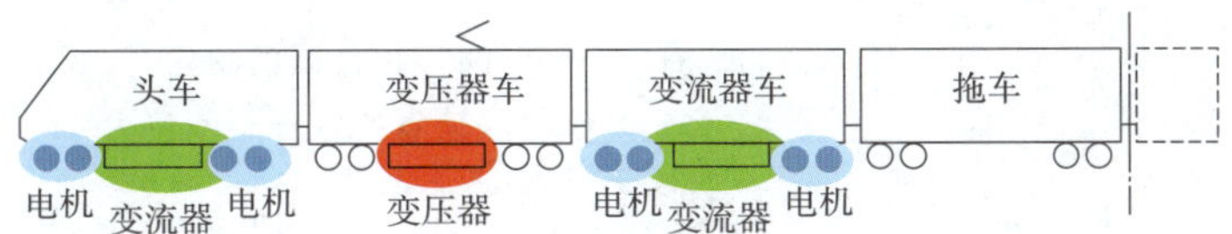

图 6-5　动力分散式动车组

该类型的动车组主要为德国的 ICE1、ICE2，如图 6-6 所示。

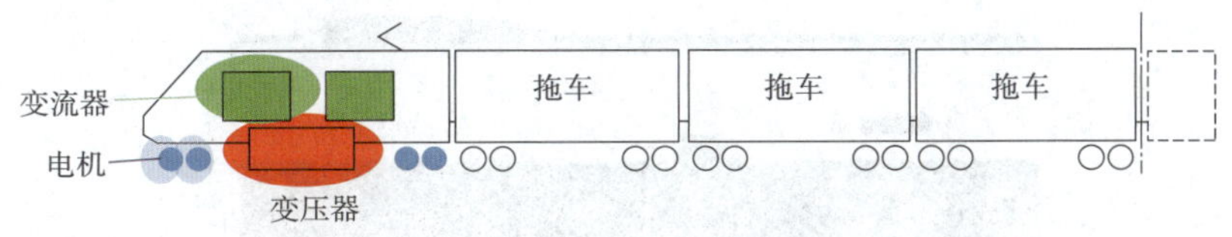

图 6-6　动力集中式动车组

2018 年底，由中国铁路总公司和中国中车牵头，中车唐山机车车辆有限公司牵头研制的动车组列车——“160 km/h 动力集中动车组”下线投入运营。CR160J 动力集中型动车组属于“复兴号”动车组的系列产品，它充分利用既有线铁路的运输资源和机客车检修资源、依托 FXD1 与 FXD3 八轴快速客运电力机车和既有 25T 型客车技术平台而研制的，用于既有线或新线客货铁路推广使用动车组旅客列车，加快了普速铁路的捷运化升级。首批时速 160 km CR160J 动力集中型动车组为 9 辆编组，包括控制头车 1 辆、中间拖车 7 辆，其中普通座车(带餐吧)1 辆，还有动力头车兼机车 1 辆，车头两端可以重联。

2. 动车组按动力装置可分为柴油动车组、燃气轮动车组和电力动车组三类。电力动车组按电流制又分为直流电力动车组和交流电力动车组两种。

3. 按照用途分类。绝大多数型号和数量的动车组都被用于客运领域，少量动车组被用于货运，还有极少一部分用于轨道检测等特殊用途。

四、“和谐号”动车组的型号及车组编号规则

1.“和谐号”动车组型号及车组号标志于动车组头车两侧外墙上，动车组型号及车组号标识用于识别不同列的动车组，如图 6-7 所示。

图 6-7　“和谐号”动车组型号和车组号标志示意

动车组型号及车组号示意如下：

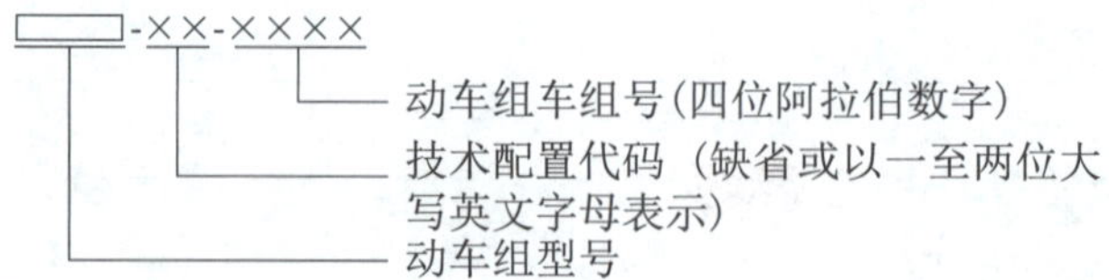

2. “和谐号”动车组中车辆的车种及车辆号标识于各个车厢上，用于区分各个车厢，如图 6-8所示。

图 6-8 车辆车种及车辆号示意

车辆车种及车辆号格式定义如下：

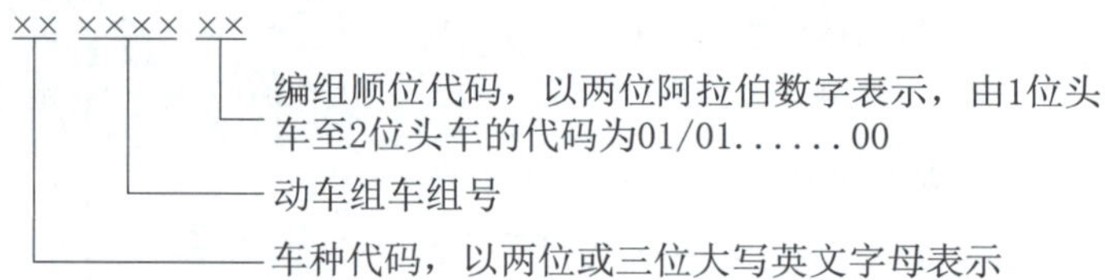

动车组中的车辆车种代码是车种名称的汉语拼音缩写，车种代号、车种名称及英文见表 6-1。示例：ZYS 264201：ZYS 表示车辆车种代码，一等/商务座车；2642 表示动车组车组号；01 表示车辆编组顺序号。

表 6-1 车种代号、车种名称及英文

序号	车种代号	车种名称	英 文
1	ZY	一等座车	First Class Coach
2	ZE	二等座车	Second Class Coach
3	WR	软卧车	Soft Sleeper Coach
4	WY	硬卧车	Hard Sleeper Coach
5	CA	餐车	Dining Coach
6	SW	商务座车	Business Coach
7	ZEC	二等座车/餐车	Second Class/Dining Coach
8	ZYS	一等/商务座车	First Class/Business Coach
9	ZES	二等/商务座车	Second Class/Business Coach
10	ZYT	一等/特等座车	First Class/Premier Coach

续上表

序号	车种代号	车种名称	英　　文
11	ZET	二等/特等座车	Second Class/Premier Coach
12	JC	检测车	Detection Car
13	WRC	软卧车/餐车	Soft Sleeper/Dining Coach
14	WG	高级软卧车	Luxury Sleeper coach

第二节　基本构造及技术特点

一、基本结构

1. 动车组的组成

动车组的组成,有多种方式。

①由两节或两节以上的动车连挂组成。

②一节动车和一节或数节无动力的附挂车组成,尾部附挂车的末端设有驾驶台。

③两端为动车,中间连接一节或数节无动力的附挂车。

④两端为动车,中间连接多节附挂车,但与动车相邻的附挂车中靠近动车的转向架是驱动转向架。

从车身内部配置看,动车组由司机室、一等座车、二等座车、商务座车、餐车、洗手间、卫生间等基本设施组成。

2. 基本结构

动车组有复杂的机械结构和电气结构,如图 6-9 所示。

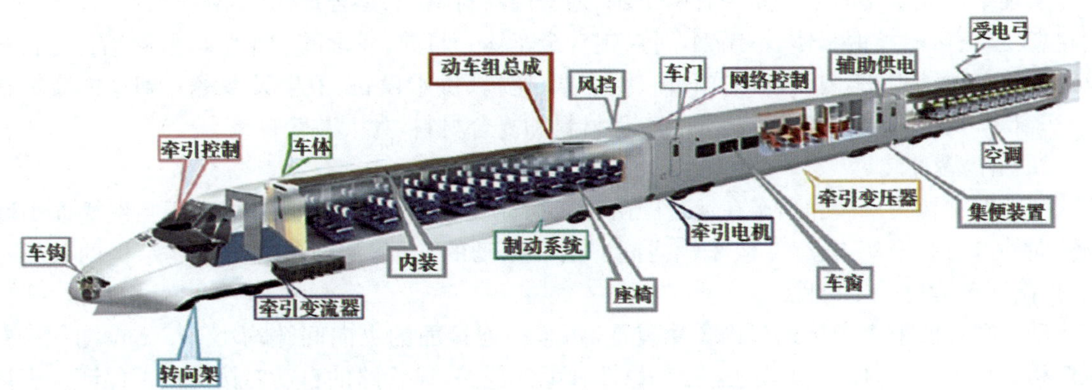

图 6-9　动车组基本结构示意

二、主要部件系统组成

1. 车体

车体作为动车组的承载结构,既为乘客提供乘坐空间,又为牵引、制动、受流等系统提供安装与连接其他设备和部件的载体。

为了节约动车组牵引功率、提高舒适程度、减小对线路的破坏，满足动车组运行阻力小、重量、气密性和防噪声性能好、防火性能高的要求，动车组车体采用了大量新技术、新材料和新工艺。车体采用大型铝挤压型材，设计成铝合金焊接的整体轻型结构，具备良好的隔音、隔热、防腐性能。同时，车体所有部件均具有足够的刚度，能把影响动车组运行安全和舒适性的振动降到最低。

(1)流线型设计

动车组的车身尤其是车头，均采用流线型设计，可以有效地减少运行空气阻力、列车交会压力波，解决运行稳定性等问题。

动车组的空气阻力主要由以下三部分组成：

压差阻力：头部及尾部压力差所引起的阻力；

摩擦阻力：由于空气的黏性而引起的、作用于车体表面的剪切应力造成的阻力；

干扰阻力：车辆的突出物(如手柄、门窗、转向架、车体底架、悬挂设备、车顶设备及车辆之间的连接风挡等)所引起的阻力。

因此，为减少空气阻力、空气涡流等影响速度提升的因素，动车组车体表面光滑平整，尽量减少突出物，车门采用塞拉式，扶手为内置式，脚蹬做成翻板式；整个车身断面呈鼓形，即车顶为圆弧形，侧墙下部向内倾斜并以圆弧过渡到底架，侧墙上部向内倾斜并以圆弧过渡到车顶；车辆底部采用与车身横断面形状相吻合的裙板遮住车下设备，以减少空气阻力，同时防止高速运行带来的沙石击。车厢连接处采用橡胶大风挡，与车身保持平齐，避免形成空气涡流。

(2)轻量化设计

为了提高动车组牵引性能，降低高速所引起的动力作用对线路结构、机车车辆结构产生的损伤，需要最大限度地降低动车组的质量。

实现结构轻量化的主要途径有两个：一是采用新材料，二是合理优化结构设计。车体轻量化材料主要有：耐候钢车体、不锈钢车体、铝合金车体。目前，我国的动车组均采用铝合金材料设计。从车体结构、车内设备(如门、窗、行李架、座椅、供水设备、卫生设备等)、到车内装饰板材、车窗等，均可选用轻合金或高分子工程材料和复合材料，大大减轻自重。

2. 车钩缓冲装置

缓冲器主要用来缓和列车在运行中由于启动、制动以及调车作业时车辆相互碰撞而引起的纵向冲击力和振动，具有耗散车辆之间冲击和振动的功能，从而减轻对车体结构的破坏作用，提高列车运行的平稳性。

动车组一般采用密接式车钩缓冲装置，两车钩连接面的纵向间隙均小于 2 mm，上下、左右偏移也很小，这为提高列车的运行平稳性和电气线路、风管路的自动对接提供了保证。密接式车钩缓冲装置能实现自动连挂和分解，并具备手动连挂分解功能，以便在自动功能失灵的特殊情况下使用。

3. 转向架

高速转向架应具备稳定性和平稳性。试验研究证明，当车辆的运行速度超过 200 km/h 时，有可能出现不稳定的蛇行运动。高速列车必须保证在其临界速度以下运行，以使其运行稳定、安全。通过改变转向架结构、优化参数使其具有较高的临界速度，是研制高速转向架需要解决的关键技术问题，也是高速转向架有别于一般转向架的主要特点。

动车组转向架分为动力转向架、非动力转向架。

动力转向架和非动力转向架，其主要部分采用基本一致的结构型式：绝大多数均为无摇枕转向架，轮对为空心车轴，一系悬挂采用钢弹簧＋液压式减振器＋轴箱定位装置，二系悬挂主要采用空气弹簧，牵引装置主要采用拉杆方式。

动力转向架还要有牵引电机和驱动装置。此外，动力车和拖车均采用复合制动方式。

4. 主供电及牵引系统

主供电系统负责将电能输送到牵引系统，牵引系统受流后驱动动车组，两个系统具有密不可分的关系。

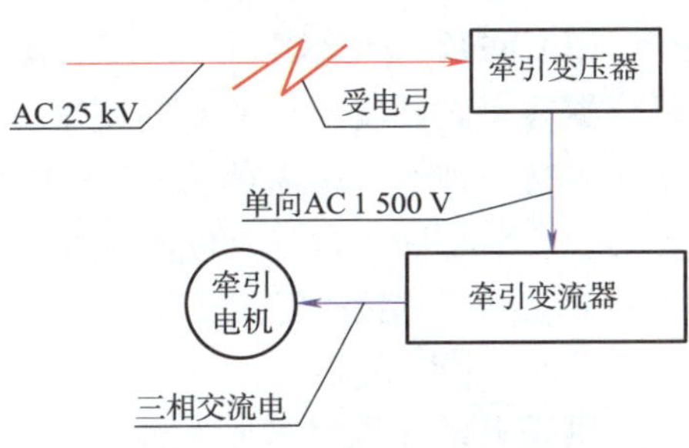

图 6-10　传动基本原理图

主供电系统主要由受电弓、真空断路器、主变压器等部件组成，牵引系统主要由牵引变流器、牵引电机、冷却风机等部件组成，主供电系统为牵引系统提供电力动车组驱动过程基本原过程为：从 AC 25 kV 接触网—受电弓—牵引变压器—牵引变流器—牵引电机。牵引系统经过受电弓从电网上获取电压，经主变压器和高压控制箱，从主变压器的牵引线圈进入变流器箱，经网侧逆变器将主变压器牵引线圈输出的交流电压转换成直流连接电压，然后经过电压斩波器给电机逆变器供电，将直流电压转变为三相交流电压，带动交流异步牵引电机，经齿轮变速箱给带动动车组轮对转动，如图 6-10 所示。

5. 辅助电气系统

动车组的辅助供电系统采用母线供电方式，为列车辅助设备如冷却通风机、空调装置、照明、网络控制系统、制动装置、旅客信息、列车无线等设备提供电源。

动车组辅助电气系统的电力主要来自牵引供电电网，或采用外接电源、蓄电池供电。动力分散型列车一般都按列车每个单元组成一个辅助系统，由安装在动车的辅助整流装置分别向各车厢的负载直接提供交流电，蓄电池与充电机则安装在一辆车上。

6. 供风制动系统

动车组供风制动系统由供风装置、控制元件(包括防滑保护)和基础制动装置等组成，制动力由摩擦制动和电制动产生，电制动和摩擦制动的作用由制动控制单元、牵引控制单元和列车中央控制系统协调控制。

动车组供风系统由主空气压缩机、辅助空气压缩机和干燥器等装置组成，可为动车组大部分风动装置提供压缩空气。装在受电弓的辅助空气压缩机，负责在总风缸欠压或无风时升起受电弓。

动车组采用再生制动和微机直通电空制动系统。制动系统通过电气信号传递制动指令，由微机进行数据处理和控制，优先使用再生制动，通过电空转换装置控制空气制动，同时配合大功率盘形制动机、高性能的防滑器，产生制动力，实现动车停车或减速制动。

7. 旅客信息系统

旅客信息系统的主要作用是在车站或者在行车途中向乘客提供和显示信息，向旅客提供音、视频娱乐服务，向司乘人员提供可用的和可靠的信息。

旅客信息系统包括广播系统、显示系统、娱乐系统，系统采用集中控制方式。

8. 空调系统

用一定的方法使物体或空间的温度低于周围环境介质的温度，并且使其稳定在某一范围内，这个过程称为“制冷”。为了维持车厢内的温度比环境温度低，就必须把进入车内的余热不断地转移到周围环境中，制冷装置就能起转移热量的作用，因此制冷装置是空调客车不可缺少的设备。

根据热力学第二定律，要将热量从低温物体（车厢内）转到高温物体（环境），这是一个非自发的过程，必须要对系统进行补偿。根据补偿方法不同而有蒸气制冷、蒸气喷射制冷、吸收式制冷等制冷方法。车辆上目前应用最广的是蒸气压缩式制冷。

以CRH2型动车组为例，其空调系统包含客室空调系统、司机室空调系统、通风系统。可以根据客室内环境质量的不同要求，通过制冷、供热、通风等手段消除各种干扰，从而在车内建立并维持一种能够按需调控的“人造环境”。车底安装的空调装置为每1节车厢2台、换气装置为每1节车厢1台。驾驶室设单独的空调装置及车内压力释放阀。

9. 给水卫生系统

(1)供排水系统

供排水系统是列车上为旅客洗涤、饮用及车厢内有关部位提供所需用水并对洗涤等产生的污水进行处理的系统。该系统一般由水箱组件控制装置、污水箱组件等主要附件及导管、电器控制线路组成。向系统中填充的水，必须经过预处理，并应至少符合生活饮用水卫生标准。

污水排放系统应具有适应车外空气压力变化（一般取变化范围为±6 000 Pa）的密封能力，全系统应保证车外压力变化范围内变化时各部分不变形、不破坏。水箱、水封装置以及管路系统都要达到严格的密封要求。

(2)集便装置

动车组采用密封性能良好的全封闭式厕所，在欧洲、美国、日本等的高速列车上已有很长的使用历史，形式也各有不同，分别为循环式厕所、真空式厕所、喷射式厕所、带有生物作用处理箱的净水冲刷厕所（半开放）。从发展趋势看，逐渐趋近于使用真空式厕所，具有造价低、卫生、无污染，使用可靠、维修方便等优势。

10. 驾驶设施系统

驾驶设施系统一般由操纵设施、驾驶配套设施组成，其中一般操纵设施由基本操纵组件、紧急响应元件、开关按钮功能组件、显示面板及仪表组件、操纵台框架及附件、辅助操纵区框架及附件组成；驾驶配套设施由风笛、雨刷、前罩灯、司机警惕装置、后视装置、遮阳组件、座椅组成。

驾驶设施系统设置在司机室，在每列编组的两端分别设置一个司机室，由前端司机室实施动车组控制，两个司机室具有相同的结构与功能。列车在运行过程中，司机根据线路信号状态和周边情况，对司机室内相关设备进行相应操作，完成动车组牵引、制动、控制全列动空调、车门和广播等设备。

11. 电务车载设备

电务车载设备是动车组列车控制系统的重要组成部分，是保证列车安全、高效的重要设备。电务车载系统包括ATP车载、LKJ车载、CIR、EOAS等。

(1)列车自动防护系统(ATP)

ATP系统，即列车速度监督系统，动车组的两头车各装有1套列车自动防护系统(ATP)

车载设备。它将接收到的地面信息作为基础，由车载设备生成速度控制曲线，并经常与实际速度相比较，如果实际速度超过了速度控制曲线，车载设备自动实施制动。ATP 的控制状态由司机操纵台上的显示界面显示，司机在注视前方的同时监视显示界面，通过显示界面或者前方线路状况来操作牵引手柄和制动手柄，控制列车的加速、减速。

ATP 系统控制方法可有 2 个选择模式，即机控优先和人控优先。司机通过设定车载设备内部带有的开关来决定选择，运行中不能变更。

(2)列车运行监控记录装置(LKJ2000)

LKJ2000 监控装置车载系统主要由主机箱、显示器、事故状态记录器(选件)、速度传感器、压力传感器、双针速度表组成。主机箱为装置的控制中心，其内部由 A、B 两组完全相同的控制单元组成。显示器采用 10 英寸 TFT 高亮度彩色液晶显示屏，以屏幕滚动方式显示实际运行速度曲线及模式限制速度曲线，同时提供运行前方 4 km 的线路纵断面，诸如桥梁、隧道、坡度、道口、曲线等信息以及标准操纵的运行速度曲线，方便司机操纵。

监控装置的监控功能有：防止列车越过关闭的地面信号机；防止列车超过线路(或道岔)及动车组的允许速度；防止以高于规定的限制速度进行调车作业；在列车停车情况下，防止列车溜逸；可按列车运行揭示要求控制列车不超过临时限速。

(3)机车综合无线通信设备(CIR)

机车综合无线通信设备(CIR)是铁路综合数字移动通信系统的重要组成部分，是完成车机联控、调度通信、无线调度命令传送、径路预告信息传送、无线车次号校核和列车控制的载体。

CIR 具备以下主要功能：

①具有《列车无线调度通信系统制式及主要技术条件》(TB/T 3052)、《列车无线调度通用式机车电台主要技术条件(V2.0)》规定的机车电台的功能；

②具有 450 MHz 机车电台承载的列车尾部风压、无线车次号、无线调度命令、径路预告等数据信息的传输功能；

③具有 GSM-R 调度通信、数据传输功能，根据承载业务的需要提供 GPRS 或电路方式数据传输链路；

④具备 IEEE 标准中规定的无线宽带数据传输功能；

⑤具有 GSM-R 工作模式与 450 MHz 工作模式自动切换和手动切换功能；

⑥具有向用户提供卫星定位原始信息、公用位置信息的功能(周期 2 s)；

⑦ 操作显示终端具有调度通信、通用数据传输所需的操作、状态显示以及语音提示功能；

⑧ 具有自检功能(故障定位到功能单元)，包括 450 MHz 单元、800 MHz 单元、GSM-R 单元、GPRS 单元、记录单元、卫星定位单元、MMI、TAX 接口，并可将自检结果发送给相关方。

(4)动车组司机操控信息分析系统(EOAS)

动车组司机操控信息分析系统，即 EOAS，是通过共享列控车载信息采集装置所采集的与动车组运行及司机操控有关的信息所开发的系统。该系统自动获取设在中国铁路总公司的 DMS 数据中心的有关信息，并通过总公司、局间信息通道传送至有关铁路局应用服务器，各机务段设置终端设备，可实时进行动车组运行及司机操控有关信息的查询处理。

该系统可以进行图形化实时跟踪、查询动车运行图示信息，包括速度、常用制动、紧急制动、司机操作、ATP 状态信息、分相信息和纵断面信息等；实时记录事件数据，包括常用制动、紧急制动、区间停发车、站内停发车、非正常停车、等级转换、模式转换、司机操作(手柄位置、DMI操作、其他司机动作信息);根据车次、司机号或动车号实时统计各事件记录数量;查询当前、历史记录数据,按事件以天为单位进行统计分析。导出、打印记录和统计数据;电子地图实时跟踪动车运行;提供对司机库、动车表、值乘表等的维护接口;浏览、下载、导入数据文件,自动进行分析、统计。

三、技术特点

1. 高性能转向架技术

提高列车运行速度首先遇到的问题是转向架运行的稳定性和安全性,提高列车运行速度应具有高性能的转向架,具有高速运行的稳定性和安全性,良好的曲线通过性能,旅客乘坐的舒适性。CRH系列动车组均采用无摇枕高速转向架技术,并采用空簧做二系悬挂,提高了旅客舒适度,保证良好的曲线通过性能,旅客乘坐的舒适性。

2. 车体结构轻量化

为了节省牵引功率,降低高速所引起的动力作用对线路结构、机车车辆结构产生的损伤,以及提高旅客乘坐舒适度,需要最大限度地降低高速动车组的轴重。因此,各国高速列车车体的主要材料是铝合金、不锈钢以及碳纤维等新型材料。我国动车组多采用铝合金材料,从车体结构、车内设备,到车内装饰板材,均选用轻合金或高分子工程材料和复合材料,大大减轻了自重。

3. 混合制动技术

列车的制动功率是列车速度的三次方成正比,高速列车对制动系统提出了极高的要求。

动车组多采用电空联合制动,制动走空时间短,制动减速度大,制动距离短,制动方式灵活,可在短时间内反复缓解制动,也可以阶段制动、阶段缓解。在保证安全的情况下,可以提高铁路网的运输能力。

4. 密封隔声技术

车外压力的波动会反映到车厢内,使旅客感到不舒服,轻者压迫耳膜,重则头晕恶心,甚至造成耳膜破裂。许多国家先后在压力波对旅客舒适性的影响方面进行了研究。

目前,动车组车体结构采用连续焊缝以消除焊接气隙;对不能施焊的部位,必须用密封胶密封。采用固定式车窗,其组装工艺要保证密封的可靠性和耐久性,同时保证在压力波造成的气动载荷下不会造成变形和破坏。侧门采用密封性能良好的塞拉门;头、尾的端门采用可充压缩空气的橡胶条等,以保证良好的密封性。

为了降低车内噪声,一方面要削弱噪声源发出噪声的强度,另一方面要提高车体的隔声性能。

削弱噪声源发出噪声强度的措施有:在车轮上安装消音器可有效地降低轮轨噪声;车体表面平整、光滑有利于减小空气与车体的摩擦声;在空调系统上安装消音器,降低牵引电机风扇的噪声、驱动装置等设备的振动噪声。

提高车体隔声性能的措施有:采用双层墙结构,可增加隔声量4～5 dB(A);在车体金属(如地板)表面涂刷防振阻尼层,使钢结构的声频振动转化为热能,减少了声波的辐射和声波振动的传递,从而减少车内噪声;采用双层车窗,减少从侧面传入车内的噪声;车内选用吸声效果好的高分子聚合材料,等等。

5. 先进的列车控制及诊断系统

列车自动控制系统对保证高速列车安全运行、提高动车组运用检修效率有十分重要的作用。我国高速列车平台先进、成熟，自动控制及诊断系统较为完善。在我国长期使用过程中又对系统不断进行了优化提升，有力保障动车组的运行安全。

第三节　动车组的检修

动车组检修作业方式的核心，是在确保安全性和舒适性的前提下最大限度压缩检修时分，提高动车组的使用效率和检修单位的作业效率。

一、动车组的检修场所

为保证动车组良好的技术状态，应有进行检修和整备作业的动车段、动车所等维修机构。目前，动车段主要承担动车组高级修(三、四、五级修)，动车所主要承担动车组运用维修(一、二级修)和整备作业。

有时为了运营的需要或者根据动车组运用计划，动车组无法进入动车所，只能在车站到发线或存车线等地点停留，若需要进行上水、保洁、排污等整备作业，这些停留地点应根据需要配备相应的设施设备条件。

二、动车组的检修周期

动车组实行计划性的检修，检修分为 5 个等级，不同等级的维修在不同场所进行。其中，一、二级修为运用检修，三、四、五级修为定期检修。

动车组检修周期以走行公里周期为主、时间周期为辅的检修模式，先到为准；检修方式以换件修为主，主要零部件采用专业化集中修。二级检修项目允许按二级修维修卡片规定的检修周期延后 10%组织施修(有调整检修周期范围的除外)；高级检修间隔不超过一个三级检修周期。

一级检修周期：运行里程 4 000～5 000 km 或 48 小时；

二级检修周期：中车四方平台动车组(不含标准动车组)及 BST 平台动车组为 3 万 km 或 30 天，其他动车组为 2 万 km 或 20 天；

三级检修周期：中车四方平台动车组(不含标准动车组)为 60 万 km 或 1.5 年，其他动车组为 120 万 km 或 3 年；

四级检修周期：中车四方平台动车组(不含标准动车组)为 120 万 km 或 3 年，其他动车组为 240 万 km 或 6 年；

五级检修周期：中车四方平台动车组(不含标准动车组)为 240 万 km 或 6 年，其他动车组为 480 万 km 或 120 天。

三、技术设备要求

动车段、动车所应具备动车组运用检修、行车安全设备检修、客运整备能力及相应的存车条件；承担动车组三、四、五级修程的动车段还应具备动车组相应修程的检修能力。

1. 动车组管理信息系统

动车段、动车所应设有动车组管理信息系统。动车组管理信息系统由系统软件平台、系统硬件平台及系统网络通信平台构成,可实现动车组履历管理、调度管理、安全质量管理、作业过程管理、技术支持、配件管理和配送支持、设备管理等相关功能。

2. 动车所配置

动车所应设置存车线、检查库、轨道桥、立体作业平台、临修库、洗车线、备件存放库、轮对故障动态检测棚、空压机室等设施,配备对转向架、车下设备、车上以及车顶设备进行检查、维护、更换、检修和清洗等作业的相应设备,满足动车组一、二级检修需求。

(1)存车线是存放动车组的线路,包括待入库检修动车组的存放、修竣出所前动车组的存放、夜间停留动车组的存放、备用动车组的存放等,存车线是辅助线的一种。

(2)检查库是动车组一、二级检修作业场所,库内配备立体作业平台、轨道桥、快速上水设施、真空卸污系统、地面电源、安全监控系统、信息化系统及各种检测设备。

(3)轨道桥是在一定间隔的支柱上安装钢轨,中间设地沟,一定距离内设下穿通道,用于动车组一、二级检修的关键设施。

(4)立体作业平台:设在轨道桥两侧,用于完成动车组的检修、整备工作的关键设施,可在相同的时间段内全方位开展动车组检修作业。地面(默认第一层)以上分两层,第二层在与车门底部平齐,人员可通过平台进入车厢,也可检修车窗玻璃等;第三层平台与车顶平齐,必须通过门禁进入,可进行车顶检修作业。

(5)临修库:用于动车组临时性、突发性故障修理的场所,如:动车组转向架、受电弓、空调、制动等大部件检修或更换,以及车内设备检修、车外其他机械或电气部分故障修理或更换。

(6)洗车线:进行动车组外皮清洗的场所,可实现动车组车体表面自动清洗和干燥。

(7)备件存放库:用于存放动车组检修材料、备件的场所,通常位于检查库边跨。

(8)轮对故障动态检测棚:检测棚内设有轮对故障检测系统 LY 及受电弓检测装置 SJ,可在动车组低速通过时,进行轮对状态检测。具有轮对外形尺寸自动检测、踏面缺陷自动探伤、车轮不圆度(擦伤)自动检测、车号及端位自动识别等功能。

(9)空压机室:为检修作业提供压缩空气的风源装置处所。

3. 动车段配置

动车段可根据需要设置检修库线、材料运输线、试验线、牵出线、解编线等线路,整车检修库、转向架检修库、车体检修库、油漆库、调试整备库、电机电器间、制动空压机间、空调检修间、备件立体存储库等设施,并应配备整列架车机、移动式接触网、大部件起重运输设备、电务车载设备,以及各类部件解体、清洁、测试、检修、组装、调试等设备,满足动车组相应级别检修需求。

(1)检修库线:检修库内用于动车组高级检修作业的轨道线路。

(2)材料运输线:从材料供应中心到检修库之间,用于运输动车组检修所需材料的特定轨道线路。

(3)试验线:用于动车组静态调试完成后、正式上线前的动态调试线路。

(4)牵出线:用于动车组牵引出库的线路。

(5)解编线:用于高级修动车组解编的线路。

(6)整列架车机:用于整列动车组架升,以及落转向架的设备。

(7)移动式接触网:一种带有平行移动结构可用于起重机械作业及车顶设备检修作业的刚性接触网,一般动车组行驶入库时展开,停放到位后上车顶检修或需用双梁桥式起重机时断电收拢;通常设置在高级修调试库和动车所临修库内。

(8)三级检修库:承担动车组三级检修作业的检修库内设同步架车机、转向架转盘、起重设备,根据检修需要设置作业平台及地面试验电源,库内宜设置活动式刚性接触网侧移设备及安全监控系统,库内或库外宜设通过式轮重检测设备。

(9)四、五级检修库:承担动车组四、五级检修作业的检修库内一般设置车体分解、组装台位,并配套检查作业平台或地沟,库内设车体移动设备、转向架及大部件的拆装设备、起重设备、车体气密性试验设备,库内宜设静态轮重检测设备。

(10)转向架检修库:库内设有转向架分解、组装、试验设备,并配备轮对、轮轴、轴箱、构架等零部件的清洁、检修、探伤、油漆、试验起重运输设备,轮对、轮轴等的存储宜采用立体存储方式。

(11)车体检修库:应配备符合车体部件的分解、检修、组装、试验作业需要的设备,包括车体及部件运输设备。

(12)车体油漆库:应采用有利于降低污染的先进喷漆工艺,油漆库规模应根据车体检修作业量确定,作业量大时宜采用流水作业方式。库内设备应按防爆要求配置。

(13)调试库:应配备轨道桥、作业平台、地面调试电源、安全监控系统、动车组功能试验设备,调试线上宜配备轮重检测设备。

第四节　中国标准动车组

一、简　　述

1. 中国标准动车组(复兴号)简介

随着我国综合国力的提升以及高速铁路的飞速发展,我国从2012年开始研制中国标准动车组。中国标准动车组是中国标准体系占主导地位的动车组(254项重要标准中国标准占84%),其功能标准和配套轨道的施工标准均高于欧洲标准和日本标准,具有鲜明的中国特征。它首次实现了动车组牵引、制动、网络控制系统的全面自主化,标志着我国已全面掌握高速铁路核心技术,高速动车组技术实现全面自主化。

中国标准动车组采用CR(中国铁路)代号,具备三种时速等级,分别是CR400/300/200,持续时速为350 km、250 km、160 km。目前,投入运营的主流车型为CR400AF(图6-11)和CR400BF(图6-12)。

图6-11　中国标准动车组CR400AF

图6-12　中国标准动车组CR400BF

2018年,超长版中国标准动车组亮相京沪高铁,它是在原有16辆长编组的基础上再增加一辆拖车车厢,使全列扩编至17辆编组,型号定为CR400AF-B。列车长度比16节编组列车增加了 25.65 m，总长度达到了 439.8 m。全车增加了一节二等座车，定员比 16 节长编组列车增加了 90 个，载客量达到了 1 283 人，运力进一步增加。

2018 年底，17 节超长编组 CR160J 动力集中型动车组在兰渝铁路全线开通。今后还将逐步研发 CR300 和 CR200 系列的中国标准动车组，如图 6-13 所示。

图 6-13 CR160J 动力集中型动车组

2. 主要参数

最高运营速度：350 km/h

最高试验速度：420 km/h

编组型式：4 动 4 拖

最大轴重：≤16 t

定员：556 人

列车总长：208.95 m

车宽：3 360 mm

车高：4 050 mm

轮周牵引功率：9 750 kW

轮周再生功率：13 360 kW

编组形式：8 辆编组(4 动 4 拖)

3. CR400AF 与 CRH380A 主要差异

CR400AF 属于全新设计车型，主要特点是自主、统型、互联互通。CR400AF 与 CRH380A 型动车组存在较大差别，具体数据见表 6-2。

表 6-2 CR400AF 与 CRH380A 型动车组比较

序号	系统	项　点	CR400AF	CRH380A(统型)
1	总体	编组	4M4T	6M2T
2		车长	208.95 m	203 m
3		定距	17.8 m	17.5 m
4		寿命	不少于 30 年或 1 500 万 km	不少于 20 年
5		断面轮廓	车宽：3 360 mm； 车高：4 050 mm	车宽：3 360 mm； 车高：3 700 mm

续上表

序号	系统	项　点	CR400AF	CRH380A(统型)
6	总体	噪声	静止辐射:59	静止辐射:78～81
			起动:75(7.5 m处)	起动:75(25 m处)
			车外(350 km/h):93 / 94	车外(350 km/h):94
			车内中部(350 km/h):66～68	车内中部(350 km/h):69
			司机室(350 km/h):77	司机室(350 km/h):78
7		车重	整备:426 t;重车:473 t	整备:398 t;重车:441 t
8		车间距	650 mm	500 mm
9		一级修	6 000 km或48 h	5 000 km或48 h
		二级修	2～120万km	3～60万km
			I2:2万km/20天	I2:3万km/30天
			M1:10万km/90天	M1:6万km/60天
			M2:40万km/360天	M2:9万km/90天
			M3:80万km/720天	M3:18万km/180天
			S:专项修	S:专项修
		三级修	120万km或3年	60万km或1.5年
		四级修	240万km或6年	120万km或3年
		五级修	480万km或12年	240万km或6年
10	车体系统	车体长度	头车:27.2 m;中间车:25 m	头车:26.25 m; 中间车:24.5 m
11		设备舱底面高度	235 mm	200 mm
12		平顺性	受电弓、空调、高压接头箱下沉式安装	凸出车顶安装
13		防撞性能	提高防撞性能,满足EN 15227	不满足EN 15227
14		大断面型材	大于400 mm,减少焊缝	350～400 mm
15		吸能装置	头车增设吸能装置及防爬装置	无
16		前端车钩	10型钩头,带有气液缓冲系统,电钩带推送机构	10型钩头,不带气液缓冲系统,电钩不带推送机构
17		中间车钩	带压馈管或压馈管	柴田钩,不带缓冲器或压馈管
18		设备舱	模块化设备舱,抽拉底板,裙板碰锁＋转舌锁＋安全吊带	螺栓紧固底板、裙板,活门碰锁＋转舌锁＋安全吊带
19		开闭结构	1、8车分别单气缸和双气缸驱动	均为单气缸驱动
20	转向架系统	轴重	≤17 t	≤16 t
21		轮径	920/850 mm	860/790 mm
22		传动比	2.517	2.379
23		空簧中心距	2 460 mm	2 360 mm
24		车轮	国产材料(马钢、太重)	进口材料(智崎)
25		车轴	国产材料(晋西、太重),孔ϕ30	进口材料(智崎),孔ϕ60
26		轴箱	分体式轴箱	整体式轴箱

续上表

序号	系统	项　　点	CR400AF	CRH380A(统型)
27	转向架系统	基础制动	三点式夹钳,拖轴 3 轴盘+0 轮盘	四点式夹钳,拖轴 2 轴盘+2 轮盘
28		轴端接地	拖车有轴端接地装置	无
29		停放制动	1、3、6、8 车,1 套/轴	1、3、7、8 车,1 套/轴
30		防脱线装置	有	无
31	高压系统	受电弓	单滑板(首列)、3、6 车	双滑板(第二列)、4、6 车
32		高压接头箱	有,过桥线采用下沉式高压接头箱安装	过桥线车顶外露
33		特高压电缆	以车体型材走线为主	车顶外露走线
34		VCB	VCB 与接地开关 EGS 集成	VCB 与接地开关 EGS 独立
35		高压箱	车下集成高压箱	
36		避雷器	增设车顶避雷器	无车顶避雷器
37		能量计	单独能量计	仅累计牵引能耗
38	牵引系统	动力单元	2 个,1MT+2CI+16 mm	3 个,1MT+2CI+16 mm
39		轮周牵引功率	9 750 kW	8 760 kW
40		牵引变压器	心式,2 台,容量 6 300 kVA,4 牵引绕组+0 辅助绕组,拖车安装,弹性安装	壳式,3 台,容量 3 855 kVA,2 牵引绕组+1 辅助绕组,动车安装,刚性安装
41		牵引变流器	主辅一体化,两电平,架控,2 整流+2 逆变+1 辅助逆变器	三电平,车控,1 整流+1 逆变
42		牵引电机	额定功率 625 kW,16 台	额定功率 365 kW,24 台
43	牵引系统	冷却系统	两级转速可调	单级转速
			牵引变压器冷却风机:双风机	牵引变压器冷却风机:单风机
			牵引电机冷却风机:单电机双风机	牵引电机冷却风机:单电机单风机
			牵引变流器冷却风机:单电机双风机	牵引变流器冷却风机:单电机单风机
44		过分相发电	有	无
45		无火回送发电	有	无
46	制动系统	制动力管理	列车级	单元级
47		坡起制动	有	无
48		防滑检测	具有 DNRA 冗余不旋转检测	无,通过 BCU 检测
49		空压机启停控制	两个空压机主从控制	两个空压机同步运行
50		空压机	双塔干燥器	膜式干燥器
51	网络系统	列车控制网络	TCN 总线网络+以太网,统一主要操作界面、通信协议,实现互联互通	ARCNET 总线环网,无以太网,操作界面不统一
52		PTU	自主设计 PTU 软件,可在线监测	仅有 IC 卡读卡器,功能较简单
53	辅助供电系统	辅助变流器	集成于牵引变流器,直流环节供电,2、4、5、7 车各 1 台,260 kVA	采用 APU,三次绕组供电,1、8 车 205 kVA,5 车 70 kVA
54		充电机	有,1、8 车各 2 台	无,采用 ARf
55		蓄电池	1、8 车各 2 台,190 kVA×4	2、3、5、7 车共 6 台,100 kVA×6

续上表

序号	系统	项　点	CR400AF	CRH380A(统型)
56	辅助供电系统	电源制式	DC110V,3AC380V,AC220V	DC100V，3AC400V，AC220V，单相AC400V,AC100V(稳态、非稳态)
57		并网供电	三相交流并网供电	分段供电,可扩展供电
58		外接电源	3AC380V,4、5 车	AC400V,2、6 车
59	旅客信息系统	旅客信息及娱乐控制	集中式	独立式
60	空调系统	安装	车顶安装,1 台/车	车下安装,2 台/车
61		废排装置	有	无,有换气装置
62		压力保护装置	有	无,有换气装置
63		温度控制	EN13129,根据外温、室温自动计算目标控制温度,允许±2℃调整	在温度控制范围内,可根据需要调整
64	给水卫生系统	废水收集	盥洗废水集中收集,5 车增设废水箱	盥洗废水直排,5 车无废水箱
65		集控排空	增设水箱等自动集控排空功能	无,手动排空
66		开水炉	3AC380V 供电	单相 AC400V 供电
67	车内设施	照明	一等车采用大环形灯,二等车采用小环形灯,有座号牌灯	无
68	车外设施	侧门	塞拉门	内藏门
69		外端门	电动双扇拉门	单扇不锈钢拉门
70		风挡	内风挡:折棚风挡	内风挡:橡胶气密内风挡
			外风挡:全包胶囊风挡	外风挡:非全包胶囊风挡
71		车下设备	空压机、司机室空调、变压器弹性吊挂	刚性吊挂
72	司机室	司控器	牵引、制动控制集成	设制动、牵引两个控制器
73		操纵台	统型布局	不完全统型
74	车载设备	地震预警、接近预警	有	无
75		WTD	2 套	1 套

二、特点及优势

中国标准动车组在环保、节能、降低全寿命周期成本、进一步提高安全冗余等方面加大了创新力度,具有创新性、智能化、安全性、人性化、经济性等特点。

1. 安全性

中国标准动车组设有智能化感知系统,并建有强大的安全监测系统,全车部署了 2 500 余项监测点,能够对走行部状态、轴承温度、冷却系统温度、制动系统状态、客室环境进行全方位实时监测。中国标准动车组还增设碰撞吸能装置,以提高动车组被动防护能力。加装列车跟踪预警装置,可获取本车与前车间隔距离,当距离接近时,实施预警提示,同时将本车车次、速度、位置信息实时无线传输给地面预警服务器,以供后车预警。

2. 互联互通

中国标准动车组通过技术创新，对 11 个系统 86 个部件进行了标准化设计，实现互联互通、物理互联，不同厂家生产的相同速度等级的动车组能够重联运行、不同速度等级的动车组能够相互救援，通用性更好，运营组织更加灵活，有利于降低备用成本、维修成本，提高动车组利用率。

3. 流线型车体改进

“和谐号”动车组的受电弓和空调系统突出暴露在车顶部，中国标准动车组通过技术改进，将其下沉到了车顶下的风道系统中，从而车体外形更加平顺、线条更流畅，不仅能耗大大降低，车内噪声也明显下降，比既有 CRH380 系列降低 7.5%至 12.3%，350 km/h 速度级人均百公里能耗下降 17%左右，有效减少了持续运行能量消耗。

4. 智能化

中国标准动车组的智能化程度更高，全车部署了 2 500 余项监测点，采集各种车辆状态信息多达 1 500 余项，能够全面监测列车运行状况，实时感知列车状态。包括安全性能、环境信息(如温度)等，为全方位、多维度故障诊断、维修提供支持。列车出现异常时，可自动报警或预警，并能根据安全策略自动采取限速或停车措施。

此外，“复兴号”还采用远程数据传输，可在地面实时获取车辆状态信息，提升地面同步监测、远程维护的能力。

5. 旅客体验感加强

中国标准动车组调整了乘坐空间，二等座座椅间距增加到 1.02 m，一等座座椅间距增加到 1.16 m，乘坐环境更加舒适；车厢内实现了 WiFi 网络全覆盖，设置不间断的旅客用 220 V 电源插座；空调系统充分考虑减小车外压力波的影响，通过隧道或交会时减小耳部不适感；列车设有多种照明控制模式，可根据旅客需求提供不同的光线环境。中国标准动车组还采取了多种减振降噪措施，改进了洗漱设施，设置有无障碍设施等，能够为旅客提供更良好的乘坐体验。

6. 适应环境多

我国北方春季杨絮、柳絮纷飞，直接影响到动车组动力散热系统发挥，中国标准动车段在技术上作了较大提升，加强了牵引系统功率和冷却散热能力，科研人员经过对我国既有动车组运用情况和动车组车下空间核算，提出“复兴号”动车组散热系统在 15%进风口堵塞的情况下，仍可保证牵引动力百分百发挥。

为适应我国雷雨多发、雾霾严重的恶劣环境，中国标准动车组在车顶高压受流上，除采用将高压电器封装在密闭箱体内的措施外，对受电弓的雷电耐压等级也由常规的 150 kV 提高的 185 kV。

三、中国标准动车组车型编号规则

1. 命名规则

2017 年 6 月 25 日，在命名仪式上，中国标准动车组有了一个响亮的名号——复兴号动车组。目前，中国标准动车组已有“CR400AF”和“CR400BF”两种型号。

其中：CR 是 China railway 的缩写，即中国铁路；“A”和“B”为企业标识代码，代表生产厂家；F(分)为技术类型代码，表示动力分散式机车；“J”代表动力集中电动车组；“N”代表动力集中内燃动车组。

2. 编组情况

(1)CR400AF 编组情况，见表 6-3。

表 6-3　CR400AF 编组情况

车厢号	1	2	3	4	5	6	7	8
车型	一等/商务座车	二等座车	二等座车	二等座车	二等座车/餐车	二等座车	二等座车	二等/商务座车
车厢编号	CR400AF-2×××ZYS 2×××01	ZE2×××02	ZE2×××03	ZE2×××04	ZEC2×××05	ZE2×××06	ZE2×××07	CR400AF-2×××ZES 2×××00
动力配置	有动力，带驾驶室	无动力，带受电弓	有动力	无动力	无动力	有动力	无动力，带受电弓	有动力，带驾驶室
定员	28+5	90	90	75	63	90	90	40+5

(2)CR400BF 编组情况，见表 6-4。

表 6-4　CR400BF 编组情况

车厢号	1	2	3	4	5	6	7	8
车型	一等/商务座车	二等座车	二等座车	二等座车	二等座车/餐车	二等座车	二等座车	二等/商务座车
车厢编号	CR400AF-5×××ZYS5×××01	ZE5×××02	ZE5×××03	ZE5×××04	ZEC5×××05	ZE5×××06	ZE5×××07	CR400AF-5×××ZES5×××00
动力配置	有动力，带驾驶室	无动力，带受电弓	有动力	无动力	无动力	有动力	无动力，带受电弓	有动力，带驾驶室
定员	28+5	90	90	75	63	90	90	40+5

其中，ZE 表示二等座车；ZEC 表示二等座车/餐车；ZYS 表示一等/商务座车；ZES 表示二等/商务座车。

CR400AF-2001、CR400AF-2026，CR400BF-5001、CR400BF-5026，按照动车组的制造工厂分配。1 为青岛庞巴迪(BST)公司，2 为四方股份，3 为唐车公司，4 为四方股份/浦镇公司，5 为长客股份公司，0 号为检测车、试验车等特殊用途动车组。

第七章　铁路行车组织

铁路行车组织是铁路运输组织的重要组成部分，是铁路综合运用各种技术设备、合理组织列车运行、实现旅客和货物运输过程的计划和组织工作。其主要内容包括：车站工作组织、列车编组计划、列车运行图及铁路区间通过能力、车站通过能力及改编能力、技术计划及运输方案、铁路运输调度工作、铁路交通事故处理、铁路运输信息及控制、高速铁路等。

第一节　基 本 要 求

铁路行车工作具有点多、线长、面广且具有高度集中、大联动机、半军事化管理的特点。铁路运输各工种之间密切配合、协同动作，使运输生产连续不间断地进行。

一、行车组织原则

铁路行车组织工作，必须贯彻安全生产的方针，坚持高度集中、统一领导的原则，组织均衡生产，不断提高效率，挖掘运输潜力，完成和超额完成铁路运输任务。

(一)列车运行图

列车运行图是铁路行车组织工作的基础。所有与列车运行有关的铁路各部门，必须按列车运行图的要求，组织本部门的工作，以保证列车按运行图运行。

1. 列车运行图的表示形式

列车运行图运用坐标原理，用图解形式表示列车运行。以水平线表示车站的中心线，以垂直线表示时间，以斜线表示列车运行线。上斜线代表上行列车，下斜线代表下行列车。列车运行线与车站中心线的交点，表示列车在车站的到、发或通过时刻。各种列车运行线用不同颜色和符号表示。

列车运行线的表示方法见表 7-1。

表 7-1　列车运行线表示方法

列车种类	表示方法	说　明
旅客列车	——————	红单线
临时旅客列车	——‖——‖——	红单线加红双线
特快货物班列	——○——○——	蓝单线加红圈
快运货物列车（普快货物班列除外）	——○——○——	蓝单线加蓝圈
“点到点”快速货物列车	——————	蓝单线
直通、自备车、区段及小运转列车	——————	黑单线
摘挂列车	——+——|——	黑单线加“+”;“|”

续上表

列车种类	表示方法	说　明
路用列车、试运转列车(不含动车组)	—○—○—	黑单线加蓝圈
单机	—▷—▷—	黑单线加黑三角
重载货物列车	------	蓝色断线
回送客车底	—□—□—	红单线加红方块

2. 列车运行图的编制要求

列车运行图应根据客货运量、区段通过能力等因素确定列车对数,并符合下列要求:

(1)列车运行、车站间隔、技术作业等时间标准。

(2)迅速、便利地运输旅客和货物。

(3)充分利用通过能力,经济合理地运用机车车辆和安排施工、维修天窗。

(4)做好列车运行线与车流的结合。

(5)各站、各区段间的协调和均衡。

(6)合理安排乘务人员作息时间。

(二)调度指挥原则

行车工作必须坚持集中领导、统一指挥、逐级负责的原则。

铁路局集团公司与铁路局集团公司间由铁路总公司,管内各区段间由铁路局集团公司,一个调度区段内由本区段列车调度员统一指挥。

车站由车站值班员,线路所由线路所的车站值班员统一指挥。凡划分车场的车站,各车场由该车场的车站值班员统一指挥;车场间接发列车进路互有关联的行车事项,由指定的车站值班员统一指挥。

列车和单机由司机负责指挥。列车或单机在车站时,所有乘务人员应按车站值班员的指挥进行工作。

在调度集中区段,调度集中控制车站有关行车工作由该区段列车调度员直接指挥;但转为车站控制时,由车站值班员指挥。

(三)铁路行车时刻

为保证铁路行车时刻的准确和统一,全国铁路的行车时刻,均以北京时间为标准,从零时起计算,实行 24 小时制。

(四)列车运行方向

列车运行,原则上以开往北京方向为上行,反之为下行。

全国各线的列车运行方向,以铁路总公司的规定为准,但枢纽地区的列车运行方向,由集团公司规定。

列车须按规定编定车次。上行列车编为双数,下行列车编为单数。在个别区间,使用直通车次时,可与规定方向不符。

二、行车指挥

有关行车人员必须执行列车调度员命令,服从调度指挥。

(一)调度指挥

1. 列车调度员

列车调度员是一个调度区段的日常运输工作的具体组织者、指挥者,应负责组织实现列车运行图、编组计划、运输方案,为此必须:

(1)检查各站执行列车运行图和编组计划的情况,及时发布有关行车命令和口头指示。

(2)严格按列车运行图指挥行车,遇列车发生晚点时,应积极采取措施,组织有关人员恢复正点。

(3)注意列车在车站到发及区间内的运行情况,正确、及时地处理临时发生的问题。

2. 调度命令

根据调度集中统一指挥的原则,一个调度区段内由本区段列车调度员统一指挥,指挥列车运行的命令或口头指示,只能由列车调度员发布(运行揭示调度命令为调度所施工调度发布)。为确保列车运行安全、正点,确保按计划完成施工任务,积极妥善地处理各种突发事件,列车调度员在发布命令或口头指示前应通过现场有关人员充分了解列车的运行情况、现场设备状况、施工计划以及突发事件影响的范围,并听取现场及其他有关人员的意见。

列车调度员向司机发布调度命令时,应在列车进入关系区间(车站)前向司机发布或指定车站向司机交付,如来不及时应使列车停车进行发布或交付。

对于需向司机发布的调度命令,列车调度员可使用调度命令无线传送系统或按规定使用语音记录装置良好的列车无线调度通信设备向司机发布。由车站交付的调度命令,车站值班员可使用调度命令无线传送系统或按规定使用语音记录装置良好的列车无线调度通信设备向司机转达。

3. 运行揭示调度命令

有计划的施工,涉及限速、行车方式发生变化或设备变化时应发布运行揭示调度命令,司机按运行揭示调度命令执行。运行揭示调度命令内容应包括"时间、地点、因由、速度、行车方式变化、设备变化"六要素。因施工提前、延迟或其他原因造成运行揭示调度命令与实际限速、行车方式或设备不符时,列车调度员应取消前发运行揭示调度命令,向有关车站值班员、司机、施工负责人重新发布全部内容的调度命令。

(二)列车按运输性质的分类和运行等级顺序

1. 按运输性质分类

(1)旅客列车(动车组列车,特快、快速、普通旅客列车等):为运送旅客开行的列车。根据旅客列车的车底及运行速度或旅行速度等,可分为动车组、特快、快速、普通旅客列车等。

(2)特快货物班列:是指使用行李车或邮政车等客车车辆,根据需要编组,整列装载行李、包裹和邮件等的列车。

(3)军用列车:为运送军队和军用物资开行的列车。

(4)货物列车(快速货物班列、快运、重载、直达、直通、冷藏、自备车、区段、摘挂、超限及小运转列车等):为运送货物和排送空货车开行的列车。分为快速货物班列、五定班列、快运、重载、直达、直通、冷藏、自备车、区段、摘挂、超限及小运转列车等。

(5)路用列车:不以营业为目的,专为完成铁路本身任务而开行的列车。如试验列车,运送铁路器材、路料的列车,因施工、检修需要开行的轨道车、接触网作业车、大型养路机械车组等。

2. 列车运行等级顺序

列车运行等级顺序原则上按速度等级从高到低排序,同速度等级的列车原则上按以下等级顺序:

(1)动车组列车。

(2)特快旅客列车。

(3)特快货物班列。

(4)快速旅客列车。

(5)普通旅客列车。

(6)军用列车。

(7)货物列车。

(8)路用列车。

由于自然灾害、设备故障或铁路交通事故等原因,须开往事故现场救援、抢修、抢救的列车,包括救援列车和除雪机等,应优先办理,不受列车等级的限制。

特殊指定的列车或列车种类,其等级应在指定时确定。

(三)列车运行方向

我国铁路规定在双线区间按左侧单方向行车,这个运行方向称为正方向,相应的闭塞设备、列车信号机等行车设备也是按此设置的,在行车安全上有着可靠的保证;同时根据我国铁路成对行车的特点,列车在各自的线路上运行时,互不干扰,能够保证最大的通过能力,发挥最大的效益。

双线区间列车反方向运行时,需改变线路原正常运行方向,对运输安全、效率都有不利影响。所以规定仅限于整理列车运行时,方可使列车反方向运行。

三、车站技术管理

1. 车站应设有配线,并办理列车接发、会让和客货运业务。

2. 车站按技术作业分为编组站、区段站、中间站,按业务性质分为营业站、非营业站,营业站分为客运站、货运站、客货运站。

3. 编组站、区段站和较大的中间站,可根据线路的配置状况及用途划分车场。

4. 车站技术管理和作业组织应在《车站行车工作细则》(以下简称《站细》)中规定。

(1)《站细》由车站站长会同有关单位,根据有关规定,结合具体情况进行编制和修订。

(2)《站细》的主要内容应有车站技术设备的使用、管理,接发列车、调车以及与行车有关的运输工作的组织,列车的技术作业程序和时间标准,作业计划的编制、执行制度,车站信息系统的管理制度,车站通过、改编能力,并应附注有坡度的车站线路平面图、进站信号机外制动距离内平纵断面图、联锁图表及电气化区段接触网高度和分相分段绝缘器位置等技术资料。

(3)机务、车辆、工务、电务、供电、通信、信息、房建等单位须及时向车站(车务段)提供有关的技术资料。

(4)车站(车务段)应及时将《站细》或有关内容摘录分发给有关处所和单位。凡在车站参加作业的站、段、所等有关人员,均须熟悉和执行《站细》的有关规定。

第二节 编组列车

编组列车就是按列车种类、用途和运输性质,根据《铁路技术管理规程》、列车编组计划和列车运行图规定的编挂条件、车组、重量或长度编组,将车辆或车组选编成车列。

一、列车定义

1. 列车

列车是指编成的车列并挂有机车及规定的列车标志。动车组列车为自走行固定编组列车。

2. 超重列车

超重列车是指实际牵引重量超过运行图规定的该区段货物列车牵引质量标准(考虑规定的波动尾数)的货物列车。

3. 超长列车

超长列车是指实际牵引长度超过运行图规定的该区段货物列车计算长度的货物列车。

二、一般要求

1. 列车编组

(1)列车重量应根据机车牵引力、区段内线路状况及其设备条件确定。编组超重列车时,编组站、区段站应商得机务段调度员同意,在中间站应得到司机的同意,并均须经列车调度员准许。

(2)列车长度应根据运行区段内各站到发线的有效长,并须预留 30 m 的附加制动距离确定。

(3)动车组列车以外的旅客列车按列车编组表编组,机车后第一位编挂一辆未搭乘旅客的车辆作为隔离车。

(4)军用列车的编组,按有关规定办理。

2. 动车组编组

(1)动车组为固定编组。单组动车组运用状态下不得解编,两组短编组同型动车组可重联运行。救援等特殊情况下,两组不同型号的动车组可重联运行。

(2)动车组禁止加挂各型机车车辆(无动力调车时的调车机、救援机车、无动力回送时的本务机车及回送过渡车除外);动车组禁止编入其他列车。

(3)超过检修期限的动车组禁止上线运行(经车辆部门鉴定的回送动车组除外)。

3. 禁止编入列车的机车车辆

(1)插有扣修、倒装色票的及车体倾斜超过规定限度的。

(2)曾经发生冲突、脱轨、火灾、爆炸或曾编入发生特别重大、重大、较大事故列车内以及在自然灾害中损坏，未经检查确认可以运行的。

(3)装载货物超出机车车辆限界，无挂运命令的。

(4)装载跨装货物(跨及两平车的汽车除外)的平车，无跨装特殊装置的。

(5)平车及敞车装载货物违反装载和加固技术条件的。

(6)未关闭侧开门、底开门以及平车未关闭端、侧板的(有特殊规定者除外)。

(7)由于装载的货物需停止自动制动机的作用，而未停止的。

(8)企业自备机车、车辆、自轮运转特种设备和城市轨道车辆、进出口机车车辆过轨时，未经铁路机车车辆人员检查确认的。

(9)缺少车门的(检修回送车除外)。

(10)超过定期检修期限的客车车辆(经车辆部门鉴定的回送客车除外)禁止编入旅客列车。

三、列车中车辆的编挂

1. 装载危险、易燃等货物的车辆编入列车的隔离限制，按《铁路车辆编组隔离表》执行。编挂超限货物车辆或特种车辆时，按国家及铁路总公司规定或临时指示办理。

2. 旅客列车、回送客车底不准编挂货车，编入的客车车辆最高运行速度等级必须符合该列车规定的速度要求。

旅客列车中，与机车相连接的客车端门及编挂在列车尾部的客车后端门须加锁。动车组列车驾驶室与旅客乘坐席间的门须锁闭。

3. 客车编入货物列车回送时，客车编挂辆数不得超过 20 辆，应挂于列车中部或后部。

四、列尾装置的摘挂及运用

1. 动车组列车以外的旅客列车应安装列尾装置。特殊情况下，无法安装或使用列尾装置时，应制定具体办法。

2. 旅客列车列尾装置尾部主机装备在客车车厢内，由车辆部门统一管理，规定其尾部主机的安装与摘解、风管及电源的连结与摘解，由车辆部门负责。

3. 列尾装置在使用前，必须按规定进行检测，合格后方可投入运用。

五、列车中机车的编挂

1. 工作机车应挂于列车头部，正向运行(牵引小运转、路用、救援列车的机车除外)；无转向设备的，可逆向运行。

双机或多机牵引时，本务机车的职务由第一位机车担当。

补机原则上应挂于本务机车的前位或次位，在特殊区段或需途中返回时，经铁路局集团公司批准，可挂于列车后部，如后部补机不接软管时，由铁路局集团公司规定保证安全办法。

2. 铁路局集团公司所属的内燃机车回送时，原则上采用有动力方式；电力机车跨交路区段回送时，原则上采用无动力方式。回送机车在交路区段外单机运行时，应派带道人员添乘。

六、列车中车辆的连挂

1. 车钩高度差

动车组列车以外的列车中相互连挂的车钩中心水平线的高度差，不得超过 75 mm。

2. 车辆与车辆之间车钩连挂、软管连结的工作分工

(1)列车中车辆的连挂，由调车作业人员负责。软管的连结，有列检作业的始发列车由列检人员负责；无列检作业的，由调车作业人员负责。

(2)动车组采用机车调车作业时，随车机械师或动车段(所)胜任人员负责过渡车钩和专用风管的安装与拆卸、电气连接线的连结与摘解并打开车门，调车人员负责车钩连结与摘解、软管摘结。

(3)动车组无动力回送或被救援时，过渡车钩、专用风管的安装与拆卸由随车机械师负责，司机配合。

3. 列车机车与车辆之间车钩连挂、软管及电气连接线摘结的工作分工

(1)列车机车与第一辆车的连挂，由机车乘务员负责。单班单司机值乘的由列检人员负责；无列检作业的列车，由车辆乘务员负责；无车辆乘务员的列车，由车站人员负责。

(2)列车机车与第一辆车的车钩摘解、软管摘结，由列检人员负责。无列检作业的列车，车钩、软管摘解由机车乘务员(单班单司机值乘的由车辆乘务员)负责，软管连结由车辆乘务员负责；无车辆乘务员的列车，由机车乘务员(单班单司机值乘的由车站人员)负责。

(3)列车机车与第一辆车电气连接线的连结与摘解由客列检作业人员负责，无客列检作业人员时，由车辆乘务员负责。

(4)货物列车本务机车在车站调车作业时，无论单机或挂有车辆，与本列的车辆摘挂和软管摘结，均由调车作业人员负责。

(5)旅客列车在途中摘挂车辆时，车辆的摘挂和软管摘结，由调车作业人员负责，密封风挡和电气连接线的连结与摘解由车辆乘务员负责，其他由列检作业人员负责，无列检作业人员时，由车辆乘务员负责，必要时打开车门，以便于调车作业。装有密接式车钩的客车车辆摘挂时，过渡车钩的安装与拆卸由列检人员负责，无列检人员时由车辆乘务员负责。

(6)列车机车与动车组过渡车钩的连结与摘解、软管摘结、电气连接线的连结与摘解，由随车机械师负责。

4. 动车组重联及摘解作业有关分工和要求

(1)两列动车组重联或解编时，由动车组机械师负责引导，司机确认。

(2)动车组重联时，须重新配置动车组控制系统数据，被控动车组必须退出占用模式后，动车组控制系统的网络单元才能重新配置成功，主控动车组使用调车模式与被控动车组连接。

(3)解编操作时，主控动车组转换为调车模式后，必须一次移动 5 m 以上方可停车，避免重联动车组解编后关闭导流罩时，因距离过近损坏导流罩。

5. 动车组列车以外的列车自动制动机进行试验的规定

动车组列车以外的列车自动制动机应按下列规定进行试验。

(1) 全部试验。

(2) 简略试验。进行省略试验的情况：

①货车列检对始发列车、中转作业列车连挂机车后。

②客列检作业后和旅客列车始发前。

③更换机车或更换机车乘务组时。

④无列检作业的始发列车发车前。

⑤列车软管有分离情况时。

⑥列车停留超过 20 min 时。

⑦列车摘挂补机，或第一机车的自动制动机损坏交由第二机车操纵时。

⑧机车改变司机室操纵时。

⑨单机附挂车辆时。

⑩列车进行摘、挂作业开车前。

在站简略试验：有列检作业的由列检人员负责，无列检作业的由车辆乘务员负责，无车辆乘务员的由车站人员负责。挂有列尾装置的列车由司机负责（挂有列尾装置的旅客列车，始发前、摘挂作业开车前及在途中换挂机车站、客列检作业站，有列检作业的由列检人员负责，无列检作业的由车辆乘务员负责）。

(3)持续一定时间的全部试验。

6.货物列车在编组站、区段站发车前，对有关人员的要求

货运检查人员应认真执行区段负责制，按规定检查列车中货物装载、加固、施封及篷布苫盖状态，以及车辆的门窗关闭情况，发现异状时，应及时处理。

车号人员应按列车编组顺序表核对现车和货运票据，无误后，按规定与机车乘务员办理交接。

列检人员检查车辆，发现因货物装载超载、偏载、偏重、集重引起技术状态不正常时，应及时通知车站处理。

7. 编组顺序表的交接

动车组列车不办理编组顺序表交接。

动车组列车以外的旅客列车编组顺序表按以下规定办理交接：

(1)在始发站由车站人员按列车编组顺序表核对现车，无误后，与司机办理交接。

(2)中途换挂机车时，到达司机与车站间、车站与出发司机间办理交接。仅更换机车乘务组时，机车乘务组之间办理交接。

(3)途中摘挂车辆时，车站负责修改列车编组顺序表。

(4)列车到达终到站后，司机与车站办理交接。

车站与司机的交接地点均为机车停留位置。

第三节 调 车 工 作

调车工作是铁路运输生产过程中的基本环节，是车站工作的主要内容之一。它对及时解体、编组列车，取送旅客列车车底和货物装卸作业、检修作业的车辆，按运输需要调动机车车辆，完成列车技术检查、整备作业，保证按运行图行车、安全正点发车，缩短车辆停留时间、加速车辆周转，全面提高服务质量，完成铁路运输的数量与质量指标任务，都有着十分重要的意义。

一、一般要求

(一)参加调车作业的人员要求

车站的调车工作，应按车站的技术作业过程及调车作业计划进行。参加调车作业的人员

应做到以下几个方面：

1. 及时编组、解体列车，保证按列车运行图的规定时刻发车，不影响接车。
2. 及时取送客货作业和检修的车辆。
3. 充分运用调车机车及一切技术设备，采用先进工作方法，用最少的时间完成调车任务。
4. 认真执行作业标准，保证调车有关人员的人身安全及行车安全。

（二）调车工作的“九固定”

调车工作要固定作业区域、线路使用、调车机车、人员、班次、交接班时间、交接班地点、工具数量及其存放地点。调车工作的“九固定”是安全、迅速地进行调车作业的行之有效的制度，有助于提高调车工作效率，保证调车安全。

因为调车机车与本务机车担当的任务不同，机车装备要求也不同，除配备列车运行监控装置、列车无线调度通信设备及防溜、救援、消防等设备外，调车机车应配备无线调车灯显车载设备、具备前后瞭望的条件，有条件的还应装备无线调车机车信号和监控系统，为便于调车组人员上下和站立，前后均应有扶手把和防滑踏板。固定替换的调车机车和小运转机车其装备也应符合调车机车的要求，以利于调车作业。

（三）调车区划分

调车工作繁忙、配线较多的车站，可划分为几个调车区。没有做好联系和防护，不准越区或转场作业。

在调车作业繁忙、配线较多的车站，配有两台及以上调车机车时，应根据车站（车场）布局特点、调车作业性质、车流特点和车站配线等情况，划分每台调车机车相对固定的作业区域，简称调车区。每个调车区一般情况下只有一台机车按固定范围作业（驼峰有预推进路者除外），可避免调车作业的互相干扰、抵触，便于机车乘务人员和调车人员熟悉作业区域设备特点和工作条件，有利调车安全。但对于车流量大、作业繁忙的车站，设有驼峰调车场，为提高调车效率，及时完成调车任务，在同一驼峰或峰尾调车区配备二台或以上调车机，这样在驼峰调车场，驼峰头部设有双推设备、峰尾设有两条及以上牵出线（平行进路），能满足调车机车间平行作业，减少交叉干扰，提高效率，保证安全。

（四）无线调车灯显设备的使用要求

使用机车进行调车作业时，应采用无线调车灯显设备（机车摘挂、转线等不进行车辆摘挂的作业，列车在到达线路内拉道口、直接后部摘车除外），并使用规定频率，其显示方式须符合有关要求。无线调车灯显设备应与列车运行监控装置配合使用。

无线调车灯显设备正常使用时停用手信号，对灯显以外的作业指令采用通话方式；无线调车灯显设备发生故障时，改用手信号作业。

二、领导及指挥

（一）调车工作的领导

调车工作是由调车组人员、扳道（信号集中操纵）人员、机车乘务人员等共同完成的，多工种在不同的条件和环境下联合作业，为了安全、迅速、准确、协调地完成调车作业任务，必须有统一领导。

1. 设有车站调度员、调车区长的车站，车站及各调车场(区)互相间关联的工作，由车站调度员的统一领导；各调车场(区)内的调车工作，由负责该场(区)的调车区长领导。

2. 设有车站调度员未设调车区长的车站，调车工作由车站调度员领导，作业计划由其直接布置。设有调车区长未设车站调度员的车站，调车工作由调车区长领导。

3. 未设车站调度员和调车区长的车站，一般为中间站，调车作业量较小，调车工作由车站值班员领导。

4. 动车段(所)设备及管理模式不尽相同，由车站调度员(调车区长)或车站值班员统一领导和指挥。

(二)调车作业的指挥

1. 调车组均配有调车长，配有调车组的车站，调车作业应由调车长单一指挥。单一指挥就是对每台担当调车作业的机车在同一时间内只准由调车指挥人一人指挥。所有调车有关人员(调车组、扳道组、机车乘务组)都必须按调车指挥人的指挥进行作业。

2. 未设调车组的车站或调车组正在进行其他调车作业，如需利用本务机车进行调车作业时，可由车站值班员或助理值班员担任指挥工作。

3. 如因特殊情况，上述指定人员不能指挥调车作业时，只准许由经鉴定、考试合格取得调车长资格的胜任人员担当调车指挥工作。

(三)调车长重点工作职责

在调车作业中，调车长既是组织者又是指挥者，对组织调车人员执行规章制度、落实作业标准，严格按《站细》的规定和调车作业计划进行工作，保证安全，提高效率，全面完成任务，负有重要责任。因此，调车长不仅要做好本身的工作，还要组织、督促并指挥调车人员共同完成调车任务。

三、计划及准备

(一)调车作业计划的编制和布置

1. 调车领导人应正确及时地编制、布置调车作业计划。布置调车作业计划，应使用调车作业通知单。中间站利用本务机车调车，应使用有示意图的调车作业通知单(示意图可另附)。使用无线调车灯显设备的车站，调车作业计划布置方法，由铁路局集团公司规定。

2. 列车在到达线路内拉道口、对货位、直接后部摘车、本务机车(包括重联机车、补机)摘挂及转线、企业自备机车进入站内交接线整列取送作业，可不使用调车作业通知单。

3. 自轮运转特种设备调车作业，由所属单位指派胜任人员担当调车作业指挥工作(自轮运转特种设备转线时除外)。在站调整编组顺序、摘挂车辆作业时，使用调车作业通知单。使用自轮运转特种设备调动本专业施工车辆(包括编组施工路用列车)时，由车站组织施工单位制定具体安全措施，明确有关调车作业人员及作业要求。调车作业按车站调车领导人布置的调车作业计划进行作业，并按规定做好停留车辆防溜工作。

4. 调车领导人与调车指挥人必须亲自交接计划。由于设备原因，亲自交接计划确有困难以及设有调车作业通知单传输装置的车站，交接办法在《站细》内规定。

5. 调车指挥人应根据调车作业计划制定具体作业方法，连同注意事项，亲自向司机交递和传达；对其他有关人员，应亲自或指派连结员进行传达。具体传达办法，在《站细》内规定。

6. 调车指挥人确认有关人员均已了解调车作业计划后，方可开始作业。

7. 动车段(所)调车工作的计划编制及下达办法由铁路局集团公司规定。

(二)变更作业计划的传达

一批作业(指一张调车作业通知单)不超过三钩或变更计划不超过三钩时，可用口头方式布置(中间站利用本务机车调车除外)，有关人员必须复诵。变更股道时，必须停车传达。仅变更作业方法或辆数时，不受口头传达三钩的限制，但调车指挥人必须向有关人员传达清楚，有关人员必须复诵。

驼峰解散车辆，只变更钩数、辆数、股道时，可不通知司机，但调车机车变更为下峰作业或向禁溜线送车前，须通知司机。

(三)调车作业必须做好的准备

1. 提前排风、摘管，核对计划，确认进路，检查线路、道岔(集中联锁区除外)、停留车及车辆防溜等情况。

2. 准备足够的良好制动铁鞋和防溜器具。

3. 无线调车灯显设备试验良好。

四、调车作业

(一)调车作业信号显示

1. 调车作业时，调车人员必须正确及时地显示信号；机车乘务人员要认真确认信号，并回示。

2. 推进连挂车辆时，调车指挥人应根据停留车位置的距离，显示“十、五、三车”距离信号或发出相应的指令。在调车车列前端距离被连挂车辆十车(约 110 m)时，显示十车信号或发出“十车”指令；距离五车(约 55 m)时，显示五车信号或发出“五车”指令；距离三车(约 33 m)时，显示三车信号或发出 “三车”指令。没有显示“十、五、三车”的距离信号，不准挂车，没有司机回示，应立即显示停车信号。

3. 推进车辆时，要先试拉，以检查车钩连挂状态，防止车钩没有挂好，导致推进中车辆溜走。在同一线路内，连续连挂车辆时，可不停车连挂，但要确认连挂状态，车组间距超过十车以上时，必须顿钩或试拉。车列前部应有人瞭望，及时显示信号。

4. 当调车指挥人确认停留车位置有困难时，应派人显示停留车位置信号。

5. 调车作业是一项复杂的工作，涉及进路、信号的确认，停留车及线路的检查，防溜措施的采取与撤除及机车车辆的移动等，一个人很难完成上述工作，同时为保证调车作业安全和人身安全，更好地完成调车任务，参加作业的调车组人员必须达到 2 人及以上时，方准进行调车作业。

(二)调车作业确认进路的责任分工

1. 在调车作业中,单机运行或牵引车辆运行时,前方进路的确认由司机负责;推进车辆运行时,前方进路的确认由调车指挥人负责,如调车指挥人所在位置确认前方进路有困难时,可指派调车组其他人员确认。

2. 没有看到调车指挥人的起动信号,不准动车(但单机返岔子或机车出入段时,可根据扳道员显示的道岔开通信号或调车信号机显示的允许运行的信号动车)。无扳道员和调车信号机时,调车指挥人确认道岔开通正确(如为集中操纵的道岔,还须与操纵人员联系)后,向司机显示起动信号。

(三)调车作业要道还道制度

为保证调车进路的正确,防止调车作业中挤岔子或进入异线等事故的发生,非集中区调车作业时,调车有关人员要认真执行"要道还道"制度。随着无线调车设备的广泛采用,为保护环境,减少噪声干扰,要道还道可以通过无线调车设备进行,具体办法和用语应在《站细》内规定。

(四)调车作业速度和安全距离要求

调车作业的最高速度是根据调车作业的特点规定的,要求参加调车作业的人员必须认真遵守。

1. 调车作业时,车辆的自动制动机多数情况下不加入机车操纵的制动系统,车列的减速和停车都要靠机车本身的制动力;又因调车机车在作业中经常牵出和推进作业交替进行;再有调车作业所经线路的标准、等级及道岔的辙叉型号等可能比正线、到发线低,因此规定在空线上牵引运行时,不得超过 40 km/h。在空线上推进运行时,除同样受到上述限制外,又因车列在前,司机不便于瞭望前方的进路和信号,只依靠车列前端负责瞭望的调车人员向调车指挥人显示信号或发出指令,再由调车指挥人显示减速或停车信号(指令),由于中转信号需要时间,一旦发生险情,司机制动的时机将要推迟,容易造成事故,所以从调车速度上加以限制,规定为不得超过 30 km/h。

2. 为了保证旅客的安全和舒适,防止装载爆炸品、气体类危险货物(压缩气体、液化气体等)、超限货物等物品的车辆因制动或制动不及产生冲撞等情况而发生意外,所以规定调动这类车辆时,不准超过 15 km/h。

3. 连挂车辆时,为了避免损坏机车车辆和所装载的货物不至于发生窜动、倒塌和损坏,必须严格控制速度,因此规定接近连挂车辆时,不准超过 5 km/h。

4. 我国驼峰设备的峰高、道岔区长短、制动方法等各不相同;同时在调车场(编发场)的线路上还装设有加速顶、减速顶和停车器等设备,由于上述设备的构造不同,限制了机车车辆经过的速度。因此,推峰解散车辆的速度和经过装设有加速顶、减速顶和停车器等设备线路的调车速度,由车站在《站细》内规定。

为了检测车辆是否超载,部分车站在牵出线、走行线、交接线等处所装设了轨道衡等测重设备,为保证测重的准确性,机车车辆接近轨道衡等测重设备时,应限制运行速度,具体限速由车站根据设备的限制在《站细》内规定。

由于调车作业主要在调车场、货物线、段管线和专用线进行,进路上的道岔型号复杂,各种道岔的结构、尺寸标准、性能等有所不同，所以应由工务部门根据道岔具体条件，明确经过道岔侧向运行的速度，纳入《站细》。

5. 尽头线的终端不是车挡就是尽头站台，一旦掌握速度不当，可能造成前端车辆冲上车挡或与尽头站台发生冲突，所以规定距尽头线的终端留 10 m 的安全距离。在尽头式站台上进行装卸作业等特殊情况，必须进入 10 m 安全距离以内时，要严格控制速度，保证安全。

6. 在电气化铁路的部分线路上，根据技术条件和作业需要并未完全挂网，为了区分有电区与无电区，接触网的终点均挂有终点标。为了防止担当调车作业的电力机车或动车组越过终点标进入无电区，造成刮弓、塌网或将高压电带入无电区造成损害等事故，电力机车或动车组在该线路上调车时，调车人员与司机应严格控制速度，距接触网终点标应有 10 m 的安全距离。

遇特殊情况，必须近于接触网终点标 10 m 进行调车作业时，须严格控制速度。

7. 为防止调车作业中连挂冲撞、超速连挂等影响旅客上下车平稳、安全，提高服务质量，确保安全，规定在旅客上下车期间，除本务机车、补机摘挂作业外，不得进行旅客列车(车底)的连挂作业。

8. 天气不良是不利于调车作业的客观因素，对调车的影响程度很难预先确定，因此调车领导人、调车指挥人和司机可根据气候情况适当降低速度。调车作业中还会遇到很多不正常情况，如邻线施工或发生事故，人员和机具随时可能侵入本线限界等，此时，亦可依情况适当降低速度。

五、机车车辆的停留

1. 警冲标是指示机车车辆停留时，满足机车车辆限界、不准向道岔方向或线路交叉点方向越过的限制点。如果越过警冲标，可能侵限妨碍邻线机车车辆的运行，有可能发生侧面冲突，所以机车车辆必须停在警冲标内方。调车作业中，车辆临时停在警冲标外方时，一批作业完了后，应立即送入警冲标内方。因特殊情况需在警冲标外方进行装卸作业时，须经车站值班员、调车区长准许，在不影响列车到发及调车作业的情况下方可进行，装卸完了后，应立即送入警冲标内方。

2. 安全线及避难线是特殊用途的线路，禁止停留机车车辆。在超过 6‰坡度(指线路的实际坡度)的线路上，极易发生机车车辆溜逸，安全风险大，因此禁止无动力停留机车车辆。

3. 爆炸品、气体类危险货物等危险品，对冲击、火焰敏感，万一发生意外，其后果严重。为此，对装载这些物品的车辆，必须停放在固定线路上，两端道岔应扳向不能进入该线的位置并加锁，以防其他车辆进入。集中操纵的道岔，应在控制台上将道岔开通邻线，并将道岔单独锁闭。在选择停留这些车辆的固定线时，应尽可能远离房舍、住宅及其他建筑物，并应与列车运行和调车繁忙的线路保持一定间隔。

4. 救援列车担负着事故救援的紧急任务，为保证在需要时能及时出动，亦必须停放在固定的线路上。该线路不得停放其他机车车辆，并将两端道岔置于其他机车车辆不能进入该线的位置并加锁。集中操纵的道岔，应在控制台上将道岔开通邻线，并将道岔单独锁闭。

5. 为了保证公务车上有关人员的正常工作和休息，对临时停留公务车的线路，除应将道岔置于不能进入该线的位置并加锁外，一般不准利用该线进行与其无关的调车作业。集中操纵的道岔，应在控制台上将道岔开通邻线，并将道岔单独锁闭。

6. 编组站、区段站的到发线、调车线以外的线路上，在一般情况下车辆停留时间较长，如遇大风天气或邻线行车震动等，容易造成车辆溜逸，特别是我国铁路车辆大多数采用滚动轴承，基本阻力小，更容易溜逸，所以不进行调车作业时，应连挂在一起，并须拧紧两端车辆的人力制动机，或以铁鞋、止轮器、防溜枕木等牢靠固定。这样，既能保证停留车辆安全，缩短占用线路长度，又便于以后取送作业。因装卸车对货位等情况，不能连挂在一起时，应分组做好防溜措施。

7. 在中间站由于配线较少，基本上所有线路都与正线、到发线相衔接，一旦发生车辆溜逸，将造成站内正线、到发线等设备的损坏，或侵入列车进路危及接发列车安全，严重时可能溜入区间与列车发生冲突等。为此在中间站停留车辆，无论是停在到发线、调车线还是货物线、专用线等线路上，也无论停留的线路是否有坡道，均应连挂在一起，拧紧两端车辆的人力制动机，并以铁鞋（止轮器、防溜枕木等）牢靠固定。因装卸车对货位等情况，不能连挂在一起时，应分组做好防溜措施。在分组采取防溜措施时，除两端车组外侧须至少采取二道防溜措施外，其余车组及两端车组的内侧可拧紧两端车辆的人力制动机，或以铁鞋（止轮器、防溜枕木等）牢靠固定，保证至少一道防溜措施。

考虑到中间站线路较少，为提高中间站调车作业效率，同时也为了保证调车作业的安全，对一批调车作业中临时停留的车辆，可拧紧两端车辆的人力制动机或以铁鞋（止轮器）止轮，采取一道有效的防溜措施。

8. 车辆的防溜措施，均须确认止轮牢固可靠。使用人力制动机或人力制动机紧固器防溜时，须拧紧制动机；使用铁鞋、止轮器防溜时，鞋尖（止轮器）应紧贴车轮踏面，牢靠固定；使用防溜枕木防溜时，应在距停留车辆不大于 5 m 处放置。

9. 因车辆进行技术检查或故障处理，列检（维修）人员在撤除车站采取的防溜措施时，技术检查或故障处理完毕，应及时恢复原防溜措施。

10. 动车组无动力停留时，有停放制动装置的动车组，由司机负责将动车组处于停放制动状态；动车组无停放制动装置或在坡度为 20‰以上的区间无动力停留时，由司机通知随车机械师进行防溜，防溜时使用铁鞋牢靠固定。

第四节 列 车 运 行

列车安全、正点、畅通运行，是良好地完成铁路运输任务的重要保障。车务、机务、工务、电务、供电等行车有关人员应严格执行铁路各项有关规定，服从命令，听从指挥，确保安全、迅速、准确地完成运输任务。

一、行车闭塞

（一）区间及闭塞分区的界限

我国铁路列车运行一般采用空间间隔法。列车运行是以车站、线路所所划分的区间及自动闭塞区间的通过信号机或区间信号标志牌（三者统称为分界点）所划分的闭塞分区作间隔，即划分为站间区间、所间区间和闭塞分区，作为列车运行的间隔。在正常情况下，每个区间（或闭塞分区），在同一时间内，只准有一个列车占用。

区间及闭塞分区的界限，按下列规定划分：

1. 站间区间

（1）在单线上，车站与车站间以进站信号机柱的中心线为车站与区间的分界线，如图 7-1 所示。

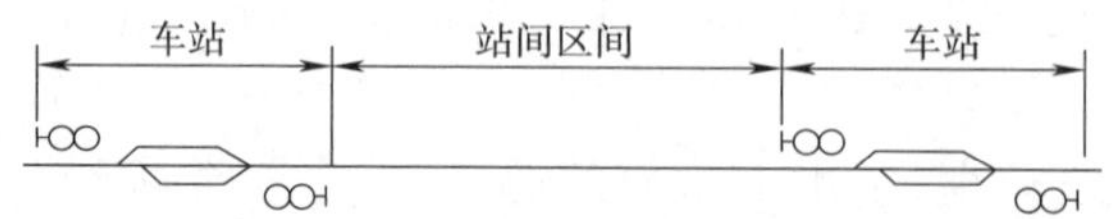

图 7-1　单线区段站间区间界限示意图

（2）在双线或多线上，车站与车站间分别以各该线的进站信号机柱或站界标的中心线为车站与区间的分界线，如图 7-2 所示。

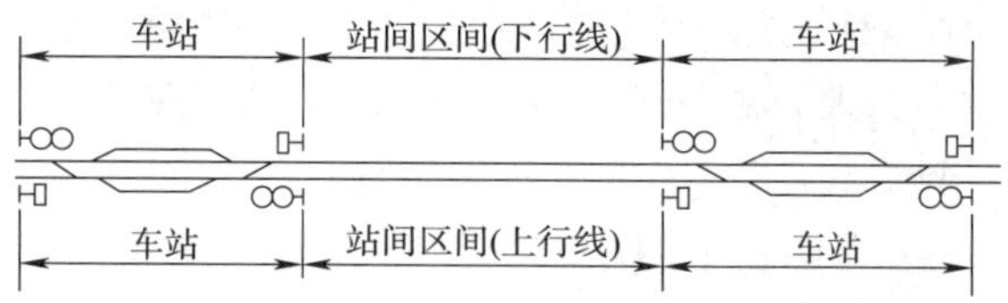

图 7-2　双线区段站间区间界限示意图

2. 所间区间

两线路所间或线路所与车站间，以该线上的通过信号机柱的中心线为所间区间的分界线。设有进站信号机的线路所，所间区间的分界方法与站间区间相同。

（1）单线所间区间，以该线上的线路所通过信号机柱的中心线为所间区间的分界线。设有进站信号机的线路所，所间区间的分界方法与站间区间相同。

线路所只设有通过信号机，无管辖地段的，如图 7-3 所示。

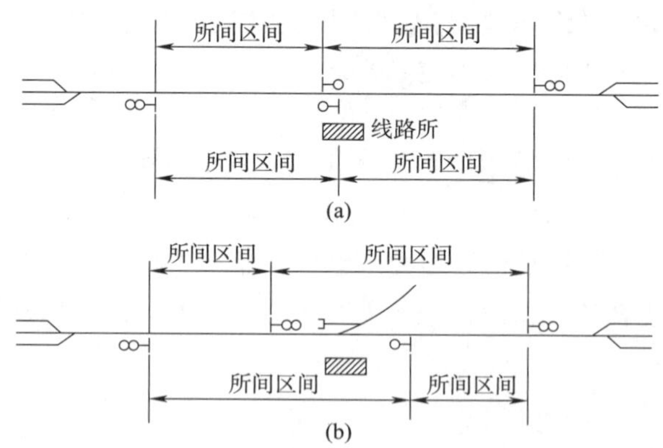

图 7-3　单线区间只设有通过信号机的所间区间界限示意图

线路所设有进、出站信号机，并有管辖地段的，如图 7-4 所示。

（2）双线所间区间，其划分方法与单线所间区间相同。

线路所只设有通过信号机，无管辖地段的，如图 7-5 所示。

线路所设有进、出站信号机，并有管辖地段的，如图 7-6 所示。

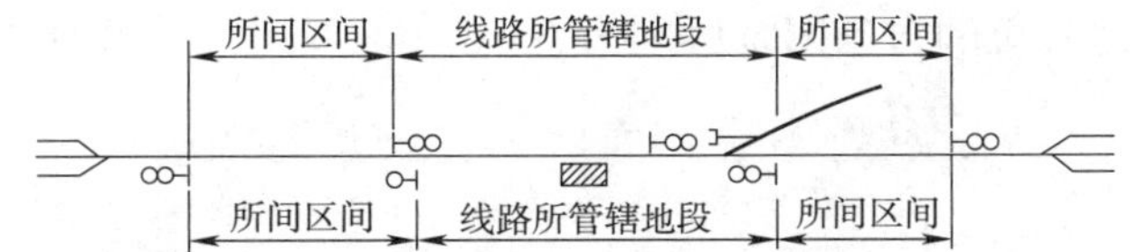

图 7-4　单线区间设有进、出站信号机的所间区间界限示意图

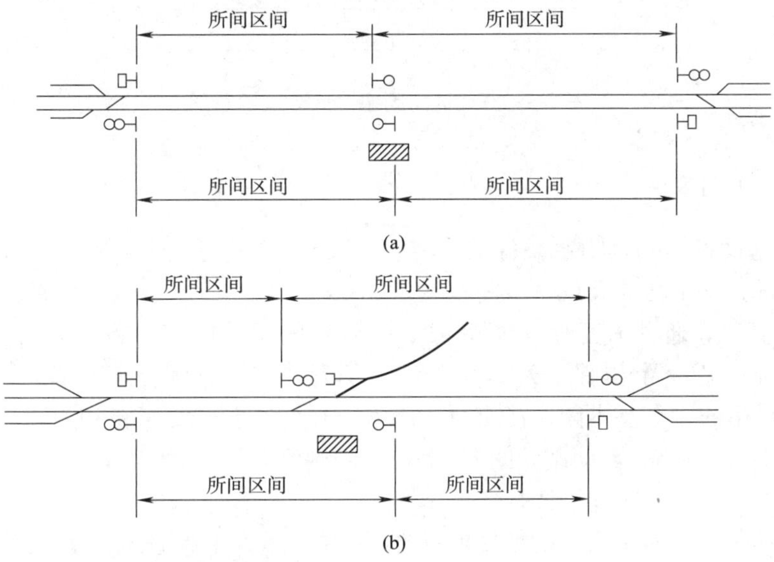

图 7-5　双线区间只设有通过信号机所间区间界限示意图

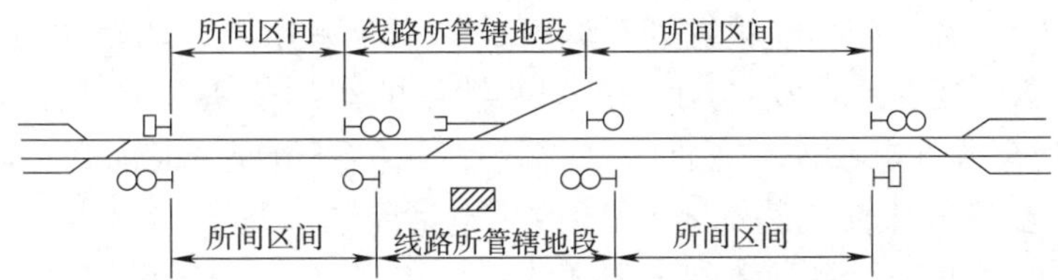

图 7-6　双线区间设有进、出站信号机的所间区间界限示意图

3. 闭塞分区

自动闭塞区间同方向相邻的两架色灯信号机或区间信号标志牌间，以该线上的通过信号机或区间信号标志牌机柱的中心线为闭塞分区的分界线。

以设有通过色灯信号机的自动闭塞区间为例，单线区间闭塞分区分界线，如图 7-7 所示。

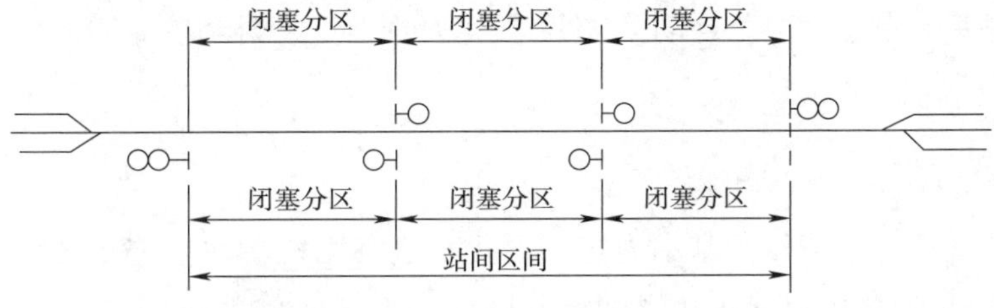

图 7-7　单线区间闭塞分区界限示意图

以设有通过色灯信号机的自动闭塞区间为例，双线区间闭塞分区分界线，如图 7-8 所示。

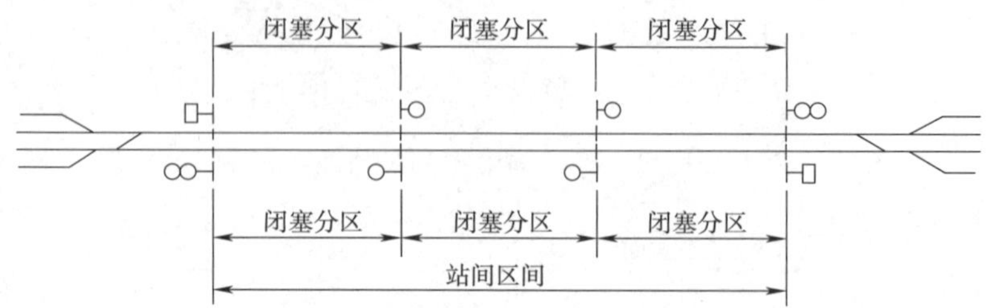

图 7-8　双线区间闭塞分区界限示意图

（二）行车基本闭塞法

1. 基本闭塞设备。基本闭塞设备是控制一个区间（或闭塞分区）同一时间内，只准许一个列车运行的设备。车站均须装设基本闭塞设备。

2. 行车闭塞法。通过调度所、相邻车站、线路所、闭塞分区的设备或人为控制，使列车与列车相互间保持一定间隔，以保证列车安全运行的行车方法，称为行车闭塞法。

我国铁路采用的行车基本闭塞法有自动闭塞、自动站间闭塞、半自动闭塞三种。自动闭塞以闭塞分区作为列车间隔；自动站间闭塞、半自动闭塞都是以站间（所间）区间作为列车间隔；其列车运行间隔均属于空间间隔法。

电话闭塞是在基本闭塞法不能使用的条件下，主要靠人工检查确认和联系制度来保证实现列车运行空间间隔的代用闭塞方法。使用电话闭塞法行车须有列车调度员的命令，并按有关电话闭塞接发列车规定的程序、制度办理行车作业。

当基本闭塞法不能使用时，应根据列车调度员的命令采用电话闭塞法行车。遇列车调度电话不通时，闭塞法的变更或恢复，应由该区间两端站的车站值班员确认区间空闲后，直接以电话记录办理。列车调度电话恢复正常时，两端站车站值班员应及时向列车调度员报告。

3. 遇下列情况，应停止使用基本闭塞法，改用电话闭塞法行车：

（1）基本闭塞设备发生故障导致基本闭塞法不能使用、自动闭塞区间内两架及以上通过信号机故障或灯光熄灭时；

（2）无双向闭塞设备的双线区间反方向发车或改按单线行车时；

（3）发出由区间返回的列车或发出挂有由区间返回后部补机的列车时；

（4）自动站间闭塞、半自动闭塞区间，由未设出站信号机的线路上发车或超长列车头部越过出站信号机并压上出站方面轨道电路发车时；

（5）在夜间或遇降雾、暴风雨雪，为消除线路故障或执行特殊任务，开行轻型车辆时。

自动站间闭塞设备故障，半自动闭塞设备良好时，可根据调度命令改按半自动闭塞法行车。

二、接车与发车

接发列车是车站行车工作的基本内容。不间断地接发列车，严格按运行图行车，是车站的基本任务之一，也是列车运行安全正点的重要保证。车站的行车工作应由车站值班员统一指挥，因此，接发每一列车都应由车站值班员负责组织、统一指挥。在接发列车的各项工作中，办理闭塞、布置进路、开闭信号、交接凭证、接送列车及发车，是接发列车的重要环节，都是与列车安全出入车站和在区间安全运行有密切关系的重要工作，所以车站值班员应亲自办理。

（一）列车进路

1. 接车进路

接车进路是指由进站信号机起至接车线末端计算该线有效长的警冲标或出站信号机（若有延续进路，为至延续进路末端）止的一段线路，如图 7-9 所示。

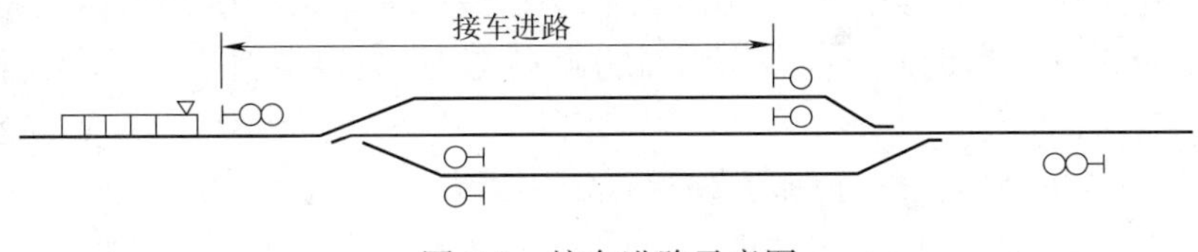

图 7-9　接车进路示意图

2. 发车进路

发车进路是指由列车前端起至相对进站信号机或站界标止的一段线路，如图 7-10 所示。

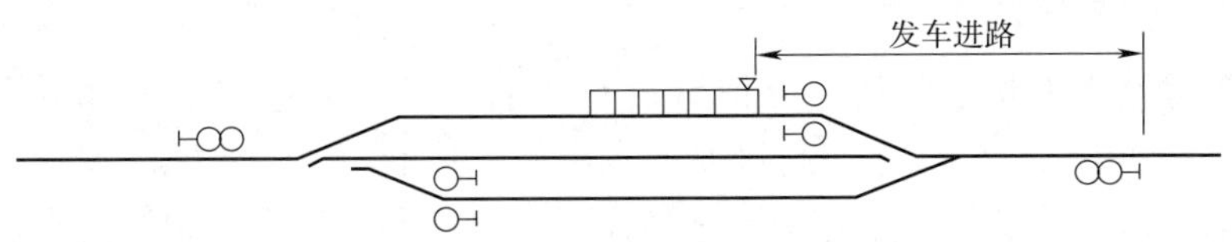

图 7-10　发车进路示意图

3. 通过进路

通过进路为该列车通过线路两端进站信号机或站界标间的一段线路，如图 7-11 所示。

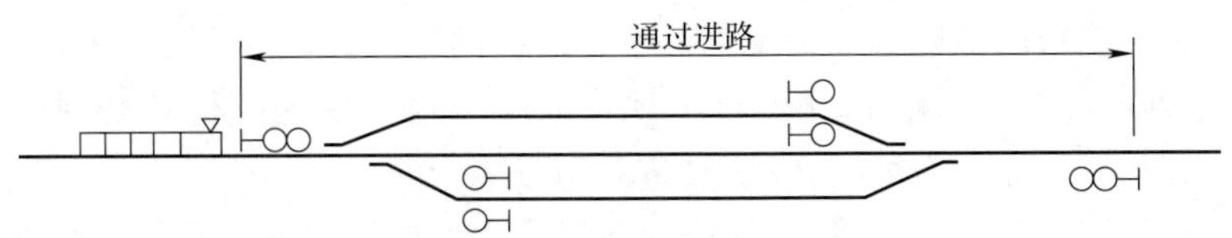

图 7-11　通过列车进路示意图

（二）接发列车应遵守的原则

接发列车应在正线或到发线上办理，并应遵守下列原则：

1. 旅客列车、挂有超限货物车辆的列车，应接入规定线路。

2. 动车组列车在车站办理客运业务时，须固定股道、固定站台、固定停车位置。

3. 动车组列车、特快旅客列车通过时应在正线办理，其他通过列车原则上应在正线办理。

4. 原规定为通过的旅客列车由正线变更为到发线接车及动车组列车、特快旅客列车遇特殊情况必须变更基本进路时，须经列车调度员准许，并预告司机；如来不及预告时，应使列车在站外停车后，再开放信号机，接入站内。动车组列车遇特殊情况需变更办理客运业务的固定股道时，须经调度所值班主任（值班副主任）准许。

(三)接发列车时车站值班员必须做到的事项

1. 车站值班员在办理闭塞时,应确认区间空闲。

2. 接车前,必须亲自或通过有关人员确认接车线路空闲、影响进路的调车作业已经停止后,方可准备进路、开放进站信号机,准备接车。

3. 发车前,必须亲自或通过有关人员确认影响进路的调车作业已经停止后,方可准备进路、开放出站信号机,交付行车凭证,在旅客上下、行包装卸和列检作业等完了后发车。

4. 车站值班员下达准备接发车进路命令时,必须简明清楚,正确及时,讲清车次和占用线路(一端有两个及以上列车运行方向或双线反方向行车时,应讲清方向、线别),并要受令人复诵,核对无误。

5. 接发列车时,按规定程序办理,并使用规定用语。

6. 列车到达、发出或通过后,车站值班员应立即向邻站及列车调度员报点,并记入《行车日志》(设有计算机报点系统的按有关规定办理)。遇有超长、超限列车、制动力部分切除的动车组列车、单机挂车和货物列车列尾装置灯光熄灭等情况,应通知接车站。

(四)扳道、信号人员在值班时应做到的事项

1. 扳道、信号操纵人员必须按车站值班员布置的接发列车进路命令和调车作业计划,正确、及时地准备进路,保证安全、迅速地接发列车和调车作业。

2. 扳道、信号操纵人员,在扳动道岔、操纵信号时,执行"一看、二扳(按)、三确认、四显示(呼唤)"的同时,要执行"眼看、手指、口呼"的制度。

"一看":看道岔标志、信号手柄(按钮)位置。

"二扳(按)":将道岔、信号扳(按)至所需位置。

"三确认":扳(按)完道岔、信号手柄(按钮)后,通过表示灯或标志确认有关进路道岔开通位置是否正确;手动道岔确认闭止块是否"落槽",确认信号开放、关闭状态是否正确。

"四显示(呼唤)":确认无误后,就地显示规定的信号或按规定执行呼唤制度。

3. 对进路上不该扳动的道岔,也应认真进行确认。

4. 接发列车进路准备完了后,及时报告车站值班员(能从设备上确认的除外)。

(五)接发列车时接发车人员必须做到的事项

接发列车时,接发车人员应携带列车无线调度通信设备、持手信号旗(灯),站在规定地点接送列车,注意列车运行和货物装载状态。发现旅客列车尾部标志灯光熄灭时,通知车辆乘务员进行处理。在自动闭塞区段,通知不到时,应使列车停车处理。发现货物装载状态有异状时,及时处理;发现货物列车列尾装置丢失时,应报告列车调度员,使列车在前方站停车处理。

三、固定行车设备检修及故障处理

1. 影响设备使用的检修均纳入天窗进行。

在车站(包括线路所、辅助所)内及相邻区间、列车调度台检修行车设备,影响其使用时,事先须在《行车设备施工登记簿》内登记,并经车站值班员(列车调度员)签认或由扳道员、信号员取得车站值班员同意后签认(检修驼峰、调车场、货场等处不影响接发列车的行车设备时,签认

人员在《站细》内规定），方可开始。

正在检修中的设备需要使用时，须经检修人员同意。检修完毕，检修人员应将其结果记入《行车设备施工登记簿》。

对处于闭塞状态的闭塞设备和办理进路后处于锁闭状态的信号、联锁设备，严禁进行检修作业。

2. 车站值班员发现或接到行车设备故障的报告后，应立即通知设备管理单位相关人员，并在《行车设备检查登记簿》内登记。

列车调度员发现或接到调度台行车设备故障的报告后，应立即通知设备管理单位相关人员，并在《行车设备检查登记簿》内登记。

设备管理单位应在《行车设备检查登记簿》内签认，尽快组织修复。对暂时不能修复的，应登记停用内容和影响范围，并注明行车限制条件。

3. 沿线工务人员发现线路设备故障危及行车安全时，应立即连续发出停车信号和以停车手信号防护，还应迅速通知就近车站和工长或车间主任，并采取紧急措施修复故障设备；如不能立即修复时，应封锁区间或限速运行。

车站值班员接到区间发生故障的报告后，应立即通知有关列车停车，并报告列车调度员。

必要时进入该区间的第一趟列车由工务部门的工长或车间主任随乘。列车在故障地点停车后继续运行时，应根据随乘人员的指挥办理。

4. 线路发生故障时的防护办法：

(1)应立即使用列车无线调度通信设备通知车站值班员或列车司机紧急停车，同时在故障地点设置停车信号。

(2)当确知一端先来车时，应急速奔向列车，用手信号旗(灯)或徒手显示停车信号。

(3)如不知来车方向，应在故障地点注意倾听和瞭望，发现来车，应急速奔向列车，用手信号旗(灯)或徒手显示停车信号。

设有固定信号机时，应先使其显示停车信号。

站内线路、道岔发生故障时，应按规定设置停车信号防护。

5. 设备维修人员发现信号、通信设备故障危及行车安全时，应立即通知车站，并积极设法修复；如不能立即修复时，应停止使用，同时报告工长、车间主任或电务段、通信段调度，并在《行车设备检查登记簿》内登记。

6. 铁路职工或其他人员发现设备故障危及行车和人身安全时，应立即向开来列车发出停车信号，并迅速通知就近车站、工务、电务或供电人员。

第五节　高速铁路行车组织

高速铁路行车组织主要内容包括：调度指挥、编组列车、列车运行、限速管理、调车工作、施工维修以及灾害天气、设备故障和非正常情况下行车等。运输、机务、车辆、工务、电务、供电、信息、房建等部门要发扬协作精神，主动配合，紧密联系，协同动作，不断提高效率，挖掘运输潜力，完成和超额完成运输任务。

一、基本要求

(一)行车工作原则

行车工作必须坚持集中领导、统一指挥、逐级负责的原则。

高速铁路列车调度台原则上应独立设置。因高速铁路联络线一般设有列控设备,高速铁路与普速铁路间联络线的行车调度指挥原则上纳入高速铁路调度指挥。

集控站由该区段列车调度员直接指挥;转为车站控制时,根据列车调度员指示,由车站值班员指挥。非集控站由车站值班员统一指挥。

列车和单机由司机负责指挥。列车或单机在车站时,所有乘务人员应按列车调度员(车站控制时为车站值班员)的指挥进行工作。

司机等相关人员应直接向列车调度员报告有关行车工作;在非集控站及转为车站控制的集控站,应向车站值班员报告。

(二)调度集中

1. 分散自律调度集中设备分为分散自律控制模式和非常站控模式。调度集中分散自律控制模式分为中心操作方式、车站调车操作方式和车站操作方式。不同操作方式下,列车调度员和车站值班员对信号设备控制和列车进路、调车进路的操作具有不同的权限。

(1)在中心操作方式下,调度终端具有信号设备的全部控制权,列车调度员对列车及调车进路均有操作权,车站对列车及调车进路均无操作权。

(2)在车站调车操作方式下,列车调度员对列车进路有操作权,对调车进路无操作权。而车站对调车进路有操作权,对列车进路无操作权。

(3)在车站操作方式下,车务终端具有信号设备的全部控制权,车站对列车及调车进路均有操作权,列车调度员对列车及调车进路均无操作权。

2. 车站控制是指调度集中区段车站在车站操作方式或非常站控模式下,由车站值班员负责办理列车及调车进路的状态。

3. 遇下列情况可转为非常站控模式:

(1)调度集中设备故障。

(2)行车设备施工、维修需要时。

(3)发生危及行车安全的情况需要时。

4. 高速铁路车站分为集控站、非集控站。按调度集中基本操作方式,由列车调度员直接办理接发列车作业的车站(线路所)为集控站,其他车站(线路所)为非集控站。

5. 车站值守

集控站设车务应急值守人员,由车务具有车站值班员职名的人员担任。

车务应急值守人员在车站行车室(设置有调度集中车站控制终端的处所)值守。

在正常情况下,车务应急值守人员不参与行车工作。在设备故障、施工维修、非正常行车等情况下,根据列车调度员指示,车务应急值守人员负责办理以下行车作业:

(1)向司机等相关人员递交书面调度命令。

(2)组织相关人员现场准备进路。如遇道岔失去表示、停电等非正常情况下,需现场准备进路办理行车时，车务应急值守人员在行车室与列车调度员联系有关行车事宜，执行列车调度员指示。车务应急值守人员还应组织电务、工务等人员采取现场手摇道岔等方式准备进路。

(3)组织相关人员对故障设备进行检查、确认。如遇设备故障及轨道电路分路不良需人工确认线路空闲等情况，组织工务、电务等人员进行检查、确认。

(4)按规定对站内到发线停留车辆的防溜措施进行检查、确认。施工路用车辆及自轮运转特种设备需在车站停留时，使用单位应派人负责看守。其他车辆在车站到发线停留时，由车站人员(车务应急值守人员或其他胜任人员)对其防溜措施进行检查、确认。

(5)在特殊情况下与司机办理故障车、事故车有关随车运输票据和回送单据的交接、保管工作。

(6)组织应急救援，完成信息传递和其他需现场了解、检查确认的工作。

电务、工务人员应根据车务应急值守人员指示，协助办理(2)、(3)、(6)项有关作业。

采用车站调车操作方式的车站，调车进路只能由车站办理，车务应急值守人员还应担当调车领导人并负责办理调车进路。

二、列车运行

(一)接发列车

1. 车门的开启和关闭

动车组列车车门具备集中控制和手动控制两种，有的车型车门集中控制按钮设置在司机操作台上，有的设置在随车机械师乘务室内。因此，动车组列车由列车长确认旅客上下完毕后，通知司机关闭车门；列车进站停车时，司机按动车组停车位置标停车，确认列车停稳、对准停车位置后开启车门。按钮不在司机操作台上的，由列车长通知随车机械师关闭车门；列车到站停稳后，由随车机械师开启车门。如自动开关门装置故障或特殊情况需单独开关车门时，由司机通知列车工作人员手动开关车门。

2. 列车在车站出发

(1)动车组列车在车站出发，动车组列车司机在确认行车凭证和开车时间，车门关闭后，即可起动列车。

(2)动车组列车以外的其他列车在车站出发，司机确认行车凭证正确，正常情况下必须确认出站信号机显示的允许运行的信号，使用调度命令作为行车凭证时，应确认调度命令内容正确，发车条件完备后，直接起动列车；办理客运业务时，车站客运人员确认旅客乘降、上水、行包装卸完毕后，通过无线对讲设备通知司机，司机须得到车站客运人员的报告后，方可起动列车。

3. 接发列车应在正线或到发线上办理，并应遵守的原则

(1)旅客列车应接入规定线路。

(2)动车组列车在车站办理客运业务时，须固定股道、固定站台、固定停车位置。动车组列车遇特殊情况需变更办理客运业务的固定股道时，须经调度所值班主任(值班副主任)准许。

(3)通过列车原则上应在正线办理。因正线道岔一般处于直向位置，线路条件好，允许通过的速度较高，可以保证司机有良好的瞭望条件，直向通过道岔，能减少轮缘磨耗，保证列车的高速和安全。原规定为通过的旅客列车由正线变更为到发线接车及动车组列车、特快旅客列车遇特殊情况必须变更基本进路时，列车要从经道岔直向改为经道岔侧向运行，

经道岔直向运行时允许速度高，而经侧向运行时允许速度低，如司机没有思想准备，列车由正线经道岔直向通过改为到发线经道岔侧向接车，可能难以降低到要求的速度，容易超速运行，带来安全隐患。因此，须经列车调度员准许，并预告司机，列车运行进路上的速度要求可能会发生变化，应告知司机提前做好准备；如来不及预告时，应使列车在站外停车后，开放信号机，再接入站内。

(4)动车组列车按列控车载设备方式行车时，必须要在设置有列控信息的股道及进路上接发，禁止在未设置列控信息的股道及进路上接发，因为当股道及进路上未设置列控信息时，会造成列控车载设备收不到控车信息，从而触发制动，危及动车组列车运行安全。

4. 在非正常情况下，集控站转为车站控制时，车务应急值守人员应做到

在非正常情况下，集控站转为车站控制时，车务应急值守人员应报告站段指派胜任人员赶赴现场，协助做好非正常行车工作。

除因危及行车安全必须立即转换为非常站控外，列车调度员提出需转为非常站控时，须经调度所值班主任(值班副主任)准许。

转为非常站控时，车务应急值守人员和列车调度员须在《CTC 控制模式转换登记簿》内登记，记明转换的原因；车务应急值守人员与列车调度员核对设备状况、站内停留车情况、列车运行计划、邻站(线路所)控制模式及与本站(线路所)有关的调度命令等情况。转为非常站控后，应通知司机车站(线路所)转为非常站控。

转为非常站控的原因消除后，双方在《CTC 控制模式转换登记簿》内登记，并及时转回。

(二)列车非正常运行

1. 列车在区间被迫停车需下车处理

列车在区间停车需下车处理时，由于邻线列车运行速度高，为了确保下车人员的人身安全，列车调度员发布邻线列车限速 160 km/h 及以下的调度命令，限速位置按停车列车位置前后各 1 km 确定；司机在接到列车调度员已发布相关调度命令的口头指示后，通知有关作业人员办理。需组织旅客疏散时，由于旅客疏散控制难度大，如果邻线再运行列车时，势必危及旅客人身安全，所以必须扣停邻线列车；司机在接到列车调度员已扣停邻线列车的口头指示后，通知有关作业人员办理。

2. 列车运行限制速度

列车(动车组列车按列控车载设备方式行车时除外)运行限制速度规定见表 7-2。

表 7-2 列车运行限制速度表

项　　目	速　　度(km/h)
四显示自动闭塞区段通过显示绿黄色灯光的信号机	在前方第三架信号机前能停车的速度
通过显示黄色灯光的信号机	在次一架信号机前能停车的速度
通过显示一个黄色闪光灯光和一个黄色灯光的信号机	该信号机防护进路上道岔侧向的允许通过速度
通过减速地点标	按运行揭示或行车调度命令执行，未收到命令时为 25
推　　进	30
退　　行	15
接入站内尽头线，自进入该线起	30

3. 动车组列车按隔离模式运行

动车组列车按隔离模式运行时，完全依靠司机人工控制列车运行，为了确保动车组列车按隔离模式运行时的安全，运行速度不超过 40 km/h。在困难地段设有接触网分相时，动车组列车以不超过 40 km/h 的速度运行，可能存在无法越过分相无电区的情况，所以在越过接触网分相有困难的特殊情况下，列车调度员可根据司机请求发布调度命令，列车以不超过 80 km/h 的速度越过接触网分相。

第八章 铁路客运组织

第一节 旅客运输

一、车　　票

1. 车票的分类

(1)按是否中转换乘划分

①直达票:从发站至到站不需中转换乘的车票。

②通票:从发站至到站需中转换乘的车票。

(2)按组成划分

车票包括客票和附加票两部分。客票部分为软座、硬座。附加票部分为加快票、卧铺票、空调票。附加票是客票的补充部分,应与客票合并发售,除儿童外不能单独使用。

(3)按形式划分

①纸质车票。包括软纸车票、磁介质车票和代用票等。

②铁路电子客票。以电子数据形式体现,是纸质车票的未来替代品。

③铁路乘车卡。目前包括中铁银通卡和广深牡丹信用卡。

2. 车票票面主要应当载明的内容

(1)发站和到站站名;

(2)座别、卧别;

(3)径路;

(4)票价;

(5)车次;

(6)乘车日期;

(7)有效期;

(8)票号、信息码;

(9)旅客的有效证件号码、姓名。

3. 车票票价

(1)基本规定:车票票价为旅客乘车日的适用票价。承运人调整票价时,已售出的车票不再补收或退还票价差额。旅客票价里程,按旅客乘车的实际径路计算。

(2)计算单位:国家铁路的旅客票价,以 5 角为计算单位,不足 5 角的尾数按 2.5 角以下舍去、2.5 角及以上进为 5 角处理。

(3)旅客票价的组成:旅客票价包括客票票价和附加票票价两部分,客票票价分为硬座、软座客票票价。附加票票价分为加快、卧铺、空调票票价。

(4)旅客票价的起码里程:客票 20 km;空调票 20 km;加快票 100 km;卧铺票 400 km(特

殊区段另有规定者除外)。

(5)旅客票价的计算原则:普通旅客列车的旅客票价是以每人每千米的票价率为基础。按照旅客旅行的距离和不同的列车设备条件,采取递远递减的办法确定。具体票价以国务院铁路主管部门公布的票价表为准。包房式硬卧票价分别按硬卧中、下铺另加30%计算。

二、车票的发售

1. 客票

(1)在有运输能力的情况下,承运人或销售代理人应按购票人的要求发售车票。

(2)车站发售客票时,不能使用到站不同但票价相同的车票互相代替。

(3)发售软座客票时最远至本次列车终点站。旅客在乘车区间中,要求一段乘坐硬座车,一段乘坐软座车时,全程发售硬座客票。乘坐软座时,另收软座区间的软硬座票价差额。

(4)动车组列车车票最远只发售至本次列车终点站。

(5)发售去边境地区的车票时,应要求旅客出示国务院铁路主管部门、公安部规定的边境居民证、身份证或边境通行证。

(6)在无人售票的乘降所上车的人员,可在列车内购票,不收手续费。

2. 加快票

(1)旅客购买加快票必须有软座或硬座客票。

(2)发售加快票的到站,必须是所乘快车或特别快车的停车站。

(3)发售需要中转换车的加快票的中转站还必须是有同等级快车始发的车站。

(4)发售加快票时,其发到站之间全程都应有快车运行。如中间有无快车运行的区段时,则不能发售全程加快票。

3. 卧铺票

旅客购买卧铺票时,卧铺票的到站、座别必须与客票的到站、座别相同,但对持通票的旅客,卧铺票只发售到中转站。

4. 空调票

旅客乘坐提供空调的列车时,应购买相应等级的车票或空调票。旅客在全部旅途中分别乘坐空调车和普通车时,可发售全程普通硬座车票,对乘坐空调车区段另行核收空调车与普通车的票价差额。

5. 儿童票

(1)承运人一般不接受儿童单独旅行(乘火车通学的学生和承运人同意在旅途中监护的除外)。

(2)随同成人旅行身高1.2～1.5 m的儿童,应当购买儿童票;超过1.5 m时应买全价票。

(3)每一成人旅客可免费携带一名身高不足1.2 m的儿童,超过一名时,超过的人数应买儿童票。

(4)儿童票的座别应与成人车票相同,其到站不得远于成人车票的到站。

(5)儿童票可享受客票、加快票和空调票的优惠,儿童票票价按相应客票和附加票票价的50%计算。

(6)免费乘车及持儿童票的儿童单独使用卧铺时,应另收全价卧铺票价,有空调时还应另收半价空调票票价。

(7)为测量儿童的身高，在售票窗口、检票口、出站口、列车端门口应涂有测量儿童身高的标准线。

6. 学生票

(1)在普通大专院校(含国家教育主管部门批准有学历教育资格的民办大学)，军事院校，中、小学和中等专业学校、技工学校就读，没有工资收入的学生、研究生，家庭居住地和学校不在同一城市时，凭附有加盖院校公章的减价优待证的学生证(小学生凭书面证明)，每年可购买家庭至院校(实习地点)之间四次单程的学生票。新生凭录取通知书、毕业生凭学校书面证明可买一次学生票。

(2)学生票限于使用普通旅客列车硬座和动车组列车二等座。

(3)学生票可享受硬座客票、加快票和空调票的优惠，学生票票价按相应客票和附加票票价的 50%计算。持学生票乘车的学生使用普通旅客列车硬卧时应当补收票价差额。

(4)学生票应按近径路发售，但有直达列车或换乘次数少的远径路也可发售。学生购买联程票或乘车区间涉及动车组列车的，可分段购票。学生票分段发售时，由发售第一段车票的车站在学生优惠卡中划销次数，中转站凭上一段车票售票，不再划销乘车次数。

(5)在乘降所上车的学生(其减价优待证上注明上车地点为乘降所)，可以在列车上售给全程学生票，并在减价优待证相当栏内，有列车长注明“×年×月×日乘××列车”，加盖名章，作为登记一次乘车次数。

(6)减价优待证记载的车站是没有快车或直通车停靠的车站时，离该站最近的大站(可以超过减价优待证规定的区间)可以发售学生票。

(7)超过减价优待证上记载的区间乘车时，对超过区间按一般旅客办理，核收全价。

(8)华侨学生和港澳台学生回家时，车票发售至边境车站。

(9)符合减价优待条件的学生无票乘车时，除补收票款外，同时应在减价优待证上登记盖章，作为登记一次乘车次数。

(10)学生票的购票时间：寒假在 12 月 1 日至次年 3 月 31 日，暑假在 6 月 1 日至 9 月 30 日。当年未使用的次数，不能留作下年使用。

(11)下列情况不能发售学生票：

①学校所在地有学生父或母其中一方时。

②学生因休学、复学、转学、退学时。

③学生往返于学校与实习地点时。

④学生证未按时办理学校注册的。

⑤学生证优惠乘车区间更改但未加盖学校公章的。

⑥没有“学生火车票优惠卡”、“学生火车票优惠卡”不能识别或者与学生证记载不一致的。

7. 残疾军人票

(1)中国人民解放军和中国人民武装警察部队因伤致残的军人凭“中华人民共和国残疾军人证”、因公致残的人民警察凭“中华人民共和国伤残人民警察证”购买优待票(简称残疾军人票)。

(2)残疾军人票可享受客票和附加票的优惠，残疾军人票票价按相应客票和附加票的 50%计算。

(3)“中华人民共和国残疾军人证”和“中华人民共和国伤残人民警察证”由国家有关部门

颁发，铁路运输企业有权进行核对。持有其他抚恤证的人员，如伤残国家机关工作人员证、伤残民兵民工证等，均不能享受减价待遇。

8. 团体旅客票

(1)20 人以上乘车日期、车次、到站、座别相同的旅客可作为团体旅客，承运人应优先安排。

(2)团体旅客满 20 人时，给予免收 1 人优惠；20 人以上，每增加 10 人，再免收 1 人，但春运期间(起止日期以春运文件为准)不予优惠。

(3)优惠时，团体旅客中有分别乘坐座、卧车或成人、儿童同一团体时，按其中票价高的免收。

(4)用计算机发售团体旅客票时，免收的优惠票票面打印“团优”字样，其余票的票面打印“团”字样。

三、实名制售票

1. 车票实名发售是指铁路运输企业凭乘车人的有效身份证件销售车票。

2. 目前，可以购买实名制车票的有效身份证件主要有居民身份证、临时身份证、户口簿、中华人民共和国旅行证、中国人民解放军军人保障卡、军官证、武警警官证、士兵证、军队学员证、军队文职干部证、军队离退休干部证、按规定可使用的有效护照、港澳居民来往内地通行证、中华人民共和国往来港澳通行证、台湾居民来往大陆通行证、大陆居民往来台湾通行证、外国人居留证、外国人出入境证、外交官证、领事馆证、海员证、外交部开具的外国人身份证明、地方公安机关出入境管理部门开具的护照报失证明、铁路公安部门填发的乘坐旅客列车临时身份证明、港澳台居民居住证等 25 种。1.5 m 以上 16 岁以下未成年人有效身份证件还包括学生证。中铁银通卡在规定使用范围内可作为有效身份证件使用。

3. 铁路乘车证持用人出入车站、办理签票、登乘列车，需同时交验铁路乘车证、身份证、工作证、出差证明(或与铁路乘车证使用类别相配套的有关证明)，即持“四证”接受站车查验。

4. 购票人可以使用本人有效身份证件原件或复印件购买车票，也可以持乘车人的有效身份证件原件或复印件替乘车人代购车票。

5. 互联网购票仅受理居民身份证、港澳居民来往内地通行证、台湾居民来往大陆通行证、护照。

办理电话订票时仅受理以下有效证件：

(1)中华人民共和国公民为居民身份证件。

(2)中华人民共和国香港、澳门地区居民为港澳居民来往内地通行证、台湾居民来往大陆通行证。

(3)外籍旅客为护照。

6. 自助售票机、互联网自助换票机和未授权的铁路客票代售处仅受理二代居民身份证的购票、取票和换票。

7. 须凭证购买的学生、残疾军人(警察)等减价优惠(待)票，在出示有效身份证件的同时，还应出示符合规定的减价优惠(待)凭证原件，经核实后，方可购票、乘车。学生票按规定核减次数。

8. 使用残疾人专用票额的车票需凭乘车人的有效身份证件和符合残疾等级要求的残疾人证。

9. 实名制车票办理中转签证和开车后车票改签时，应请乘车人出示本人有效身份证件，若遇他人代办，还需出示代办人身份证，认真核对票、证、人一致后，方可办理。

10. 办理退票时，需核实车票及其票面所载明的有效身份证件的一致性；票、证一致方予办理。具体规定如下：

(1)乘车人本人办理的，凭车票和购票时所使用的有效身份证件原件；无法出示本人有效身份证件原件的，应到车站铁路公安制证口办理临时身份证明。

(2)代乘车人办理的，凭车票和购票时所使用的乘车人有效身份证件原件；没有购票时所使用的乘车人有效身份证件原件的，须凭车票及办理人本人的有效身份证件原件和乘车人购票时所使用的有效身份证件复印件。

四、互联网售票

1. 铁路互联网售票是指通过中国铁路客户服务中心网站(www.12306.cn，以下简称12306 网站)办理铁路电子客票的销售、改签、退票等业务。

2. 铁路电子客票是以电子数据形式体现的铁路旅客运输合同，与纸质车票具有同等法律效力。

3. 在 12306 网站，购买铁路电子客票以确认交易成功的时间作为铁路旅客运输合同生效的时间，退票以网站确认交易成功的时间作为铁路旅客运输合同终止的时间，改签所涉及的原车票退票、换(购)新票分别按照退票、购票处理。

4. 旅客或购票人应当妥善保管铁路电子客票信息及购票时所使用的有效身份证件。

5. 购买儿童票的乘车儿童没有办理有效身份证件的，应当使用同行成年人的有效身份证件信息。

6. 一张有效身份证件同一乘车日期同一车次只能购买一张车票，同时购买同行儿童的儿童票除外。

7. 在 12306 网站购买学生票、残疾军人票时，应符合规定的减价优惠(待)条件。

8. 在 12306 网站购票后，遇以下情形，应当在购票后、开车前换取纸质车票后进站乘车：

(1)使用二代居民身份证以外的其他有效身份证件购票的。

(2)使用同行成年人有效身份证件信息购买儿童票的。

(3)购买学生票、残疾军人票的。

(4)乘车站或下车站不具备二代居民身份证检票条件的。

(5)二代居民身份证无法在自动检票机上识读的。

(6)需车票报销凭证的。

(7)乘车人按所购车票的乘车日期、车次在中途站进站乘车的。

9. 旅客换取纸质车票后，铁路电子客票失效，不能再在 12306 网站办理改签、退票手续，应凭纸质车票在车站办理检票、验票、改签、退票等手续。

10. 旅客在 12306 网站购票后，尚未换取纸质车票的，可以在 12306 网站办理铁路电子客票改签、退票手续，但不得晚于开车前 30 min；已经换取纸质车票的，只能在车站办理改签、退票手续。

五、乘车条件

1. 旅客乘车的基本条件

(1)旅客须按票面载明的日期、车次、席别乘车,并在票面规定有效期内到达到站。持通票的旅客中转换乘时,应当办理中转签证手续。

(2)对乘坐卧铺的旅客,列车可以收取车票并予集中保管。收取车票时,应当换发卧铺证;旅客下车前,凭卧铺证换回车票。成人带儿童或儿童与儿童可共用一个卧铺。

(3)除特殊情况并经列车长同意的外,持低票价席别车票的旅客不能在高票价席别的车厢停留。

(4)烈性传染病患者、精神病患者或健康状况危及他人安全的旅客,站、车可以不予运送;已购车票按旅客退票的有关规定处理。

2. 车票的有效期

(1) 直达票当日当次有效,但下列情形除外:

①全程在铁路运输企业管内运行的动车组列车车票有效期由企业自定。

②有效期有不同规定的其他票种。

(2)通票的有效期按乘车里程计算:1 000 km 为 2 日,超过 1 000 km 的,每增加 1 000 km 增加 1 日,不足 1 000 km 的尾数按 1 日计算;自指定乘车日起至有效期最后一日的 24:00 止。

3. 误售、误购车票和误乘的处理

(1)发生车票误售、误购时,在发站应换发新票。在中途站、原票到站或列车内应补收票价时,换发代用票,补收票价差额。应退还票价时,站、车应编制客运记录交旅客,作为乘车至正当到站要求退还票价差额的凭证,并应以最方便的列车将旅客运送至正当到站,均不收取手续费或退票费。

(2)因误售、误购或误乘需送回时,承运人应免费将旅客送回。站车均应告知旅客不得自行中途下车。在免费送回区间,如中途下车,对往返乘车的免费区间,按返程所乘列车等级分别核收往返区间的票价,核收一次手续费。

4. 丢失车票的处理

旅客丢失车票应另行购票。在列车上应自丢失站起(不能判明时从列车始发站起)补收票价,核收手续费。旅客补票后又找到原票时,列车长应编制客运记录交旅客,作为在到站出站前向到站要求退还后补票价的依据。退票核收退票费。

5. 检票和验票

车站对进出站的旅客和人员应检票,列车对乘车旅客应验票。对必须持证购买的减价票和各种乘车证的旅客应当核对相应的证件,验票应打查验标记。车站应当在开车前提前停止检票,但应当在本站营业场所通告停止检票的提前时间。

6. 不符合乘车条件的处理

(1)有下列行为时,除按规定补票,核收手续费以外,铁路运输企业有权对其身份进行登记,并须加收已乘区间应补票价 50%的票款:

①无票乘车时,补收自乘车站(不能判明时自始发站)起至到站止车票票价。持失效车票乘车按无票处理。

②持用伪造或涂改的车票乘车时，除按无票处理外并送交公安部门处理。

③持站台票上车并在开车 20 min 后仍不声明时，按无票处理。

④持用低等级的车票乘坐高等级列车、铺位、座位时，补收所乘区间的票价差额。

⑤旅客持儿童票、学生票、残疾军人票没有规定的减价凭证或不符合减价条件时，按照全价票价补收票价差额。成年人旅客持儿童票(实名制车票)，视为票、证、人不一致，按无票处理。

(2)有下列情况时补收票价，核收手续费：

①应买票而未买票的儿童按《铁路旅客运输规程》第十九条规定补收票价。身高超过 1.5 m 的儿童使用儿童票乘车时，应补收儿童票价与全价票价的差额。

②持站台票上车送客未下车但及时声明时，补收至前方下车站的票款。

③主动补票或者经站、车同意上车补票的。

(3)下列情况只核收手续费，但已经使用至到站的除外：

①旅客在票面指定的日期、车次开车前乘车的，应补签。

②旅客所持车票日期、车次相符但未经车站剪口的，应补剪。

③持通票的旅客中转换乘应签证而未签证的，应补签。

六、旅行变更

1. 日期、车次、座别、铺别变更

(1)旅客不能按票面指定的日期、车次乘车时，在其他列车有余票时，可以改签发到城市相同的车票。在其他列车有余票时，可以改签发到城市相同的车票。具体是，开车前 48 h(不含)以上，可改签预售期内的其他列车；开车前 48 h 以内，可改签开车前的其他列车，也可改签开车后至票面日期当日 24:00 之间的其他列车，不办理票面日期次日及以后的改签；开车之后，旅客仍可改签当日其他列车，但只能在票面发站办理改签。团体旅客不应晚于开车前 48 h。

(2)在车站售票预售期内且有运输能力的前提下，车站应予办理，收回原车票，换发新车票，并在新车票票面注明“始发改签”字样(特殊情况在开车后改签的注明“开车后改签不予退票”字样)；原车票已托运行李的，在新车票背面注明“原票已托运行李”字样并加盖站名戳。

(3)旅客在发站办理改签时，改签后的车次票价高于原票价时，核收票价差额；改签后的车次票价低于原票价时，退还票价差额，对票价差额部分核收退票费并执行现行退票费标准。对开车前 48 h 到 15 天期间内，改签或变更到站至距开车 15 天以上的其他列车，又在距开车 15 天前退票的，仍核收 5%的退票费。改签或变更到站后的车票乘车日期在春运期间的，退票时一律按开车时间前不足 24 h 标准核收退票费。

旅客办理中转签证或在列车上办理补签、变更席(铺)位时，签证或变更后的车次、席(铺)位票价高于原票价时，核收票价差额；签证或变更后的车次、席(铺)位票价低于原票价时，票价差额部分不予退还。

(4)因承运人责任使旅客不能按票面记载的日期、车次、座别、铺别乘车时，站、车应重新妥善安排。重新安排的列车、座席、铺位高于原票等级时，超过部分票价不予补收。低于原票等级时，应退还票价差额，不收退票费。

(5)持通票的旅客在中转站和列车上要求变更径路时，必须在通票有效期能够到达到站时方可办理。办理时，原票价低于变径后的票价时，应补收新旧径路里程票价差额，核收手续费；

原票价高于或相当于变更后的径路票价时,持原票乘车有效,差额部分(包括列车等级不符的差额)不予退还。

2. 越站

旅客在车票到站前要求越过到站继续乘车时,在有运输能力的情况下列车应予以办理。核收越站区间的票价和手续费。旅客同时提出变更座别、铺别和越站时,应先办理越站,后办理变更,核收一次手续费。遇有下列情况不能办理越站:

①列车严重超员;

②乘坐卧铺的旅客买的是给中途站预留的卧铺;

③乘坐的回转车,途中需要甩车。

3. 退票

(1)旅客要求退票时,按下列规定办理,核收退票费:

旅客要求退票时,应当在票面指定的开车时间前到车站办理,退还全部票价,核收退票费。特殊情况经购票地车站或票面乘车站站长同意的,可在开车后 2 h 内办理。团体旅客不应晚于开车前 48 h。

①在票面开车时间前办理时,实行通改通退。因特殊情况在开车后 2 h 内办理时,限于在购票地车站或票面乘车站经站长同意后办理。

②团体旅客必须在开车 48 h 以前办理。

③旅客开始旅行后不能退票。但如因伤、病不能继续旅行时,经站、车证实,可退还已收票价与已乘区间票价差额。已乘区间不足起码里程时,按起码里程计算;同行人同样办理。

④退还带有“行”字戳迹的车票时,应先办理行李变更手续。

⑤因特殊情况经站长同意在开车后改签的车票不退。

⑥站台票售出不退。

⑦必要时,铁路运输企业可以临时调整退票办法。

(2)因承运人责任致使旅客退票时按下列规定办理,不收退票费:

①在发站,退还全部票价。

②在中途站,退还已收票价与已乘区间票价差额,已乘区间不足起码里程时,退还全部票价。

③在到站,退还已收票价与已使用部分票价差额。未使用部分不足起码里程按起码里程计算。

④空调列车因空调设备故障在运行过程中不能修复时,应退还未使用区间的空调票价。

(3)发生线路中断旅客要求退票时,在发站(包括中断运输站返回发站的)退还全部票价,在中途站退还已收票价与已乘区间票价差额,已乘区间不足起码里程时,按起码里程计算,不收退票费,但因违章加收的部分和已使用至到站的车票不退。

(4)退票费核收规定:

票面乘车站开车时间前 15 天(不含)以上不核收退票费,48 h 以上、不足 15 天的按票价 5%计,24 h 以上、不足 48 h 的按票价 10%计,不足 24 h 的按票价 20%计。上述计算的尾数以 5 角为单位,尾数小于 2.5 角的舍去、2.5 角以上且小于 7.5 角的计为 5 角、7.5 角以上的进为 1 元。

七、旅客携带品

1. 旅客携带品的范围

(1)旅客携带品由自己负责看管。每人免费携带品的重量和体积是：儿童(含免费儿童)10 kg，外交人员 35 kg，其他旅客 20 kg。每件物品外部尺寸长、宽、高之和不超过 160 cm，杆状物品不超过 200 cm，但乘坐动车组列车不超过 130 cm；重量不超过 20 kg。残疾人旅行时代步的折叠式轮椅可免费携带并不计入上述范围。

(2)下列物品不得带入车内：

①国家禁止或限制运输的物品；

②法律、法规、规章中规定的危险品、弹药和承运人不能判明性质的化工产品；

③动物及妨碍公共卫生(包括有恶臭等异味)的物品；

④能够损坏或污染车辆的物品；

⑤规格或重量超过每人免费携带品的重量和体积规定的物品。

(3)下列物品不得带入车内：

枪支、子弹类(含主要零部件)；爆炸物品类；管制刀具及可能危及旅客人身安全的其他器具；易燃易爆物品；剧毒性、腐蚀性、放射性、传染性、危险性物品；活动物(导盲犬除外)、妨碍公共卫生(包括有恶臭等异味)物品；能够损坏、污染车辆的物品；其他禁止和限制旅客携带物品按照国家法律、行政法规、规章规定办理；酒精度超过 70%vol 的酒精饮料；未使用硬质包装物妥善包装的自行车、带有自动力的轮式代步工具(电动轮椅除外)、平衡车、滑行器等物品；规格或重量超过本运输条件规定的物品。

(4)限量携带以下物品：

不超过 20 mL 的指甲油、去光剂、染发剂；不超过 120 mL 的冷烫精、摩丝、发胶、杀虫剂、空气清新剂等自喷压力容器；安全火柴 2 小盒；普通打火机 2 个。

2. 旅客违章携带物品的处理

(1)在发站禁止进站上车。

(2)在车内或下车站，对超过免费重量的物品，其超重部分应补收四类包裹运费。对不可分拆的整件超重、超大物品、动物，按该件全部重量补收上车站至下车站四类包裹运费。

(3)发现危险品或国家禁止、限制运输的物品，妨碍公共卫生的物品，损坏或污染车辆的物品，按该件全部重量加倍补收乘车站至下车站四类包裹运费。危险物品交前方停车站处理；必要时移交公安部门处理。对有必要就地销毁的危险品应就地销毁，使之不能为害并不承担任何赔偿责任。没收危险品时，应向被没收人出具书面证明。

(4)如旅客超重、超大的物品价值低于运费时，可按物品价值的 50%核收运费。

(5)补收运费时，不得超过本次列车的始发和终点站。

3. 旅客遗失物品的处理

(1)对旅客的遗失物品应设法归还原主。如旅客已经下车，应编制客运记录，注明品名、件数等移交下车站。不能判明时，移交列车终点站。

(2)客流量较大的车站应设失物招领处。失物招领处对旅客遗失物品应妥善保管，正确交付。遗失物品需通过铁路向失主所在站转送时，物品在 5 kg 以内的免费转送；超过 5 kg 时，到站按品类补收运费。遗失物品中的危险品、国家禁止或限制运输的物品、机要文件应立即移交公安机关或有关部门处理，不办理转送。鲜活易腐物品和食品不负责保管和转送。

第二节　行李、包裹运输

一、行李、包裹运输合同

铁路行李包裹运输合同是指承运人与托运人、收货人之间明确行李、包裹运输权利义务关系的协议。行李、包裹运输合同的基本凭证是行李票、包裹票（小件货物快运运单）。

行李票、包裹票（小件货物快运运单）主要应当载明：

(1)发站和到站；

(2)托运人、收货人的姓名、地址、联系电话、邮政编码；

(3)行李和包裹的品名、包装、件数、重量；

(4)运费；

(5)声明价格；

(6)承运日期、运到期限、承运站站名戳及经办人员名章。

行李、包裹运输合同自承运人接收行李、包裹并填发行李票、包裹票（小件货物快运运单）时起成立，到行李、包裹运至到站交付给收货人止履行完毕。

二、行李、包裹的范围

1. 行李

(1)行李是指旅客自用的被褥、衣服、个人阅读的书籍、残疾人车和其他旅行必需品。

(2)行李中不得夹带货币、证券、珍贵文物、金银珠宝、档案材料等贵重物品和国家禁止、限制运输物品、危险品。

(3)行李每件的最大重量为 50 kg。体积以适于装入行李车为限，但最小不得小于 0.01 m^3。

2. 包裹

(1)包裹是指适合在旅客列车行李车内运输的小件货物。

(2)包裹分为四类：

①一类包裹：自发刊日起 5 日以内的报纸；中央、省级政府宣传用非卖品；新闻图片和中、小学生课本。

②二类包裹：抢险救灾物资，书刊，鲜或冻鱼介类、肉、蛋、奶类、果蔬类。

③三类包裹：不属于一、二、四类包裹的物品。

④四类包裹：

a. 一级运输包装的放射性同位素、油样箱、摩托车；

b. 泡沫塑料及其制品；

c. 国务院铁路主管部门制定的其他需要特殊运输条件的物品。

(3)包裹每件体积、重量与行李相同。

(4)运输超过包裹规定重量和四类包裹中三项品名的物品时，应经调度命令或上级书面运输命令批准。

(5)不能按包裹运输的物品：

a. 尸体、尸骨、骨灰、灵柩及易于污染、损坏车辆的物品；

b. 蛇、猛兽和每头超过 20 kg 的活动物(警犬和运输命令指定运输的动物除外)；

c. 国务院及国务院铁路主管部门颁发的有关危险品管理规定中规定的危险品、弹药以及承运人不明性质的化工产品；

d. 国家禁止运输的物品和不适于装入行李车的物品。

三、行李、包裹的托运和承运

(一)一般规定

1. 旅客在乘车区间内凭有效客票每张可托运一次行李，残疾人车不限次数。

2. 托运下列物品时，托运人应提供规定部门签发的运输证明：

(1)金银珠宝、珍贵文物、货币、证券、枪支；

(2)警犬和国家法律保护的动物；

(3)省级以上政府宣传用非卖品；

(4)国家有关部门规定的免检物品；

(5)国家限制运输的物品；

(6)承运人认为应提供证明的其他物品。

3. 托运动、植物时应有动、植物检疫部门的检疫证明。

4. 托运放射性物品、油样箱时，应按照国务院铁路主管部门的规定提出剂量证明书、油样箱使用证。

(二)包装和货签

1. 行李、包裹的包装必须完整牢固，适合运输。其包装的材料和方法应符合国家或运输行业规定的包装标准。

2. 承运后、交付前包装破损、松散时，承运人应负责及时整修并承担整修费用。

3. 行李、包裹每件的两端应各有一个铁路货签。货签上的内容应清楚、准确并与托运单上相应的内容一致。

4. 托运易碎品、流质物品或一级运输包装的放射性同位素时，应在包装表面明显处贴上“小心轻放”“向上”“一级放射性物品”等相应的安全标志。

(三)包裹的押运

1. 托运金银珠宝、货币证券、文物、枪支、中途需饲养的动物等必须派人押运。押运人应购买车票并对所押物品的安全负责。承运人应为押运人购票提供方便。

2. 车站行李员对已经办理承运的包裹应通知押运人装车日期和车次。

3. 列车行李员应对押运人进行登记并告知安全等注意事项。

四、行李、包裹的运送和运输变更

(一)行李、包裹运输原则

1. 行李、包裹运输应按照先行李后包裹、先中转后始发和长短途列车分工、安全、经济的原则，合理、均衡地组织运输。

2. 行李应随旅客所乘列车装运或提前装运；包裹应尽量以直达列车或中转次数少的列车装运。对抢险救灾物资、急救药品、零星支农物资应优先安排装运。

（二）行李、包裹的运到期限

1. 行李、包裹的运到期限以运价里程计算。从承运日起，行李 600 km 以内为三日，超过 600 km 时，每增加 600 km 增加一日，不足 600 km 也按一日计算。包裹 400 km 以内为三日，超过 400 km 时，每增加 400 km 增加一日，不足 400 km 也按一日计算。

快运包裹按承诺的运到期限计算：

(1)国内主要城市间有直达旅客列车运送的快运包裹为三日，3 500 km 以上为四日。

(2)其他城市间需中转运送的快运包裹 1 000 km 以内为三日；超过 1 000 km 时，每增加 800 km 增加一日，不足 800 km 也按一日计算。

(3)一批货物内有不足 100 kg 的超重快运包裹时增加一日；有 100 kg 及其以上的超重快运包裹增加两日(按最重的计算增加天数)。

2. 由于不可抗力等非承运人责任发生的停留时间加算在运到期限内。

（三）行李、包裹变更运输

1. 托运人在办理托运手续后，可按如下规定办理一次行李、包裹变更手续(鲜活包裹不办理变更)，核收变更手续费：

(1)在发站装车前取消托运时，退还全部运费；

(2)装运后要求运回发站或变更到站的(行李只办理运回发站或中止旅行站)，补收或退还已收运费与实际运送区间里程通算的运费差额；

(3)旅客在发站或中途站停止旅行，要求仍将行李运至原到站时，可凭原行李票运送，旅客凭原行李票在到站提取行李，但须按包裹收费，应补收发站或中途停止旅行站至到站的包裹与行李运费的差额。

2. 办理变更运输后产生的杂费按实际产生的核收。如已收运费低于已产生的杂费时，则不补收杂费也不退还运费。但因误售误购客票产生的行李变更时，不收变更手续费。

五、行李、包裹的交付及无法交付物品的处理

（一）行李、包裹的交付

1. 收货人凭行李、包裹领取凭证领取行李、包裹。如将领取凭证丢失，必须提出本人身份证、物品清单和担保人的担保书，承运人对上述单、证和担保人的担保资格认可后，由收货人签收办理交付。如在收货人声明领取凭证丢失前行李、包裹已被冒领，承运人不承担责任。

2. 经当事人双方约定，包裹也可使用领取凭证的传真件领取，约定内容应记载在小件货物快运运单记事栏内。收货人要求凭印鉴领取包裹时，应与承运人签订协议并将印鉴式样备案。经约定凭传真件或凭印鉴领取时，收货人不得再凭领取凭证领取。

3. 收货人领取行李、包裹时，如发现有短少或异状应在领货时及时提出。承运人必须认真检查，必要时可会同公安人员开包检查。检查发现有损失时，应编制事故记录交收货人作为要求赔偿的依据。

4. 在到站,旅客如继续旅行,要求将行李继续运至新到站时,可凭新车票及原行李票重新办理托运。

(二)无法交付物品的处理

对无法交付的物品,承运人应登记造册,妥善保管,不得动用。危险物品和枪支弹药、机要文件以及国家法令规定不能买卖的物品应及时交有关部门处理。容易变质的物品应及时处理。

六、行李、包裹违章运输的处理

(一)品名、重量不符时

发现品名不符时,在发站,应补收已收运费与正当运费的差额;在到站,加收应收运费与已收运费差额两倍的运费。如将国家禁止、限制运输的物品和危险品伪报其他品名托运时,在发站停止装运,通知托运人领取,已收运费不退,并核收保管费。在中途站停止运送(在列车上发现危险品交前方停车站),均通知有关部门和托运人处理,对品名不符货件按实际运送区间补收四类包裹运费,核收保管费。在到站,按四类包裹另行补收运输区段的运费及保管费。到站发现重量不符应退还时,退还多收部分的运费。应补收时,只补收超重部分正当运费。

(二)无票运输时

发现无票运输的物品,按实际运送区间加倍补收四类包裹运费。

第三节 路内运输

一、铁路职工乘车证

(一)铁路职工乘车证的种类、颜色

铁路乘车证共分九种,均为单页,版面颜色分三种。

1. 硬席全年定期乘车证(横版,浅蓝色);
2. 软席全年定期乘车证(横版,浅粉色);
3. 硬席临时定期乘车证(竖版,浅蓝色);
4. 软席乘车证(竖版,浅粉色);
5. 硬席乘车证(竖版,浅蓝色);
6. 通勤乘车证(横版,浅黄色);
7. 就医乘车证(竖版,浅黄色);
8. 便乘证(竖版,浅蓝色);
9. 探亲乘车证(竖版,浅黄色);

购粮乘车证用就医乘车证代用。

(二)乘车证的使用范围

1. 全年定期乘车证

凡因工作需要，必须经常在所管辖区段内铁路沿线往返乘车的铁路职工，可使用管辖区段内的全年定期乘车证。

2. 临时定期乘车证

因工作需要短期内须在一定区段内连续往返乘车或一次出差到几个地点又不顺路的，可使用一定区段内的临时定期乘车证。

3. 软席、硬席乘车证

因工作需要一次性的外出乘车，可使用软席、硬席乘车证，乘车区段及期间按实际需要填发，单程或往返一次有效，除转乘外，中途下车无效。

4. 便乘证

机车乘务员在规定担当乘务的区段内便乘时（不包括调车机车、小运转及出入厂取送机车），可由段、折返段乘务室、驻在所（站）值班员填发便乘证，按指定日期、车次一次乘车有效。

5. 调度命令乘车

事故救援与抢险救灾，由于时间紧迫来不及填发乘车证时，可凭调度命令乘车，一次乘车有效。

6. 定期通勤乘车

符合享受一年一次探亲待遇条件的职工，其工作地至家属居住地在 600 km 以内（铁路局集团公司工程、大修部门流动施工的职工，在局管辖范围内可不受 600 km 限制），能利用节假日或休班时间回家的，在不享受国家规定的探亲假的前提下，可填发定期通勤乘车证，有效期间为一个历年。

7. 通勤（通学）乘车

职工工作地至家属居住地在 300 km 以内，需通勤时，可使用通勤乘车证，有效期间为一个历年。沿线职工供养的子、女、弟、妹，由居住地至中、小学校在 50 km 以内，可使用通学乘车证。

8. 探亲乘车证

探亲乘车证是铁路职工及其供养的直系亲属探亲乘车凭证。探亲乘车证准乘各种旅客列车（国际、旅游列车除外），但不能乘坐软席和免费使用卧铺。

铁路乘车证实行一人一票制，除探亲、就医乘车证外，其他各类乘车证每张限填发一人使用。

（三）乘车证的使用规定

1. 乘车证的有效期间和区间

乘车证限乘车证上所填写的持用人在有效期间和区间使用。

2. 乘车证查验的规定

（1）站、车客运人员必须熟知乘车证使用的有关规定，认真查验乘车证填载项目和必须携带的有关证件和证明，并打剪标记。如有不符，视为无效，并有权扣留所持乘车证，按有关规定处理。

（2）对持用的全年、临时定期、通勤、定期通勤、通学、全年定期就医（购粮）和临时定期就医乘车证免打查验标记；其他乘车证均须于始乘站和返乘站予以剪口，列车内查验时应打查验标记，否则按客运有关规定办理。

（3）铁路各部门特定的在列车上工作的各种证件（如铁路运输收入稽查证、客运监察证、铁路乘车证监察证等)，只能作为工作凭证，均不能作为乘车的凭证。

3. 免费使用卧铺的规定

(1)职工(含路外符合使用乘车证的人员)出差、驻勤、开会、调转赴任、医疗转院(含职工供养的直系亲属)、疗养、护送、出入学校，以本人开始乘坐本次列车开车时刻计算，从20:00至次日7:00之间，在车上过夜6 h(含6 h)或连续乘车超过12 h(含12 h)以上的，准予免费使用卧铺。

(2)使用卧铺中途不应下车。如必须下车，不足夜间乘车6 h或连续乘车12 h的，列车长应按章核收已乘区间的卧铺票价及手续费。

4. 其他规定

(1)持用定期通勤、通勤、通学、定期就医、就医、购粮车证和一次性软席、硬席乘车证，除换乘外，中途下车无效。

(2)定期通勤乘车证一个月只限使用一次，不能提前或移作下月使用。如节假日适逢月初或月末，乘车证的往返日期可跨及上月末或下月初，但起止时间不超过一周。如有特殊情况，可根据批准假期天数填发。

(3)本年度的全年定期、定期通勤、通勤、定期就医、定期购粮乘车证，可延期使用到次年的1月15日止。

(4)持用铁路各种乘车证，均不能免费托运行李、搬家物品等。

5. 违章使用乘车证的处理

(1)违章使用乘车证，如在票面上加添、涂改、转借、超过有效期限或有效区间乘车，未持规定的有关证明、证件或持伪造证明、证件的均按无票处理，要查扣其乘车证及有关证件。对持用伪造乘车证者，一经发现，应立即查扣，并移交公安机关依法处理。超出规定条件使用乘车证者，也按违章使用处理。

(2)违章使用乘车证均要按所乘旅客列车的等级、席别、铺别、区间(单程或往返)及票面填写人数加倍，补收票款，下列乘车证还应按票面记载的席别、区间，按照下列计算方法加收罚款：

①定期通勤乘车证，按票面填写乘车区间，自有效月份起至发现违章月份止，按每月一次往返的里程计算。

②全年定期乘车证，临时定期乘车证、通勤(学)乘车证。从有效日期(过期的从有效期终了的次日)至发现违章日期止，票面填写的乘车区间在一个铁路局集团公司管内的，按每日乘车50 km计算票价；乘车间区跨铁路局集团公司的，按每日乘车100 km计算票价，计算后低于50元的按50元核收。

③发现其他违章行为的，均按《铁路旅客运输规程》的规定相应处理。

(3)乘车证使用过程中发现的违章事项，当时处理不了的，由站、车编制客运记录，连同查扣的乘车证及有关证件报本铁路局或铁路局财务部门。

二、铁路公文运送

凡编挂行李车的国铁客运列车(包括混合列车，国际列车除外)，均应承担铁路公文运送任务。车递公文免费。其中，按包裹车递的公文可收取运杂费。

(一)车递范围

车递公文的范围，主要包括各单位为处理公务而形成并使用的文件及记载文件资料的光盘等载体。

1. 根据铁路行业的特殊性质，下列物品可比照车递公文办理：

(1)票据、款袋；

(2)国际联运清算单、财务会计账单和凭证；

(3)车递文件和物品使用的回空容器；

(4)证件、奖状、锦旗；

(5)自办发行的《人民铁道》报及铁路局集团公司的局报、内部期刊。

任何单位和个人不得擅自扩大车递公文范围，超范围车递的，收寄单位或人员应拒绝受理。特殊情况，确需扩大范围的，须报经路局或总公司车递公文主管部门批准。

2. 下列物品通过车递公文渠道运送时应当挂号：

(1)发文单位认为重要的文件；

(2)国际联运清算单、财务会计账单和凭证。

自办发行的内部报纸、期刊不得挂号。

3. 下列物品严禁通过车递公文渠道运送：

(1)国家法律、行政法规禁止寄递的物品；

(2)易燃、易爆、剧毒、放射、传染、强磁等影响铁路安全的危险物品；

(3)对客运设施和作业人员造成危害的物品；

(4)除《人民铁道》报及《北京铁道报》以外，其他公开发行的报纸、期刊、图书；

(5)路内外单位生产、加工的营利性物品；

(6)涉密文件；

(7)人事档案；

(8)企业广告；

(9)私人物品(含现金、有价证券、药品、私人证件等)；

(10)私人信件(含上访信、举报信等)；

(11)破封款袋或包装严重破损的物品；单包不符、封皮或内件严重破损，或有拆动嫌疑的物品；

(12)其他不宜车递的物品。

涉密文件、人事档案等应通过机要通信渠道发送。

4. 公文数量较多时，须分别包装，每包重量不得超过 5 kg，体积长、宽、高均不超过 0.35 m。同一寄送单位发往同一收件单位不得超过 4 包。

5. 一次发送文件重量超过 20 kg 或体积超过 0.1 m^3 的车递物品，应按包裹办理。

按包裹办理的车递物品，寄件单位须出具相关证明，在车站行包房办理包裹托运手续，按包裹运送。包裹到达后，到站应及时通知收件单位领取。

(二)车递时限

车递时限(始发站至终到站)比照包裹运输时限办理。其中：

1. 铁路总公司与铁路局集团公司间不得超过 5 个工作日；

2. 铁路局集团公司间不得超过 7 个工作日，其中相邻铁路局集团公司间不得超过 3 个工作日；

3. 铁路局集团公司与所属站段间不得超过 3 个工作日；

4. 铁路局集团公司所属站段间不得超过 5 个工作日。

（三）车递流程

车递公文按照以下流程办理：

1. 寄件部门发件。寄件部门按要求对车递公文封装、挂号后送往本单位收发部门。寄件部门对本单位车递物品适用范围和安全承担主体责任。

2. 寄件单位收寄。寄件单位收发部门对车递公文进行收寄验视、分拣打包。按照挂号办理的公文应当填写《铁路公文物品运送单》一式四份，寄件单位留存 1 份，其余 3 份随文件交给发站行李员用于办理交接。《铁路公文物品运送单》填写必须清楚。

3. 客运车站收寄。客运（车务）车站车递公文收发室对各单位车递公文进行交接、分拣，车站行李员按车次、到站送上行李车并与列车行李员办理交接。

4. 担当客车运送。列车行李员按到达站先后顺序分拣后与到、转车站行李员办理交接。

5. 收件车站收发。到站车递公文收发室对从行李车上接收的车递公文进行分拣、投递。

6. 收件单位接收。收件单位公文收发部门到车站车递公文收发室（行李房）领取，与车站办理交接。

车递公文环节各单位应严格落实交接手续，交接应层层办理签收手续，并加盖名章，做到有迹可查。

三、路用物品的运送

1. 铁路总公司有关单位运送下列物品时，可按路用品办理。

（1）铁路衡器管理所检修工作人员到各站检定、修理衡器时所使用的砝码和衡器配件。

（2）中国铁路文工团到铁路基层单位慰问演出，拍、放电视片，演出用的服装、道具、布景，以及拍、放电视片所用的监视器、投影机、录音机等附属品。

（3）快运公司小型包裹集装箱（冷藏箱）空箱。

（4）铁路总公司规定的其他可按路用品办理的物品。

2. 有关单位办理路用品运输时应当出具相关证明，车站填发包裹票时应当在记事栏内注明事由，并将书面证明随同包裹票报告联一并上报。

3. 铁路总公司内部的公文及其附属品经旅客列车行李车运送时，交接时应当确认到站，检查封印、包装，清点件数。列车上一般公文按到站分存，贵重品应当入柜加锁保管。

四、路用物品的携带

1. 铁路电务等维修人员

铁路电务等维修人员乘坐管内旅客列车到各站检查、维修设备，凭铁路集团公司发给的携带器材乘车凭证，可携带蓄电池（6 V）8 组，蓄电池和电池的电解液（装入特种器）3 瓶，轨道焊接线火柴（铁盒密封）5 盒，焊药 40 包，防腐油 10 kg，机油 1 kg，煤油 1 kg，变压器油 2 kg，调合漆 5 kg,汽油(密封)0.5 kg。乘车时应服从列车长安排,将携带品放在列车尾部,保证安全,并不影响车内秩序。

2. 铁路衡器管理所检修工作人员

铁路衡器管理所检修工作人员持证明到各站检定、修理衡器时,准许随身携带小型配件、调合漆 5kg 和标准砝码 200kg。也可凭书面证明免费托运砝码和衡器配件。

第四节 车站客运工作组织

车站的客运工作组织主要包括售票、行包运送、高铁快运以及客运服务工作。

一、售票工作

(一)基本要求

1. 车站应提供窗口、自动售(取)票机、铁路客票代售点等多种售票渠道,售票网点布局合理,管理规范。售票窗口和自动售(取)票机设置、开放的数量适应客流量,日常窗口排队不超过 20 人。办理售票、退票、改签、换票、取票、变更到站、挂失补办、中转签证等业务,发售学生票、残疾军人票、乘车证签证等各种车票,支持现金、银行卡等支付方式。

2. 根据高铁车站客流及最早最晚办理客运业务列车到达时刻合理确定售票时间和停售时间,并在售票处醒目位置公布;开窗时间不晚于本站首趟列车开车前 30 min,关窗时间不早于本站最后一趟列车办理客运业务后 20 min。在售票处醒目位置公布售票时间和停售时间。工作时间内暂停售票时设有提示。用餐或交接班时间实行错时暂停售票。

3. 自动售(取)票机及时补充票据、零钞和凭条。设备故障等异常状况处置及时。

4. 票据、现金妥善保管,票面完整、清晰。票据填写规范,内容准确、无涂改,按规定加盖站名戳和名章。

(二)售票作业程序

售票作业过程中,不仅需要解答旅客问询、保证票据票款准确,还要快速地发售车票,减少旅客购票时间,因此售票工作是一项需要耐心的工作,同时要求固定的流程避免出错。在实际售票过程中,为防止差错,又快又好地发售车票。要求售票员做到“问”“输”“收”“做”“核”“交”六字售票法。

问:问清旅客乘车日期、车次、发到站、席别、票种、张数、支付方式等。

输:输入旅客乘车日期、车次、选择发到站、票种、数量及席别。

收:一是收取购票款、乘车人有效身份证件,认真清点、核对,并根据计算机找零显示,正确找零款;二是银行卡购票时,在作业系统中选择银行卡支付功能,在 POS 机上刷卡扣款,旅客在消费凭条上签认;三是使用支付宝或微信支付时,确认支付成功。确认扣款成功后,方可进行下一步操作。

做:录入旅客提供的乘车人有效身份证件号码后,打印车票。

核:核对票面信息,产生废票时及时作废处理,注明废票理由并加盖名章。

交:将车票、余款(银行卡、消费凭条第二联)及证件交给旅客,同时唱收唱付。

（三）改签作业程序

旅客购票后，如果不能按票面指定的日期、车次乘车时，开车前 48 h（不含）以上，可改签预售期内的其他列车；开车前 48 h 以内，可改签开车前的其他列车，也可改签开车后至票面日期当日 24:00 之间的其他列车，不办理票面日期次日及以后的改签；开车之后，旅客仍可改签当日其他列车，但只能在票面发站办理改签。始发改签应做到"接""问""输""核""做""交"六字始发改签法。

接：接过车票或身份证件原件，审核原票是否有效。

问：问清旅客改签的乘车日期、车次、到站、席别。

输：扫描原票，还原票面信息，确认原票无误后，再将改签信息输入计算机。

核：一是核对新票票面信息；二是复核票价差额是否正确。

做：按系统提示退还或补收新旧车票票价差额，正确办理银行卡支付业务，并制出新票。

交：将车票及余款（银行卡、持卡人存根联消费凭条）交给旅客，在原票上加盖印章，并将原票（商户存根联）收回放入抽屉归类存放。

（四）退票作业程序

旅客购票后，如需取消行程，可以在票面开车前办理退票手续。退票应做到"看""输""核""盖""交"五字退票法。

看：看票面日期、车次、发到站、票价、有效期，有无行李戳记及禁退标志，旅客提供的身份证件是否与票面所载一致，有无卡购、网购车票标记，发现问题要问清车票来历、票价及退票原因。

输：选择退票理由，将票面信息输入计算机。

核：确认票面内容和计算机显示一致后，进行退票（银行卡购票旅客退票，进行刷卡后，净退款直接返回卡内，将 POS 机凭条第一联由旅客签字后收回）。

盖：纸质车票人工加盖"退"字章或机器打印"退"字，并将所退车票按序存放。

交：一是按净退款额点清退款，将应退款及退票报销凭证一起交旅客，收回已退车票；二是将 POS 机凭条第二联、退票报销凭证、银行卡、有效身份证件一起交旅客。

由于卡购、网购车票的增多，及实行阶梯式退票，在输入票面信息前，要告知旅客退票的手续费及卡购、网购车票钱退回原购票的银行卡，征得旅客同意后退票。

（五）交班作业程序

售票员交班作业时需清点票款，核对票据等，应做到"关""点""填""交""核""登"。

关：关窗停止售票。并将关窗停售信息提前 15 min 以上向旅客公告。

点：清点票款、票据，留好备用金。

填：一是将 POS 机进行结账操作，打印结账统计单后，将作业系统进入结账状态；二是填写"票据进款交接单"；三是将售票款额和 POS 机结账金额输入计算机，按"结账"按钮后点"交班"钮，退出作业系统。

交：将票款封好交进款员签收。

核：核对废票、改签票和退票时收回的车票。

登:在“交接班簿”上登记未使用票卷起止号、退票窗口的退票报销凭证起止号、备品、设备使用状况是否良好。退票窗口还需核对备用金。

(六)车票的请领和保管

车站的各种车票、票据应有一定的储备量。由车站票据库统一请领、保管和发放。

二、行包运送工作

(一) 基本要求

1. 设置承运、交付办理窗口,提供托运单和填写托运单的必要用具。

2. 承运行包及时准确,品名相符,正确检斤、制票,运杂费收付无误,唱收唱付,不逾期、不破损、不丢失。

3. 承运限制运输的物品时,按规定查验相关的运输证明;需要押运的物品按规定办理押运手续。

4. 装卸、搬运行包轻搬轻放,大不压小、重不压轻、方不压圆,箭头向上、标签向外,堆码整齐。

5. 易碎品、流质物品或一级运输包装的放射性同位素,外包装上粘贴或印制有安全标志;运输过程中发生行包包装松散、破损及时修整,并有记录、有交接。

6. 到达行包核对票据,妥善保管,及时通知,准确验货,正确交付,按规定期限保管。对无法交付的行包及时公告,按规定处理。

7. 认真处理行包差错,发生行包损失先赔付、后定责。

8. 仓库内无闲杂人员出入,无非行包、装卸工作人员查找、搬运行包。

9. 行包代办网点布局合理,管理规范。代办接取送达及时、准确、安全,收费规范。

10. 行包装卸单位具备相应资质;装卸人员经过装卸作业知识、技能和铁路安全知识培训合格,持证上岗。

11. 按规定实行实名制托运。核验有效身份证件原件与托运人的一致性。

12. 执行行包运输方案。装卸列车时,先卸后装,按照列车行李员指定货位码放,使用规定印章办理站车交接。

(二)行李、包裹运输组织

1. 行李、包裹业务受理

铁路局集团公司、快运公司应当按照“实货制”运输要求,利用行包房、客票代售点、95306网站及客服电话等渠道,全面敞开包裹业务受理。

车站要统筹门到站、站到门、站到站和门到门的业务受理,实行由同一个服务窗口统一受理客户提出的运输需求。

2. 行李、包裹的运输环节

行包运输是旅客运输的一个组成部分。组织好行包运输既方便旅客旅行,又充分发挥行李车的使用效率,完成工农业急需物资的运输任务。客运站行包组织工作分为发送作业、到达作业、中转作业和服务工作。

(1)行李、包裹承运

承运是行包运输的开始,也是铁路承担运输责任的起点,车站必须做好承运工作。为安全、迅速、准确的运输行包,对承运的行李应随旅客所乘列车或提前装运,如承运大批行包时,应事先汇报客调预留行李车容积或组织整车运输。节假日、学生、新老兵运输及地区性大型会议等,车站可派人上门办理承运,也可设专口办理团体行包。

承运行李应要求旅客出具车票。市郊定期客票不能托运行李,铁路乘车证不能免费托运行李。旅客在乘车区间内凭有效客票每张可托运一次行李,残疾人车不限次数。

承运行包时,应当确认品名、包装、件数、重量、外形尺寸及托运人应提供的运输证明,核验托运人身份证件、联系方式。不符合国家、铁路规定营业办理限制和运输条件的,不予承运。

查:承运行李应查看旅客出具托运人身份证件和有效车票。

交:托运行李、包裹应提交填写完整的托运单。

检:行李、包裹安全检查。经旅客列车行李车运输的行包必须逐件安检、实名登记,防止夹带危险品、禁运品。行包房应当对查堵的违禁物品进行登记。上门接取的行包,与客户交接前应当先验视、后封箱(包)。

核:认真检查核对行包品名、运输证明以及包装是否符合运输包装标准。

盖:如适合运输条件,则正确检斤,在托运单内填写重量并加盖"安检"戳记。

制:按托运单正确、清楚的填制行李、包裹票(小件货物快运运单),核收运费及相关费用,在运输票据上加盖"已安检"戳记。

拴(贴):在行包易识别位置,拴挂或粘贴一个铁路行包货签,托运易碎、不能倒置等物品时,应当粘贴安全标志。

(2)行李、包裹的保管与装车

承运后的行包按方向、区段(到站)或车次分别码放在发送仓库的货位上。货位的划分应以保证容易清点、便于装车及行包不受损为力原则。一般对行李运量不大的车站,可按区段码放,包裹按到站码放。对大批的行李或包裹应按票码放,便于做装车计划。运输报单必须与行李、包裹同行,以免发生票货分离。

车站行李员应掌握各次列车行李车的编挂位置、车型容积、载重及车站计划装车的件数,做好计划运输、均衡运输,并严格按铁路总公司制定的"行李、包裹运输方案"作装车计划,消灭不合理中转,提高行李车的利用效率及行包的运输速度。

(3)装车作业过程。

编:编制行李、包裹装卸交接证。

填:填制列车行包装车计划清单。

装:列车到站前 10 min 到达站台装卸车地点。站、车行李员先交换装卸车票据,先卸后装。

(4)行李包裹到达作业

行包的到达作业包括卸车、仓库保管和交付。

①卸车。车站行李员于列车到达前与行包计划员联系预报情情况确认卸车站台,预先准备好人力和搬运车辆。

列车到达后,车站行李员接收并清点运输报单总数,确认与交接证相符后,按票点件卸车。

②仓库保管。为保证到达行包的安全和完整,应及时将卸下的行包送到仓库保管,为便于

查找对照,应根据作业量的大小和车站设备条件采用不同形式的分区堆放的方法。

③交付。交付工作是行李、包裹运输过程中最后一道工序,是铁路负责运输全过程的结束,也是全部运输过程中的一个重要环节,交付后双方不再承担义务和责任。

(5)行李包裹中转作业

行包的中转作业是指行包在中转站卸下后,再装入其他旅客列车中的行李车内继续运送的作业。作业内容前半部分与到达行包的卸车作业相似,后半部分与始发行包的装车作业相似。

同一城市内有两个及以上行包办理站时,各站只办理本站停靠列车沿途停车站(或经沿途停车站中转)行包的发、到业务,到达行包不得同城中转。

三、高铁快运工作

高铁快运,全称高铁快运包裹,是指铁路企业依托但不限于利用高铁列车(含确认列车)等运输资源,为客户提供的小件物品全程运送服务。

高铁快运作为新服务类型纳入铁路包裹业务范畴,由中铁快运股份有限公司作为高铁快运业务经营主体对外经营。经铁路运输时向发送站办理托运手续。中铁快运承担高铁快运安检、相关作业及设备管理安全主体责任。

四、客运服务工作

客运服务工作包括进站、候车、检票组织,站台组织,出站组织等。

(一)进站、候车、检票组织

1. 按规定实行实名制验证,核验车票、有效身份证件原件、旅客的一致性。

2. 安检设备的设置适应客流量和站场条件,秩序良好,通道顺畅。普速车站按列车开行方向、车次组织旅客有序候车,提醒旅客对超重、超大等物品办理托运。

3. 候车室(区)旅客可视范围内有客运人员,及时巡视、解答旅客咨询、妥善处置异常情况。候车区具备车票改签和自助取票功能。贵宾候车区按规定配备专职服务员以及验票终端等服务设备,提供免费小食品、饮品、报刊等服务。

4. 开始、停止检票时间的设置适应客流量和站场条件,进站口有提前停止检票时间的提示。开始检票或列车到站前,通告车次、停靠站台等检票信息。普速车站始发列车检票时间不晚于开车前 30 min。

5. 自动检票机通道和人工检票通道正常启用,通道数量适应客流情况,高铁车站设有商务座旅客快速检票通道。设两侧检票口的,对长编组、重联动车组列车同时开启。按照先重点、后团体、再一般的原则,引导旅客通过自动检票机、人工检票通道分别排队等候、检票进站,宣传自动检票机的使用方法,提醒旅客拿好车票或身份证,防止尾随。具备居民身份证自动识读检票条件的自动检票机正常启用。人工检票口核验车票和其他乘车凭证,对车票加剪。

6. 对无票、日期车次不符、减价不符、票证人不一致等人员按规定拒绝进站、乘车。

7. 停止检票前,通告候车室,无漏乘;停止检票时,关闭检票口,通告候车室和站台。

(二)站台组织

1. 站台客运人员提前到岗,检查引导屏状态和显示内容、站台及股道情况。

2. 高铁车站按站台车厢位置标志在站台安全线或屏蔽门内组织旅客排队等候,有序乘降。铃响时巡视站台,无漏乘。普速车站组织旅客按车厢位置在站台安全线内排队等候,列车停稳后先下后上、有序乘降。铃响时巡视站台,无漏乘。

3. 办理站车交接,短编组动车组列车在4、5号车厢之间;长编组动车组列车在8、9号车厢之间;重联动车组列车在列车运行方向前组第7、8位车厢之间。普速车站在列车中部办理站车交接。

4. 高铁车站开车时间前30 s打响开车铃,铃声时长10 s。普速大中型车站开车时间前打响开车铃。

5. 高铁车站确认列车旅客乘降、上水、吸污和高铁快运、餐车物品装卸作业完毕后,使用无线对讲设备通知列车长与客运有关的作业完毕。

6. 同一站台有两趟列车同时进行乘降作业时,有宣传,有引导,无误乘。

7. 普速大中型车站客流较大时,始发终到列车1人值乘多个车厢、需双开车门时,车站负责值守增开的车门。

(三)出站组织

1. 出站检票人员提前到岗,检查自动检票机、出站显示屏状态和内容。

2. 引导旅客通过自动检票机和人工检票通道检票出站,具备居民身份证自动识读检票条件的自动检票机正常启用。人工检票口核对车票及其他乘车凭证,对未加剪的车票补剪,秩序良好,防止尾随。普速大、中型车站遇有大客流可敞开出口。

3. 对违章乘车旅客及违章携带品正确处理,票款收付准确。

4. 列车出站后及时清理,站台、通道无滞留人员。

5. 换乘客流大的车站根据需要设置站内换乘流线,配备相应的设备和引导标志。

第五节 旅客列车乘务工作组织

一、旅客列车乘务工作的特点及任务

旅客的旅行生活大部分时间是在列车运行中度过的,因此做好列车乘务工作,对保障旅客安全、便利、舒适的旅行具有十分重要的意义。

旅客列车乘务组是客运部门的基层生产班组,其工作特点是车内人数多、旅客要求不一,客车设备条件有一定限度,列车运行和停站时间有严格规定,而且列车乘务组是在运行过程中,远离领导进行工作。旅客列车乘务组要建立相应的组织及一定的工作制度,从实际出发及时解决旅客提出的要求和处理临时发生的各种问题。

(一)乘务组的主要工作

1. 使车内经常保持整齐清洁、设备良好、温度适宜、照明充足。

2. 通告站名，组织旅客安全乘降，及时妥善安排旅客座席、铺位。
3. 对老、幼、病、残、孕等重点旅客做到重点照顾。
4. 维护车内秩序，保证安全正点。
5. 做好饮食供应工作。

（二）动车组列车乘务组的工作职责

客运乘务组承担服务旅客、处理票务、检查列车保洁、餐饮工作质量等工作。发生影响旅客安全问题时，客运乘务组应当立即采取有效措施，保护旅客安全。

二、乘务组的组成及分工

（一）普速旅客列车乘务组的组成

普速旅客列车乘务组由客运、车辆、公安乘务人员组成。列车的乘务工作由列车长统一领导，车辆、公安乘务人员按照各自的职责规定，配合列车长共同搞好乘务工作。

客运乘务人员包括列车长、列车值班员、列车行李员、广播员、列车员及餐茶供应人员，负责旅客列车的服务工作。

车辆乘务人员包括检车长、检车员（含空调检车员）、车电员，负责列车车辆设备检修工作。

公安乘务员包括乘警长和乘警，负责维护列车的治安工作。

（二）动车组列车乘务组的组成

动车组列车乘务组由列车长、列车员、乘警、随车机械师组成。列车上保洁、餐饮由社会专业公司承担时，其员工视同列车乘务组成员。列车乘务组人员应当各司其职，在为旅客服务上，接受列车长统一领导。特殊情况下，按规定服从司机统一指挥。

动车组列车上实行列车长领导下的各工种分工负责制。

编组 8 辆的客运乘务组一般由 1 名列车长和 2 名列车员组成；动车组重联时，按两个乘务组配备。编组 16 辆的动车组一般按 1 名列车长和 4 名列车员配备。对运行时间较长的动车组可适当增加客运乘务人员。

三、乘务组的工作制度

乘务组的工作制度主要包括出退勤制度、趟计划制度、验票制度、统一作业制度、车门管理制度等。

（一）出退勤制度

乘务员在本段出乘时，要按规定时间由列车长带队到派班室报到，听取派班员传达有关事项。列车长并应摘抄有关电报、命令、指示。每次乘务终了，列车长应召开班组会议，总结并向派班室汇报往返乘务工作情况，提出书面乘务报告。

（二）趟计划制度

列车长每次出乘前应编制趟计划，趟计划在乘务报告中显示，其主要内容有：

1. 本次乘务工作中的重点工作安排；
2. 对贯彻上级规章、命令、指示、通知的具体措施；
3. 上次乘务工作中的优缺点及改进措施；
4. 针对接车所发现的问题，应采取的措施。

（三）验票制度

为保证旅客安全、准确的旅行，维护铁路运输秩序和铁路收入，在列车内应检验车票。验票由列车长负责，乘警、列车员协助，并根据《北京铁路局旅客运输实名制管理办法》的规定决定验票次数，检验过的车票应用列车专用票剪加剪（但另有规定者除外）。发现违章乘车时，按规定补收运输费用。

（四）统一作业制度

列车长应根据列车乘务的运行时刻、线路、客流、换班、餐茶等情况编制统一作业过程。

除上述制度外还应建立健全以岗位责任制为中心的各项管理制度，如安全生产，经济核算，票据、现金、备品管理及库内看车，旅客意见处理等多项制度。

（五）车门管理制度

1. 普速旅客列车

（1）车门管理做到停开、动关、锁，出站台检查瞭望值乘区域车门。车站开车铃声结束、旅客乘降完毕后上车放下脚踏板，在车门口值守做好关门准备（塞拉门应关闭车门），车动关闭车门；进站提前到岗，确认站台，试开车门（塞拉门除外），停稳开门，卡牢翻板，无旅客从背面车门下车。试开车门时开启车门缝隙不超过 10 cm，确认车门状态良好后立即关闭。始发、终到客流较大时双开车门组织乘降，一人值乘多个车厢时，由车站负责值守增开的车门。

（2）列车运行中，载客车厢连接端门不锁闭，特殊情况需要锁闭时，应有工作人员监管，需要时能随时打开。车门及餐车厨房边门、走廊边门、厨房后门锁闭；行李车、发电车、邮政车端门锁闭，但与车厢连接端门锁闭后可用列车通用钥匙打开。到站前、开车后疏通通道。列车站停期间，卧车端门按照值乘范围锁闭相应车厢端门。

（3）列车首节车辆前部、尾节车辆后部设有外端门、防护栏和“禁止通行、当心坠落”标志，外端门运行中锁闭。餐车后厨边门窗户不是内翻可开启式的，边门外加装防护栏并加锁固定牢固。列车首尾载客车厢内端门运行中锁闭，在内端门设置“旅客止步”标志。

（4）临时停车时做好宣传，加强巡视，确保车门锁闭，严禁旅客上下车，未经列车长统一组织不准开启车门。列车启动后四门检查瞭望。

（5）停站立岗时，面向旅客放行方向立岗（高站台时不背对车厢连接处立岗），做好安全宣传，验票上车，重点帮扶，安全乘降。

（6）高站台乘降作业时，站停时间超过 4 min 时，车门口与站台间使用安全踏板，组织乘降的车门与相邻车厢间空档处设置警示带。安全踏板制作轻巧牢固，安放平稳，定位放置。警示带印有反光材料制作的“请勿靠近、当心坠落”字样及当前、相邻车厢顺号，设置方式、位置统一。临时双开车门组织乘降时，增开的车门可不设置安全踏板和警示带。

2. 动车组列车

(1)列车到站停稳后,司机或随车机械师开启车门,并监控车门开启状态。开车前,列车长(重联时为运行方向前组列车长)接到车站与客运有关的作业完毕通知后,按规定通知司机或随车机械师关闭车门。

(2)动车组列车停靠低站台时,到站前乘务人员提前锁闭辅助板指示锁并打开翻板,开车后及时将翻板及辅助板指示锁复位。

(3)餐车上货门仅供餐车售货人员补充商品、餐料时使用,无旅客乘降。

(4)列车运行中,车门、气密窗锁闭状态良好。定期巡视,保持通道畅通。发现车门未锁闭或锁闭状态不良时,指派专人看守,并及时通知随车机械师处理。

四、乘务组的工作内容

乘务组的主要工作内容包括安全工作、整备工作、服务工作、列车广播工作、高铁快运工作(动车组列车)、行包运输工作(普速列车)、餐饮经营工作等。

(一)安全工作

1. 安全检查

(1)普速旅客列车始发前及途中,客运、车辆、公安等人员按照职责分工分别对列车上部设备设施进行检查,发现问题各自填入"三乘检查记录"并通知车辆人员处置,涉及行车、人身安全的及时采取临时处置措施。列车终到前,已经修复的在"三乘检查记录"上标记并由"三乘"签字确认后,交车辆乘务员。

(2)动车组列车出、入动车所前,由车辆、客运人员对上部服务设施状态进行检查,办理一次性交接;运行途中,发现上部服务设施故障时,客运乘务人员立即向列车长报告,并通知随车机械师共同确认、处理。

2. 安全设备、设施操作

乘务人员对列车安全设备、设施应做到"两知一会"(知位置、知性能、会使用)。

3. 安全用电

(1)安全使用电源,正确使用电器设备。电器元件安装牢固,接线及插座无松动,按钮开关、指示灯作用良好;不乱接电源和增加电器设备,不超过允许负载。配电室(箱)、电气控制柜锁闭,无堆放物品。不用水冲刷车内地板、连接处和车内电器设备。

(2)餐车配置的微波炉、电烤箱、咖啡机等厨房电器符合规定数量、规格和额定功率,规范使用,使用中有人监管,用后清洁,餐车离人断电。

4. 运行中安全

运行中做好安全宣传和防范,车内秩序、环境良好,无闲杂人员随车叫卖、拣拾、讨要。发现可能损坏车辆设施和影响安全、文明的行为及时制止。

5. 禁烟工作

动车组全列各处所及普速旅客列车车厢内禁止吸烟,加强禁烟宣传,发现禁烟区吸烟行为及时劝阻,并由公安机关依法查处。普速旅客列车在允许吸烟的处所有"吸烟处"标志和安全注意事项告知揭示,配备烟灰盒。

6. 旅客携带品放置

行李架、大件行李存放处物品摆放平稳、牢固、整齐。大件行李放在大件行李存放处,不占用席(铺)位,不堵塞通道。锐器、易碎品、杆状物品及重物等放在座(铺)位下面或大件行李存放处。衣帽钩限挂衣帽、服饰等轻质物品。使用小桌板不超过承重范围。

(二)整备工作

1. 普速旅客列车

(1)出库时做到:车厢内外各部位整洁,窗明几净,四壁无尘,物见本色。布制品、消耗品和清扫工具等服务备品配备齐全,定位放置,定型统一。定期进行“消、杀、灭”,蚊、蝇、蟑螂等病媒昆虫指数及鼠密度符合国家规定。

(2)途中做到:各处所清扫及时,保持整洁卫生。洗手液、卫生纸、面巾纸、一次性坐便垫圈等备品补充及时;卧具污染更换及时。垃圾装袋、封口、无渗漏,定位放置,在指定站定点投放;不向车外扫倒垃圾、抛扔杂物。

(3)终到做到:车内无垃圾,无污水,无粪便。垃圾装袋、封口、无渗漏,到站定点投放。

(4)到站立即折返时做到:车厢地面、通过台、连接处、行李架、扶手及座椅(铺位)、暖气罩、边角等部位干净整洁,通风口、电茶炉下、洗脸间下等隐蔽处所无积垢,无杂物。垃圾箱(桶)内无垃圾,无异味。果皮盘、热水瓶内外洁净;垃圾箱(桶)、洗脸间四周洁净。餐车橱、柜、箱干净无异味,分类标志清晰,餐料、商品、备品和餐、炊具等分类定位放置。洗脸间、厕所面镜洁净,洗脸(手)池、便器无污物、无异味。电茶炉沥水盘洁净。布制品、消耗品和清扫工具等服务备品配备齐全,定位放置,定型统一。

2. 动车组列车

(1)出库时做到:车厢内外各部位整洁,窗明几净,四壁无尘,物见本色。深度保洁结合检修计划安排在白天作业,范围包括车厢天花板、板壁、遮阳板(窗帘)、灯罩、连接处、车梯、商务座椅表面、座椅(铺位)缝隙、座椅扶手及旋转器卡槽、小桌板、脚踏板、暖气罩缝隙、洗手液盒、车厢边角,以及电茶炉、饮水机内部。布制品、消耗品和保洁工具等服务备品配备齐全,定位放置,定型统一。可旋转式座椅转向列车运行方向。定期进行“消、杀、灭”,蚊、蝇、蟑螂等病媒昆虫指数及鼠密度符合国家规定。

(2)途中做到:使用垃圾小推车和专用工具适时保洁,保持整洁卫生。旅客下车后及时恢复车容。清洁袋、洗手液、卫生纸、擦手纸、一次性坐便垫圈等备品补充及时;卧具污染更换及时。垃圾装袋、封口、无渗漏,定位放置,在指定站定点投放;不向车外扫倒垃圾、抛扔杂物。

(3)终到做到:终到站时车内无垃圾、污水、粪便、异味。垃圾装袋、封口、无渗漏,到站定点投放。

(4)到站立即折返时做到:站台侧车外皮、门框、车窗干净,无污物、无积尘。车内地面清洁,行李架、大件行李存放处、扶手及座椅(铺位)、窗台上和靠背网兜内干净整洁;垃圾箱(桶)内无垃圾,无异味。热水瓶、果皮盘内外洁净,垃圾箱(桶)、洗脸间四周洁净。餐车橱、柜、箱干净无异味,分类标志清晰,商品、餐、饮品和备品等分类定位放置。洗脸间、厕所面镜洁净,洗脸(手)池、便器无污物、无异味。电茶炉沥水盘洁净。布制品、消耗品和保洁工具等服务备品配备齐全,定位放置,定型统一。可旋转式座椅转向列车运行方向。

(三)服务工作

1. 普速旅客列车

(1)乘务员仪容整洁,着装统一,整齐规范。

(2)乘务员表情自然,态度和蔼,用语文明,举止得体,庄重大方。

(3)车厢温度适宜,环境舒适。

(4)始发开车前电茶炉水开,清空热水瓶存水;开车后及时为热水瓶注水,途中为有需求的重点旅客供水。车厢不间断供水。

(5)列车渡海以及运行在市区、长大隧道、大桥和站停 3 min 及以上的停车站锁闭厕所;中途停车站提前 5 min、终到站提前 10 min 锁闭厕所。集便式厕所吸污时或未供电时锁闭厕所,其他时间不锁厕所。厕所锁闭时,为特殊情况急需使用厕所的旅客提供方便。

(6)公共区域的电源插座保证符合标示范围的旅行必需的小型电器正常使用。

(7)在始发站根据车站通知、在中途站列车停稳后打开车门组织旅客乘降;开车铃响,面向列车,足踏安全线,铃止登车,做到行动迅速,作业统一。遇有高寒、高温、雨雪天气或在办理客运业务的中间站长时间停靠时,列车长与车站确认没有旅客乘降后,可统一组织乘务员提前上车,保留正对车站放行通道的车门开放,其余车门暂时关闭,乘务员在车门口立岗。

(8)除一站直达列车外,卧车及时为上车旅客更换卧铺牌,到站前 30 min 为旅客更换车票,及时提醒旅客做好下车准备,不干扰其他旅客。卧车贴身卧具一客一换,卧具终点站收取。夜间运行,卧车乘务员在边凳值岗,定时巡视车厢。始发后和进入夜间运行前,客运乘务人员对卧车核对铺位,对座车进行旅客去向登记。

(9)列车剩余铺位在列车办公席或指定位置公开发售,公布手续费收费标准。

(10)发现旅客遗失物品妥善保管,设法归还失主,无法归还时编制客运记录交站处理。无法判明旅客下车站时交列车终到站处理。

(11)全面做好基本服务。

①各车厢公布中国铁路客户服务中心客户服务电话(区号+电话号码)、铁路 12306 手机客户端和微信公众号二维码。

②实行首问首诉负责制。受理旅客咨询、求助、投诉,及时回应,热情处置,有问必答,回答准确;对旅客提出的问题不能解决时,指引到相应岗位,并做好耐心解释。

(12)保障重点旅客服务。

①按规范设置无障碍厕所、座椅、专用座席等设施设备,作用良好。

②对重点旅客做到“三知三有”(知座席、知到站、知困难,有登记、有服务、有交接),优先办理卧铺、安排座席;为有需求的特殊重点旅客联系到站提供担架、轮椅等辅助器具,及时办理站车交接。

③尊重民族习俗和宗教信仰。经停少数民族自治地区车站的列车可按规定在图形标志增加当地通用的民族语言文字,可根据需要增加当地通用的民族语言播音。

2. 动车组列车

(1)乘务员仪容整洁,着装统一,整齐规范。

(2)乘务员表情自然,态度和蔼,用语文明,举止得体,庄重大方。

(3)车厢温度适宜,环境舒适。

(4)运行途中为有需求的重点旅客提供送水服务;售货车配热水瓶,利用售货时为有需求的旅客提供补水服务。

(5)运行途中,厕所吸污时或未供电时锁闭厕所,其他时间不锁厕所。厕所锁闭时,为特殊情况急需使用厕所的旅客提供方便。

(6)公共区域的电源插座保证符合标示范围的旅行必需的小型电器正常使用。

(7)通过图形符号、电子显示、广播、视频、服务指南等方式宣传旅客运输服务信息,引导旅客自助服务。

(8)卧具终点站收取,贴身卧具一客一换。到站前提醒卧车旅客做好下车准备,不干扰其他旅客。夜间运行,卧车乘务员在边凳值岗,并定时巡视车厢。始发后和夜间客运乘务人员对卧车核对铺位。列车剩余铺位在列车办公席或指定位置公开发售,公布手续费收费标准。

(9)发现旅客遗失物品妥善保管,设法归还失主,无法归还时编制客运记录交站处理。无法判明旅客下车站时交列车终到站处理。

(10)根据旅客乘坐列车等级和席别提供相应服务。

(11)全面服务做到:无需求无干扰。通过广播、电子显示屏等方式宣传服务设备的使用方法,方便旅客自助服务。有需求有服务。在各车厢电子显示屏公布中国铁路客户服务中心客户服务电话(区号+电话号码)。实行首问首诉负责制。受理旅客咨询、求助、投诉,及时回应,热情处置,有问必答,回答准确;对旅客提出的问题不能解决时,指引到相应岗位,并做好耐心解释。

(12)重点照顾做到:重点关注,优先照顾,保障重点旅客服务。按规范设置无障碍厕所、座椅、专用座席等设施设备,作用良好。对重点旅客做到"三知三有"(知座席、知到站、知困难,有登记、有服务、有交接);为有需求的特殊重点旅客联系到站提供担架、轮椅等辅助器具,及时办理站车交接。尊重民族习俗和宗教信仰。经停少数民族自治地区车站的列车可按规定在图形标志增加当地通用的民族语言文字,可根据需要增加当地通用的民族语言播音。

(四)列车广播工作

广播常播内容录音化。使用普通话。经停少数民族自治地区车站的列车可根据需要增加当地通用的民族语言播音。过港列车可增加粤语播音。直通列车可增加英语播报客运作业信息。

1. 普速旅客列车:广播语音清晰,音量适宜,用语准确,内容丰富,更新及时,形式多样,健康活泼,不干扰旅客正常休息。视频播放画面清晰,外放声音不得影响列车广播的正常播放,且音量不得高于 30 dB。列车停站信息预、播报及时。执行"一站两报",即开车后预告下一到站站名和时刻;到站前(不晚于到站前 10 min)再次通报。开车后、到站前硬座车厢乘务员双车(边)通报。

2. 动车组列车:广播语音清晰,音量适宜,用语准确,不干扰旅客正常休息。自动广播系统播报。

(五)高铁快运工作

1. 高铁快运应使用专用箱、冷藏箱、集装袋等集装容器以集装件的形式在高铁车站间运输,集装容器式样要抄送铁路局,并报铁路总公司相关部门备案。

2. 高铁快运集装件要装在列车指定位置。载客动车组列车可将集装件装在大件行李存放处、二等车厢最后一排座椅后空当处、集装件专用存放柜、动卧列车预留包厢等位置。个别方向列车运能不足时,可利用二等座车预留座位处的空当装载集装件(不得码放在座椅上)。

（六）行包运输工作

1. 行李车办公室有遮光帘，有站名牌、货位示意图和隔离带（网）和《押运人员须知》；货仓有“严禁烟火”安全标志，地面有隔水板。

2. 执行行包运输方案，装运行包监装监卸，车门点数，使用规定印章办理站车交接。

3. 行李车货仓保持干净，留有安全通道，保证货物装卸和人员正常通行，货物堆码平稳、牢固、整齐，不堵塞车门，不超载、偏载、超限。贵重品、密件入柜加锁。

4. 及时、正确填写台账资料，及时向前方站做好预报。

5. 行李车内无违章运输物品，无闲杂人员，货仓拉门加明锁。对押运人员查验车票、押运证、身份证，告知注意事项并进行登记。

（七）餐饮经营工作

1. 普速旅客列车

(1)餐车经营证照齐全有效，经营项目、收费价格公开，无只收费不服务行为；提供发票。

(2)食品加工用具（刀、板、墩、盆、桶等）有生熟（或成品、半成品，下同）标记，并按标记使用。冰箱使用垫布、盖布，并分别按生熟标记、存放。厨房有防蝇、防尘、灭鼠措施。有符合要求的洗消设备和消毒药品，炊、餐、茶、酒具清洁、消毒合格。

(3)销售的商品质价相符，明码标价，一货一签，提供发票。

(4)列车经营行为规范，文明售货，不捆绑销售商品。

(5)餐料、商品有检验、签收制度，采购、保管、加工、运输、销售符合食品卫生安全要求。

(6)不出售无生产单位、生产日期、保质期和过期、变质，以及口香糖等严重影响列车环境卫生的食品。

2. 动车组列车

(1)餐饮经营符合有关审批、安全规定，证照齐全有效。食品经营单位的食品安全管理制度健全。

(2)餐车销售的饮食品符合国家有关规定。销售的商品质价相符，明码标价，一货一签，价签有“CR”或“CRH”标志，提供发票。餐车明显位置、售货车、服务指南内有商品价目表和菜单，无只收费不服务行为。

(3)餐车配置的微波炉、电烤箱、咖啡机等厨房电器符合规定数量、规格和额定功率，保持洁净。

(4)经营行为规范，文明售货，不捆绑销售商品。非专职售货人员不从事商品销售等经营活动。餐车实行不间断营业，并提供订、送餐服务。销售人员不在车内高声叫卖、危险演示，销售过程中主动避让旅客。夜间运行时，不得进入卧车销售，座车可根据情况适当延长或提前销售时间，但不得超过 1 h。

(5)不出售无生产单位、生产日期、保质期和过期、变质，以及口香糖、方便面等严重影响列车环境卫生的食品。超过保质期限的食品单独存放、回收销毁。

第九章　铁路货运组织

货物运输是生产过程在流通领域里的继续，是铁路运输的一个重要组成部分。随着社会的发展和科学技术的进步，逐步形成了以铁路、公路、水运、航空、管道为主的现代交通运输体系，各种运输方式彼此相互竞争、相互协作，也为铁路运输企业在运输市场中的竞争带来了新的机遇和挑战。因此，铁路运输企业必须树立市场观念、生产观念、产品观念和营销观念，铁路货运工作必须以“安全、迅速、经济、便利地运送货物”为宗旨，以满足运输市场的需求。

第一节　铁路货物运输基本条件

铁路是现代化主要交通工具之一，通过铁路运输的货物品种多样、性质各异，对运输要求的条件也各不相同。为了安全、迅速、经济、便利地运输货物，托运人和承运人双方都要熟悉铁路货物运输的基本条件。

一、铁路货物的运输种类

铁路货物运输种类，即是铁路运输货物的方式，根据托运人托运的货物数量、性质、形状和运输条件等，结合我国铁路技术设备情况，货物运输种类分为整车、零担、集装箱运输三种。目前铁路暂停零担货物运输。

1. 整车

一批货物的重量、体积或形状需要以一辆以上货车运输的，应按整车方式运输。

一件货物的形状不适合进入棚车或敞车与其他货物拼装，或货物的性质决定，有特殊运输要求或者不能清点件数的货物也应按整车办理。

整车运输适合于运输大宗货物，运输费用较低，运输速度快，能承担的运量也较大，是铁路的主要运输方式。

货运组织改革以来，出现了按整车组织装运的批量零散货物快运，即批量品类货物每一批托运重量 40 t 及以上或体积 80 m^3 及以上的货物。为进一步满足市场需求，对批量品类货物且单批重量不足 40 t 且体积不足 80 m^3 时，亦可比照批量快运办理，最低按 40 t 或 80 m^3 计费。

2. 零担

略。

3. 集装箱

符合集装箱运输条件的，可以按集装箱托运。

集装箱是一种装运货物的设备，使用集装箱在货车上的货物运输，称为集装箱运输。

二、一批货物办理条件

铁路货物运输以批为单位，一批是指承运货物和计算运费的一个单位。按一批托运的货物,必须托运人、收货人、发站、到站、装卸地点相同(整车分卸货物除外)。

整车货物以每车为一批,跨装、爬装及使用游车的货物,每一车组为一批;批量货物快运以每车为一批。

使用集装箱的货物,以每张货物运单为一批。使用集装箱运输的货物,每批必须是标记总重相同的同一箱型,至少一箱,最多不得超过铁路一辆货车所能装运的箱数。铁路箱和自备箱不得按一批办理。

下列货物不得按一批托运:

1. 易腐货物与非易腐货物;
2. 危险货物与非危险货物(另有规定者除外);
3. 根据货物的性质不能混装运输的货物;
4. 按保价运输的货物和不按保价运输的货物;
5. 投保运输险的货物与未投保运输险的货物;
6. 运输条件不同的货物。

上述不能按一批托运的货物,在特殊情况下,如不致影响货物安全、运输组织工作和赔偿责任的确定,经铁路局集团公司承认也可按一批托运。

三、铁路货物运输方式

1. 直通运输

按整车托运的货物,为了方便托运人或收货人,免去途中换装作业站或者不同产权归属的交接站办理运输手续,使用一份运输票据完成货物运输任务,这种货物运输方式称为直通运输。如准、米轨间直通运输、国家铁路与地方铁路间直通运输。

2. 联合运输

铁路与其他运输工具或我国铁路与国外铁路共同参加,并以一份运输单据完成货物的全程运输服务的运输方式称为联合运输。如铁路与水路货物联运、铁路与公路货物联运、国际铁路货物联运等。

3. 快速运输

为加速货物送达,提高货物运输质量,适应市场经济的需要,铁路开办了货物快速运输,并在全路的主要干线上开行了快运货物列车。

托运人托运的整车、集装箱,除不需按快运办理的煤、焦炭、矿石、矿建等品类的货物外,托运人要求按快运办理时,经铁路同意,即可按快运办理。

4. 铁路货物运输特殊方式

整车分卸:是指铁路根据托运人要求将同一径路上二个或三个到站在站内卸车的货物,装在同一货车内,作为一批运输的一种特殊的运输组织方式。

站界内搬运:是指在站界内铁路营业线上或站线与专用线(路产)、专用铁道(路产)之间的运输。

途中装卸:是指在两个车站之间的区间或在不办理货运营业的车站装卸车作业。

站界内搬运和途中装卸不但对铁路正常运输秩序有干扰,而且降低货车使用效率。所以非特殊情况,铁路不办理站界内搬运和途中装卸。

危险货物不得办理站界内搬运或途中装卸。

四、货物运到期限

货物运到期限是承运人将货物由发地运至货物运输合同约定地点的最长时间限制。货物运到期限由货物发送期间、货物运输期间和特殊作业时间三部分组成。

货物的实际运到日数，自货物承运次日起算，在到站由承运人组织卸车的，至卸车完了时止，在到站由收货人组织卸车的，至货车调到卸车地点或货车交接地点止。

货物运到期限，起码天数为 3 日，运到期限按自然日计算。

五、铁路货物运价

运价机制分为差别运价机制和无差别运价机制。铁路实行按货种别、运输类别及距离别的差别运价机制。

1. 货种别运价

不同货物适用高低不同的运价。

(1)各种货物的性质、状态不同，需要使用不同类型的车辆装载。

(2)比重和包装状态不同，对货车载重力利用率不同，用不同运价号体现。

(3)货物性质不同及使用车辆类型不同，装卸作业的难易程度不同，车辆停留时间不同，运输成本不同。

2. 运输类别运价

分为整车、零担、集装箱和特殊条件运价。

(1)整车运价计费方法

整车货物均按整车货物运价率与货车标记载重量(标重尾数不足 1 t 时四舍五入)计费。货物重量超过标重时，以吨为单位按货物重量计费。

批量货物快运的计费重量按整车货物运价率与货物重量和货物体积折算重量择大确定。

(2)零担运价计费办法

略。

(3)集装箱运价计费办法

集装箱货物的运费按照使用的箱数和“铁路货物运价率表”中规定的集装箱运价率计算。

(4)特定运价

为贯彻实施国家一定时期的方针政策，或为适应交通运输市场的竞争，对某些货物实行特定运价。

货物运费按照承运货物当日实行的运价率计算。杂费按照发生当日实行的费率核收。

3. 距离别运价

货物运输成本包括始发、终到作业支出，运行作业支出。前者和运输里程无关，后者和运输里程成正比。分摊到每单位运输产品(t/km)上的发到费用随运输距离的加大而减少，故单位运输产品的运输成本呈递远递减的规律。

4. 铁路货物运输费用组成

货物运价按适应范围可分为普通运价、特殊运价、军运运价。

铁路货物运输收入分为货运收入、铁路建设基金、代收款。

货运收入是指铁路运输企业在办理货物运输业务和辅助作业中，使用铁路运输票据，按规定向托运人、收货人核收的运费、杂费。

铁路建设基金是指铁路运输企业在办理货物运输业务过程中，使用铁路运输票据，按规定向托运人、收货人核收的经国家批准征收的铁路建设基金。

代收款是指铁路运输企业在办理货物运输业务和辅助作业中，使用铁路运输票据或其他专用票据，按规定向托运人、收货人核收的费用。

六、铁路货物运输合同

1. 铁路货物运输合同的概念

铁路货物运输合同是铁路承运人将货物从起运地点以铁路运输的方式，运输到约定地点，托运人或者收货人支付运输费用的合同。

按《铁路货物运输合同实施细则》的规定，托运人利用铁路运输货物，应与承运人签订货物运输合同。

2. 铁路运输合同订立的形式

(1)托运人以铁路运输货物，可按年度、半年度、季度或月度签订货物运输协议，也可以签订更长期限的运输协议；在协议期内，托运人可与承运人按阶段确定需求，交运货物时，向承运人按批提出货物运单，作为运输合同的组成部分。其他货物使用货物运单作为运输合同。

(2)铁路与托运人计算运输费用后，打印货物运单，作为运输合同正本和副本。

(3)铁路货场代表铁路企业与托运人签订货物运输协议，并与铁路货物运单共同作为合同文件。

七、集装箱运输

集装箱运输是我国铁路主要运输种类之一，适于在现代流通领域内运用大型起重机械和运载工具进行装卸、搬运作业和完成运输任务，以便更好地实现货物门到门运输的一种新型、高效率和高效益的运输方式。

1. 集装箱定义

集装箱是满足下列要求的一种运输设备：

(1)具有足够的强度，在使用有效期内可以反复使用。

(2)适于一种或多种运输方式运送货物，途中无需倒装。

(3)设有供快速装卸的装置，便于从一种运输方式转到另一种运输方式。

(4)便于箱内货物装满和卸空。

(5)内容积不小于 1 m^3。

集装箱不包括车辆和一般包装。

2. 集装箱的分类

铁路运输的集装箱按长度分为 20 英尺箱、40 英尺箱、45 英尺箱以及经铁路总公司货运部批准运输的其他长度的集装箱。

按箱主分为铁路箱和自备箱，其中铁路箱是承运人提供的集装箱，自备箱是托运人自有或租用的集装箱。

按所装货物种类和箱体结构分为普通货物箱和特种货物箱。普通货物箱包括通用箱和专用箱，专用箱包括封闭式通风箱、敞顶箱、台架箱和平台箱等；特种货物箱包括保温箱、罐式箱、干散货箱和按货物种类命名的集装箱等。

按是否符合国家标准或行业标准分为:标准箱和非标箱。

3. 集装箱办理站

集装箱办理站(包括办理集装箱运输的铁路专用线、专用铁路)是办理集装箱运输业务的车站。集装箱在集装箱办理站间办理运输。集装箱办理站应具备下列条件:

(1)有与其运量相适应的,适合集装箱堆存、装卸的场地。

(2)装卸线数量和长度满足生产需要。

(3)具备集装箱称重计量及安全检测条件。

(4)配备集装箱专用装卸机械,起重能力满足所装卸集装箱总重量的要求。20 英尺、40 英尺集装箱起重量不小于 35 t,具备 20 英尺 35 t 集装箱办理条件。装卸机械宜具备称重、超偏载检测功能。

仅办理罐式箱运输业务的,可不配备集装箱装卸机械,但应有充装、抽卸设施设备。仅办理干散货箱、敞顶箱发送业务的,可不配备集装箱装卸机械,但应有货物装载设施设备。

(5)具备良好的硬件、软件和计算机网络环境,能够应用铁路集装箱运输相关信息系统。

(6)办理特种货物箱和专用箱时,应配备相应的生产和安全设施设备(如站台、装卸、接充电设施设备等)。

4. 适箱货物

集装箱所装货物应符合所用箱型适箱货物要求,不得腐蚀、损坏箱体。铁路通用箱不得装运煤、焦炭等易污染箱体的货物。

下列货物不得混装于同一集装箱内:

(1)易腐货物与非易腐货物。

(2)危险货物与非危险货物。

(3)性质互抵的货物。

(4)运输条件不同的货物。

5. 装载重量

托运的集装箱,单箱总重不得超过其标记总重;且不得超过发站和到站的集装箱起重能力,在车上直接装卸货物的特种货物箱、专用箱等除外。

6. 交接检查

车站与托运人或收货人交接集装箱时,施封的凭箱号、封印和箱体外状,不施封的凭箱号和箱体外状交接。

使用铁路箱时,车站应提供状态良好的集装箱。托运人在使用前必须检查箱体状况,发现箱体状况不良时及时提出,由车站予以更换。

发站在接收集装箱时,检查发现箱号或封印内容与运单记载不符或未按规定关闭箱门、施封的,应由托运人改善后接收。箱体损坏危及货物和运输安全的不得接收。

承运人有权对集装箱货物品名、重量、数量、包装、装载状况等进行检查。需要开箱检查货物时,在发站应通知托运人到场,在到站应通知收货人到场。

7. 装卸堆码

集装箱应固定作业场地,分区码放,与其他货物分开存放。集装箱货场应使用集装箱运输相关信息系统实行按箱位管理;堆场应划分箱区箱位,在地面做出明显标识,留有检查作业通道。

码放集装箱时，必须关闭箱门，码放整齐，箱门朝向宜保持一致。多层码放时，应角件对齐，不得超过限制堆码层数。

装卸和搬运集装箱应使用集装箱装卸搬运机械，稳起轻放，防止剐蹭、冲撞集装箱和货车。集装箱装车时，不得采用在货车上焊接、钉固等损坏车辆的加固方式。

8. 运输组织

集装箱运输实行集中统一调度指挥。集装箱调度应掌握箱流、车流动态，根据铁路箱运用情况、需求变化和运用效率，及时调整铁路局集团公司、车站的铁路箱保有量。跨局调整由铁路局总公司集装箱调度负责，管内调整由铁路集团公司集装箱调度负责。

跨局运输时，集装箱应组织一站直达车装运。

9. 装卸车组织

使用铁路货车装运集装箱时，全车集装箱总重不得超过货车标记载重，且应符合货车装载技术条件要求，保证货车不出现超载、偏载、偏重等问题。集装箱不得与其他货物装入同一辆货车内。

集装箱装车和卸车时，应核对箱号，检查箱体和施封情况。使用特种货物箱和专用箱的，还应检查附属件。

集装箱应使用集装箱专用平车或共用平车装运，禁止使用普通平车装运。确需使用敞车装运集装箱时，运行速度应执行有关规定，装运重集装箱时应采取防止偏载偏重的措施。板架式汽车箱按其运输条件执行。

八、货物装载加固基本技术条件

货物装载因受到车辆的技术规格、铁路限界和运行条件等因素的影响，必须对装在货车上的货物在重量、高度、宽度、长度和重心位置等方面加以限制，以确保货物、车辆的完整和列车运行的安全，经济合理地利用货车载重力。

1. 货物装载加固的基本要求

货物装载加固最基本的要求是保证重车运行安全、货物完整和避免损伤车辆。《铁路货物装载加固规则》中规定，货物装载的要求是使货物均衡稳定合理的分布在货车上，不超载、不偏载、不集重、不偏重；加固的要求是能够经受正常调车作业以及列车运行中所产生各种力的作用，在运输全过程中，不发生移动、滚动、倾覆、倒塌或坠落等情况。

2. 货物装载的一般要求

(1)对车辆选用的要求

装载货物应正确选择车辆，遵守货车使用限制表及有关规定。未按管理权限经铁路总公司或铁路局集团公司批准，各类货车装载的货物不得超出货车的设计用途范围。凡未经铁路总公司有关部门公布的，技术参数不全的敞车、平车、棚车及长大货物车，一律不得使用。凡货车车体上的标记技术参数与附录不一致时，以车体上的标记技术参数为准。

选用的货车定检不过期。

(2)对货物重量的要求

货车装载的货物重量(包括货物包装、防护物、装载加固材料及装置)应充分利用货车的载重力和容积，但不得超过货车容许载重量，即不超载。

允许增载货车车型、适于增载货物品类及允许增载重量按《铁路货车增载规定》办理。涂打禁增标记的货车不准增载。铁路总公司未批准增载的各型货车不得增载。

货车容许载重量计算公式：

货车容许载重量＝货车标重＋允许增载量＋《铁路货物运输规程》允许增载的2%

"禁增"货车的容许载重量＝货车标重＋《铁路货物运输规程》允许增载的2%

(3)对货物尺寸的要求

货物的装载高度、宽度和计算宽度，除超限货物外，不得超过机车车辆限界基本轮廓和特定区段装载限制。

(4)对货物重心位置的要求

一般情况下，货物重心在水平面上的投影应落在货车纵、横中心线的交点上。货物重心横向偏离超过要求为偏载。横向偏离不得超过100 mm。货物重心纵向偏移超过要求为偏重。

特殊情况下必须发生纵向偏离时，每个车辆转向架所承受的货物重量不得超过货车容许载重量的1/2，且两个转向架承受的货物重量之差不大于10 t。

(5)货物重量分布的要求

在铁路运输中，有些货物重量大，支重面小，如果直接装车，货物重量大于所装车辆负重面长度的最大容许载重量，这类货物称为集重货物。

货物重量应均匀分布在整个车地板上，对于单件重量大，支重面小的货物不能均匀分布，需要局部承载时，应遵守《铁路货物装载加固规则》的相关规定，使货物不集重。

(6)重车重心高的要求

货车和所装货物的总重心，称为重车重心。重车重心自轨面起算的高度称为重车重心高。重车重心高一般不得超过2 000 mm，超过时，可采取配重措施，以降低重车重心高，否则应限速运行。

装运危险货物的罐车重车重心限制高度不得超过2 200 mm；双层集装箱车专用车装后重车重心高不得超过2 400 mm。

(7)货物突出车辆端梁的长度要求

使用平车装载长度超过车地板的货物，或由于其他原因，货物必须突出车辆端梁装载时，如果突出端货物半宽等于或小于车辆半宽，每端各允许突出端梁300 mm；突出端货物半宽大于车辆半宽时，每端各允许突出端梁200 mm，超过此限，应加挂游车或采用跨装运输。

(8)成件包装货物的装载要求

装载成件货物时，应排列紧密、整齐。当装载高度或宽度超出货车端侧墙(板)时，应层层压缝，梯形码放，四周货物倾向中间，两侧超出侧墙(板)的宽度应一致。对超出货车端侧墙(板)高度的成件包装货物，应用绳网或绳索串联一起捆绑牢固，也可用挡板(壁)、支柱、镀锌铁线(盘条)等加固。袋装货物袋(扎)口应朝向车内，起脊部分应用上封式绳网等进行加固。

(9)散装货物装载要求

颗粒状散堆装货物，如煤、砂、碎石等货物，单位体积重量大，使用敞车装运均能达到货车标记载重量。但是，该类货物多装会影响车辆运行安全，少装又浪费货车载重量。为了正确确定装载货物的重量，应使用货运计量安全检测设备防止超载，装车后应采取平顶等措施防止偏载偏重。

3. 货物加固的一般要求

装载货物时，应使用必要的装载加固材料和装置。

禁止使用菱苦土(菱镁混凝土)、水泥、砖、石等材料作为装载加固材料和制作装载加固装置。篷布、篷布绳网、篷布支架不能作为装载加固材料。

易于旋转或有门窗等活动部位的货物装车时，托运人应将旋转和活动部位锁闭固牢；锁闭装置失效的，应采取有效的加固措施。货物自带的苫布、防护衣、伪装网及其捆绑绳索质量不良的，在由托运人改善并符合要求后方可办理运输。

加固货物时，所用绳索或加固线捆绑拴结后的余尾部分，长度一般不得超过 300 mm，不短于 100 mm；超过 300 mm 时应采取有效措施予以固定。

常用加固方法有拉牵加固、挡木或钢挡加固、围挡加固、掩挡加固、腰箍下压式加固、整体捆绑等。

(1)拉牵可采用八字形、倒八字形、交叉、又字形、反又字形或兜头等方式。

(2)使用多股镀锌铁线、盘条加固时，需用绞棍绞紧，绞紧程度不能损伤铁线、盘条。

(3)使用钢丝绳加固时，应采用配套的钢丝绳夹。使用紧线器或钢丝绳紧固器作连接装置时，紧线器或钢丝绳紧固器中的紧固装置与钢丝绳的强度应匹配。

(4)使用挡木或钢挡加固时，其高度不宜过大，与车地板之间要有足够的联结强度。

(5)掩挡的有效高度应符合要求，掩挡与车地板的联结强度必须足以保证掩挡自身不发生移动或倾覆。

(6)使用腰箍下压式加固时，每道腰箍的预紧力必须达到设计要求。

(7)必要时，加固线与货物、车辆棱角接触处应采取防磨措施。

第二节　铁路货场

货场是铁路车站的组成部分，是铁路组织货物运输的基层单位，其主要任务是办理货物的承运、仓储、装车、卸车和交付等作业，是铁路与其他运输工具衔接的场所，也是铁路货物运输生产过程的起点和终点，直接为国民经济各部门服务，是铁路货物运输营业的窗口。

一、货场的分类

1. 按办理的货物品类分

(1)综合性货场，办理作业的货物品类繁多、运量分散，这种货场一般都布置在铁路枢纽内及铁路沿线各站上，为各级城镇的工矿企业和人民生活服务。

(2)专业性货场，办理货物运量大、品种单纯、作业性质相同或相近，多为散堆装货物或大宗货物，如专办煤、木材、砂石、危险货物等的货场。

2. 按办理货物运输的种类分

(1)整车货场，是指仅办理整车货物作业的货场。

(2)集装箱货场，是指仅办理集装箱作业的货场。

(3)混合货场，是指办理整车、零担和集装箱中两种以上货运作业的货场。

3. 按货运量的大小分

综合性货场，年运量在 100 万 t 及其以上者为大型货场；年运量在 30 万～100 万 t 者为中型货场；年运量在 30 万 t 以下者为小型货场。一般位于大、中城市及工业区的车站货场，运量都较大，多为大、中型货场，而中间站货场多为小型货场。

专业性货场，由于所办理的货物性质的差别，难以按货运量界定其级别。如装煤、木材或砂石的专业性货场，一般都是整列或成组装卸，运量较大；办理危险货物的专业性货场，往往货运量不大，但设备和管理都比较复杂。

4. 按线路配置分

(1)尽端式货场，是指由尽头式货物线组成的货场。

(2)贯通式货场，是指由贯通式货物线组成的货场。

(3)混合式货场，是指由尽头式货物线和贯通式货物线共同组成的货场。

在货运量较大、办理货物品类较多的地区，为避免作业过分集中和便于管理，可分设几个货场，这些货场可按货物运输种类、货物品类或货流方向进行合理分工。

二、货场的主要设备

货场应根据货运作业量、作业性质和货物品类并结合生产需要和当地条件，设置以下设备：

1. 配线，包括货物线存车线牵出线、轨道衡线等。

2. 场库设备，包括堆货场、货物站台、仓库、货棚等。

3. 装卸机械，包括栈桥线、滑坡仓、漏斗仓及各类装卸、搬运机械及其检修设备。

4. 检斤设备和量载设备，包括磅秤、汽车衡(地磅)、轨道衡、电子秤等。

5. 货运安全检测设备，包括超偏载检测装置、轮重测定仪、限界测定仪、危险品检测仪、货车装载状态视频监控系统等。

6. 生产用房，包括货运室、装卸工人休息室，装卸机械修理所、门卫室及其他房舍，大中型货场还应设置围墙。

7. 其他设备，包括道路及排水设备、货场用具(跳板、防湿枕木、防湿篷布等)，集装箱及托盘的维修保养设备、篷布修理设备、货车消毒洗刷设备、牲畜装卸及饮水设备等。

此外，在货场内还应设置照明设备、通信设备、消防设备及计算机、监控视频等现代化设备，安装使用货运管理信息系统，并配备相应的网络设备、集控设备等。

三、货场配线

货场配线是指货场内铁路线路，主要包括货物线、牵出线、存车线、轨道衡线等。

1. 货物线

货物线，也称装卸线，是办理货物装卸作业时车辆停留的线路。货物线的装卸有效长度和货物存放场库(包括仓库、货棚、站台和各类堆货场)应根据货物品类、货运量、一次取送车数、装卸作业方法、装卸机械类型、场库设备布置和地形条件等因素综合确定。

2. 牵出线

大中型货场的牵出线是为向各装卸地点挑选车辆、牵出转线等调车作业而设置的，小型货场的牵出线是为摘挂列车甩挂作业和货场取送车作业而设置的。

货场牵出线应根据行车量、调车作业繁忙程度、有无专用调车机车和有无其他线路可以利用进行调车等因素确定。设置时还需根据货场与车场的相互位置，货场与车场联络线的平、纵断面条件，车站及线路的通过能力确定。

3.存车线

货场存车线是临时存放车辆或选分车组用的线路。存车线的设置应根据货场作业量、车辆取送调车作业的复杂程度、车场与货场的距离及货场设备的作业能力等因素来确定。中小型货场不宜设存车线。大型货场可设1条存车线，如因地形困难，设计为尽头线时可设2条。存车线长度应根据一次取送车的最大长度和采用的调车作业方法，并结合当地地形条件加以确定。

4.轨道衡线

轨道衡线是指装有轨道衡器设备，专门用来衡量铁路重、空车重量的线路。在工业站、国境站、港口站及其他需要用轨道衡检斤的货场内，应设置轨道衡线。

轨道衡线一般应设在通往装卸地点的咽喉区，以保证车辆进入轨道衡及从轨道衡到装卸线作业的流水性，避免货车为了检斤而产生折返走行。

四、货场分区管理

货场分区管理的目的在于加强对货场工作的领导，有利于合理使用货场设备，保证货场作业的安全性，提高货运工作质量。所以大、中型货场通常根据设备的特点、作业性质、货物品类、装卸线路的布置、搬运道路情况等条件，将货场划分成若干个货区。

货区内应实行货运员包库或包线负责制，根据货区内包线、包库的作业分工情况，设置若干货运员负责所包库或线的装卸、货运作业以及设备的保管。

五、货位管理

货位是装车前或卸车后暂时存放货物的地点。正确地划分货位和合理地使用货位，有利于组织直达列车和成组装车，能保证按货场作业方案出车，同时也能保证装卸作业中人身、货物和设备的安全，便于装卸车作业和取送车作业的进行，能减少装卸作业与进出货搬运作业的交叉干扰，也直接影响着货场的作业能力。

六、专用线管理

专用线、专用铁路一般统称为专用线。专用线、专用铁路运输是铁路运输的重要组成部分，是厂矿企业原料、燃料、材料运进以及产品运出的重要渠道。目前，专用线内完成全路70%以上的装卸作业量，因此，加强专用线、专用铁路的管理工作具有极其重大的意义。

专用线、专用铁路运输组织和安全管理要以《铁路专用线、专用铁路管理办法》为依据，在铁路的领导下统一进行。

1. 专用线、专用铁路定义

专用线是指凡与铁路营业网衔接的厂矿企业自有线路，但由联轨车站管辖并负责车辆取送作业的企业铁路称为专用线。

专用铁路是指凡与铁路营业线衔接的厂矿企业自有的线路，自己管辖并备有机车，自行办理车辆取送作业的，称为专用铁路。

2.路企运输协议

为了实现专用线、专用铁路工作组织的基本要求，铁路和企业双方应签订专用线、专用铁路管理协议，以便双方互相配合、分工协作、承担义务、明确责任。

(1)交接地点和交接方法,主要包括货、车和篷布在专用线、专用铁路上的交接地点、交接办法,车辆技术状态的交接以及预确报、取送车作业等。

(2)调车工作组织方法,主要包括专用线内作业区域的划分,调车机车作业区域的固定,专用线内调车工作的领导指挥和调车方法,调车作业计划的编制和执行,调车机车的整备地点、时间标准和安全措施。

(3)装卸作业组织办法,主要包括货车技术检查办法,重车重量确定办法,装卸机具和人力的使用和组织,一次最大作业能力,夜间作业比重,冬季防冻解冻措施和安全作业措施,装卸、搬运的配合作业,票据的填写与运杂费的结算。

(4)日班计划的编制和执行办法,主要包括计划货源的来源,互相交接资料的内容与时间,计划的制订办法,实现日班计划的领导指挥系统等。

(5)货车运用指标及统计分析方法,主要包括货车一次作业时间标准,运用车保有量,成组、直达装车的统计分析方法。

(6)承担的经济责任,明确铁路和厂矿企业双方对执行运输协作合同所承担的经济责任,规定违约金的支付方法和因责任违约造成损失的赔偿办法。

(7)专用线共用的具体规定,主要包括共用办法、货物交接和保管办法、责任划分以及各项作业费用的核收办法等。

3. 路企交接制度

铁路与厂矿企业对车辆、货物、篷布的交接是路、企双方履行运输契约的一个重要环节,交接工作必须按规定进行。

(1)车辆交接

铁路应拨配技术状态良好、卫生干净的货车供厂矿企业装运货物,厂矿企业装车前应检查车辆的技术状态。由于厂矿企业责任造成的车辆损坏,应由厂矿企业负责赔偿。

(2)货物(车)交接

①专用铁路内装(卸)车的货物,在协议中指定的货物交接地点办理交接;专用线内装(卸)车的货物在装卸地点或在商定的地点办理交接;派有押运人的不用交接。

②发、收货人组织装卸车的货物,车站应使用货车调送单进行交接。对施封的货车凭封印交接。对不施封、无篷布的货车,按货物装载状态或规定标记交接;苫盖篷布的按篷布状态交接。

③发站由铁路组织装车,到站由收货人组织卸车的货物,除按前述以货车调送单按施封或不施封交接方法的规定办理交接外,到站须派人至卸车地点会同收货人拆封、卸车。

④发站由托运人组织装车,到站由铁路组织卸车的货物,如托运人在货物运单内声明,或收货人事先向到站提出办理交接手续时,到站应于卸车前通知收货人到场,对施封货车或不施封货车仍按前述规定办法交接,并会同卸车。

(3)篷布交接

使用的篷布凭“货车篷布交接单”由托运人在车站领取。专用线、专用铁路到达和使用的篷布,均由企业负责取送。到达的篷布自货车送到卸车地点或交接地点次日起,2 日内由收货人送回车站,如未能在规定日期内送回时,按规定核收货车篷布延期使用费。

七、其他货运设备的运用和管理

1. 篷布

篷布是铁路货车辅助用具,按产权分为铁路篷布和自备篷布。铁路篷布是承运人提供的篷布。自备篷布是托运人购置的篷布。

铁路总公司负责全路篷布运用和统一管理。铁路局集团公司负责管内铁路篷布运用管理、自备篷布管理和篷布绳卡、篷布绳网管理。

篷布仅用于苫盖敞车装运的怕湿、易燃货物或其他需要苫盖篷布的货物。毒害品、腐蚀性物品及污染性物品不得使用铁路篷布。苫盖易于损坏篷布的货物时，装车单位须采取防护措施，防护材料由托运人提供。

装车使用的篷布必须质量良好，篷布绳齐全，标记、号码完整清晰。篷布不得横苫、垫车、苫在车内。

苫盖篷布的敞车必须在发站加盖篷布绳网，使用篷布绳卡。篷布绳网、篷布绳卡由托运人自备，限一次性使用。

发站使用篷布前，应逐张检查质量。使用铁路篷布时，将篷布号码填记在货物运单“铁路货车篷布号码”栏内；使用自备篷布时，应在货物运单“铁路货车篷布号码”栏内划“⊗”符号，并检查托运人是否在货物运单“托运人记载事项”栏内注明自备篷布号码。

铁路篷布损坏、丢失时，应按规定向责任者核收赔偿费；因托运人或收货人责任损坏、丢失的，自指定送回车站之日起，至赔偿当日止，同时核收篷布延期使用费。自备篷布由于承运人责任造成损坏、丢失时，车站应编制货运记录，由承运人负责赔偿。

2. 其他货运设备

衡器、消防器材、照明及通信设备等，应合理配置，专人负责，定期检查，保持完好状态。衡器既关系到货运安全，也与确保铁路应有的收入有关。消防设备的类型和数量应符合货物性质、仓库设备的布局和存货量。照明设备的布局、数量应满足货场进出货、装卸车以及取送作业的方便，有利于提高货场的作业效率。通信设备的配置应便于上下级之间的联系和各工种之间的协作配合，并考虑便于物资单位与货场的联系，以便提高服务质量。

第三节　货物损失处理

《铁路货物损失处理规则》只作为国内铁路货物损失处理工作的统一规程和规范，用以加强铁路货运安全管理、明确铁路内部处理货物损失的原则、程序和责任划分等。它不属于《铁路货物运输规程》的引申规则，不作为承运人与托运人、收货人划分责任的依据。

一、货物损失的定义

货物在铁路运输过程中（自铁路运输企业接收货物时起，至将货物交付收货人时止）发生灭失、短少或者损坏属于货物损失。

二、货物损失的种类

货物损失分为以下五类：

1. 火灾。
2. 被盗（有被盗痕迹）。
3. 丢失（全批未到或部分短少、漏失，没有被盗痕迹）。
4. 损坏（破裂、变形、磨伤、摔损、部件破损、湿损、冻损、腐烂、植物枯死、活动物死亡、变质、污染、染毒等)。

5. 其他(因办理差错及其他原因造成的货物损失)。

铁路运输过程中发生的办理差错(未构成货物损失的),如误办理(违反营业办理限制,停限装命令),误运送、误交付、货物与票据信息不符、无货物或无票据信息等,按照有关规定程序处理。

三、货物损失的等级

货物损失分为以下四级:

1. 一级损失。货物损失款额(以下简称损失款额)10 万元以上的。
2. 二级损失。损失款额 1 万元以上未满 10 万元的。
3. 三级频失。损失款额 1 000 元以上未满 1 万元的。
4. 轻微损失。损失款额未满 1 000 元的。

四、货物损失报告与勘查

发现货物损失后,发现人员应保护现场,立即向车站负责人和货物损失处理人员报告。接到报告后,车站负责人应组织有关人员立即赶赴现场进行货物损失勘查、清理、资料收集并编制"货物损失报告"。必要时通知托运人或收货人。

物流企业(包括铁路物流企业或铁路运输企业委托的社会物流企业)在接取送达过程中发现货物损失时,应由物流企业相关人员对发生损失货物情况拍照留存,并编制货物损失报告连同货物损失现场照片一并交车站。

发现货物被盗、火灾等情况,发现单位(人)应立即向公安、消防部门报案。货物损失涉及铁路交通事故的,应报告铁路局集团公司列车调度、安全监督管理部门;涉及车辆技术状态的,应通知车辆部门;涉及活动物或食品污染变质的,应通知防疫、检疫部门;涉及参加保险的货物,必要时应通知保险公司;涉及海关监管的货物,应通知海关监管部门;涉及环境污染的货物,应通知环保部门;必要时还应通知托运人或收货人。

五、货运记录的编制

《中华人民共和国合同法》和《中华人民共和国铁路法》规定,货物在运输过程中发生灭失、短少、变质、污染或者损坏时,责任一方要承担赔偿责任。因此,当铁路作为承运的一方,托运人、收货人作为运输委托方,一旦发生经济纠纷,货运记录就是起法律效用的证明文件。

货运记录是划分责任、提出赔偿的依据,这个作用应理解为既是承运人内部各单位间,也是承运人与托运人、收货人间划分责任的依据,同时也是承运人与托运人、收货人间相互提出赔偿的依据。

货运记录分为货主页、存查页。其中货主页为一页绿色 A4 专用纸(背面印有索赔须知),存查页为一页白色 A4 纸。货运记录(包括商务记录)及号码由保价系统生成。货运记录(包括商务记录)为货物发生损失时的证明。凡是货物在铁路运输过程中发生货物损失的,车站均应在发现损失次日内按批(车)编制货运记录。遇有下列情况时也应编制货运记录:

1. 发生《铁路货物运输规程》《铁路货物运输管理规则》及其引申规则办法中所规定需要编制的情况时。

2. 自备篷布、自备集装箱运输发生损失时。

3. 一批货物中的部分货物补送或损失货物及误运送、误办理及其他情况货物需要回送时。

4. 发现无标记、无法交付货物,公安机关查获铁路运输中被盗、被诈骗的货物以及公安机关缴回的赃款移交车站,沿途拾得的铁路运输货物交给车站处理时。

5. 托运人组织装车,收货人组织卸车,货车施封良好,篷布苫盖和敞车、平车、砂石车货物装载外观无异状,收货人提出货物有损失经承运人确认时。

6. 集装箱运输的货物,箱体完整,施封良好,交付完毕次日内,收货人提出货物有损失经承运人确认时。

货运记录根据货物损失报告编制。货物损失报告应由货运员或负责接取送达的物流企业相关人员根据现场勘查情况,在发现当日编制。货物损失报告应如实记载损失货物及有关方面的当时现状,填写字体要工整清晰,项目各栏填写齐全,并应由编制人本人签字。其他参加检查货物(车)的有关人员也应签字,同时注明其所属单位名称。货物损失报告有涂改时,在涂改处应加盖编制人员的人名章。

货物损失报告由货运值班员审核签字后,连同收集的施封锁,现场影像等相关资料,一并交货物损失处理人员。

货物损失处理人员接到货物损失报告后,应核实货物损失报告各栏填写是否齐全正确,相关资料是否齐全,并在保价系统中加载货物损失报告照片。必要时,要到现场核实损失货物情况。

货运记录由车站货物损失处理人员编制。编制记录要如实记载货物损失及有关方面的当时现状,不得在记录中作损失责任的结论,记录各栏应逐项填记。货运记录应记明车(箱)体、门窗、施封或篷布的情况、货物包装及装载加固状态、损失货物装载位置、损失程度等。通过保价系统打印的货运记录(货主页)加盖货物损失处理专用章和带有所属单位名称的人名章后生效。非系统打印、有涂改或手写的货运记录无效。

六、普通记录的编制

普通记录是货物在运输过程中,发生换装、整理或在交接中需要划分责任以及依照其他规定需要编制时,当日按批(车)所编制的一种凭证。普通记录及号码由相关系统生成。普通记录为现状交接证明,它是一般证明文件,不能作为要求赔偿的依据。

遇有下列情况之一,须在当日按批(车)编制普通记录:

1. 发生《铁路货物运输规程》《铁路货物运输管理规则》及其引申规则办法中所规定需要编制的情况时。

2. 货物损失涉及车辆技术状态时。

3. 货车发生换装整理时。

4. 集装箱封印失效、丢失或封印站名、号码与票据信息不一致或未按规定使用施封锁时。

5. 卸车(换装)发现货物件数或重量较票据记载信息多出时。

6. 依据其他有关规定,需要证明时。

在办理货运检查交接作业时发现问题,按规定拍发的交接电报应视为普通记录。

七、货物损失速报

发现火灾，罐车装运的压缩气体、液化气体泄漏，剧毒品、爆炸品、放射性物品被盗丢失以及估计损失款额达到一级损失等情况时，应在 1 h 内逐级报告，并在 24 h 内向有关车站、直属站段、铁路局集团公司和有关铁路公安部门以电报形式拍发“货物损失速报”，抄送铁路总公司货运部。

“货物损失速报”内容如下：

1. 损失等级、种类。

2. 发现损失的时间、地点。

3. 发站、到站、货物名称、承运日期。

4. 车种、车型、车号、运单号码、办理种别、保价或保险金额(金额前注明“保价”“铁险”或“商险”字样)。

5. 损失概要。

6. 对有关单位的要求。

拍发速报时，在电文首部冠以“货物损失速报”字样，(一)至(六)项为各项代号。速报由车站主管领导审核签发。

第四节　铁路货物运输基本作业

铁路货物运输的基本作业包括发送作业、途中作业和到达作业。

一、货物的发送作业

货物在发站所进行的各项作业统称为发送作业。发送作业包括托运、受理、进货、验收、制票、承运、装车等环节。

1. 货物的托运

托运人向承运人提出货物运输需求，称为托运。

托运人向承运人托运货物时，应通过铁路货运电子商务系统提出运输需求；托运人在交运货物时，应对货物进行符合运输要求的包装，在货件上标明清晰明显的标记，需凭证明文件运输的货物，必须在托运前备齐相应的证明文件。

为了正确核收运输费用，以及发生丢失、损坏等货物损失时便于划清承运人与托运人之间的责任、及时正确地处理赔偿，遇到下列情况托运人应随货物受理需求联提出物品清单：

(1)按一批托运的货物品名过多，不能在货物受理需求联内逐一填记时。

(2)托运搬家货物时。

(3)同一包装内有两种以上的货物时。

(4)以概括名称托运或品名、规格、包装不同，不能在货物受理需求联内填记的保价货物。

2. 货物运单

货物受理需求联是托运人向承运人托运货物的申请书，也是承运人承运货物和核收运费、填制货物运单以及编制记录和备查的依据。货物运单是托运人与承运人之间，为运输货物而签订的一种运输合同。它是确定托运人、承运人、收货人之间在运输过程中的权利、义务和责任的原始依据。

货物运单各联用途如下：

第 1 联 货物运单正本(发站存查联)，发站留存的已生效的运输合同。

第 2 联 货物运单副本(收款人报告联)，发站收款的已生效的运输合同。

第 3 联 货物运单正本(托运人存查联)，托运人留存的已生效的运输合同。

第 4 联 货物运单副本(到站存查联)，到站留存的已生效的运输合同。

第 5 联 货物运单副本(收货人存查联)，收货人留存的已生效的运输合同。

第 6 联 货物运单副本(领货凭证联)，收货人在到站办理领货的凭证。

第 7 联 货物运单(需求联)，记录客户提报需求，发站留存。

第 1 联至第 6 联相同的运单号，第 7 联无运单号(即货物运单需求联)。

3. 提报运输需求

铁路为客户提供多种需求提报和受理渠道。

(1)客户拨打铁路局集团公司公布的货运营业站(包括货运中心、营业场所)受理服务电话，提出需求，客服人员接听电话，受理运输需求。

(2)客户拨打 12306 或 95306 客服电话，根据语音提示，进入"我要发货人工服务"。客服人员接听电话，受理运输需求。

(3)客户登录中国铁路 95306 网站，进入"我要发货(货运网上营业厅)"，点击"我要发货"，填写"称呼""联系电话""货物名称""发运地点""到达地点"五项信息，提报后，即刻得到反馈的查询码。铁路客服人员负责及时联系客户，受理运输需求。

(4)客户到铁路货运营业场所直接提出运输需求，铁路客服人员面对面与客户进行沟通，受理运输需求。

(5)客服人员根据客户要求或主动上门营销，受理运输需求。

(6)对铁路货运业务办理流程熟悉的客户还可通过中国铁路客户服务中心网站进入货运电子商务平台，登录后自助提报需求信息、办理业务。

运输需求最终统一通过铁路货运电子商务系统(以下简称电商系统)提报。

4. 货物的受理

托运人的运输需求在电商系统提报后，由承运人审查，车站对客户提报的需求应实货核实，如符合运输条件，在电商系统确认后，受理运输需求。受理时应注意：

(1)检查需求信息是否完整、准确。

(2)审核发到站办理限制、起重能力、专用线办理范围、危险货物办理限制、临时停限装、特定运输条件、接取送达等信息。

(3)审核证明文件、技术资料等原件，采集影像资料，并在证明文件背面注明托运货物数量，加盖车站日期戳，退还托运人或按规定存查。

(4)运单受理通过前对成组或整列运输的运单需求联进行标识。

(5)选择添加承运人标准记事和运输戳记；填记装载加固方案号码、费用浮动项目号及相关记事。

(6)国际联运出口(含过境)运输，还需审核客户是否在电商系统中填制国际联运运单，即客户提供的纸质国联运单是否有电商系统生成的 8 位国联运单号，纸质运单托运人填记部分的各栏内容是否与电商系统中填记的一致。

车站对抢险救灾物资、直接用于农业生产的物资，鲜活货物以及其他需要急运的物资，应优先受理。

5. 货物运输实名制

车站应落实货物运输实名制。托运人为个人的，查验托运人身份证原件，留存复印件；托运人为单位的，查验营业执照、经办人身份证原件，留存营业执照、经办人身份证复印件及注明经办人信息、联系方式、联系地址及所用印章的证明材料。承运零散快运货物时，车站查验经办人身份证原件，留存经办人身份证复印件或采集影像资料。

6. 进货和验收

整车货物进货。车站凭进货通知、纸质货物运单需求联接收货物。在铁路货运站安全监控与管理系统(以下简称货运站系统)分配货区货位，确认货物进齐。

集装箱进出站。车站在铁路集装箱运输管理信息系统安排铁路空箱，填制铁路箱出站单出站。铁路箱凭铁路箱出站单和纸质货物运单需求联进站，自备集装箱或站内装箱的货物凭纸质货物运单需求联进站。集装箱进站或站内装箱时车站应检斤验货，核对物品清单，并在集装箱系统补录箱货总重、货物重量和施封号。

承运人在接收托运人搬入货场的货物时，按货物运单需求联记载对货物品名、件数、运输包装、重量等进行检查，确认符合运输要求，同意货物入场、库并指定货位。

7. 装车

装车是货物发送作业中十分重要的一个环节，货物运输质量的高低在很大程度上取决于装车作业组织的好坏。装车按照“发站从严、装车从严”的原则执行，确保安全。

(1)装卸车作业的责任范围

在车站公共装卸场所以内由承运人负责。但罐车运输的货物、冻结易腐货物、未装容器的活动物、蜜蜂、鱼苗、一件重量超过 1 t 的放射性同位素，以及用人力装卸带有动力的机械和车辆，均由托运人或收货人负责组织装车或卸车。

其他货物由于性质特殊，经托运人或收货人要求，并经承运人同意，也可由托运人或收货人组织装车或卸车。

(2)车辆的使用与代用

承运人应按照运输合同约定的车种拨配适当的车辆，车种要适合货种、车吨要适合货吨。承运人如无适当货车拨配，在征得托运人同意、保证货物安全等的条件下可以代用。

①车种代用必须遵守承认代用的批准权限，以长大货物车、冷藏车代替其他车辆及改变罐车使用范围时，应经铁路总公司承认；其他车辆代替棚车时，应经铁路局集团公司承认，批准的命令号码要记载在货物运单“记事”栏内。

②车辆代用必须符合《铁路货物装载加固规则》中“货车使用限制表”的规定。

③对保密物资、涉外物资、精密仪器、展览品，能用棚车装运的必须使用棚车装运，不得用其他货车代替。

④毒品专用车不得用于装运普通货物。冷藏车严禁用于装运可能污染和损坏车辆的非易腐货物。

⑤装运特殊条件的货物，如阔大货物、危险货物或鲜活货物等，应使用规定要求的货车。

(3)装车前检查(装前“三检”)

①检查货车。主要检查车辆是否符合使用条件，货车状态是否良好。要认真检查货车的

车体(包括透光检查)、车门、车窗、盖阀是否完整良好,有无扣修通知、色票、货车洗刷回送标签或通行限制,车内是否干净,是否被毒物污染。装载粮食、医药品、食盐、鲜活货物、饮食品、烟草制品以及有押运人押运的货物等时,还应检查车内有无恶臭异味。发现有不符合使用的情况,应采取适当措施,必要时应更换车辆。

②检查货物运单需求联。检查所填记内容是否符合运输要求,有无漏填和误填。发现实际货物名称与货物运单需求联或物品清单记载不一致的,不得装车。

③检查待装货物。要根据货物运单需求联认真核对待装货物品名、件数,检查标志、标签和货物状态。对集装箱还应检查箱体、箱号和封印。对需要进行加固的货物或需苫盖篷布的货物,还须认真检查装载加固材料、装置及货车篷布、篷布绳网等数量和质量是否符合要求。

(4)装车作业基本要求

装车时,必须核对实际货物件数、重量与货物运单需求联或物品清单记载是否一致,要认真监装,做到不错装、不漏装,巧装满载,防止偏载、偏重、超载、集重、亏吨、倒塌、坠落和超限。对易磨损货件应采取防磨措施,怕湿和易燃货物应采取防湿或防火措施。装车过程中,要严格按照《铁路货物装卸安全技术规则》有关规定办理,对货物装载数量和质量要进行检查。

需加固的货物,有定型方案的,严格按方案装车;无定型方案的,车站应制定装载加固方案,并按审批权限报批,按批准方案装车。严禁无方案装车。

装载散堆装货物,顶面应予平整。对自轮运转的货物、无包装的机械货物,车站应要求托运人将货物的活动部位予以固定,防止脱落或侵入限界。

(5)货车和集装箱的施封

货车和集装箱施封是为了保证货物安全与完整,便于进行货物(车)交接和划分运输责任,而使用施封锁等对货车(集装箱)的车(箱)门及罐车的注、排料口加封的措施。在货物运输过程中,通过检查施封状态即可判明货物是否完整。据此划分托运人和承运人双方或铁路内部发站、货检站、到站等各部门间应承担的安全责任。

使用棚车、冷藏车、罐车和集装箱运输的货物,由组织装车或装箱单位负责在货车或集装箱上施封。但派有押运人的货物,需要通风运输的货物以及组织装车单位认为不需施封的货物(集装箱运输的除外),可以不施封。

施封后应将施封号码在货物运单、货运票据封套和货车装载清单上记明。

(6)装车后检查(装后“三检”)

①检查车辆。装车后,应再度检查货物装载情况是否符合要求,确保装载稳固、捆绑牢固,还要按照《铁路货物运输规程》《铁路货物运输管理规则》和车门管理要求认真检查车门、车窗、盖阀的关闭及其拧固、加固情况。对需要施封的货车要按规定进行施封;对装载货物的敞车要检查车门插销、底开门搭扣情况和篷布及绳网苫盖、捆绑情况;对运输中有特殊要求(如禁止溜放、限速连挂等)的货物按规定插挂货车表示牌。对超限、超重货物,还须对照批示文电,认真核对装车后尺寸。为落实装车质量责任制,要严格执行装车质量签认制度,做到“装一辆重车、保一路平安”。

②检查货物运单需求联。对照现车,检查货物运单需求联的填写是否齐全、正确。装车后,实际货物件数、重量与货物运单需求联或物品清单记载不一致时,按实际装车的货物件数、重量修改货物运单需求联和物品清单。

③检查货位。主要是检查货物有无误装或漏装。

8.计费制单

整车货物在装车完毕后,零担和集装箱货物在验收完毕以后,托运人应向车站交付运输费用,并在货票系统中填制电子货物运单。

制票作业系指根据货物受理需求联填制电子货物运单。电子货物运单是铁路运输的凭证,也是一种财务性质的货运票据。它是铁路清算运输费用、确定货物运到期限、统计铁路完成的工作量、确定货运进款和运送里程及计算有关货运工作指标的依据。

车站在货票系统中核对"已装车"的整车货物运单、"已检斤验货"的集装箱货物运单信息,录入承运人记事,计算运输费用,打印运单发站存查联、托运人存查联、收款人报告联、领货凭证联(客户需纸质领货凭证时),作为运输合同正本和副本。发站存查联、托运人存查联、纸质领货凭证背面应有托、收货人须知及货物托运安全承诺书。实行运输跟踪管理的剧毒品使用黄色纸张打印运单。运单状态变为"已制票"。

托运人应在发站存查联正面的托运人签章处及背面的"货物托运安全承诺书"处签章后,车站在打印出的运单各联上加盖车站日期戳。发站留存发站存查联,托运人存查联和领货凭证交托运人,收款人报告联上报铁路局集团公司。

9.承运

零担和集装箱货物在发站验收完毕,整车货物在装车完毕,并核收运费后,发站在货票系统中填制电子货物运单的作业,称为承运。

货物承运意味着托运人和承运人的运输合同签订完毕,开始生效。承运是铁路负责运输的开始,也是承运人对托运人履行运输合同的一个重要标志,它表示铁路开始对托运人托运货物承担运输义务,并负责运输上的一切责任。

10.取车作业

车站在货运站系统、集装箱系统对装车、制单完成具备取车条件的车辆(包括使用货物运单、货车装载清单、特殊货车及运送用具回送清单、货运记录等货运票据的车辆)进行"可取车"通知操作,现车系统自动获取票据信息。

现车系统接到货运站、集装箱等系统推送到的"可取车"信息后,车站组织取车作业。

11.货物的押运

铁路实行负责运输,因此对所承运的货物应负责照看与防护,以保证货物状态完整。但是由于有些货物性质特殊,在运输过程中需要加以特殊防护和照料,需要托运人派人押运。

需要派人押运的情况有以下几种:

(1)活动物。

(2)需要浇水运输的鲜活植物。

(3)需要生火加温运输的货物。

(4)挂运的机车和轨道起重机。

(5)特殊规定应派押运人的货物。如军事物资、国家尖端保密物资、《铁路危险货物运输管理规则》规定需要押运的危险货物、外形比较复杂的超级超限货物等。

押运人数,除特殊规定外,每批货物不应超过2人。托运人要求增派押运人或对上述以外的货物要求派人押运时,须经承运人承认。

二、货物的途中作业

货物在运输途中需要进行的各项货运作业统称为途中作业，主要包括途中货物的交接、检查，换装整理，运输合同变更，整车分卸及运输障碍处理等内容。

1. 交接、检查

为了保证货物运输的安全和完整、明确责任，货物在运输过程中，铁路内部作业人员，在指定的地点和规定的时间内办理货车或货物的交接和检查工作。

对施封的货车，凭封印交接，对于不施封的货车，凭货车（或篷布）现状、货物装载状态或规定的标记交接。若接方发现有异状，由交方编制记录后接收。

2. 换装整理

货车在运输过程中，发现可能危及行车安全或货物完整时所进行的更换货车或对货物的整理作业，称为货物的换装整理。其中，换装是指将不宜继续运行货车中的货物卸下，装入适宜安全运输的货车内的作业；整理是指就原车货物的装载位置、高度进行整理，或卸下超载部分的货物及捡拾撒漏货物，以便货车能继续安全运行的作业。

换装整理的费用，属于铁路责任时，由铁路内部清算；属于托运人责任，处理站应填发垫款通知书，由到站向收货人核收。

3. 运输合同变更

货物运输合同签订后，承托双方都应信守合同、严格履行。但由于托运人或收货人的特殊原因，对已承运的货物，可按批向货物所在的中途站或到站提出变更到站、变更收货人的书面要求。货物运输合同变更包括变更到站、变更收货人、承运后发送前取消托运、货物运输合同的解除。

4. 运输障碍的处理

由于不可抗力（如风灾、水灾、地震等）的原因致使行车中断，货物运输发生阻碍时，铁路对已承运的货物，可指示绕路运输；或在必要时先将货物卸下，妥善保管，待恢复运输时再行装车继续运输，在这种情况下所需的装卸费用，由承担装卸作业的铁路局集团公司承担。

因货物性质特殊，绕路运输或卸下再装可能导致货物损失时，处理站应联系托运人或收货人，请其在要求的时间内提出处理办法。如超过时间未接到答复或因等候答复将使货物造成损失时，按照国家颁发的《关于港口、车站无法交付货物的处理办法》的规定处理。此时，处理站应开列清单，报请当地经济主管部门批准，但当货物有变质、燃烧、爆炸及泄漏等危险时，可先行处理，事后报告。

上述各项途中作业中，货物交接、检查属于途中的正常作业；换装整理作业、货物运输变更和运输障碍的处理属于由某种原因而引起的非正常作业。为了全面提高货物运输质量，运输过程中的各个作业环节必须密切配合，严格按规定操作，尽可能减少非正常途中作业的发生。

三、货物到达作业

货物在到站所进行的各项作业，统称为货物的到达作业。它包括列车到达与送车，货物的卸车、仓储、交付等内容。

1. 列车到达和送车作业

车站接收列车确报，与机车乘务员办理列车编组顺序表交接签认，依据确报或列车编组顺序表按规定核对现车；通过现车系统掌握车辆相关运输信息，编制作业计划，组织解体、集结、编组等作业；根据货运部门送车需求，编制作业计划，组织送车作业。

2. 卸车

卸车是排空车和装车的基础，是到站工作组织的关键。正确、迅速、及时地组织卸车作业，对保证货物运输质量、确保装车车源、完成排空任务以及加速货物周转、提高货车使用效率都具有重要意义。

(1)卸车前检查(卸前“三检”)

①检查货位：主要检查货位是否能容纳下待卸的货物，是否清洁，相邻货位上的货物是否与待卸货物性质有抵触。

②检查运输票据：主要检查票据记载的到站与实际货物实际到站是否相符，了解待卸货物的情况等内容。

③检查现车：主要检查车体状态是否良好，货物装载、施封、篷布有无异状，现车与运输票据是否相符。如发现异状应先行处理后再进行卸车，有关事项应予记录。

(2)卸车作业

卸车作业开始前，货运员应向卸车人员详细传达卸车要求和注意事项。卸车作业过程中，要正确拆封、开启车门或取下所苫盖的篷布。要逐批核对货物，清点件数，检查货物状态，合理使用货位，按标准进行码放。卸车时发现货物损失或货物与运单信息不一致，按规定在货运站系统编制货物损失报告。要注意作业安全，加快卸车进度，加速货车周转。

卸车时，负责卸车单位应将货物彻底卸净，卸空的货车应清扫干净，并关闭车门、车窗、端侧板、冷藏车的冰箱盖、罐车盖、阀等。

(3)卸车后检查(卸后“三检”)

①检查运输票据：主要检查货运站系统记载的货位与货物运单记载的卸车货物是否相符。

②检查货物：主要检查货物的件数与货物运单记载是否相符；货物的堆码及防火、防湿措施是否符合要求；货车篷布是否按规定妥善折叠并送往固定地点；托运人自备的货车装备物品和加固材料及装置是否已妥善保管等。

③检查卸后空车：主要检查车内有无残留货物；车体是否被损坏；车内是否清扫干净无异物无异味；车门、窗、端侧板是否关闭严密；失效的货车表示牌是否已撤除等。

卸车完毕运单状态变为“已卸车”。车站在货运站系统、集装箱系统对卸车完毕的车辆，进行“可取车”通知操作，现车系统自动获取票据信息。车站编制作业计划，组织取车作业。

(4)货车的洗刷除污

对于装过活动物、鲜鱼介类、污秽品等货物的车辆，以及受易腐货物污染的冷藏车和《铁路危险货物运输管理规则》规定必须洗刷除污的货车，由铁路负责洗刷并按规定向收货人核收费用。若收货人有洗刷消毒设备时，也可由收货人自行洗刷、消毒。

3. 货物的交付和搬出

货物交付是指承运人在规定的地点与收货人进行货物(车)交接后，并在货物运单上加盖交付戳记，表示货物运输过程终止。

车站在确认到达及卸车相关信息，核收相关费用后，打印运单到站存查联、收货人存查联加盖车站日期戳。运单收货人存查联交收货人，运单到站存查联由收货人签章后留存。运单状态变为“已内交付”。车站凭加盖车站日期戳的运单收货人存查联点交货物，并加盖“货物交讫”戳记，凭此搬出货物。

由承运人组织卸车和发站由承运人组织装车、到站由收货人卸车的货物，在向收货人点交货物或办理交接手续后，即为交付完毕；发站由托运人组织装车，到站由收货人组织卸车的货物，在货车交接地点交接完毕，即为交付完毕。交付完毕后，货物运输合同即告结束。

货物运输合同的履行从货物承运开始至交付完毕时止。货物交付工作是铁路运输服务的最后环节，交付完毕意味着铁路货物运输合同就此终止，铁路负责运输就此结束。

第五节　铁路特种条件货物运输

经由铁路运输的货物，包括国民经济各部门所需要的原材料及其产品种类繁多，性质各异、形状各有不同。铁路运输的货物可分为普通货物、阔大货物、危险货物、鲜活货物。为保证货物安全、便捷的运送到目的地，铁路就应对不同的货物有不同的运输条件。

一、阔大货物运输装备

装运阔大货物的车辆除必须满足普通货物装载的一般要求外，还应满足货物重量大、体积大、长度长的要求。车辆应具有足够的强度，尤其是承受集中载荷的能力强；要便于对货物进行装载加固，对于超限货物还应有利于降低超限等级，以保证运输安全和车辆的正常使用寿命。目前，我国铁路装运阔大货物主要使用普通平车和凹底平车、落下孔车、长大平车、双联平车、钳夹式两节平车等长大货物车，部分货物也可使用敞车装载。

二、铁路限界

铁路限界是一个与线路中心线垂直的横断面，其横向尺寸系指水平宽度，由线路中心线起算；其高度尺寸为垂直高度，自钢轨面起算，单位均为 mm。为了确保机车车辆运行的安全，防止机车车辆的在运行中与建筑物或设备相接触，铁路规定了各种限界，主要有机车车辆限界、货物超限限界和建筑限界等。

三、超限、超重货物运输

1. 超限、超重货物定义

货物装车后，车辆停留在水平直线上，货物的任何部位超出机车车辆限界基本轮廓者或车辆行经半径为 300 m 的曲线时，货物的计算宽度超出机车车辆限界基本轮廓者，均为超限货物。

装车后，重车总重活载效应超过桥涵设计标准活载的货物，称为超重货物。

2. 超限、超重货物等级

根据货物的超限程度，超限货物分为三个等级：一级超限、二级超限和超级超限。

(1)一级超限：自轨面起高度在 1 250 mm 以上超限但未超出一级超限限界者。

(2)二级超限：超出一级超限限界而未超出二级超限限界者，以及自轨面起高度在 150 mm 至未满 230 mm 间超限但未超出二级超限限界者。

(3)超级超限：超出二级超限限界者，以及自轨面起高度在 230 mm 至 1 250 mm 间超限者。

3. 超限货物类型

根据货物超限部位所在的高度，超限货物分为三种类型：上部超限、中部超限和下部超限。

(1)上部超限：自轨面起高度超过 3 600 mm，任何部位超限者。

(2)中部超限：自轨面起高度超过 1 250 mm 至 3 600 mm 之间，任何部位超限者。

(3)下部超限：自轨面起高度在 150 mm 至 1 250 mm 之间，任何部位超限者。

4. 超重货物等级

根据货物的超重程度，超重货物分为三个等级：一级超重、二级超重和超级超重。

(1)一级超重：$1.00<Q\leqslant 1.05$。

(2)二级超重：$1.05<Q\leqslant 1.09$。

(3)超级超重：$Q>1.09$。

注：Q 为活载系数。

5. 超限、超重货物办理条件

车站(含与车站接轨的专用线、专用铁路)办理超限、超重货物运输，由铁路局集团公司自行规定审批办法，并将批准的车站报总公司货运部备案，及时在中国铁路 95306 网站公布。

车站办理超限、超重货物发送、到达，应具备下列基本条件：

(1)所在铁路线路已开办超限、超重货物运输。

(2)车站已开办货运业务。

(3)车站接发超限、超重列车固定线路和准许通行超限、超重车线路的实际建筑限界和桥涵承载能力满足超限、超重货物运输安全要求。

(4)有合格的超限超重货物运输专业技术人员。

(5)有健全的超限、超重货物运输安全管理制度。

车站办理条件发生重大变化，不再满足超限、超重货物运输要求的，由车站提出取消办理站申请，经铁路局集团公司审核后报铁路总公司货运部备案，铁路局集团公司及时更新中国铁路 95306 网站相关信息。

四、集重货物运输

1. 集重货物定义

重量大于所装车辆负重面长度的最大容许装载重量的货物，称为集重货物。

集重装载是指货物装车后车体主要部件(中梁、侧梁、横梁，枕梁等)的工作应力(或工作弯曲力矩)超过其许用应力(或最大容许弯曲力矩)时，称为集重装载。集重装载会损伤车辆，缩短车辆的使用寿命，严重时还可能造成车辆断梁，酿成重大行车事故。

2. 避免集重装载的方法

(1)采用使货物重心纵向偏离的方法，可在一定程度上避免集重装载，但须满足货物装载的基本技术条件。

(2)避免集重装载最常用方法是，在货物下对称垫两根横垫木，使横垫木中心线间距离为货物直接装在车底板上时需要负重面长度的 1/2。

五、超长货物运输

1. 超长货物的定义

一车负重突出车端装载，需要使用游车或需要跨装运输的货物称为超长货物。

2. 判定超长货物

当货物半宽小于或等于车辆半宽时货物突出车辆端部超过 300 mm 或当货物半宽大于车辆半宽时货物突出车辆端部超过 200 mm，该货物即为超长货物。

超长货物有以下几种情况：

(1)一车负重需要使用游车的货物。

(2)跨装运输的货物。

(3)货物全长小于或等于车地板长，但因重心纵向位移需要使用游车的货物。

3. 超长货物的装载方法

(1)一车负重超长货物的装载方法有：一端突出使用游车；两端突出使用游车；一端突出共用游车。

(2)跨装超长货物的装载方法有：两车负重，不使用游车；两车负重，一端加挂一辆或两端各加挂一辆游车；两车负重，中间加挂一辆游车；两车负重，中间加挂一辆游车，一端加挂一辆或两端各加挂一辆游车。

六、危险货物运输

1. 危险货物定义

危险货物是指具有爆炸、易燃、毒害、感染、腐蚀、放射性等危险特性，在铁路运输、装卸和储存保管过程中，容易造成人身伤亡、财产毁损或者环境污染而需要特别防护的物质和物品。

2. 危险货物的分类

危险货物的类别和项别分列如下：

第 1 类　爆炸品。

第 1.1 项　有整体爆炸危险的物质和物品；

第 1.2 项　有迸射危险，但无整体爆炸危险的物质和物品；

第 1.3 项　有燃烧危险并有局部爆炸危险或局部迸射危险或两种危险都有，但无整体爆炸危险的物质和物品；

第 1.4 项　不呈现重大危险的物质和物品；

第 1.5 项　有整体爆炸危险的非常不敏感物质；

第 1.6 项　无整体爆炸危险的极端不敏感物品。

第 2 类　气体。

第 2.1 项　易燃气体；

第 2.2 项　非易燃无毒气体；

第 2.3 项　毒性气体。

第 3 类　易燃液体。

第 3.1 项　一级易燃液体；

第 3.2 项　二级易燃液体。

第 4 类　易燃固体、易于自燃的物质、遇水放出易燃气体的物质。

第 4.1 项　易燃固体；

第 4.2 项　易于自燃的物质；

第 4.3 项　遇水放出易燃气体的物质。

第 5 类　氧化性物质和有机过氧化物。

第 5.1 项　氧化性物质；

第 5.2 项　有机过氧化物。

第 6 类　毒性物质和感染性物质。

第 6.1 项　毒性物质；

第 6.2 项　感染性物质。

第 7 类　放射性物质(物品)。

第 8 类　腐蚀性物质。

第 8.1 项　酸性腐蚀性物质；

第 8.2 项　碱性腐蚀性物质；

第 8.3 项　其他腐蚀性物质。

第 9 类　杂项危险物质和物品。

第 9.1 项　危害环境的物质；

第 9.2 项　高温物质；

第 9.3 项　经过基因修改的微生物或组织，不属感染性物质，但可以非正常地天然繁殖结果的方式改变动物、植物或微生物物质。

不属于上述 9 类危险货物，在铁路运输过程中易引起燃烧、需采取防火措施的货物，属易燃普通货物。

3. 危险货物办理站

危险货物办理站是站内或接轨的专用线(含专用铁路)办理危险货物发送(含换装)、到达业务的车站。按类型分为以下三种：

(1)站内办理站：仅在站内办理危险货物业务的车站。

(2)专用线接轨站：仅在接轨的专用线办理危险货物业务的车站。

(3)兼办站：在站内和接轨的专用线均办理危险货物业务的车站。

4. 危险货物办理要求

危险货物仅办理整车和集装箱运输。

禁止运输法律、法规禁止生产和运输的危险物品、危险性质不明以及未采取安全措施的过度敏感或者能自发反应而产生危险的物品。

托运人托运危险货物时，应如实表明收货人名称、货物的名称、性质、重量、数量等，不得匿报、谎报品名、性质、重量，不得在普通货物中夹带危险货物。

办理站应对承运的货物加强安全检查，发现托运人匿报、谎报危险货物品名或在普通货物中夹带危险货物时，除依法不予承运外，铁路局集团公司还应按《铁路危险货物运输安全监督管理规定》要求，及时向所在地铁路监督管理局报告。

七、鲜活货物运输

1. 鲜活货物定义

鲜活货物是指在铁路运输过程中需要采取制冷、加温、保温、通风、上水等特殊措施，以防止出现腐烂、变质、冻损、生理病害、病残死亡等问题的货物。

2.鲜活货物分类

鲜活货物分为易腐货物和活动物两大类。

(1)易腐货物包括肉、蛋、乳制品、速冻食品、冻水产品、鲜蔬菜、鲜水果、花卉植物等。

按易腐货物热状态分为冻结货物、冷却货物和未冷却货物。

冻结货物是指经过冷冻加工成为冻结状态的易腐货物。冷却货物是指经过冷却处理,温度在冻结点以上的易腐货物。未冷却货物是指未经过任何冷处理,完全处于自然状态的易腐货物。

(2)活动物包括禽、畜、兽、蜜蜂、水产品等。